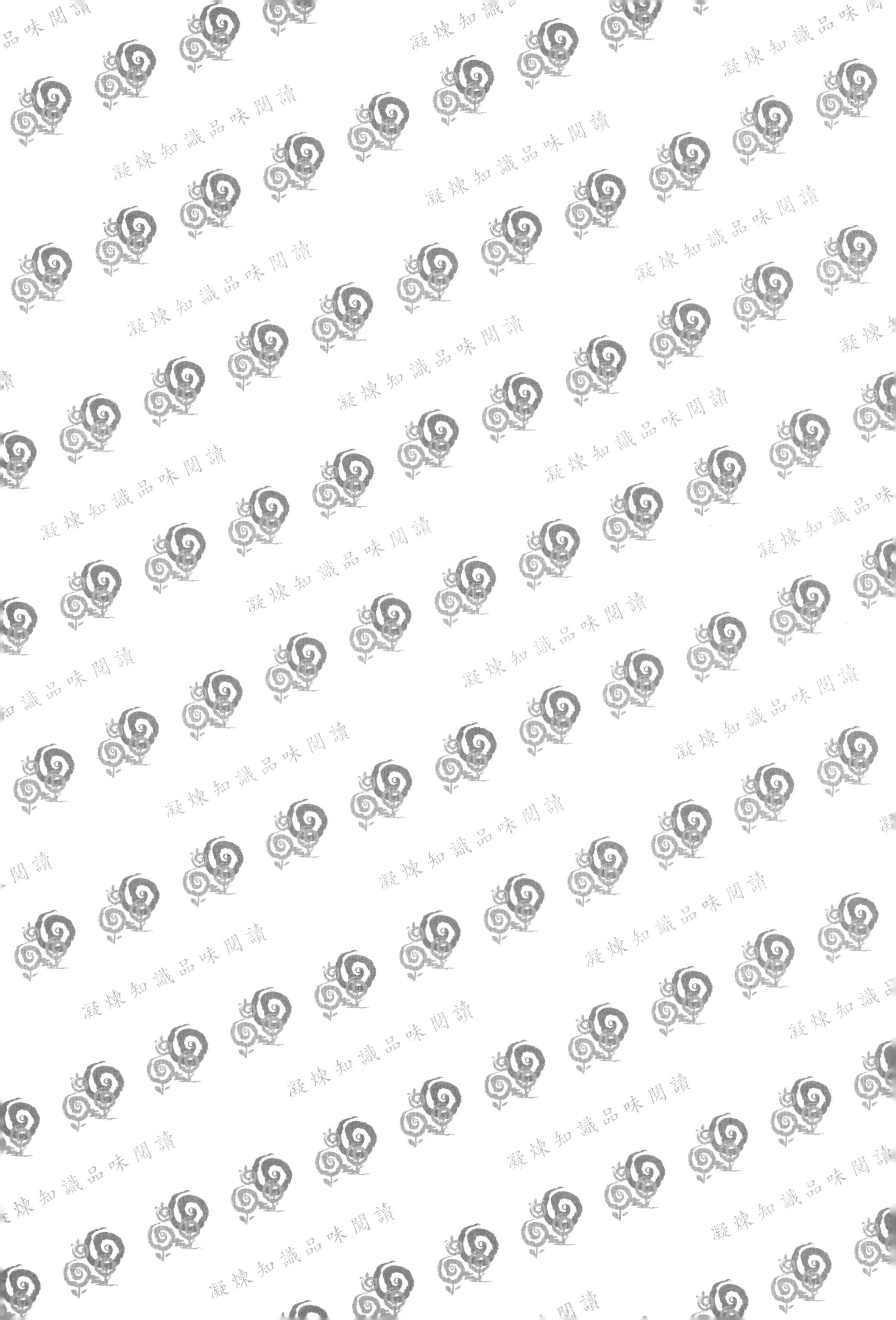

研究&方法

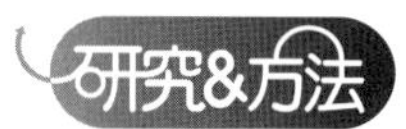

財金計算：使用Python語言

林進益 著

五南圖書出版公司 印行

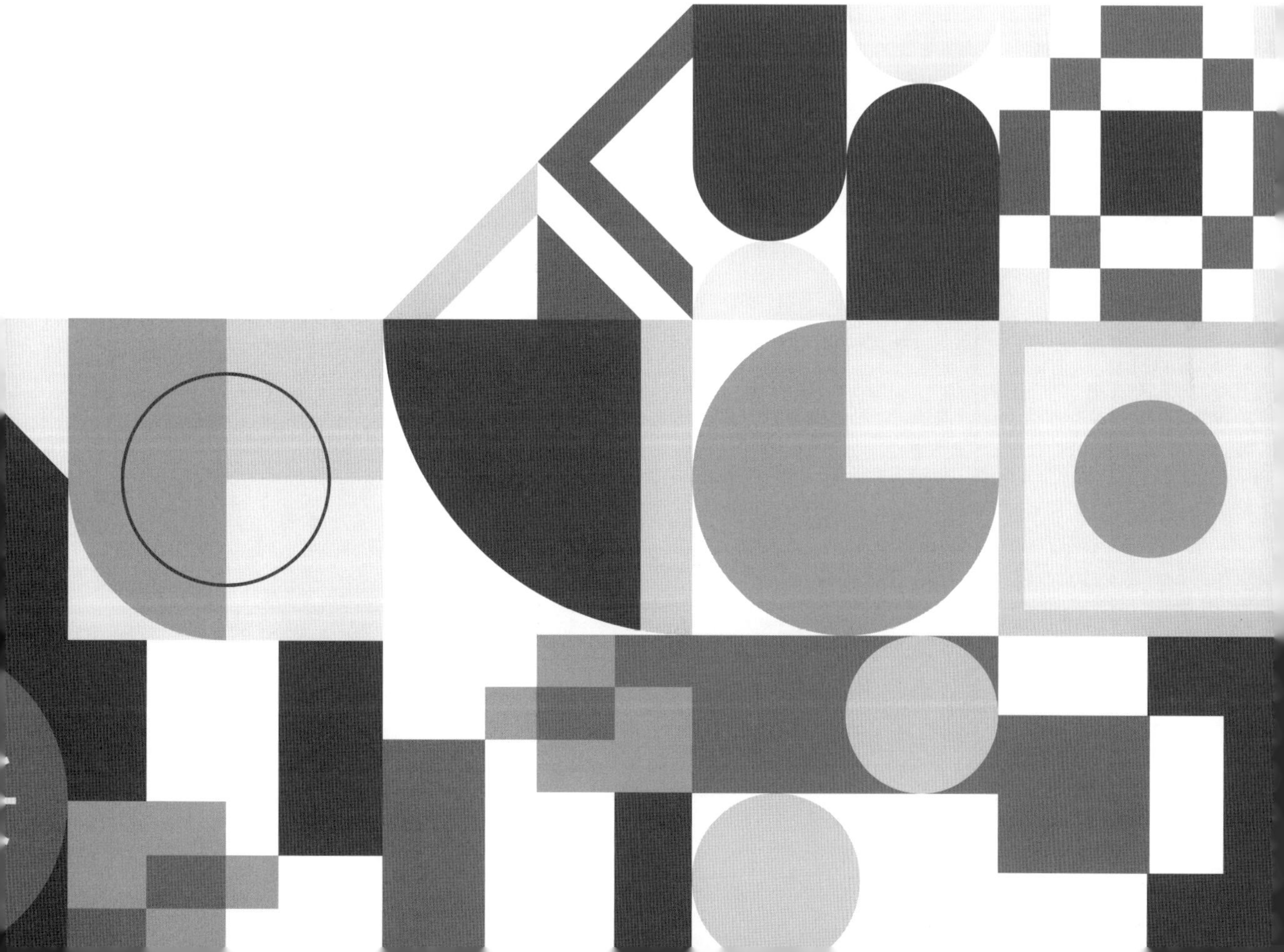

序　言

不使用程式語言，有時眞的「寸步難行」。本書底下簡稱爲《財計》。《財計》的內容較偏向於《財統》，二者皆可視爲「財金計量（financial econometrics）」的前身，其中《財統》是使用 R 語言，而《財計》則是使用 Python 語言（底下簡稱爲 Python）。其實，《財計》所探討的主題，筆者於學生時期早有接觸，只不過當時並未想到「實證（即以實際資料檢視）」，現在再次檢視，自然就不同了，尤其是我們多少有接觸過程式語言。換句話說，《財計》已不再是單純理論上的探討，反而是理論與實際兼顧。

接觸過 Python 與 R 語言後，筆者發現竟然已經擺脫過去商業程式語言如 SAS、Gauss 或 Matlab 等版權更新與付費的困擾，畢竟 Python 與 R 語言皆屬於自由軟體而且版權更新不需額外付費；另一方面，Python 與 R 語言的功能愈來愈強，似乎已逐漸取代上述商業軟體。例如：Python 的靈活資料處理能力，往往令人目瞪口呆（瞠目結舌），嘆爲觀止，堪稱一絕；另一方面，R 語言於《財計》內，往往能扮演著「臨門一腳」的角色，亦讓人印象深刻。或者說，Python 讓人稱讚的部分是其資料處理能力，而 R 語言之完整的統計處理能力，亦不惶多讓。有幸，於《財計》內，讓我們皆見識到了。換句話說，《財計》是以 Python 爲主，而以 R 語言爲輔。

《財計》的特色可以分述如下：

(1) 理論與實際兼顧，我們不再只是介紹枯燥的理論部分。不使用程式語言，有時眞的「寸步難行」；也就是說，不使用程式語言，有時筆者反而不知如何介紹。
(2) 利用 Python，我們可以輕易地從 Yahoo 內下載多檔國內外上市（櫃）股票或其他歷史資料。
(3) 利用 Python，我們可以輕易地處理龐大的資料。
(4) 透過 Python（或 R 語言）函數或自設函數的使用，財金理論不再是遙不可及。
(5) 當代財務理論是建立在多位諾貝爾經濟學得主如 Markowitz、Sharpe、Engle 或 Fama 等人的貢獻上，而《財計》內有介紹上述等人的主要貢獻。

(6) 以前是苦無樣本資料可供練習以及不知如何操作，《財計》卻提醒我們其實並不難。

《財計》的主要目的是欲介紹 CER 模型、Markowitz 的資產組合理論、CAPM 與多因子模型等觀念。早期，由於電腦資訊不發達，故上述觀念只停留於我們的腦中無法實際操作。如今，透過 Python 的使用，未必只有研究生以上程度的讀者方能接觸。另一方面，除了筆者之其他「使用 Python」等書之外，筆者的另一目的是想多提供 Python 操作的練習。換言之，過去不曾考慮使用程式語言，而當代的特色是已對程式語言不陌生，我們看到了時代的進步。《財計》仍沿襲筆者過去書籍的特色，即只要能應用到程式語言部分，《財計》皆有提供對應的完整程式碼供讀者參考。

《財計》的閱讀對象倒未必局限於財金領域，只要對上述領域有興趣的讀者，《財計》當然歡迎；只不過讀者最好有操作過《資處》或《統計》的經驗，畢竟《財計》是使用 Python，而當代財務理論是建立在基本的統計學基礎上。因此，《財計》的門檻並不高；或者說，因皆可用 Python 的模組或 R 的程式套件內的函數指令估計，是故讀者的壓力其實並不大，反而可以多多練習 Python 指令的使用。

《財計》共分 10 章說明，其中第 1 章是介紹金融資產報酬率的計算，其中包括資產組合報酬率的計算，當然我們是使用 Python 計算。第 2 章除了介紹隨機變數的觀念以及重要的機率分配之外，另外亦引入最大概似估計法。由於面對的是多變量變數的情況，《財計》需要用矩陣型態來處理。第 3 章介紹一些基本的矩陣代數操作。第 4 章則進一步介紹多變量隨機變數觀念；比較特別的是，該章亦引進多變量常態分配與 t 分配的使用。第 5 章除了分別出恆定性與非恆定性的差異外，並且介紹 CER 模型的特徵；另一方面，該章亦說明了時間序列模型內的 ARIMA 模型。

第 6 章簡單介紹報酬率之間相互依存的 VAR 模型，並且分別出縮減式 VAR 模型與結構式 VAR 模型之不同。第 7 與 8 章開始介紹 GARCH 模型，其可用於估計資產的波動頻率，其中第 7 章屬於單變量 GARCH 模型，而第 8 章則介紹多變量 GARCH 模型。第 9 與 10 章則是《財計》的重心，其可以分成資產組合理論與資本資產定價模型二主題。因此，《財計》其實可以分成三大部分，其中第一部分爲基本觀念的介紹，而以第 1~4 章說明；第二部分則屬於時間序列模型，共以第 5~8 章介紹。最後是屬於資產組合理論與資產定價模型，我們則以第 9~10 章說明。

筆者是在無意中接觸與使用 Python，當初只是頗訝異爲何於網路上有那麼多人在使用 Python？沒想到多接觸 Python 後，發現應該已經無法擺脫 Python 了。當各種領域逐漸用 Python 取代原本的程式語言，最後集大成的將是 Python！？當然，筆者不知其他專業領域，但是就財金專業領域而言，仿佛已經逐漸看到了改變。我們似乎看到了“Gauss-Matlab-R-Python”的趨勢？當然，時間會證明一切。《財計》內仍附上兒子的一些作品，與大家共同勉勵。感謝內人提供一些意見，筆者才疏識淺，倉促成書，錯誤難免，望各界先進指正。最後，祝　操作順利。

林進益

寫於臺南關子嶺

2022/11/7

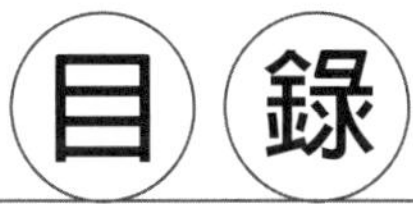

Contents

報酬率

本章將介紹資產報酬率的計算。爲了降低篇幅，本書所討論的資產絕大部分是股票資產；因此，本章的資產報酬率計算，指的就是股票資產或由不同股票資產所構成的資產組合（portfolio）的報酬率。通常，我們有二種方式計算資產或資產組合的報酬率，其中之一是簡單報酬率，而另外一種則是連續（複利）報酬率的計算。雖然連續報酬率的計算可以簡易許多數學與統計模型的操作，不過簡單報酬率的計算卻較符合直覺的判斷；雖說如此，我們發現連續報酬率的計算仍較占優勢。本章將說明上述二種計算方式的差異，於電腦程式語言如 Python 或 R 的輔助下，其實上述二種計算方式皆不難操作。

如序言所述，本書仍延續作者之前著作的特色，即任何計算、模擬、估計、編表或甚至於繪圖等動作，光碟內皆附有完整的Python與部分R程式碼供讀者參考①；換言之，讀者最起碼要有操作過《資處》、《統計》或《選擇》的經驗。

1.1 貨幣的時間價值

本節複習貨幣時間價值的計算，其中包括現值（present value）、未來值（future value）、簡單利息與複利等觀念，讀者自然可以將其推廣至如《財統》與《財數》等書②所論及的觀念。

① 本書皆於 Spyder IDE 5.1.5 或 R 4.2.1 下操作。
② 上述二書皆使用 R 語言，讀者可以嘗試將其轉成用 Python 操作。

1.1.1 現值、未來值與簡單利率

假定我們投資本金（現值）而以簡單（年）利率計算，則 n 年後的本利和（未來值）可寫成：

$$FV_n = PV(1+R)^n \quad (1\text{-}1)$$

即上式是假定複利（即利滾利）是於年末計算。我們舉一個例子說明（1-1）式，試下列指令：

```
PV = 1000
R = 0.06
FV1 = PV*(1 + R)
FV5 = PV*(1 + R)**5
FV10 = PV*(1 + R)**10
FV = [FV1,FV5,FV10]
np.round(FV,2) # array([1060. , 1338.23, 1790.85])
```

透過（1-1）式，自然可以得出「現值」為：

$$PV = \frac{FV_n}{(1+R)^n} \quad (1\text{-}2)$$

於 PV、FV_n 與 n 已知下，我們亦可以透過（1-2）式推導出（年）利率為：

$$R = \left(\frac{FV_n}{PV}\right)^{1/n} - 1 \quad (1\text{-}3)$$

試下列指令：

```
def AIrate(PV,FV,n):
    R = (FV/PV)**(1/n)-1
    return R
np.round(AIrate(PV,FV10,10),2) # 0.06
```

即針對（1-3）式，我們以自設函數的方式計算；換言之，上述現值與未來值的計算，讀者其實亦可以自設函數的方式表示（習題）。

接下來，透過（1-2）式亦可得到[③]：

$$n = \frac{\log\left(FV_n / PV\right)}{\log\left(1+R\right)} \tag{1-4}$$

即利用（1-4）式可以得到投資期限 n。通常，利用（1-4）式，我們可以計算所謂的「70 法則（rule of 70）」，即經過 n 年本金可增加 1 倍，即 $FV_n = 2PV$，代入（1-4）式可得：

$$n = \frac{\log 2}{\log\left(1+R\right)} \approx \frac{0.7}{R} \tag{1-5}$$

其中 $\log 2 \approx 0.7$ 與 $\log(1+R) \approx R$。

我們亦舉一個例子說明，試下列指令：

```
def Periods(PV,FV,R):
    return np.log(FV/PV)/np.log(1+R)
np.round(Periods(PV,FV5,R),2) # 5.0
n = np.zeros(len(FV))
for i in range(len(FV)):
    n[i] = np.round(Periods(PV,FV[i],R),2)
n # array([ 1., 5., 10.])
```

即根據（1-5）式，我們自設一個函數 Periods(.) 能找出投資期限 n 值。我們再試試：

```
n1 = Periods(PV,2*PV,R) # 11.895661045941875
n2 = Periods(PV,2*PV,0.07) # 10.244768351058712
PV*(1+R)**n1 # 2000.0
```

③ 注意本書的對數函數 log(.) 皆是指自然對數函數。

```
PV*(1+0.07)**n2 # 2000.0
0.7/0.07 # 9.999999999999998
```

即利用上述函數 Periods(.)，可知若利率爲 6% 固定不變，根據（1-1）式的投資方式，約經過 11.9 年，期初的投資金額會增加 1 倍；同理，若利率爲 7%，則約經過 10.24 年，期初的投資金額爲 1,000 會變成 2,000（底下省略元）。

值得注意的是，根據（1-5）式，若利率固定爲 7%，經過 10 年，期初的投資金額會增加 1 倍；是故，相對於（1-4）式而言，（1-5）式的計算方式相當簡易，故（1-5）式亦可以稱爲「70 法則」。「70 法則」是一種相當有意思的計算方式，我們可以將其延伸。例如：將利率以成長率取代，一家公司的營業額（或資本額）若每年有 3.5%（7%）的成長率，則該公司的營業額（或資本額）豈不是經過 20（10）年後會增加 1 倍嗎？表 1-1 分別列出於不同利率下，根據（1-4）與（1-5）式的計算結果，讀者除了比較看看之外，亦可以思考表 1-1 的內容是如何透過 Python 編製。

表 1-1　70 法則的例子

利率	**0.01**	**0.02**	**0.03**	**0.04**	**0.05**	**0.06**	**0.07**	**0.08**	**0.09**
實際 **n**	69.66	35	23.45	17.67	14.21	11.9	10.24	9.01	8.04
70 法則	70	35	23.33	17.5	14	11.67	10	8.75	7.78

說明：「實際 n」是根據（1-4）式，而「70 法則」係根據（1-5）式計算而得。

習題

(1) 何謂 70 法則？試解釋之。

(2) 續上題，也許應稱爲「72 法則」。爲什麼？

(3) 續上題，若一項投資宣稱皆爲維持 5.04% 的報酬率，問何時投資報酬會增加 1 倍？

(4) 試自設一個計算 PV 的函數，其中 $FV_{10} = 1790.85$ 與 $R = 0.06$。

(5) 續上題，令 FV_{10} 不變，試分別繪製出 $R = 0.05, 0.06$ 的 PV 曲線。

(6) 續上題，於所計算的 PV 皆固定不變下，試求 R 與期間。

1.1.2 複利

若利息是每年計算 m 次，則於利率固定不變下，n 年後的本利和爲：

$$FV_n^m = PV\left(1+\frac{R}{m}\right)^{mn} \tag{1-6}$$

假定 $PV = 1{,}000$、$R = 0.1$ 與 $n = 1$，表 1-2 列出不同 m 下之複利未來值結果。我們知道於 $m \to \infty$ 下可得：

$$FV_n^c = \lim_{m\to\infty} PV\left(1+\frac{R}{m}\right)^{mn} = PV \cdot e^{rn} \tag{1-7}$$

其中 $e^{(\cdot)}$ 是指數函數，如 $e^1 = 2.71828$；另外，r 爲連續複利利率，而 R/m 可稱爲計息期利率（period interest rate）。

表 1-2　$PV = 1{,}000$、$R = 0.1$ 與 $n = 1$

m	1	2	4	365	10000[④]
FV	1100	1102.5	1103.813	1105.156	1105.17

我們從表 1-2 或圖 1-1 內可看出每日計息一次已非常接近連續複利了；或者說，也許我們無法理解「連續複利」的意義，不過若將其想成「每日計息」的計算方式，其實誤差也不會太大。利用（1-7）式，我們進一步計算於連續複利下，對應的現值、連續利率與投資期限分別爲：

$$PV = FV_n \cdot e^{-rn}、r = \frac{1}{n}\log\left(FV_n / PV\right) 與 n = \frac{1}{r}\log\left(FV_n / PV\right) \tag{1-8}$$

（1-8）式的例子可爲：

```
n3 = 5
FVc1 = PV*np.exp(0.1*n3) # 1648.7212707001281
FVc1*np.exp(-0.1*n3) # 1000.0
r3 = (1/n3)*np.log(FVc1/PV) # 0.1
(1/r3)*np.log(FVc1/PV) # 5.0
```

④ 編按：本書圖、表爲忠於軟體系統匯出原始資料，故數字千分位不加「,」。

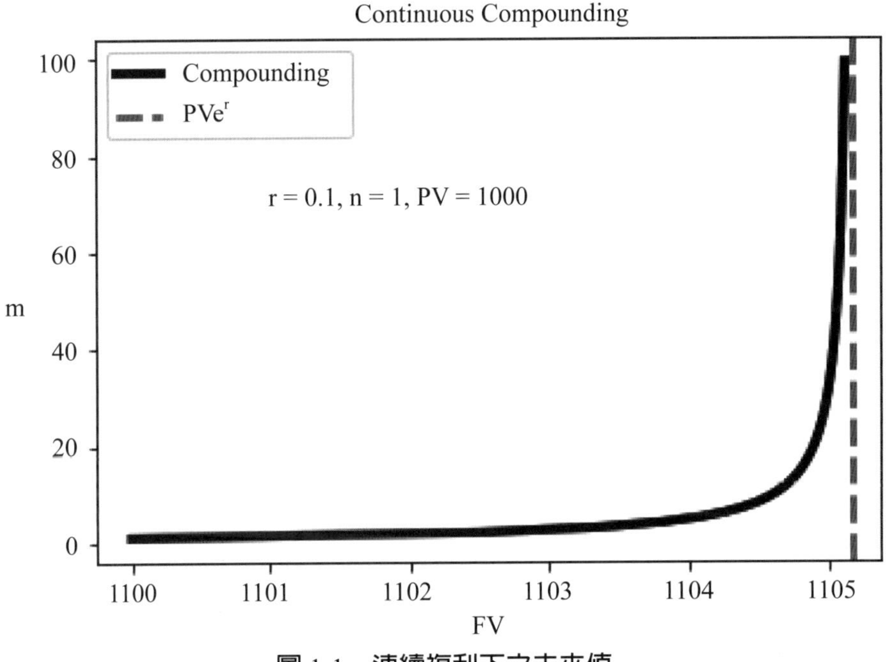

圖 1-1　連續複利下之未來值

讀者應能一目了然。

1.1.3 有效年率

我們現在可以看出簡單利率、計息期利率、有效年（利）率（effective annual rate）與連續利率之間的關係。例如：於利率爲 6% 以及每季計算利息下，投資 1,000，1 年可得：

$$1,000\left(1+\frac{0.06}{4}\right)^4=1,061.36$$

有效年率 R_a 是指當 $1,000(1+R_a)=1061.36$，可得：

$$Ra=\frac{1,061.36}{1,000}-1\approx 0.0614$$

是故，上述例子可寫成一般的形式如：

$$\left(1+R_a\right)^n = PV\left(1+\frac{R}{m}\right)^{mn} \quad (1\text{-}9)$$

換言之，於 $R = 0.06$、$m = 4$、$n = 1$ 與 $PV = 1,000$ 的假定下，可得 $R_a \approx 6.14\%$；也就是說，有效年率其實亦是一種簡單利率（相當於 1 年之約當利率），因有利滾利，故有效年率如上述之 R_a 略高於簡單利率如 R。

於 $n = 1$ 之下，根據（1-9）式可得 R_a 爲：

$$R_a = \left(1+\frac{R}{m}\right)^m - 1 \quad (1\text{-}10)$$

或是簡單利率 R 爲：

$$R = m[(1 + R_a)^{1/m} - 1] \quad (1\text{-}11)$$

根據（1-10）與（1-11）式，我們可以自設函數的方式表示，即：

```
def EAR(PV,R,m):
    FV = PV*(1+R/m)**m
    return FV/PV-1
EAR(1000,0.06,4) # 0.06136355062499965
def simplerate(Ra,m):
    return m*((1+Ra)**(1/m)-1)
simplerate(0.0614,4) # 0.060034856707833484
```

讀者可以檢視看看。利用上述 EAR(.) 函數，我們可以擴充表 1-2 的結果如表 1-3 所示，即後者將前者的結果轉換成有效年率。讀者可以思考如何利用 Python 分別編製表 1-2 與 1-3。

表 1-3　$PV = 1,000$、$R = 0.1$ **與** $n = 1$

m	1	2	4	365	10000
FV	1100	1102.5	1103.813	1105.156	1105.17
EAR	0.06	0.0609	0.0614	0.0618	0.0618

說明：EAR 表示有效年率。

最後，我們來看有效年率與連續利率之間的關係，試下列指令：

```
Rb = EAR(1000,0.06,4) # 0.06136355062499965
r1 = np.log((1+Rb))
r1 # 0.05955444997500229
```

其中 r1 表示連續利率。

習題

(1) 若 3 個月期的利率為 6% 與 6 個月期的利率為 7% 皆固定不變。上述二利率皆是年利率。阿德本金有 1,000，連續存了 4 個 3 個月與 6 個月 2.5 年，則阿德本利和為何？
(2) 續上題，對應的連續利率為何？
(3) 試分別繪製出於連續利率為 5% 下 0 至 24 個月的未來值曲線以及 1 年之不同連續利率的未來值曲線。
(4) 續上題，試繪製出對應的現值曲線。

1.2 資產報酬率

本節複習資產報酬率的計算[⑤]。我們將分別介紹簡單報酬率與連續報酬率的計算方式。如前所述，簡單報酬率較合乎直覺的計算方式，而連續報酬率的計算較適合應用於統計或數學模型。二種計算方式，我們應熟悉。

1.2.1 簡單報酬率

考慮於 t 期購買一種資產，其對應的價格為 $P(t)$，而於 $t+k$ 期以 $P(t+k)$ 的價格賣出，則持有 k 期的簡單報酬率可寫成：

$$R(t,t+k)=R_{t+k}(k)=\frac{P(t+k)-P(t)}{P(t)} \tag{1-12}$$

⑤ 本書所論及到的資產其實可包括股票、債券、外匯、共同基金（mutual fund）、指數股票型基金（exchange traded fund, ETF）與衍生性商品（derivative securities）等，其中股票、債券與外匯較耳熟能詳，而共同基金與 ETF 則較偏向於本書所論及到的資產組合觀念。本書並沒有討論衍生性商品。

（1-12）式內之 t 至 $t+k$ 期可稱為持有期間（holding period），故 $R_{t+k}(k)$ 可稱為持有 k 期之簡單報酬率[6]。

基本上，上述持有期間可以為例如：1 秒、5 分鐘、10 小時、2 天或甚至於 10 年等，不過為了簡化起見，本書皆將持有期間 k 視為日曆時間，即 t 值可能為日、週、月或年等。因此，（1-12）式亦可改為：

$$R(t,t+1)=R_{t+1}=\frac{P(t+1)-P(t)}{P(t)} \tag{1-13}$$

（1-13）式可再改寫成：

$$P(t)\left[1+R(t)\right]=P(t+1)\Rightarrow P_{t+1}=P_t(1+R_t) \tag{1-14}$$

即 $P(t+1)$ 可視為於簡單利率為 $R(t)$ 下，於 t 期投資 $P(t)$ 而於 $t+1$ 期得到的「本利和」。

（1-13）式可以推廣至計算 k 期持有之簡單報酬率。以 $k=2$ 為例，於 t 至 $t+2$ 期的簡單報酬率可寫成：

$$R(t,t+2)=\frac{P(t+2)-P(t)}{P(t)}=\frac{P(t+2)}{P(t)}-1 \tag{1-15}$$

換言之，（1-15）式可再改寫成：

$$R(t,t+2)=\frac{P(t+2)}{P(t+1)}\frac{P(t+1)}{P(t)}-1=\left[1+R(t,t+1)\right]\left[1+R(t+1,t+2)\right]-1 \tag{1-16}$$

是故，可得：

$$R(t,t+2)=R(t,t+1)+R(t+1,t+2)+R(t,t+1)R(t+1,t+2) \tag{1-17}$$

因此，只要 $R(t,t+1)$ 或 $R(t+1,t+2)$ 接近於 0，則可得：

---

[6] 於本書 $r(k)$ 或 $P(k)$ 可寫成 r_k 或 P_k；其次，$R_{t+2}(2)=R(t,t+2)$ 與 $R_{t+2}(1)=R(t+1,t+2)$。當然，$R_t(1)=\mathrm{R}(t-1,t)$ 或 $R_t(2)=\mathrm{R}(t-2,t)$，依此類推。

$$R(t, t+2) = R(t, t+1) + R(t+1, t+2) \tag{1-18}$$

上述（1-16）與（1-18）式可以推廣至 $k > 2$ 的情況，即：

$$\begin{aligned} 1 + R(t,t+k) &= \left[1 + R(t,t+1)\right]\left[1 + R(t+1,t+2)\right]\cdots\left[1 + R(t+k-1,t+k)\right] \\ &= \prod_{j=0}^{k-1}\left[1 + R\left(t+j,t+j+1\right)\right] \end{aligned} \tag{1-19}$$

同理，若 $R(t+j, t+j+1)$ 接近於 0，則：

$$R(t, t+k) = R(t, t+1) + R(t+1, t+2) + \cdots + R(t+k-1, t+k) \tag{1-20}$$

例 1　簡單報酬率的計算

試下列指令：

```
P1 = 100;P2 = 115
R1 = P2/P1-1 # 0.1499999999999999
P1*(1+R1) # 114.99999999999999
```

即根據（1-13）式可計算已知二個不同期價格之間的報酬率。

例 2　持有 2 期之簡單報酬率的計算

延續例 1，再試下列指令：

```
P3 = 110
R2 = P3/P1-1 # 0.10000000000000009
R11 = P3/P2-1 # 0.04761904761904767
(1+R1)*(1+R11)-1 # 0.10000000000000009
R1+R11+R1*R11 # 0.1000000000000001
R1*R11 # 0.0023809523809523855
R1+R11 # 0.09761904761904772
```

讀者可以檢視（1-17）與（1-18）式。

例 3 合併資料計算

延續例 1 與 2，我們可以合併價格與報酬率資料如：

```
P = np.array([P1,P2,P3])
R= P/P[0]-1 # array([0.  , 0.05, 0.1 ])
R11a = (P[2]-P[1])/P[1] # 0.047619047619047616
R2a = (P[2]-P[0])/P[0] # 0.1
```

即合併價格與報酬率資料如上述 P 與 R 所示，可以注意如何從 P 與 R 內找出個別元素。

例 4 TWI 的歷史資料

使用模組 yfinance，我們可以從 Yahoo 下載例如：TWI（臺灣加權股價指數）的歷史資料；換言之，於 2000/1/4～2022/4/30 期間，圖 1-2 分別繪製出 TWI 之日與月收盤價的時間走勢圖，可以注意下列指令：

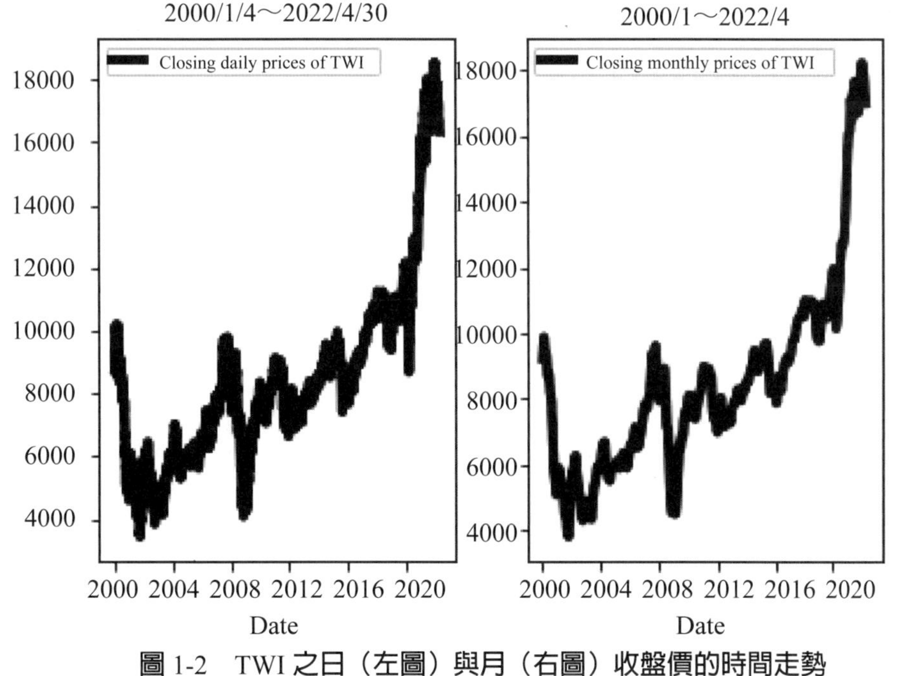

圖 1-2　TWI 之日（左圖）與月（右圖）收盤價的時間走勢

```
import yfinance as yf
# 首次使用 yfinance
# pip install yfinance
TWI = yf.download("^TWII", start="2000-01-01", end="2022-04-30")
twip = TWI.Close
twip.head(2)
# Date
# 2000-01-04    8756.549805
# 2000-01-05    8849.870117
# Name: Close, dtype: float64
twip.tail(2)
# Date
# 2022-04-28    16419.380859
# 2022-04-29    16592.179688
# Name: Close, dtype: float64
```

利用上述日收盤價資料，我們可以將其轉換成月資料如：

```
twipM = twip.resample('1M').mean()
twipM.head(2)
# Date
# 2000-01-31    9210.258154
# 2000-02-29    9873.222005
# Freq: M, Name: Close, dtype: float64
twipM.tail(2)
# Date
# 2022-03-31    17474.731658
# 2022-04-30    16998.779400
# Freq: M, Name: Close, dtype: float64
```

讀者亦可以練習轉成例如：週、季或年資料[7]。通常從網路下載資料，我們可以先檢視首尾資料以確定該資料是否下載正確。

例 5 TWI 之簡單日報酬率計算

續例 4，我們找出圖 1-2 內之 TWI 日收盤價的前 4 個資料後再分別計算對應的日簡單報酬率（%），其結果則列表如表 1-4 所示。可以注意表 1-4 內的報酬率是用百分比表示。利用表 1-4 內的結果，我們可以驗證（1-18）式是否成立？

表 1-4　TWI 之日資料與對應的日簡單報酬率（%）

Date	P	R1	R11	R1+R11	R2
2000-01-04 00:00:00	8756.55	--	--	--	--
2000-01-05 00:00:00	8849.87	1.0657	--	--	--
2000-01-06 00:00:00	8922.03	0.8154	1.0657	1.8811	1.8898
2000-01-07 00:00:00	8849.87	-0.8088	0.8154	0.0066	0

說明：P、R1、R11 與 R2 分別表示日收盤價、$R(t, t+1)$、$R(t+1, t+2)$ 與 $R(t, t+2)$，其中 t 爲 2000/1/4。

例 6 TWI 之簡單月報酬率計算

類似表 1-4 的編製，表 1-5 找出 TWI 之 2008/5～2008/8 期間的月收盤價，再根據上述收盤價計算對應的簡單月報酬率，我們可以發現（1-18）式並不易成立。例如：可檢視 2008/7 的情況。雖說如此，（1-17）式卻能成立，讀者檢視看看。

表 1-5　TWI 之月資料與對應的月簡單報酬率（%）

Date	P	R1	R11	R1+R11	R2
2008-05-31 00:00:00	8910.209				
2008-06-30 00:00:00	8180.002	-8.1952			
2008-07-31 00:00:00	7127.699	-12.8643	-8.1952	-21.0595	-20.0053
2008-08-31 00:00:00	7071.125	-0.7937	-12.8643	-13.6581	-13.556

說明：P、R1、R11 與 R2 分別表示月收盤價、$R(t, t+1)$、$R(t+1, t+2)$ 與 $R(t, t+2)$，其中 t 爲 2008/5。

[7] 可以參考《資處》。

例 7 收盤價與調整後之收盤價

上述報酬率的計算，我們是使用股票的收盤價，此當然對於「短線操作」的投資人影響不大，畢竟上述投資人有可能只著重於「波段價差」的決策；不過，倘若我們欲從事使用長期投資分析等策略，利用上述收盤價有可能會失眞，此時可以使用「調整後的收盤價」當作計算報酬率的根據，因爲後者較接近實際的情況[⑧]。於 Yahoo 內下載之股票或指數等資料，其亦有提供調整後之收盤價資料。試下列指令：

```
twiap = TWI['Adj Close']
twiap.head(2)
# Date
# 2000-01-04    8756.517578
# 2000-01-05    8849.837891
# Name: Adj Close, dtype: float64
twiap.tail(2)
# Date
# 2022-04-28    16419.380859
# 2022-04-29    16592.179688
# Name: Adj Close, dtype: float64
```

即上述 TWI 內亦有提供日調整後收盤價資料，讀者可以對照看看。我們另舉一個例子：

```
ticker = 'TSM'
start = '2000-1-1'
end = '2022-6-30'
TSM = yf.download(ticker, start, end, adjusted=True)
tsmC = TSM['Close']
tsmAC = TSM['Adj Close']
```

⑧ 例如：股票或基金有配息，投資報酬除了價差之外，還必須還原配息及配股對投資報酬率的影響，如此才能反映眞實的情況；是故，調整後收盤價是指收盤價經過配息或配股等調整後之價格。

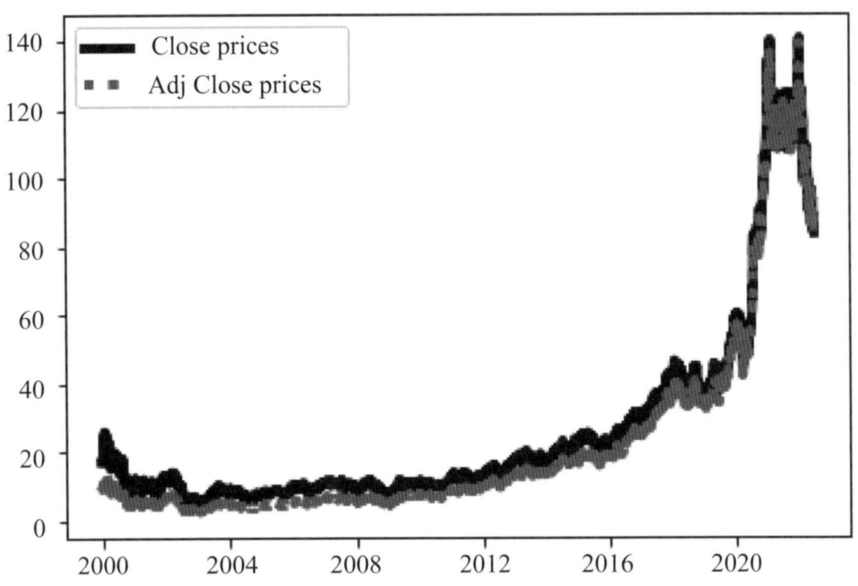

圖 1-3　TSM 之收盤價與調整後的收盤價的時間走勢（2000/1/1～2022/6/30）

例如：圖 1-3 繪製出 TSM（台積電 ADR）於 2000/1/1～2022/6/30 期間之日收盤價與日調整後收盤價資料之時間走勢，我們可看出二者的差異。底下的分析，我們有時會使用調整後收盤價以計算對應的報酬率。

例 8 週、月或季資料

上述是利用「平均價格」取得月資料，我們當然亦可以使用「最後一日」的方式取得對應的週、月、季或甚至於年資料。例如：

```
tsmACW = tsmAC.resample('W').last()
tsmACW.head(2)
# Date
# 2000-01-02    8.973813
# 2000-01-09    9.522213
# Freq: W-SUN, Name: Adj Close, dtype: float64
tsmACM = tsmAC.resample('M').last()
tsmACM.head(2)
# Date
```

```
# 1999-12-31     8.973813
# 2000-01-31    10.344813
# Freq: M, Name: Adj Close, dtype: float64
tsmACQ = tsmAC.resample('Q').last()
tsmACQ.head(2)
# Date
# 1999-12-31     8.973813
# 2000-03-31    11.366832
# Freq: Q-DEC, Name: Adj Close, dtype: float64
tsmACY = tsmAC.resample('Y').last()
tsmACY.head(2)
# Date
# 1999-12-31    8.973813
# 2000-12-31    4.403151
# Freq: A-DEC, Name: Adj Close, dtype: float64
```

可以注意我們是使用 ".last()" 指令取得。讀者應能瞭解上述指令的意思。

例 9 簡單報酬率的另外一種計算方式

簡單報酬率亦有下列的計算方式如：

```
tsmACr = 100*(tsmAC/tsmAC.shift(1)-1).dropna()
tsmACr.head(2)
# Date
# 2000-01-03    5.277763
# 2000-01-04    0.659678
# Name: Adj Close, dtype: float64
tsmACr1 = 100*tsmAC.pct_change().dropna()
tsmACr1.head(2)
# Date
# 2000-01-03    5.277763
# 2000-01-04    0.659678
```

```
# Name: Adj Close, dtype: float64
tsmACr2 = 100*tsmAC.pct_change().apply(lambda x: x).dropna()
tsmACr2.head(2)
# Date
# 2000-01-03    5.277763
# 2000-01-04    0.659678
# Name: Adj Close, dtype: float64
```

讀者可以體會看看。

例 10 另外從 Yahoo 下載資料方式

試下列指令：

```
from pandas_datareader import data
Two = data.DataReader(['2330.tw','2454.tw'],'yahoo',
            start='2018/01/01',end='2022/8/31')['Adj Close']
Two.head(2)
# Symbols         2330.tw      2454.tw
# Date
# 2018-01-02   202.319656   234.750885
# 2018-01-03   206.235535   241.998764
```

即亦可從 Yahoo 下載臺股個股之歷史資料，只要輸入臺股之代號即可。再試試：

```
ticker4 = ['2886.tw','2603.tw','2303.tw','5351.TWO']
X = yf.download(ticker4,start='2019-1-01',end='2022-07-31',adjusted=True)
X.head(2)
#              Adj Close                          ...          Volume
#               2303.TW    2603.TW     2886.TW  ...    2603.TW      2886.TW    5351.TWO
# Date                                          ...
# 2019-01-02  9.232501   9.667533    19.217915  ...  5148552.0   13307657.0   206687.0
# 2019-01-03  9.066149   9.626914    19.217915  ...  5084558.0   12652406.0   212737.0
# [2 rows x 24 columns]
```

即使上櫃之個股資料亦可下載，注意上述指令的表示方式。

例 11 道瓊指數個股資料之下載

先試下列指令：

```
Dow = pd.read_excel('E:\\all3\\FinComp\\ch9\\Dow.xlsx')
Stocks = Dow['Symbol']
Stocks1 = Stocks.tolist()
```

讀者先可以檢視 Dow.xlsx 檔案[9]。接著下載道瓊指數各成分股之個股資料如：

```
Dat = yf.download(Stocks1, start="2019-03-20", end="2022-07-31")
Dat.head(2)
#          Adj Close                      ...   Volume
#                    AAPL        AMGN          AXP  ...        VZ      WBA      WMT
# Date                                              ...
# 2019-03-19  45.276577  172.537537  107.299950 ... 13462700  5880900  5414400
# 2019-03-20  45.672226  172.204147  105.490509 ... 11902900  5171700  6323100
# [2 rows x 180 columns]
```

即我們可以同時下載許多個股資料。

習題

(1) 利用圖 1-2 內的 TWI 日收盤價資料，試計算持有 2 日報酬率。
(2) 上題，是檢視（1-18）式是否成立？
(3) 利用圖 1-2 內的 TWI 日收盤價資料，試轉換成年收盤價資料。
(4) 續上題，試繪製出年報酬率時間走勢。
(5) 續上題，是檢視（1-18）式是否成立？
(6) 上網蒐集 S&P 500 個股檔案名稱，並利用 Yahoo 下載 2019/3/20～2022/7/31 期間 S&P 500 個股之日調整收盤價資料。

---

[9] 該檔案內爲道瓊指數成分股名稱。

(7) 續上題，試計算上述個股之日調整收盤價所對應的簡單報酬率後再存檔。

(8) 上網蒐集 50 檔臺灣 ETF 檔案名稱，並利用 Yahoo 下載 2019/3/20～2022/7/31 期間上述 ETF 之日調整收盤價資料；另一方面，亦下載同時期 TWI 之日調整收盤價資料。

(9) 續上題，試計算上述 ETF 之日調整收盤價所對應的簡單報酬率後再存檔。

(10) 續上題，將 ETF 與 TWI 資料分別轉成週與月資料，隨意找出一檔 ETF，試分別繪製出週與月之 TWI 對 ETF 報酬率的散布圖。

1.2.2 一些調整

如前所述，本書較偏向於股票資產報酬率的計算，因此資產報酬率內自然應包括股利收益部分；另一方面，針對通貨膨脹或國外投資等因素，其實資產報酬率可做一些調整。

股利

若資產於 $t-1$ 與 t 期之間有包括股利收益 d_t，則持有該資產的總淨收益報酬率可寫成：

$$R_t^{total} = \frac{P_t - P_{t-1} + d_t}{P_{t-1}} = \frac{P_t - P_{t-1}}{P_{t-1}} + \frac{d_t}{P_{t-1}} \tag{1-21}$$

其中 $(P_t - P_{t-1}) / P_{t-1}$ 稱爲資本利得率，而 d_t / P_{t-1} 則稱爲股利收益率（dividend yield）；是故，毛收益可寫成：

$$1 + R_t^{total} = \frac{P_t + d_t}{P_{t-1}} \tag{1-22}$$

換言之，若有考慮股利收益，前述例如：（1-19）式內的 $R(t, t+k)$ 可改成 R_{t+k}^{total}，其餘可類推。

我們舉一個例子說明。假定投資 A 公司股票 1 個月，期初價格爲 80，1 個月後 A 公司股票價格爲 85；另外，上述 1 個月期間 A 公司股利爲 1，我們可以計算投資 A 公司股票的報酬率爲：

```
Pt = 80;Pt1 = 85;dt = 1
Rt1 = (Pt1-Pt+dt)/Pt # 0.075
```

讀者當然可以計算對應的資本利得率與股利收益率。

通貨膨脹

上述報酬率的計算因沒有考慮物價因素，故實際上我們是計算實質（real）報酬率；或者說，若有考慮通貨膨脹因素，我們就必須區別出實質報酬率與名目（nominal）報酬率的差異。首先，我們分別出名目價格 P_t 與實質價格 p_t 之不同，即：

$$p_t = \frac{P_t}{CPI_t} \tag{1-23}$$

其中 CPI_t 表示 t 期消費者指數，而 CPI_t 可當作一般物價指標。（1-23）式的意義是名目價格用一般物價來看就是實質價格[⑩]，即一般物價上升（下降）相當於實質價格下降（上升）。

我們知道 t 期的 1 期實質報酬率 R_r^{real} 可寫成：

$$R_t^{real} = \frac{1+R_t}{1+\pi_t} - 1 \tag{1-24}$$

其中 $1+\pi_t = \dfrac{CPI_t}{CPI_{t-1}}$ 而可記得 $1+R_t = \dfrac{P_t}{P_{t-1}}$。（1-24）式並不難導出，讀者可試試[⑪]。

國外報酬率

令 P_t^d、P_t^f 與 e_t 分別表示 t 期之國內價格、國外價格與匯率（外幣之國內價

---

⑩ 例如：$\frac{4}{2}$可解釋成 4 用 2 來看就是 2 個 2。

⑪ 即：

$$R_r^{real} = \frac{p_t - p_{t-1}}{p_{t-1}} = \frac{P_t / CPI_t - P_{t-1} / CPI_{t-1}}{P_{t-1} / CPI_{t-1}} = \frac{P_t}{P_{t-1}} \frac{CPI_{t-1}}{CPI_t} - 1$$

$$\Rightarrow 1 + R_t^{real} = \frac{P_t}{P_{t-1}} \frac{CPI_{t-1}}{CPI_t} = \frac{P_t}{P_{t-1}} \frac{1}{CPI_t / CPI_{t-1}} = \frac{1+R_t}{1+\pi_t} \Rightarrow R_t^{real} = \frac{1+R_t}{1+\pi_t} - 1$$

可得（1-24）式。

格）。上述三者的關係分別可寫成：

$$P_{t-1}^{d}=e_{t-1}P_{t-1}^{f} \text{ 與 } P_{t}^{d}=e_{t}P_{t}^{f} \tag{1-25}$$

因 $R_{t}^{d}=\dfrac{P_{t}^{d}-P_{t-1}^{d}}{P_{t-1}^{d}}$ 與 $R_{t}^{f}=\dfrac{P_{t}^{f}-P_{t-1}^{f}}{P_{t-1}^{f}}$，以及根據（1-25）式，整理後可得：

$$R_{t}^{d}=\left(1+R_{t}^{e}\right)\left(1+R_{t}^{f}\right)-1 \tag{1-26}$$

其中 R_{t}^{d} 與 R_{t}^{f} 分別表示 t 期之國內資產與國外資產分別保有 1 期的報酬率；其次，$R_{r}^{e}=e_{t}/e_{t-1}$ 表示外匯資產的報酬率[12]。

例 1 預估股利

圖 1-4 分別繪製出 TSMC 之日收盤價與日本益比（PE ratio）的時間序列走勢（2000/1/4～2014/7/10）。上述資料係取自《財統》（資料來源：TEJ）。透過日收盤價與日本益比資料，其實我們取得預估之日股利與股利支付率，即：

$$PE_{t}=\frac{P_{t}}{E_{t}};\hat{d}_{t}=P_{t}/PE_{t}$$

其中 PE_{t}、P_{t}、E_{t} 與 $\hat{d}_{t}$ 分別表示 t 期之本益比、價格、營收如 EPS 與股利預測值；另一方面，本益比的倒數不是可用於預測未來的股利支付率嗎？利用圖 1-4 內的資料，圖 1-5 分別繪製出對應的日預估股利與日預估股利支付率的時間走勢圖，讀者可以進一步計算對應的預估日報酬率為何？如習題所示。

[12] 即若 $R_{t}^{e}>0$ 表示外幣升值；同理，若 $R_{t}^{e}<0$ 表示外幣貶值。

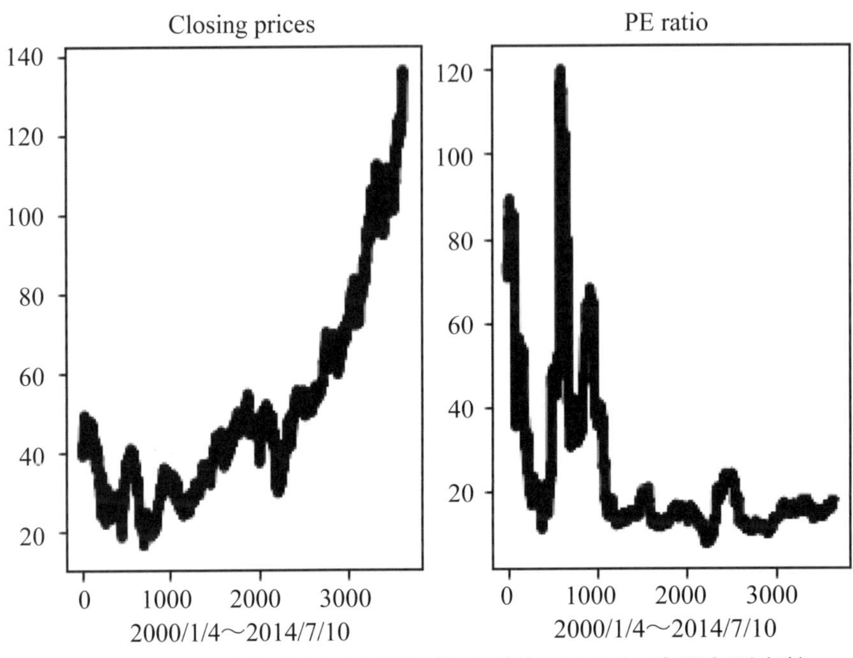

圖 1-4　TSMC 之收盤價（左圖）與本益比（右圖）時間序列走勢

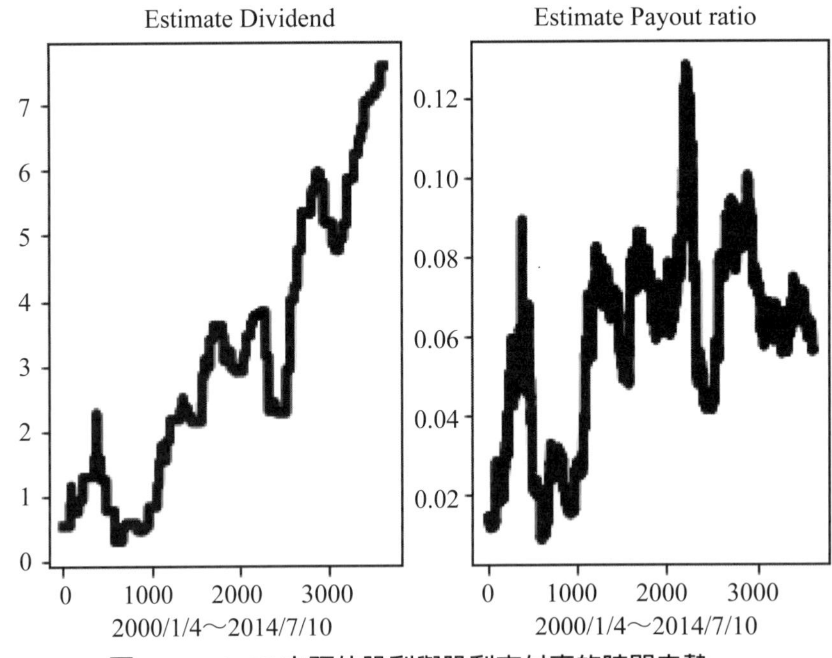

圖 1-5　TSMC 之預估股利與股利支付率的時間走勢

例 2 通貨膨脹（率）的考慮

利用圖 1-2 內的資料以及至主計總處下載 2017 年的月 CPI 資料，我們可以分別計算 2017 年 TWI 之名目與實質月報酬率走勢，如圖 1-6 所示。讀者可以思考如何繪製出圖 1-6 的結果，可以參考所附的檔案。

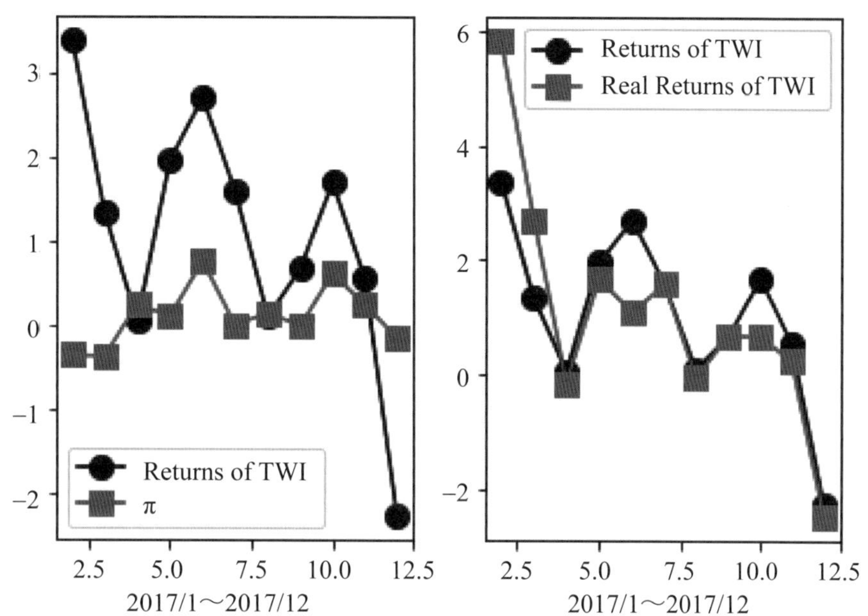

圖 1-6　TWI 之月報酬率與通貨膨脹率之時間走勢（左圖）以及名目與實質 TWI 之月報酬率時間走勢（右圖）（2017 年）

例 3 TWI 的報酬率轉換成用美元報酬率表示

利用圖 1-2 內的資料，若欲將例如：2018 年的 TWI 月報酬率轉換成用美元計價的報酬率，應如何做？直覺而言，首先可以將 2018 年的月收盤價轉換成以美元表示，故可至例如：中央銀行下載 2018 年的新臺幣兌美元匯率（月匯率）並將上述月收盤價全數轉換成用美元表示，然後再分別計算對應的月報酬率，我們姑且將其稱爲方法 1。

方法 2 是利用（1-26）式，即該式可改寫成：

$$R_t^f = \frac{\left(1+R_t^d\right)}{\left(1+R_t^e\right)} - 1 \tag{1-26a}$$

表 1-6 分別列出 TWI 之月報酬率以及利用上述方法 1 與方法 2 所計算的結果，我們發現後二者的結果完全相同（完整的結果可參考所附檔案）；另一方面，因有匯率因素，TWI 的報酬率與用美元報酬率表示並不相同。

表 1-6　TWI 之月報酬率以及用美元計價的月報酬率（2018）

Date	Returns	US returns_1	US returns_2
2018-01-31 00:00:00	--	--	--
2018-02-28 00:00:00	-0.0261	-0.0217	-0.0217
--	--	--	--
2018-11-30 00:00:00	-0.0265	-0.025	-0.025
2018-12-31 00:00:00	-0.007	-0.006	-0.006

說明：第 2～4 欄分別表示 TWI 之月報酬率、方法 1 與方法 2 所計算的報酬率。

例 4　年率化

利用圖 1-2 內的資料，可得 2000/1/5 與 2000/1 的報酬率分別約為 1.07% 與 7.2%。有些時候面對不同頻率計算的報酬率，我們可以將其轉換成年報酬率後再比較，即：

```
Rd1 = twiR[0] # 0.010657201133035699
RM1 = twiRM[0] # 0.07198102808900808
arate1 = (1+Rd1)**250-1 # 13.156917284318041
Ma = (1+RM1)**12-1 # 1.302741518710755
(arate1+1)**(1/250)-1 # 0.010657201133035699
(Ma+1)**(1/12)-1 # 0.07198102808900808
(1+1315.69/100)**(1/250)-1 # 0.01065719619734784
```

其中 twiR 與 twiRM 表示 TWI 之日與月報酬率，即上述日與月報酬率皆為 twiR 與 twiRM 的第 1 個資料。利用（1-19）式，我們可以將上述日報酬率為 1.07% 與月報酬率為 7.2% 轉換成年報酬率（假定 1 年有 250 個交易日）表示，即其對應的年報酬率分別約為 1,315.69% 與 130.27%。因皆轉為年報酬率，故上述報酬率可以直接比較[13]。

習題

(1) 續例 1，試計算並繪製出 TSMC 不含以及含預估股利的日報酬序列。

(2) 利用圖 1-2 的 TWI 日收盤價資料，試計算並繪製出日與月報酬率之年率化資料。

(3) 某一投資案費時 10 年，總報酬率爲 200%，年報酬率爲何？

(4) 另一投資案費時 5 年，總報酬率爲 100%，年報酬率爲何？

(5) 至主計總處下載 2017/1～2022/4 期間的 CPI 資料並將其轉換成通貨膨脹率（即 CPI 的年增率），應如何計算？

(6) 續上題，利用（1-24）式，試計算 2018/1～2022/4 期間 TWI 之月實質報酬率。

(7) 續上題，繪圖或編表顯示名目與實質月報酬率之差異。

(8) 本節 TWI 之月報酬率是使用月平均計算，倘若使用每月「最後一日」取代，結果會如何？若使用調整後的收盤價呢？

1.2.3 連續報酬率

令 R_t 爲 $t-1$ 期至 t 期的簡單報酬率，則對應的連續報酬率 r_t 爲：

$$r_t = \log(1+R_t) = \log\left(\frac{P_t}{P_{t-1}}\right) = \log P_t - \log P_{t-1} \tag{1-27}$$

因此，連續報酬率又稱爲對數報酬率；或者說，對數價格的差異就是連續報酬率。根據（1-27）式可知：

$$e^{r_t} = 1 + R_t = \frac{P_t}{P_{t-1}} \Rightarrow P_t = P_{t-1}e^{r_t} \tag{1-28}$$

換言之，若與簡單報酬率 R_t 比較，因有「利滾利」，故 r_t 略低於 R_t。

連續報酬率用於計算多期的報酬率較爲簡易。例如：考慮持有期間爲 n 期的情況：

---

[13] 讀者不要被 1,315.69% 的報酬率「嚇到了」，即日報酬率爲 1.07%，使用（1-19）式隱含著每日皆要有 1.07% 的報酬率。若我們檢查 TWI 的實際日報酬率就可知「眞假」。

$$r_t(n) = r(t,t+n) = \log\left[1+R(t,t+n)\right] = \log\left(\frac{P_t}{P_{t-n}}\right) = \log P_t - \log P_{t-n} \quad (1\text{-}29)$$

因：

$$\begin{aligned} r_t(n) &= \log\left(\frac{P_t}{P_{t-n}}\right) = \log\left(\frac{P_t}{P_{t-1}}\frac{P_{t-1}}{P_{t-2}}\cdots\frac{P_{t-(n-1)}}{P_{t-n}}\right) \\ &= \log\left(\frac{P_t}{P_{t-1}}\right) + \log\left(\frac{P_{t-1}}{P_{t-2}}\right) + \cdots + \log\left(\frac{P_{t-(n-1)}}{P_{t-n}}\right) \\ &= r_t + r_{t-1} + \cdots + r_{t-(n-1)} \end{aligned} \quad (1\text{-}30)$$

換言之，（1-30）式隱含著連續多期報酬率竟是單期報酬率的相加；反觀，簡單報酬率的計算方式則為（1-19）式，其中上述 t 可以表示日、週、月或年等日曆時間[14]。

例 1　連續報酬率的計算

試下列指令：

```
P1 = 100;P2 = 105;d2 = 1
R1 = 100*((P2-P1)/P1) # 5.0
r1 = 100*(np.log(P2)-np.log(P1)) # 4.879016416943127
np.log(1+R1/100) # 0.04879016416943204
r1a = 100*(np.log(P2+d2)-np.log(P1)) # 5.826890812397512
R1a = 100*((P2+d2-P1)/P1) # 6.0
```

可看出只要 R1 值不大，r1 ≈ log(1 + R1/100)，其中 R1 值是用百分比表示；其次，若股利的發放為 1，則可計算含股利與不含股利的簡單報酬率與連續報酬率。

例 2　算術平均數

考慮 P_t、P_{t+1} 與 P_{t+2} 分別為 100、50 與 75。我們可以分別計算單期的簡單報酬

[14] 若 t 表示週或月以及 $n = 2$，則（1-30）式隱含著 2 週或 2 個月的連續報酬率是 2 個單週或 2 個單月報酬率的相加。

率，即 $R_t(1)$ 與 $R_{t+1}(1)$ 分別爲 –50% 與 50%，顯然對應的平均數[15]等於 0；不過，若使用連續的報酬率計算，則 $r_t(1)$ 與 $r_{t+1}(1)$ 分別約爲 −69.31% 與 40.55%，故對應的平均數約爲 –14.38%。明顯地，因 $R_t(1)$ 與 $R_{t+1}(1)$ 皆不接近於 0，故（1-18）式並不成立；換言之，因 $R_t(1)$ 與 $R_{t+1}(1)$ 值皆不接近於 0，簡單報酬率的相加並無意義！反觀，透過（1-30）式，我們可以計算平均連續報酬率。或者說，於上述 P_t、P_{t+1} 與 P_{t+2} 值之下，平均簡單報酬率爲 0 與平均連續報酬率爲 –14.38%，顯然前者的計算結果並不合理，而後者顯然因有考慮「複利」因素，使得我們不容易用直覺判斷。

同理，若上述的 $R_t(1)$ 與 $R_{t+1}(1)$ 值皆接近於 0，則根據（1-20）與（1-30）式，二者的結果差距不大。例如：

```
Pt1 = np.array([100,105,100])
(Pt1[1]-Pt1[0])/Pt1[0] # 0.05
(Pt1[2]-Pt1[1])/Pt1[1] # -0.047619047619047616
np.log(Pt1[1]/Pt1[0]) # 0.04879016416943204
np.log(Pt1[2]/Pt1[1]) # -0.048790164169432056
```

我們可看出價格之間的差距不大，使用簡單報酬率與連續報酬率方法計算的報酬率差距其實並不大。

例 3 幾何平均數

我們倒是可以利用（1-19）式計算幾何平均數（geometric mean），即：

$$G = \sqrt[n]{X_1 X_2 \cdots X_n}$$

舉一個例子說明：若年利率 5% 持續 1.5 年，3% 持續 2.5 年與 4% 持續 2.3 年，則對應的幾何平均數爲：

---

[15] 或稱爲算術平均數（arithmetic mean），即 $x_1, x_2, \cdots, x_n$ 表示 n 個觀察值，則對應的算術平均數（或簡稱爲平均數）爲 $\bar{x} = \frac{\sum_{i=1}^{n} x_i}{n}$。

```
Rc = 0.05;Rd = 0.03;Re = 0.04
G = ((1+Rc)**1.5*(1+Rd)**2.5*(1+Re)**2.3)**(1/(1.5+2.5+2.3))-1
G # 0.03838338082352322
```

於本書後面的章節內，應可看出我們所強調的是算術平均數而非幾何平均數。

例 4 簡單報酬率與連續報酬率

於（1-14）與（1-28）式內，若假定對應的 R_t 與 r_t 皆固定不變，則可得：

$$\begin{aligned}&P_t = P_{t-1}(1+R_t) \Rightarrow P_1 = P_0(1+R_t) \Rightarrow P_2 = P_1(1+R_t) = P_0(1+R_t)^2 \\ &\Rightarrow P_{t+n} = P_t(1+R_t)^n\end{aligned} \quad (1\text{-}31)$$

與

$$\begin{aligned}&P_t = P_{t-1}e^{r_t} \Rightarrow P_1 = P_0 e^{r_t} \Rightarrow P_2 = P_1 e^{r_t} = P_0 e^{2r_t} \\ &\Rightarrow P_{t+n} = P_t e^{nr_t}\end{aligned} \quad (1\text{-}32)$$

從（1-31)～(1-32）二式可看出 R_t 與 r_t 值所扮演的角色；不過，爲了強調價格的不確定性，我們分別於（1-31)～(1-32）二式內加進「誤差或干擾項」u_t，即：

$$P_{t+n} = P_t(1+R_t)^n + u_t \quad (1\text{-}33)$$

與

$$P_{t+n} = P_t e^{nr_t} e^{u_t} \quad (1\text{-}34)$$

換言之，從（1-31)～(1-32）式內可看出，於 R_t 與 r_t 值固定下，隨時間經過 P_t 的變動是可預測的，即二式皆有確定趨勢（deterministic trend），另一方面上述二式的價格彈性皆等於 1[16]。於《財數》內，上述二式稱爲固定成長模型。假定 $R_t = r_t = 0.2$，圖 1-7 的左圖分別繪製出（1-31)～(1-32）式的時間走勢，我們發現連續報酬

---

[16] 即根據價格彈性的公式爲$\dfrac{dP_t / P_t}{dP_{t-1} / P_{t-1}} = \dfrac{dP_t}{P_t}\dfrac{P_{t-1}}{dP_{t-1}} = \dfrac{dP_t}{dP_{t-1}}\dfrac{P_{t-1}}{P_t}$，故利用（1-31）與（1-32）式分別可得：

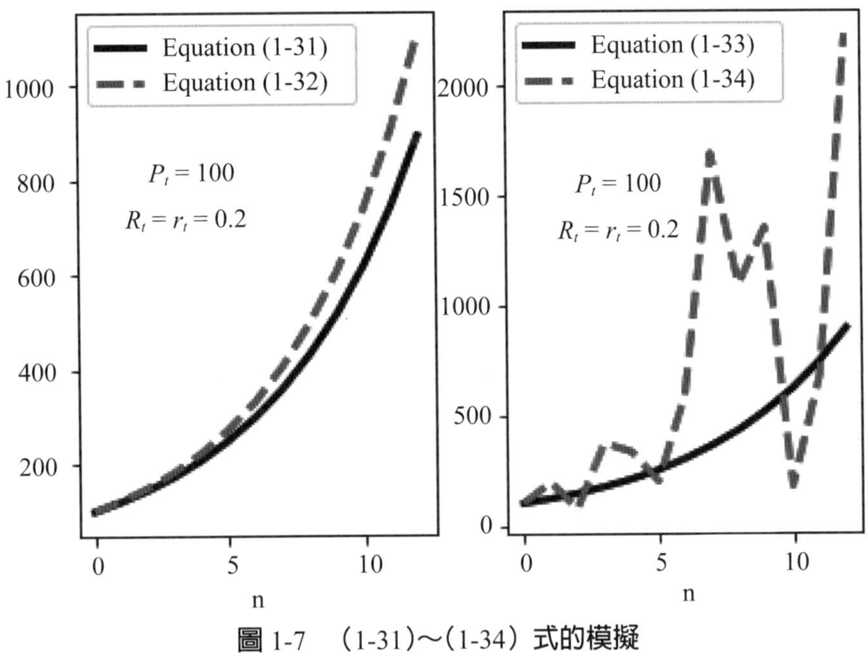

圖 1-7　(1-31)～(1-34) 式的模擬

率的走勢略高。

我們當然希望有一種模型能表現出價格的不確定性或是價格並不容易預測，此時可考慮（1-33）與（1-34）式。直覺而言，誤差項的加入應「模仿」(1-31）與（1-32）式，故於（1-33）與（1-34）式內誤差項的加入並不相同。假定 u_t 皆屬於 IID（獨立且相同）的標準常態分配的觀察值[17]，圖 1-7 的右圖分別繪製出（1-33）與（1-34）式的一種模擬結果，可以發現後者的價格波動較大，顯示出後者較有彈性。讀者可以檢視其他的模擬結果[18]。

例 5 報酬率推估價格

利用圖 1-2 內的 2000/6/5～2000/7/3 與 2016/9～2018/4 期間的 TWI 日與月收盤價資料，我們先分別計算單日與單月之簡單報酬率與連續報酬率，再分別利用（1-31）與（1-32）式推估出對應的日與月收盤價，圖 1-8 分別繪製出上述結果，讀者

$$\frac{dP_t}{dP_{t-1}} = e^{r_t} \Rightarrow \frac{dP_t}{dP_{t-1}}\frac{P_{t-1}}{P_t} = 1 \text{與} \frac{dP_t}{dP_{t-1}} = (1+R_t) \Rightarrow \frac{dP_t}{dP_{t-1}}\frac{P_{t-1}}{P_t} = 1$$

讀者可檢視看看。

[17] IID 表示獨立且相同分配（Independent and identically distributed, IID）。

[18] 讀者可以檢視所附的檔案並嘗試修改 np.random.seed(.) 內的數字後，再模擬一次看看。

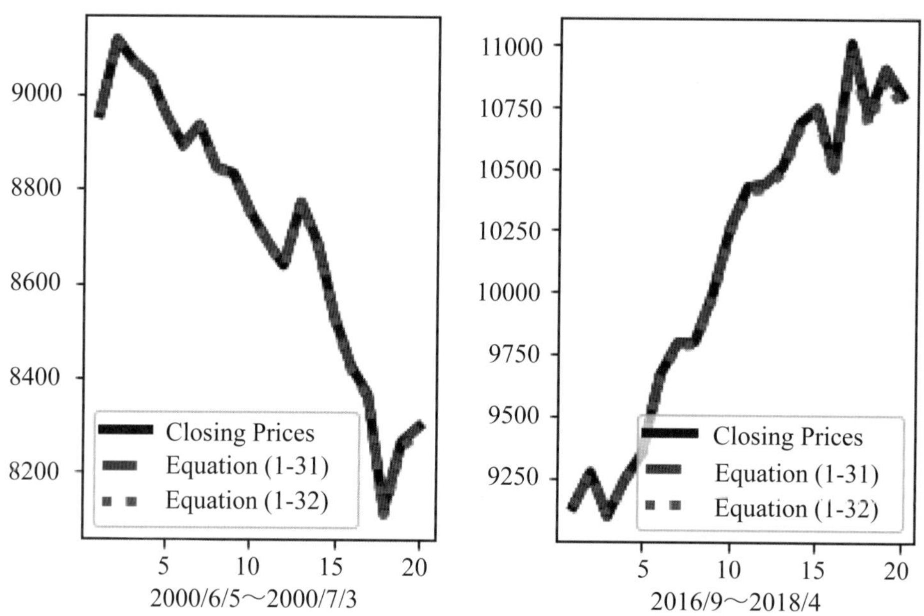

圖 1-8 TWI 之 2000/6/5～2000/7/3 與 2016/9～2018/4 期間的日與月收盤價資料以及利用對應的日與月之簡單報酬率與連續報酬率推估日收盤價

可以檢視看看，何者較接近實際收盤價？可以檢視所附檔案。換言之，圖 1-8 說明了我們可以透過日與月的報酬率（於期初價格已知下）推估出對應的收盤價。

例 6 通貨膨脹率的調整

根據（1-23）式，可知實質價格的連續報酬率可寫成：

$$r_r^{real} = \log\left(\frac{p_t}{p_{t-1}}\right) = \log\left(\frac{P_t / CPI_t}{P_{t-1} / CPI_{t-1}}\right) = \log\left(\frac{P_t}{P_{t-1}} \frac{1}{CPI_t / CPI_{t-1}}\right)$$
$$= \log\left(\frac{P_t}{P_{t-1}}\right) - \log\left(\frac{CPI_t}{CPI_{t-1}}\right) = r_t - \pi_t^c \quad (1\text{-}35)$$

其中 π_t^c 是指用「連續報酬率」的方式計算物價上漲率。

利用圖 1-6 內的資料，我們分別利用（1-24）與（1-35）式計算對應的 TWI 之月實質報酬率並且列表如表 1-7 所示。我們發現依（1-12）與（1-27）式所計算的月通貨膨脹率差距並不大，不過利用（1-24）與（1-35）式所計算的月實質報酬率竟有一些差距；換言之，於習題內可看出（1-35）式可用於推估（1-24）式，即前者的計算方式較簡易。

表 1-7　TWI 之月實質報酬率的計算（單位：%）

Date	pi	PI	rR	rr
2017-02-28	-0.3595	-0.3589	5.8306	3.6831
2017-03-31	-0.3708	-0.3701	2.6988	1.6918
2017-04-30	0.2407	0.241	-0.1525	-0.1889
2017-05-31	0.1101	0.1102	1.6679	1.8328
2017-06-30	0.7576	0.7605	1.1023	1.9075
2017-07-31	0	0	1.5816	1.5693
2017-08-31	0.1488	0.149	-0.0426	-0.0488
2017-09-30	-0.0099	-0.0099	0.6856	0.6765
2017-10-31	0.613	0.6148	0.6667	1.0643
2017-11-30	0.2461	0.2464	0.2487	0.3088
2017-12-31	-0.1476	-0.1475	-2.4682	-2.1298

說明：第 2～5 欄分別表示依（1-27）式計算的月通貨膨脹率、分別表示依（1-12）式計算的月通貨膨脹率、TWI 依（1-24）式計算的實質報酬率以及 TWI 依（1-35）式計算的實質報酬率。

例 7　國外資產報酬率的轉換

透過（1-26）式可知：

$$r_t^d \approx \log(1+R_t^d) = \log(1+R_t^e) + \log(1+R_t^f)$$
$$\approx r_t^e + r_t^f \quad (1\text{-}36)$$

其中 r_t^d 與 r_t^f 分別表示國內與國外之（連續）報酬率，而 r_t^e 則表示 t 期之匯率（連續）變動率。

例 8　連續報酬率的計算

延續 1.2.1 節的例 9，於 Python 內，連續報酬率亦有另外的計算方式，即：

```
twipr1 = 100*np.log(twip/twip.shift(1)).dropna()
twipr1.head(2)
# Date
# 2000-01-05     1.060081
# 2000-01-06     0.812075
# Name: Close, dtype: float64
twipr2 = 100*twip.pct_change().apply(lambda x: np.log(1+x)).dropna()
twipr2.head(2)
# Date
# 2000-01-05     1.060081
# 2000-01-06     0.812075
# Name: Close, dtype: float64
twipr3 = 100*np.log(twip).diff().dropna()
twipr3.head(2)
# Date
# 2000-01-05     1.060081
# 2000-01-06     0.812075
# Name: Close, dtype: float64
```

上述三種計算之結果完全相同。

習題

(1) 利用 Yahoo 下載 TSMC 之日 ADR 收盤價（2020/1/1～2022/4/30），並將其轉換成月收盤價。

(2) 續上題，取 2021 年之月收盤價資料並轉換成月報酬率。至中央銀行取得美元同期資料，並計算對應的美元價格變動率資料。

(3) 續上題，根據（1-26）與（1-36）式，分別計算國內的月報酬率。

(4) 續上題，二者的差距爲何？

(5) 利用上述之 ADR 月收盤價資料，試說明（1-30）式。

(6) 使用連續報酬率的計算方式有何優缺點？試說明之。

(7) 使用簡單報酬率的計算方式有何優缺點？試說明之。

(8) 利用 Yahoo 下載 TSMC 之 ADR 調整後日收盤價（2000/1/1～2022/6/30），並

將其轉換成月收盤價（利用每月最後一日）。試分別以簡單報酬率與連續報酬率方式計算其對應的日、月與季之報酬率。二者的差距爲何？

1.3 資產組合報酬率

考慮一項分別投資於資產 1 與 2 的組合。令 w_1 爲投資於資產 1 的比重，而 w_2 爲投資於資產 2 的比重。令投資於上述資產組合的總金額爲 V_p，則投資於資產 1 與 2 的金額分別爲[19]：

$$V_1 = w_1 V_p \text{ 與 } V_2 = w_2 V_p \tag{1-37}$$

理所當然，$w_1 + w_2 = 1$，其中若 $w_i < 0$ 表示可以放空 i 資產（$i = 1, 2$）。

於既定的期初投資金額 V_p 下，我們可以進一步計算 V_p 的投資報酬，即：

$$V_p[w_1(1 + r_1) + w_2(1 + r_2)] = V_p(1 + r_p) \tag{1-38}$$

其中 r_1、r_2 與 r_p 分別表示資產 1、2 與資產組合 p 的報酬率[20]。透過（1-22）式，可得：

$$r_p = w_1 r_1 + w_2 r_2 \tag{1-39}$$

即資產組合 p 的報酬率爲資產 1 與 2 的加權平均報酬率[21]。

---

[19] 即 $w_1 = \dfrac{V_1}{V}$ 與 $w_2 = \dfrac{V_2}{V}$，其中 V_1 與 V_2 分別表示投資於資產 1 與 2 的金額，故 $V_p = V_1 + V_2$ 表示資產組合的總價值（總金額）。

[20]（1-38）式並不難理解，即假定 r_1 與 r_2 爲已知，則投資於資產 1 的報酬爲 $w_1V_p(1 + r_1)$，依此類推。

[21]（1-39）式的取得如下：

$$V_p(1+r_p) = V_p\left[w_1(1+r_1) + w_2(1+r_2)\right]$$
$$\Rightarrow 1 + r_p = w_1(1+r_1) + w_2(1+r_2)$$
$$\Rightarrow 1 + r_p = 1 + w_1 r_1 + w_2 r_2$$
$$\Rightarrow r_p = w_1 r_1 + w_2 r_2$$

如所示。

例 1 **Tesla、Apple 與 Google 的歷史資料**

我們亦可以從 Yahoo 內下載 Tesla、Apple 與 Google 的歷史調整後日收盤價如：

```
three = ['TSLA','AAPL','GOOGL']
Three = yf.download(three, start="2020-01-01", end="2022-04-30")['Adj Close']
Three.head(2)
#                 AAPL       GOOGL      TSLA
# Date
# 2019-12-31   72.039894   66.969498   27.888666
# 2020-01-02   73.683578   68.433998   28.684000
Three.tail(2)
#                 AAPL        GOOGL       TSLA
# Date
# 2022-04-28   163.173264   118.522499   292.503326
# 2022-04-29   157.200348   114.109497   290.253326
tslap = Three['TSLA'];applp = Three['AAPL'];googlp = Three['GOOGL']
```

例 2 **繪製圖形**

續例 1，圖 1-9 分別繪製出於 2019/12/31～2022/4/29 期間 Tesla、Apple 與 Google 的調整日收盤價時間走勢，讀者可以檢視看看。

例 3 **合併成一個資料框**

續例 2，我們可以將上述日收盤價資料合併成一種資料框（data frame）如：

```
df3 = pd.DataFrame({'Tesla':tslap,'Apple':applp,'Google':googlp})
df3.head(2)
#                 Tesla      Apple      Google
# Date
# 2019-12-31   27.888666   71.920578   66.969498
# 2020-01-02   28.684000   73.561546   68.433998
df3.tail(2)
```

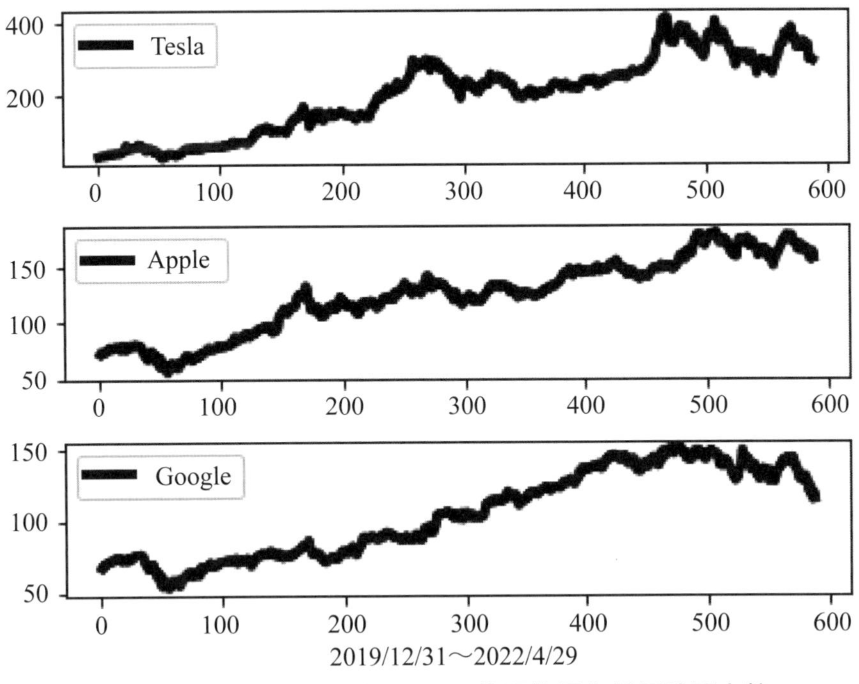

圖 1-9 Tesla、Apple 與 Google 的調整日收盤價時間走勢

```
#               Tesla       Apple        Google
# Date
# 2022-04-28    292.503326  162.903030   118.522499
# 2022-04-29    290.253326  156.940002   114.109497
```

例 4 計算資料框內的日報酬率

續例 3，利用 df3，我們進一步計算對應的（連續）日報酬率如：

```
df3a = 100*df3.pct_change().apply(lambda x: np.log(1+x)).dropna()
df3a.head(2)
#               Tesla      Apple      Google
# Date
# 2020-01-02    2.811910   2.255992   2.163251
# 2020-01-03    2.920261   -0.976960  -0.524507
```

例 5 計算平均數與標準差

續例 4，利用 df3a，我們可以計算對應的資產平均數與標準差如：

```
df3a.mean()
# Tesla    0.399069
# Apple    0.132930
# Google   0.090787
# dtype: float64
np.mean(df3a['Tesla']) # 0.39906877650192546
df3a.std()
# Tesla    4.633262
# Apple    2.309729
# Google   2.072263
# dtype: float64
np.std(df3a['Tesla']) # 4.629314148734029
```

讀者可以檢視看看上述平均數與標準差的意義爲何？或者如何算出？

例 6 效率前緣線

續例 5，有了 Tesla 與 Apple 的日報酬率時間序列資料，根據（1-23）式，我們可以計算或建構出「無限多」由上述二資產所構成的資產組合日報酬率資料，並進一步計算對應的平均數與標準差。圖 1-10 繪製出上述資產組合之「標準差對平均數」的曲線，我們姑且將該曲線稱爲「效率前緣線（efficient frontier）」（畢竟只考慮二種資產）[22]。

根據圖 1-10 的結果，我們可以看出資產組合的用處，即「效率前緣線」上任何一點是由 Tesla 與 Apple 所搭配而得；換言之，讀者可以猜想圖內的 A 點所代表的意義爲何？

---

[22] 本書後面章節將介紹多種資產的情況。

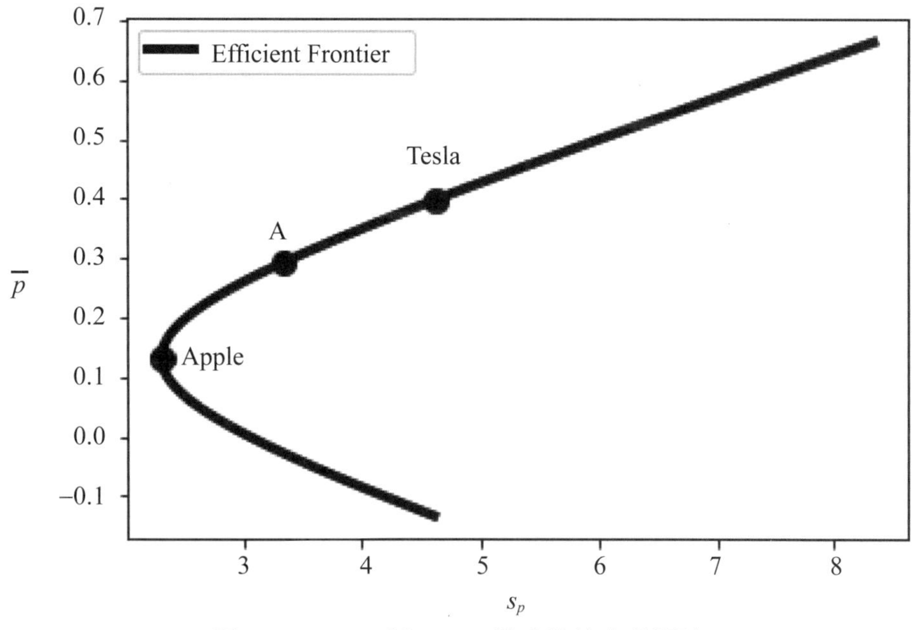

圖 1-10 Tesla 與 Apple 構成的效率前緣線

習題

(1) 圖 1-11 是重新繪製圖 1-10，試解釋圖內的 C 與 D 點的意思。

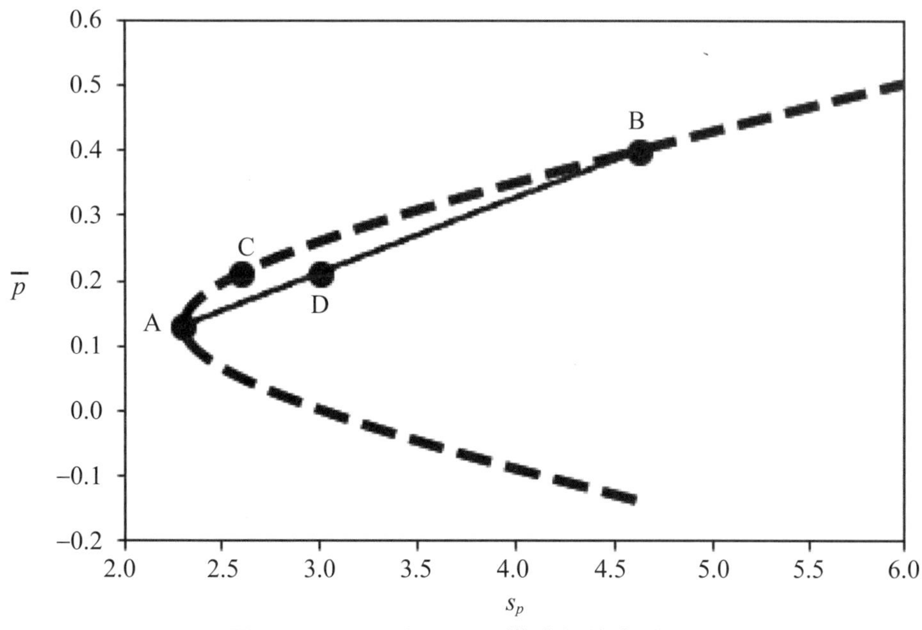

圖 1-11 Tesla 與 Apple 構成的效率前緣線

(2) 利用例 1 的資料，試分別計算 Apple 與 Google 之日對數報酬率的標準差。

(3) 續上題，試計算對應的波動率[23]，假定 1 年有 252 個交易日。何者波動較大？

(4) 試解釋如何繪製出圖 1-10。

[23] 波動率的意義與計算可以參考《選擇》。

隨機變數

第 1 章曾經使用許多例如：TWI、TSMC（或 TSM）、Tesla、Apple 以及 Google 等過去的收盤價，或是美元兌新臺幣價格（匯率）與 CPI 等歷史資料。上述資料的特色是過去已經發生了，也許我們檢視上述資料的目的之一是欲預測對應的未來走勢；或者說，其實我們有興趣的是上述資料是如何產生的？其實，我們已經知道了，因爲於數學或程式語言內，我們已經用變數來定義上述資料了。例如：令 t 期美元兌新臺幣價格爲 e_t，此時 e_t 爲一種變數，而我們蒐集過去的美元兌新臺幣價格資料則稱爲 e_t 的實現值或觀察值。若我們的目的只到此爲止，則上述 e_t 是一種確定的變數。

若我們進一步想要知道美元兌新臺幣價格資料的產生過程，則上述 e_t 就稱爲一種隨機變數（random variable, RV）了。舉一個例子說明。圖 2-1 繪製出 2001/1～2001/6 期間美元兌新臺幣的月匯率時間走勢，如果我們想要繼續探索圖內的資料是如何產生的，此相當於檢視圖內例如：2001/2 或 2001/5 的匯率是如何產生的？也就是說，圖內虛曲線上的一點所對應至垂直虛線處（如 A 點）皆有可能出現，而上述六個匯率的觀察值（或實現值）只是其中六個結果而已。如此，可看出隨機變數 e_t 的特色。

上述隨機變數 e_t 具有下列的特色：

(1) 我們可以分別出確定變數與隨機變數的差別，前者是一旦有觀察值或實現值，就不會存在其他的觀察值，而後者卻有可能仍存在更多的觀察值。例如：於圖 2-1 內，檢視 2001 年 5 月，除了已經觀察到的 33.251 價位外，事先我們有可能會預測實際的價位爲 A 點；同理，於其他的時間點內，亦有可能會有類似的結

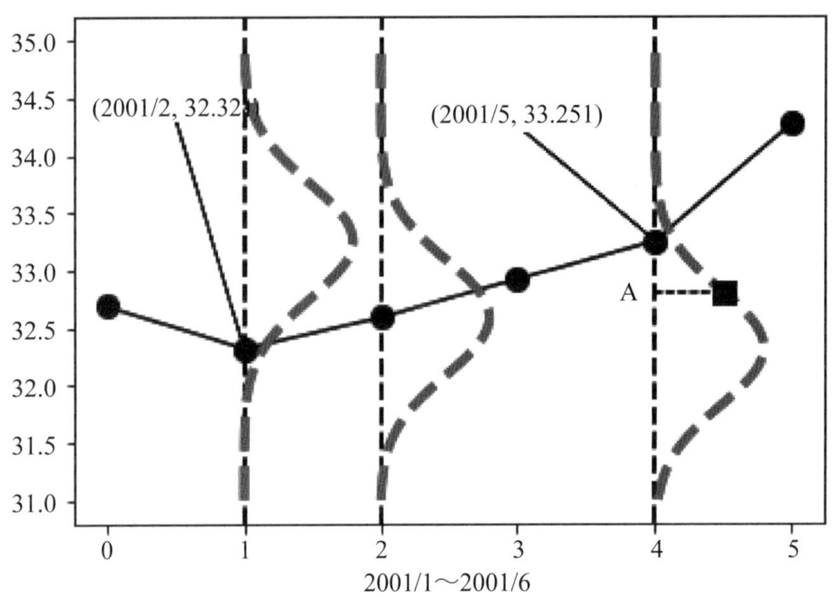

圖 2-1　2001/1～2001/6 期間美元兌新臺幣匯率時間走勢

果[①]。

(2) 第 1 章我們曾經使用過隨機變數，即（1-33）或（1-34）式內的誤差項 u_t 就是一種隨機變數；換言之，若重複「模擬」，上述二式的結果並不相同。因此，若重新再來一次，圖 2-1 的結果或是 e_t 的實現值會是相同嗎？不知道！

(3) 若 t 固定，則隨機變數 e_t 的觀察值可形成橫斷面資料（cross-sectional data）（即 2001/5/31 當日存在許多匯率資料）。橫斷面資料應是容易見到的。例如：今日未到 14：00 之前，我們只能猜想今日 COVID-19 的確診人數爲何？其中輕症（或無症狀）、中症、重症與死亡的人數爲何？或者今日 TWI 內上漲、平盤與下跌的家數爲何？

(4) 如前所述，t 可按照日曆時間排序，故 e_t 的實現值序列資料可稱爲時間序列資料（time series data）。例如：第 1 章內的 TWI、TSMC（或 TSM）、Tesla、Apple 以及 Google 等日收盤價資料皆是屬於時間序列資料。

(5) 不管是橫斷面資料抑或是時間序列資料，我們皆有興趣想要知道上述資料的產生過程，或是上述過程皆可稱爲一種隨機過程（stochastic process），即一種隨機過程可能會有多種結果，而我們事先無法確定何種結果會出現；因此，隨機

---

① 事實上，確定變數與隨機變數我們皆接觸過，讀者可想像例如：微積分與統計學所描述的變數並不相同，即前者屬於確定變數而後者則爲隨機變數。

過程亦可用隨機變數表示。

(6) 既然事先無法知道隨機變數的實現值爲何？事先，我們只能用機率表示。

本章將說明隨機變數的性質。我們將複習單變量（univariate）隨機變數以及重要的單變量機率分配。例如：常態分配、對數常態分配以及 t 分配於財金領域內，扮演著非常重要的角色。我們將介紹最大概似估計法（maximum likelihood estimation, MLE）以估計上述單變量機率分配的參數。當然，讀者若覺得不足，可參考《財統》或本書的參考文獻。

2.1 間斷的隨機變數

通常，隨機變數可以分成間斷的隨機變數（discrete RV）與連續的隨機變數（continuous RV）二類。我們發現間斷型的隨機變數可用於描述許多現象，只不過當我們描述愈仔細，觀察值變得愈多，此時用連續型隨機變數取代可能較爲簡易。本節將介紹間斷的隨機變數，而 2.2 節則介紹連續型隨機變數。

考慮一種間斷的隨機變數 X，其有 n 種可能結果，即 $S_X = \{x_1, x_2, \cdots, x_n\}$②。典型間斷隨機變數 Y 與 Z 的例子是，Y 與 Z 分別爲擲一個公正銅板與公正骰子一次的實驗結果；換言之，分別可得：

$$S_Y = \{y_1, y_2\} = \{1, 0\} \text{ 與 } S_Z = \{z_1, z_2, \cdots, z_6\} = \{1, 2, \cdots, 6\} \qquad (2\text{-}1)$$

因此，上述 x_i、y_j 與 z_k 皆是隨機變數 X、Y 與 Z 的觀察值，而（2-1）式內的 Y 與 Z 的觀察值用數字表示至少有一個優點，就是我們可以計算一些 Y 與 Z 的特徵。例如：

$$f_Z(z) = \begin{cases} 1/6, z = 1,2,3,4,5,6 \\ 0, otherwise \end{cases} \qquad (2\text{-}2)$$

其中 $f_Z(z)$ 稱爲機率質量函數（probability mass function, PMF）。（2-2）式的意思不言而喻，即使是擲一個公正的骰子一次，未擲之前，我們的確不知隨機變數 Z 的實現值爲何，不過因是公正的骰子，我們可以預期例如：出現 6 點的機率爲 1/6，

② 可以知道 S_X 稱爲樣本空間（sample space）。

寫成 $f_Z(6) = 1/6$ 或 $P(6) = 1/6$。

雖說，透過（2-2）式的型態，我們可以知道間斷隨機變數機率的表示方式，不過上述機率值應該還有另外一種表示方式，即：

$$F_Z(z) = \begin{cases} z/6, z = 1,2,3,4,5,6 \\ 0, otherwise \end{cases} \tag{2-3}$$

其中 $F_Z(z)$ 稱爲機率累積分配函數（cumulative distribution function, CDF）。換言之，$F_Z(5) = 5/6$ 表示至多出現 5 點（含）的機率爲 5/6；當然，因所有的機率值加總等於 1，故我們亦可以用 $1 - F_Z(6) = 5/6$ 表示上述機率。

透過（2-2）與（2-3）式，我們可以說明間斷機率以及對應機率分配的性質爲：

(1) 將所有可能的結果與對應的機率列出，稱爲機率分配，即（2-2）與（2-3）式分別是一種機率分配的表示方式。

(2) 若 $f_X(x)$ 是一種 PMF，則 (i)$0 \leq f_X(x) \leq 1$；(ii) $\sum_{i=1}^{n} f_X(x_i) = \sum f_X(x_i) = 1$；(iii) 若 $x_i \notin S_X$，則 $f_X(x_i) = 0$。

(3) 若 $F_X(x)$ 是一種 CDF 而 $f_X(x)$ 爲對應的 PMF，則 (i) $F_X(-\infty) = 0$ 與 $F_X(\infty) = 1$；(ii) 若 $x_1 < x_2$，則 $F_X(x_1) \leq F_X(x_2)$；(iii) $F_X(x_0) = \sum f_X(x \leq x_0)$；(vi) 下列式子成立，即 $f_X(a < x \leq b) = F_X(b) - F_X(a)$。

上述性質大多依直覺判斷，若欲有較正式的定義或說明，可參考 Spanos（1999）或 Mittelhammer（2013）等文獻。

我們舉一個例子說明上述之 PMF 與 CDF。利用圖 1-2 內的 TWI 之日收盤價資料，我們先計算對應的日連續報酬率（或稱爲對數報酬率）序列後，再依圖 2-2 或 2-3 的分類方式計算，並繪製對應的實證機率（empirical probability）或稱爲樣本機率（sample probability）的長條圖。上述二圖的結果亦列表如表 2-1 所示。基本上，如（2-2）或（2-3）式的理論結果並不多見，即例如：我們想要知道上述 TWI 之日連續報酬率介於 3% 與 6% 之間的機率爲何？我們發現並無理論模型可以提供上述資訊，故我們也只能利用所謂的相對次數法（method of relative frequency）所得到的實證機率去估計對應的理論機率了。

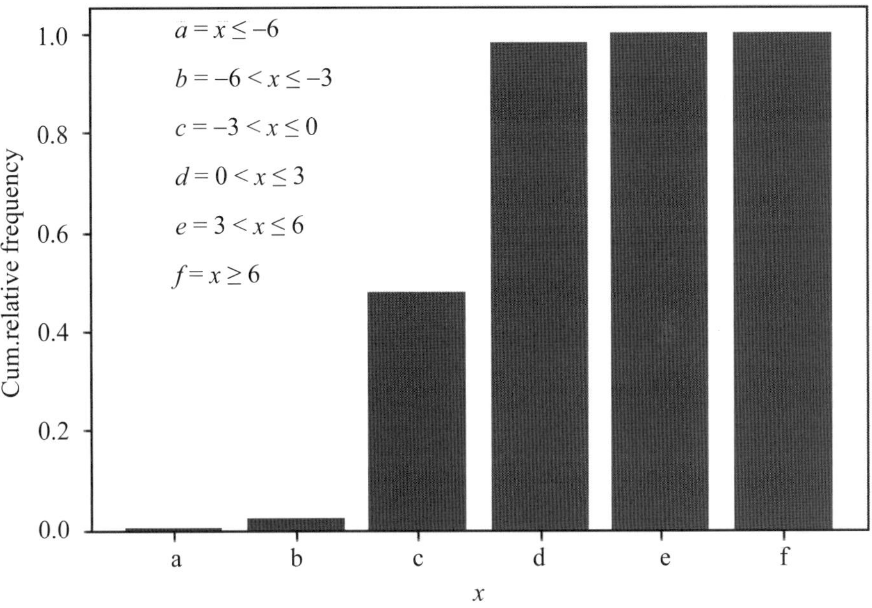

圖 2-2　TWI 之日報酬率（%）資料分成 6 組之 ECDF 的長條圖（2000/1/4～2022/4/30）

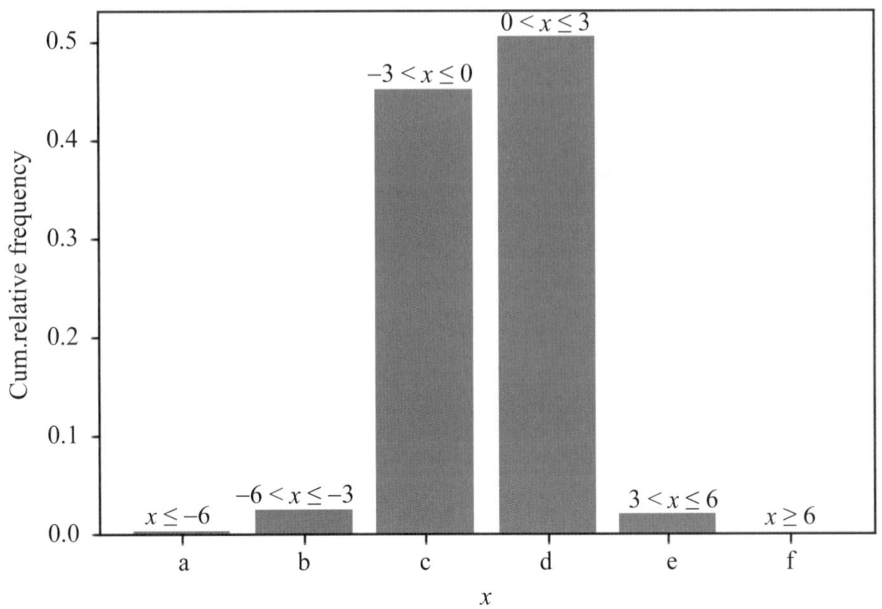

圖 2-3　TWI 之日報酬率（%）資料分成 6 組之 EPMF 的長條圖（2000/1/4～2022/4/30）

表 2-1　TWI 之日報酬率（%）資料分成 6 組之 EPMF 與 ECDF

組別	EPMF	ECDF
a	0.0015	0.0015
b	0.0239	0.0254
c	0.45	0.4754
d	0.5057	0.981
e	0.0182	0.9993
f	0.0007	1

說明：組別之劃分可參考圖 2-2。EPMF 與 ECDF 表示實證 PMF 與 CDF。

相對次數法假定每一個觀察值出現的機率皆相等，即令落於 e 組的個數爲 n_e 而總個數爲 n，則 e 組出現的實證機率可寫成：

$$f_n(e) = \frac{n_e}{n} \rightarrow f(e) \tag{2-4}$$

其中 $f_n(.)$ 與 $f(.)$ 分別表示實證與理論機率。直覺而言，若 n 夠大，$f_n(.)$ 應會趨向於 $f(.)$。就上述 TWI 之日報酬率資料而言，總個數與落於 e 組的個數分別爲 5,482 與 100，故對應的實證機率約爲 0.0182，如表 2-1 內所示；換言之，圖 2-3 或表 2-1 內的各組所對應的實證機率可按照相同的方式計算，至於圖 2-2 的結果，則可按照「累積機率」的方式取得。

圖 2-2 與 2-3 的結果可以繼續延伸，即按照 TWI 之日報酬率資料的總個數爲 n 而分成 n 組呢？即每個資料自成一組而每組資料出現的（樣本）機率皆爲 $1/n$，圖 2-4 內的左圖繪製出實證 CDF（ECDF）的結果，理所當然，ECDF 可用於估計對應的（未知）CDF。同理，圖 2-4 內的右圖繪製出 TWI 之日報酬率資料的直方圖（histogram），而該直方圖是用於估計 2.2 節內的機率密度函數（probability density function, PDF），只不過爲了說明起見，圖 2-4 內的右圖只分成 50 組。

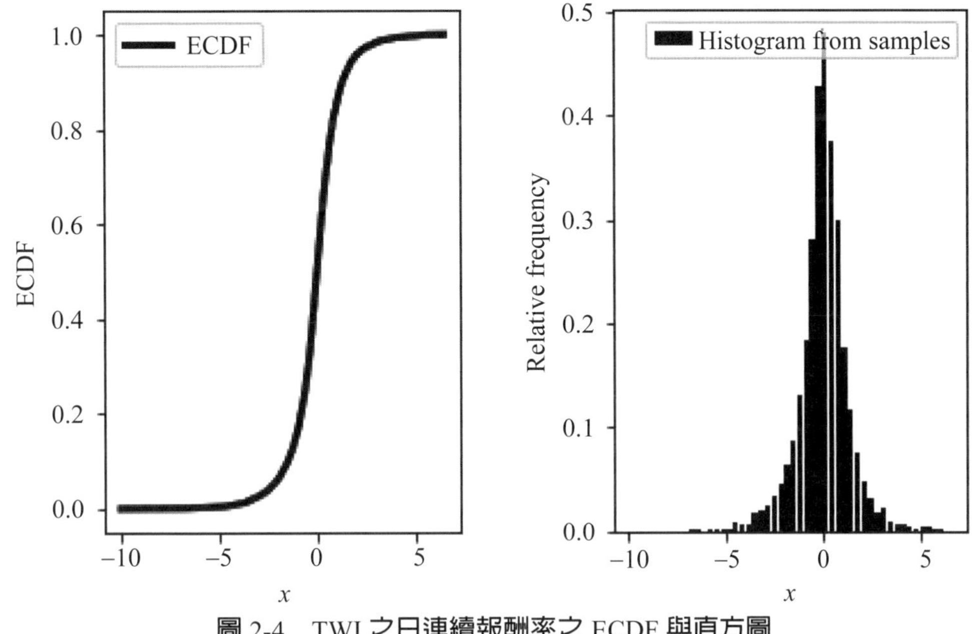

圖 2-4　TWI 之日連續報酬率之 ECDF 與直方圖

例 1　分位數

若檢視圖 2-4 的橫軸，我們稱 x 爲 ECDF 對應的分位數（quantile）。例如：就上述 TWI 的日連續報酬率而言，ECDF 值分別爲 0.005 與 0.05 所對應的分位數約爲 –4.6102% 與 –2.2019 %（讀者可嘗試解釋上述分位數的意思），我們可以利用下列指令計算：

```
px = np.array([0.005,0.05,0.995,0.95])
qx1 = np.quantile(rd,px)
qx1 # array([-4.61019336, -2.20194766,  4.56707588,  1.9758238 ])
```

其中 rd 表示 TWI 的日連續報酬率資料。因此，我們可以繪製圖 2-4 內的 ECDF 所對應的分位數曲線，而其結果則繪製如圖 2-5 的右圖所示。我們可以看出分位數曲線恰爲 ECDF 曲線的「反面」。

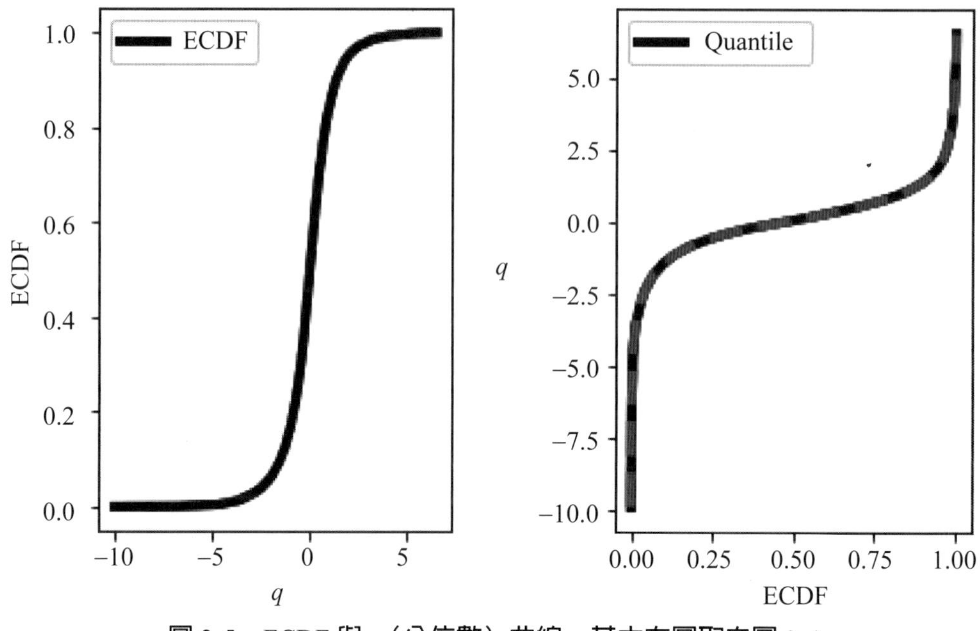

圖 2-5　ECDF 與 q（分位數）曲線，其中左圖取自圖 2-4

例 2　期望值與標準差

有了機率分配，我們自然可以計算對應的期望值（expected value）與變異數（variance）。就上述隨機變數 X 而言，令 $f_X(x)$ 為對應的 PMF，則：

$$\mu_X = E_X(x) = \sum_{i=1}^{n} x_i f_X(x_i) \text{ 與 } \sigma_X^2 = E\left[\left(x_i - \mu_X\right)^2\right] = \sum_{i=1}^{n}\left(x_i - \mu_X\right)^2 f_X(x_i) \qquad (2\text{-}5)$$

其中 μ_X 與 σ_X^2 分別為隨機變數 X 的期望值與變異數。我們已經知道 σ_X 為 X 的標準差。

例 3　伯努尼分配

令 $X = 1$ 表示 TWI 的明日指數價格至少平盤或上升；同理，$X = 0$ 表示 TWI 的明日指數價格會下跌。因此，X 是一種間斷的隨機變數，而 $S_X = \{0, 1\}$。若每日的 X 值出現的機率皆相等或 X 屬於 IID，則上述機率分配可稱為伯努尼分配（Bernoulli distribution），寫成：

$$f_X(x) = p^x(1-p)^{1-x}, x = 0, 1$$

其中 $f_X(x=1)=p$ 與 $f_X(x=0)=1-p$ 分別表示出現「成功」與「失敗」的機率[③]。

利用程式語言如 Python，我們不難利用上述 TWI 日資料說明伯努尼分配。例如：圖 2-6 繪製出 2016/3/28～2016/4/12 期間，TWI 日收盤價是否上升、平盤或下降？結果發現於上述期間內，曾經出現 4 次 TWI 日收盤價呈現上漲或平盤，而有 6 次呈現下跌的情況。接下來，我們嘗試利用上述 TWI 日資料以估計伯努尼分配內的 p。我們的想法頗簡易，即利用 2000/1/5～2022/4/29 期間的日資料，從 2000/1/5 開始，每隔 1 日便計算對應的 p 值（姑且稱爲 $\hat{p}$），而其估計結果則繪製如圖 2-7 所示。從圖 2-7 的結果可以看出，雖說 n 值較小時 $\hat{p}$ 值最小曾爲 0.4167，不過當 n 值逐漸變大，$\hat{p}$ 竟逐漸接近 0.5；換言之，估計至 2022/4/29（相當於 $n=$ 5,482），$\hat{p}$ 值約等於 0.5252。

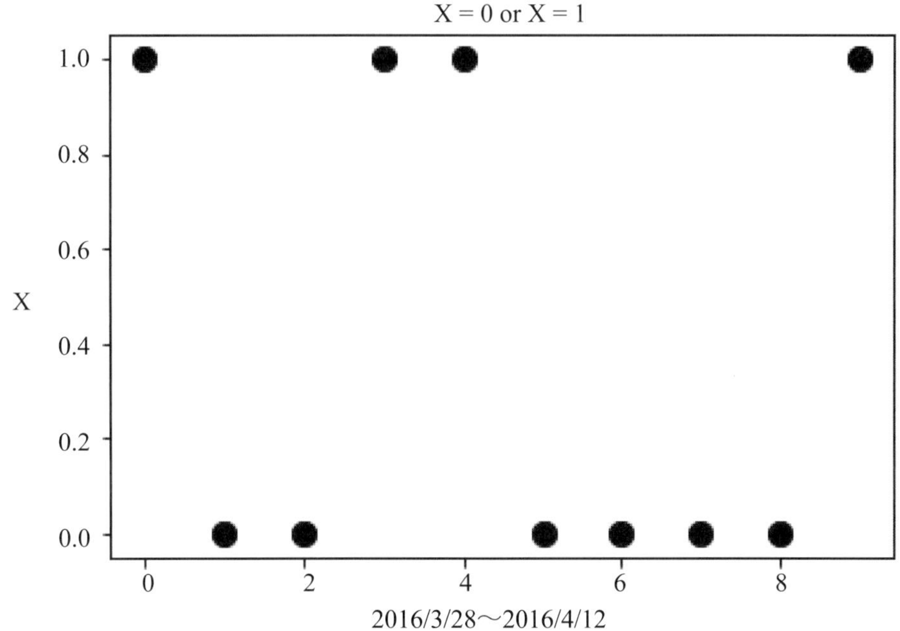

圖 2-6　檢視 2016/3/28～2016/4/12 期間 TWI 日收盤價上升與否

因 n 值愈大，圖 2-7 內的 $\hat{p}$ 值愈平坦且接近 0.5，我們發現 TWI 日收盤價有可能呈現出一種「公平」的遊戲，即若無重大突發事件的干擾，明日 TWI 日收盤價上漲（含平盤）或下跌的機率竟皆爲 0.5，隱含著明日 TWI 日收盤價下跌與否竟與今日的收盤價無關。

---

③ 就我們的例子而言，若檢視到 TWI 的明日指數價格至少平盤或上升，表示出現「成功」了。

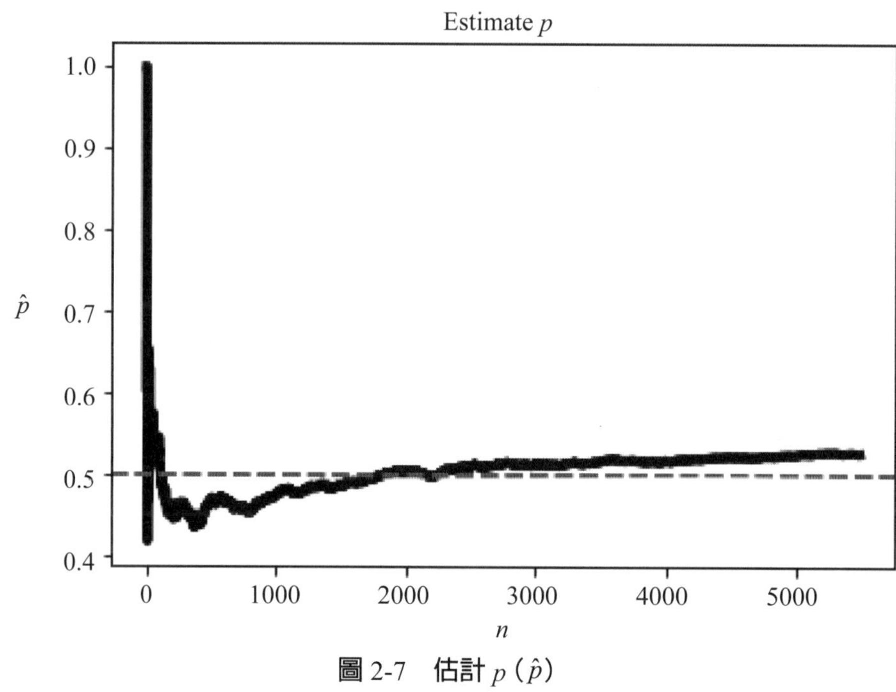

圖 2-7　估計 p（$\hat{p}$）

例 4 GBM

本章或本書底下皆使用連續報酬率計算。如前所述，使用連續報酬率的計算方式有其優點，就是我們可以檢視許多統計模型或統計特徵。重寫（1-34）式為：

$$P_{t+n} = P_t e^{n\mu} e^{u_t} \tag{2-6}$$

即我們用固定的 μ 值取代於（1-34）式內的 r_t。於《衍商》或《歐選》內，（2-6）式可再改寫成：

$$P_t = P_{t-1} e^{x} e^{\sigma u_t} \tag{2-7}$$

其中 $x = \mu - 0.5\sigma^2$ 而 σ 表示波動率（volatility）；換言之，（2-7）式所描述的是幾何布朗運動（geometric Brownian motion, GBM）內價格的時間走勢。例如：利用前述 TWI 日收盤價資料，我們分別用日報酬率的樣本平均數與標準差取代 μ 與 σ 值，於期初價格 $P(0)$ 為 8,756.55（2000/1/5 的收盤價）下，圖 2-8 分別繪製出用 GBM 模擬的 TWI 日收盤價時間走勢，其中左圖與右圖分別使用（2-6）與（2-7）式，而

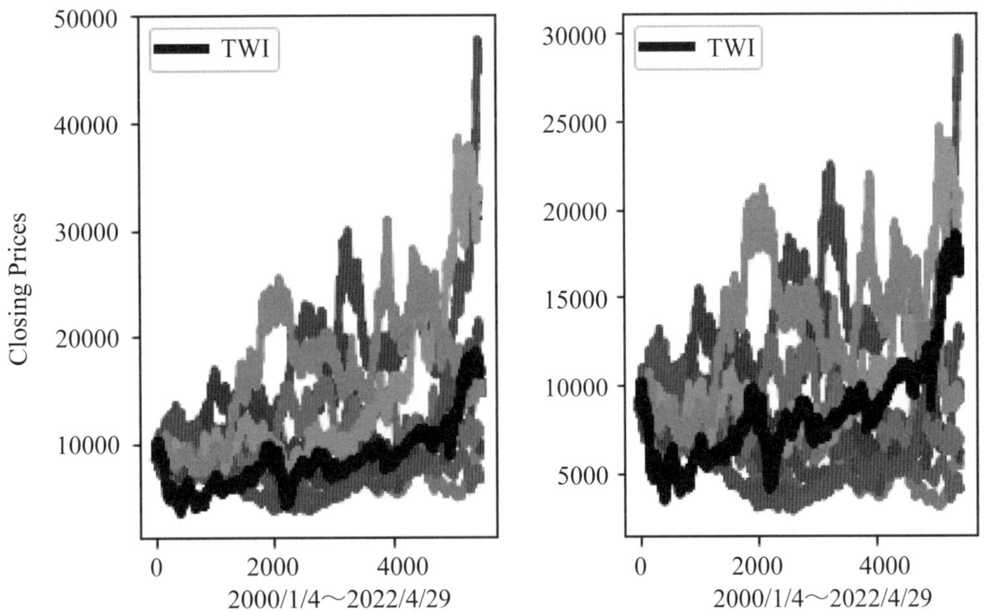

圖 2-8 GBM 的模擬，其中左圖使用（2-6）式而右圖則使用（2-7）式，深黑為實際 TWI 日收盤價時間走勢

深黑走勢為實際價格。我們可以看出欲模型化價格，GBM 是其中一個選項。從圖 2-8 的結果可發現未來日收盤價是不可測的。

例 5 隨機漫步

續例 4，其實，（2-6）式是可以再改寫成：

$$P_t = P_{t-1}e^{\mu}e^{u_t} \Rightarrow p_t = p_{t-1} + \mu + u_t \tag{2-8}$$

其中 $p_t = \log(P_t)$。（2-8）式就是熟悉的隨機漫步（random walk）模型，其隱含的意義為除了今日的價格之外，我們並無取得明日價格的其他資訊；或者說，利用（2-8）式可得：

$$p_t = p_{t-2} + \mu + \mu + u_t + u_{t-1} \Rightarrow p_t = p_0 + \mu t + \sum_{i=0}^{t-1} u_{t-i} \tag{2-9}$$

即根據（2-9）式，簡單的隨機漫步模型如（2-8）式內包括確定趨勢與隨機趨勢（stochastic trend），其中後者是由「一堆」誤差項相加所構成（《財統》）。一堆誤差項相加竟然可以形成一種趨勢，倒也非常有意思，讀者可以練習看看（習題）。

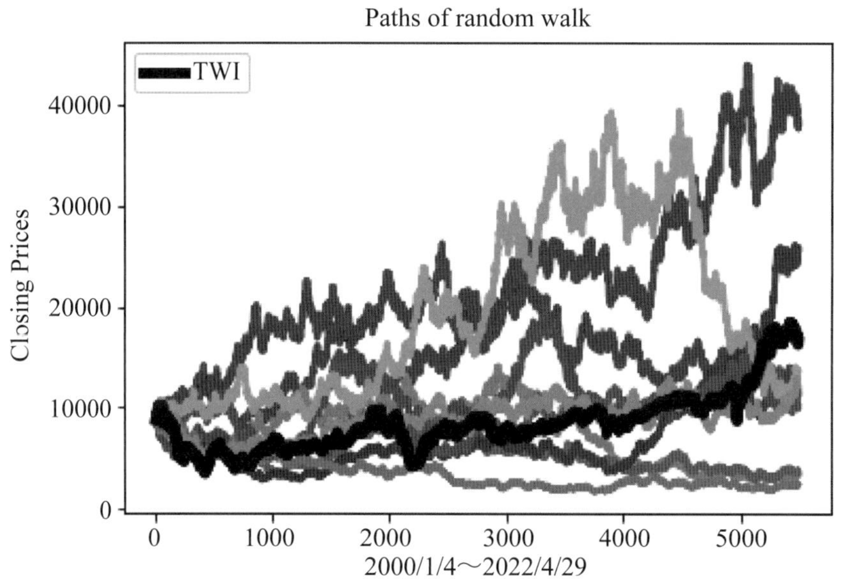

圖 2-9　隨機漫步的實現值走勢，其中深黑走勢為 TWI 日收盤價時間走勢

根據（2-8）式，我們利用前述 TWI 日收盤價的資訊（可以參考所附檔案）以模擬出隨機漫步走勢如圖 2-9 所示。我們發現 TWI 的實際日收盤價竟然接近隨機漫步走勢，隱含著欲預測未來 TWI 的日收盤價走勢，有其困難度。

例 6　變異數比率（檢定）

（2-9）式的結果是讓人印象深刻的，因爲只要 u_t 與 u_{t-j}（$j = 1, 2, \cdots$）無關[④]，則根據（1-30）式豈不是可以得出 $r_t(j)$ 的變異數（寫成 σ_j^2），等於單獨 u_t 與 u_{t-j} 的變異數相加嗎？若後者的變異數假定皆爲 σ^2，則根據（2-9）或（1-30）式，可得：

$$\sigma_n^2 = n\sigma^2 \Rightarrow VR = \frac{\sigma_n^2}{n\sigma^2} = 1 \tag{2-10}$$

其中 $n = 2, 3, 4, \cdots$。因此，若所檢視的資料符合隨機漫步模型如（2-9）式，則對應的 VR 值應接近於 1。

④ 相當於 t 期無法預期到的誤差項 u_t 與 $t-j$ 期無法預期到的誤差項 $u_{t-j}(j = 1, 2, \cdots)$ 不相關。

利用上述 TWI 日收盤價資料，我們分別計算 $n = 2, 3, 4, \cdots, 10$ 的 VR 值，其結果則列表如表 2-2 所示，而我們從該表內可看出於不同的 n 之下，對應的 VR 值竟皆接近於 1，隱含著 TWI 日收盤價資料有可能接近隨機漫步模型[⑤]。

表 2-2 變異數比率

n	S12	Sn2	VR
2	3.4869	3.6226	1.0389
3	5.2304	5.6241	1.0753
4	6.9738	7.6739	1.1004
5	8.7173	9.5717	1.098
6	10.4607	11.4691	1.0964
7	12.2042	13.2184	1.0831
8	13.9476	15.021	1.077
9	15.6911	16.8584	1.0744
10	17.4345	18.6472	1.0696

說明：S12 為 $n\sigma^2$、Sn2 表示 σ_n^2 以及 VR = Sn2/S12。

習題

下載 2002/7/1～2022/4/29 期間之 NDAQ（那斯達克有限公司）的日收盤價資料，試回答下列問題：

(1) 利用圖 2-2 的分組型態，試計算出 ECDF 與 EPMF。

(2) 試繪製出 EPMF 的圓形圖（pie plot）。

(3) 試繪製出 EPMF 的長條圖與多邊圖（polygon plot）。

(4) 試繪製類似圖 2-6 的結果，p 值最後為何？有何涵義？

(5) 試編製類似表 2-2 的結果。結果為何？

(6) 試下列指令：

```
P = np.array([100,110,120,130,120,125])
```

⑤ 有興趣的讀者可以用檢定的方式檢視表 2-2 的結果，可以參考《財統》或 Lo 與 MacKinlay（1988）等文獻。

即視 P 爲價格，試計算「不重疊」之單期與 2 期的連續報酬率。

(7) 利用本節的 TWI 日資料，試計算「不重疊」之 *VR* 值。

(8) 何謂隨機趨勢？試模擬看看。

(9) 何謂 GBM？試解釋之。

(10) 何謂 *VR* 檢定？試說明之。

2.2 連續的隨機變數

檢視圖 2-4 內的右圖，當資料分成 n 組而當 n 變大時，此時機率的計算已嫌繁雜，反而用「積分」的方式來計算機率比較簡易，我們知道此相當於將隨機變數視爲連續的變數。換句話說，於連續隨機變數的假定下，不僅可以用「積分」取代有限加總，同時單一元素資料出現的機率等於 0。

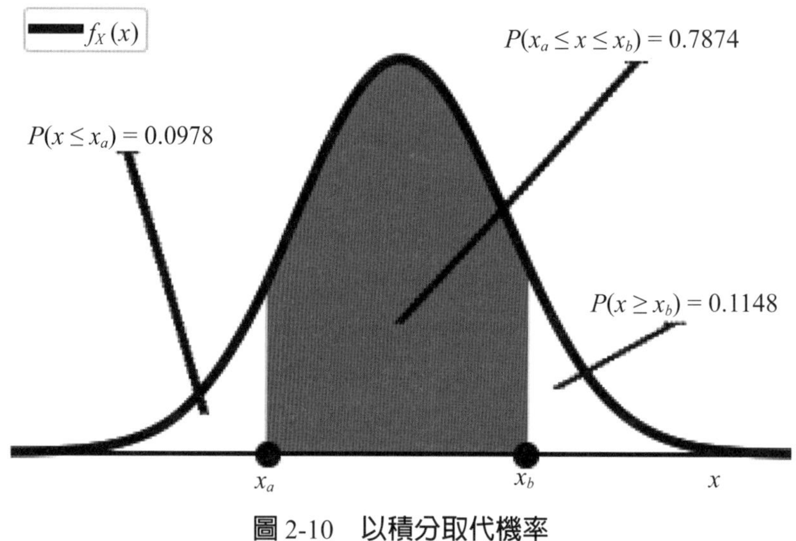

圖 2-10　以積分取代機率

例如：圖 2-10 繪製出連續隨機變數 X 的 PDF，其可簡寫成 $f_X(x)$。$f_X(x)$ 的特徵可以分述如下：

(1) $f_X(x)$ 是一個可積分的函數而其積分值可表示機率值。例如：根據圖 2-10，$f_X(x)$ 底下的 x_a 與 x_b 區間所圍成的面積可寫成 $P(x_a \le x \le x_b) = \int_{x_a}^{x_b} f_X(x)dx$，其可解釋成 x 落於 x_a 與 x_b 之間的機率爲 0.7874；同理，$P(x \le x_a) = \int_{-\infty}^{x_a} f_X(x)dx$ 與 $P(x \ge x_b) = \int_{x_b}^{\infty} f_X(x)dx$ 分別可解釋成 x 小於 x_a 的機率與 x 大於 x_b 的機率值分別爲 0.0978 與 0.1148。

(2) 因此，$P(-\infty \le x \le \infty)=\int_{-\infty}^{\infty} f_X(x)dx=1$，即加總所有可能結果的機率值等於 1[⑥]。

(3) 連續隨機變數 X 的期望值與變異數分別可寫成：

$$\mu_X = E_X(x)=\int_{-\infty}^{\infty} x f_X(x)dx \text{ 與 } \sigma_X^2 = E_X\left[(x-\mu_X)^2\right]=\int_{-\infty}^{\infty}(x-\mu_X)^2 f_X(x)dx \quad (2\text{-}11)$$

(4) 既然機率是用面積表示，故有無包括「端點」並不影響機率值；換言之，下列的機率值皆相同：

$$P(x_a \le x \le x_b)=P(x_a < x \le x_b)=P(x_a \le x < x_b)=P(x_a < x < x_b)$$

(5) 根據微積分，$\dfrac{dF_X(x)}{dx}=f_X(x)$，其中 $F_X(x)=\int_{-\infty}^{x} f_X(x)dx$ 表示 X 的 CDF。

如前所述，我們可以用連續隨機變數所對應的機率值取代間斷隨機變數機率值的計算；也就是說，其實圖 2-10 係根據圖 1-2 內的日連續報酬率資料的資訊所繪製而成，其中 x_a 與 x_b 分別等於 –0.017 與 0.016（可以參考所附檔案），是故，似乎連續的機率值較易計算。

若讀者有檢視圖 2-10 的繪製，應會發現該圖內的機率值是透過常態分配計算而得，即透過一些特殊的機率分配，即使資料未必完全符合特殊的理論機率分配，透過後者我們依舊可以取得一些資訊可供參考。因此，本節將介紹於財金領域內的三個重要的特殊機率分配：常態分配、對數常態分配以及 t 分配。

2.2.1 常態分配與對數常態分配

我們應該已經發現資產的價格與報酬率的時間走勢並不相同，即圖 1-2 繪製出 TWI 實際的日與月收盤價時間走勢，而 GBM 模型如圖 2-8 或隨機漫步模型如圖 2-9，可用於模擬出例如：TWI 實際的收盤價時間走勢。讀者倒是可以練習看看如何模擬出，例如：TWI 實際的（連續）報酬率時間走勢（習題）。有意思的是，TWI 實際的日報酬率資料可以繪製，如圖 2-4 內的直方圖，那 TWI 實際的日或月收盤價的直方圖呢？讀者亦可以繪製看看（習題）。

通常，我們可以利用常態分配與對數常態分配的 PDF 以估計報酬率與價格直方圖下的機率值；或者說，利用前者的方式計算機率仍較簡易。例如：假定 S 屬於

⑥ 其實，積分可想像成「無限加總」。

對數常態分配，其可寫成：

$$S \sim f_S(s;\mu,\sigma) \tag{2-12}$$

其中 $f_S(.)$ 是對數常態分配的 PDF，而 μ 與 σ 爲對應的參數[7]。令 $X = \log(S)$，則對應的 PDF 可寫成：

$$X \sim f_X(x;\mu,\sigma) \tag{2-13}$$

顧名思義，對數常態分配爲「取過對數值後爲常態分配」，即 S 屬於對數常態分配而 X 屬於常態分配；換言之，於（2-13）式內，$f_X(.)$、μ 與 σ 分別表示常態分配的 PDF、常態分配的平均數（即期望值）與標準差。也就是說，對數常態分配與常態分配皆是屬於特殊的機率分配，其 PDF 皆可用已知的數學式子表示（網路上亦皆可找到）；另一方面，上述二分配皆有相同的未知參數 μ 與 σ 可左右 PDF 的位置與形狀。

習慣上，對數常態分配的未知參數 μ 與 σ 是透過常態分配計算而得，即圖 2-11 繪製出三種常態分配的 PDF 形狀，其中黑色實線屬於標準常態分配。我們已經知道常態分配屬於以參數 μ 爲中心之「左右對稱」的分配，而參數 σ 的高低卻可左右分配的波動程度。例如：從圖 2-11 內可看出 σ 值由 1 轉成 2，x 的波動幅度已變大。

使用圖 2-11 內相同的參數 μ 與 σ，圖 2-12 繪製出對應的對數常態分配的 PDF 曲線。我們可以看出對數常態分配的 PDF 曲線形狀不像常態分配的 PDF 曲線形狀屬於左右對稱，而是屬於右偏的分配（即右邊的尾部較長）。重要的是，不像於常態分配內我們容易看出參數 μ 與 σ 所扮演的角色，但是對於對數常態分配而言，我們並不容易看出上述二參數所扮演的角色。例如：參數 μ 的提高，我們可看出整條 PDF 曲線大概會往右移動，不過若提高參數 σ 值，我們卻不容易看出整條 PDF 曲線有何變化（習題）。因此，於對數常態分配內分別使用「型態參數（shape parameter）“*s*”」以及「尺度參數（scale parameter）“*scale*”」表示，其中 $s = \sigma$ 與 $scale = e^{\mu}$。可以參考圖 2-11 與 2-12 內之所附的 Python 檔案，以得知如何於 Python 內操作常態分配與對數常態分配。如前所述，我們不容易看出上述二參數於對數常態分配內所扮演的角色；還好，我們可以透過程式語言如 Python 以模擬的方式瞭解。

---

⑦ 詳細對數常態分配之 PDF 的數學型態可參考 “scipy.stat” 模組的使用手冊，此處我們只著重於實際的操作，故省略。

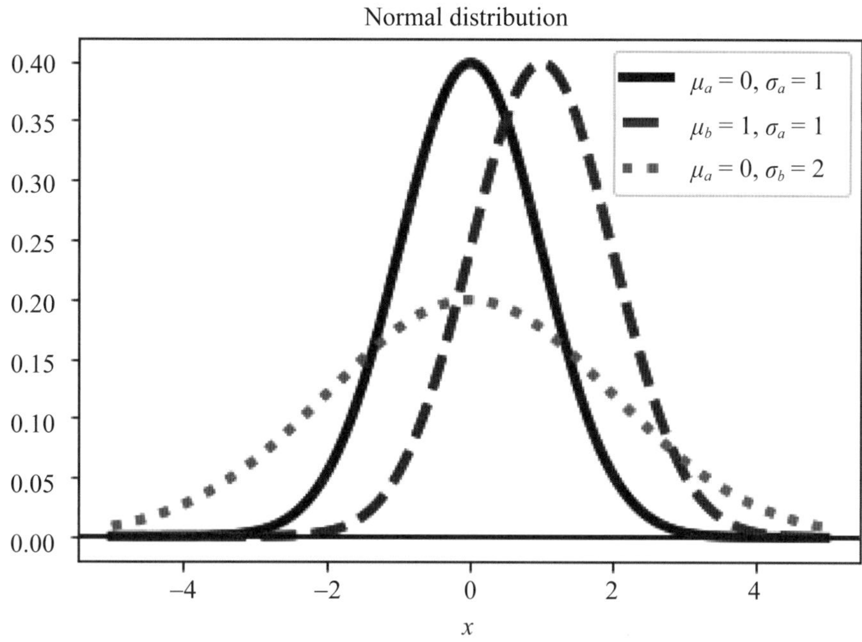

圖 2-11　常態分配 PDF 的形狀

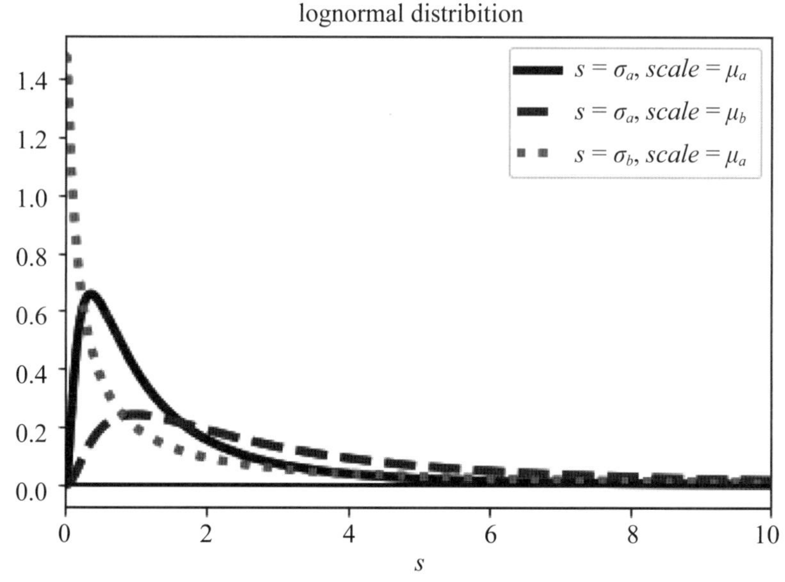

圖 2-12　對數常態分配 PDF 的形狀

於圖 2-11 與 2-12 內可看出常態分配的觀察值有可能為負數值而對數常態分配的觀察值卻皆為正數值；另一方面，常態分配與對數常態分配之間的關係猶如連續報酬率與價格之間的計算。因此，習慣上我們常利用常態分配以模型化「報酬率、變動率或成長率等變數」，而以對數常態分配模型化「價格、匯率或指數價格等變數」；或者說，相對於簡單報酬率的計算而言，可看出連續報酬率的應用的層面較廣。

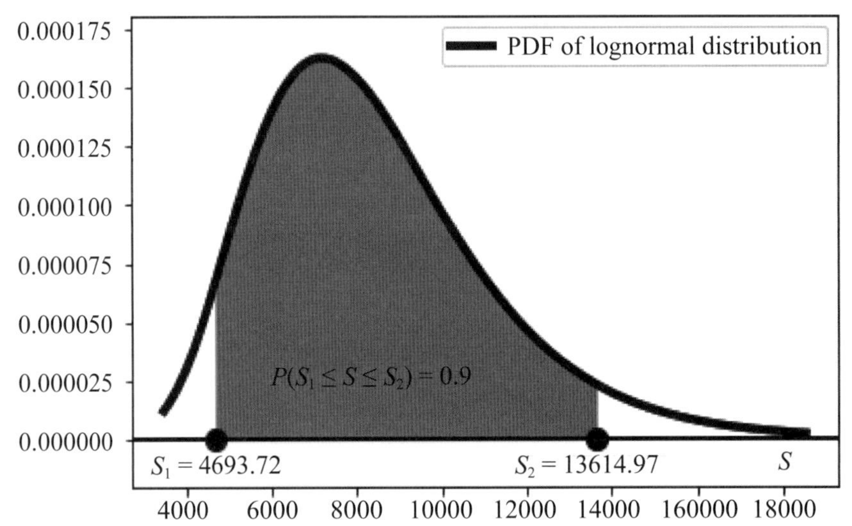

圖 2-13　利用對數常態分配的 PDF 計算機率，其中 S 表示 TWI 之日收盤價

我們來看看如何應用。利用圖 1-2 內的 TWI 之日收盤價資訊，圖 2-13 繪製出對數常態分配的 PDF。值得注意的是，圖 2-13 的繪製是先根據日收盤價的對數值觀察值 x，並利用 x 值計算對應的樣本平均數 $\bar{x}$ 與樣本標準差 s_x，並且以 $\bar{x}$ 與 s_x 取代未知的 μ 與 σ。我們嘗試以對數常態分配的 PDF 曲線底下的面積等於 0.9 為例說明，此相當於隱含著左邊與右邊尾部面積皆為 0.05，如此可寫成 $P(4{,}693.72 \leq S \leq 13{,}614.97) = 0.9$，即若假定 TWI 之日收盤價屬於對數常態分配，則日收盤價約有 90% 的可能性（機率）會落於 4,693.72 與 13,614.97 之間。

同理，將上述日收盤價的對數值視為隨機變數 X，則 X 屬於常態分配可繪製如圖 2-14 所示，我們自然可以找出對應的機率值，即 $P(8.45 \leq x \leq 9.52) = 0.9$。讀者可以進一步練習分別計算其他的機率值，或於 Python 下熟悉有關於常態分配以及對數常態分配的操作。例如：試下列指令：

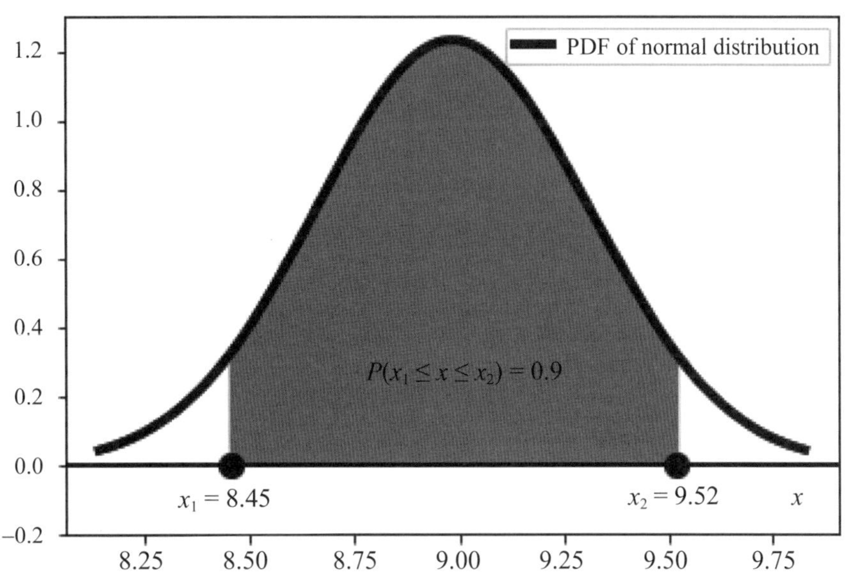

圖 2-14　利用常態分配的 PDF 計算機率，其中 x 表示 TWI 之日收盤價的對數值

```
alpha = 0.05
S = np.linspace(np.min(Sd),np.max(Sd),len(Sd))
xd = np.log(Sd)
mu = np.mean(xd)
sigma = np.std(xd)
Sy = lognorm.pdf(S,s=sigma,scale=np.exp(mu))
S1 = lognorm.ppf(alpha,s=sigma,scale=np.exp(mu)) # 4693.722355853762
S2 = lognorm.ppf(1-alpha,s=sigma,scale=np.exp(mu)) # 13614.973369608208
Sp = lognorm.cdf(S2,s=sigma,scale=np.exp(mu))-lognorm.cdf(S1,s=sigma,scale=np.exp(mu))
# 0.9
```

其中 Sd 表示 TWI 之日收盤價。上述指令說明我們如何計算出圖 2-13 內的機率值。

例 1　機率分配的四種特徵

若讀者有檢視至目前爲止我們所附的 Python 檔案，應該有注意到機率分配的四種特徵。例如：檢視下列指令：

```
np.random.seed(1234)
lognorm.rvs(s=sigma,scale=np.exp(mu),size=5)
# array([ 9312.06691757,  5436.60800295, 12711.3340652 ,  7224.56026089,  6330.81532993])
p1 = lognorm.cdf(6000,s=sigma,scale=np.exp(mu))
# 0.18770672565775937
q1 = lognorm.ppf(p1,s=sigma,scale=np.exp(mu))
# 6000.0
lognorm.pdf(q1,s=sigma,scale=np.exp(mu))
# 0.00013867038178039142
```

即我們分別可以從對數常態分配內抽取觀察值 lognorm.rvs(.)、計算累積機率 lognorm.cdf(.)、找出分位數 lognorm.ppf(.) 以及計算 PDF 值 lognorm.pdf(.)，或者利用後一指令繪製出 PDF 曲線。讀者自然可以練習例如：常態分配或其他分配的類似指令。

例 2　布朗運動或維納過程

雖說常態分配與對數常態分配的隨機變數是屬於連續的變數，不過我們從上述分配內所抽到的觀察值卻是屬於間斷的，即繪製出的時間路徑其實是間斷的；因此，我們需要一種能描述連續隨機變數的過程，此處討論到的常態分配可派上用場，或者說，常態分配其實是一種「可無限分割」的分配[8]。此處我們介紹布朗運動（Brownian motion）或稱爲維納過程（Wiener process）[9]。一種隨機過程 $B(t)$（$t \in [0, 1]$），屬於（標準）布朗運動須滿足下列三個條件：

(1) 該過程從 0 出發，即 $B(0) = 0$。

(2) $B(t)$ 的增量屬於 IID。

(3) 增量 $B(t) - B(s)$ 屬於平均數與變異數分別爲 0 與 $|t - s|$ 的常態分配[10]。

換句話說，若 $s = 0$，從上述條件 (3) 可知 $B(t)$ 屬於平均數與變異數分別爲 0 與

---

[8] 常態分配屬於可無限分割的分配是指微小分割後的分配仍屬於常態分配。另外一個具有「可無限分割」的分配是卜瓦松分配（Poisson distribution），可以參考《歐選》或《時選》。

[9] 我們倒是不需要分別出布朗運動與維納過程之不同，二者其實指的是同一件事，可以參考 Hirsa 與 Neftci（2004）。

[10] 可寫成：$(B_t - B_s) \sim N(0, |t - s|)$，其中 $B_t = B(t)$，依此類推。

t 的常態分配。

布朗運動或維納過程的應用可爲：若我們檢視 $t(0)$ 至 $t(n)$ 期的日收盤價，假定：

$$0 = t_0 < t_1 < \cdots < t_n = T = 1$$

其中 $t(i) - t(i-1) = h$。考慮一個只有$\sqrt{h}$與$-\sqrt{h}$結果的獨立隨機變數 $\Delta W(t_i)$，即 $\Delta W(t_i)$ 與 $\Delta W(t_j)$ 相互獨立，其中 $i \neq j$，則當 $n \to \infty$，$W(t_n) = \sum_{i=1}^{n} \Delta W(t_i)$ 會收斂至布朗運動 $B(t_n)$。我們舉一個例子說明。檢視圖 2-15 的結果，可以發現當 h 值愈小（相當於 n 值愈大），圖內的時間路徑愈緊湊；或者說，雖說 $\Delta W(t_i)$ 只有二個結果，不過當 $h \to 0$，我們發現 $W(t_n)$ 的時間路徑已逐漸緊密且繁雜，因此我們可以模擬出連續隨機變數的時間路徑。

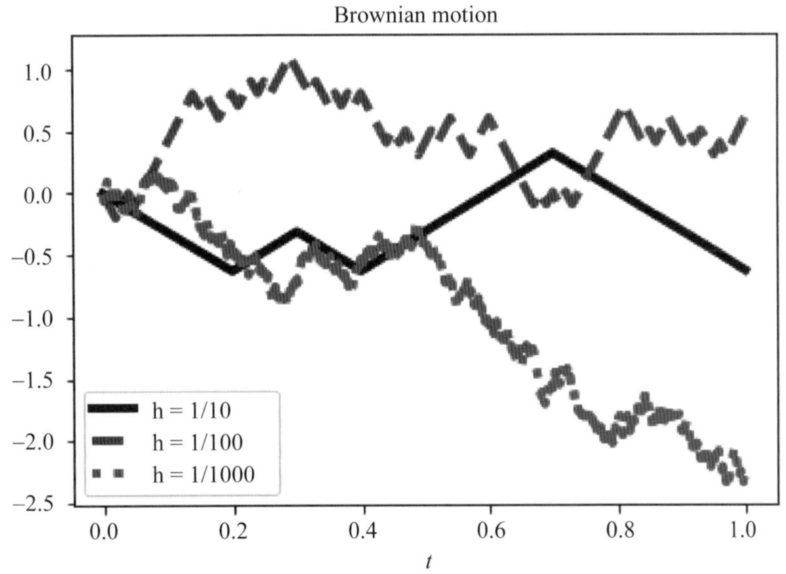

圖 2-15　布朗運動或維納過程的時間走勢

圖 2-15 的繪製可以重複 N 次。於 $N = 100$ 與 $h = 1/10000$ 下，圖 2-16 繪製出布朗運動的模擬時間走勢，我們可以看出布朗運動的走勢是不可預測的。有意思的是，檢視圖內的虛線所對應的走勢，我們可預期其會分別對應至 $B(r)$，其中 $0 \leq r \leq 1$，即 $B(r)$ 屬於平均數與變異數分別爲 0 與 r 的常態分配。我們可以透過圖 2-17 的結果取得驗證。於 $N = 1000$ 與 $h = 1/10000$ 下，圖 2-17 繪製出 r 值分別爲 0.5 與 0.8 的布朗運動的模擬走勢的直方圖，其中曲線爲對應的常態分配之 PDF 曲線（平均

數與變異數分別爲 0 與 r），我們可看出上述曲線與直方圖非常接近。因此，布朗運動如 $B(r)$，其實也沒有什麼複雜，其只是常態分配而已。換言之，$B(r)$ 亦可寫成 $\sqrt{r}z$，其中 z 爲標準常態分配的隨機變數。

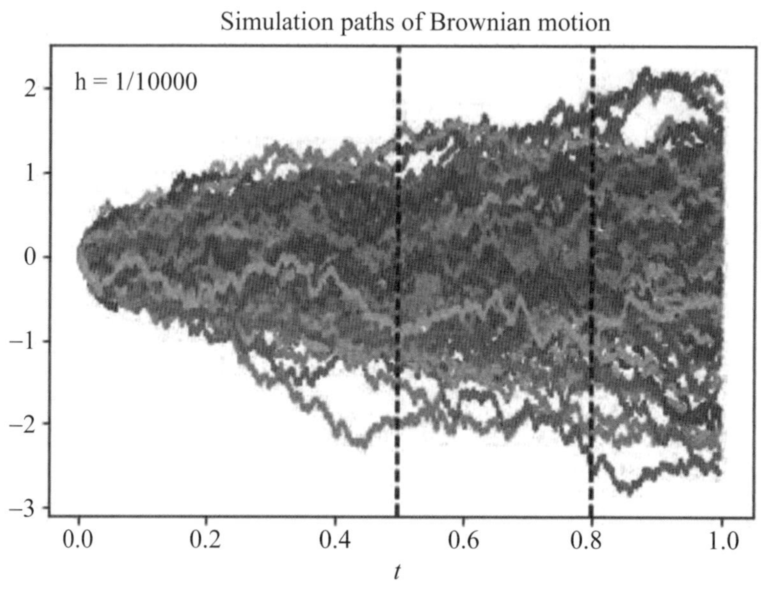

圖 2-16　布朗運動的模擬時間走勢

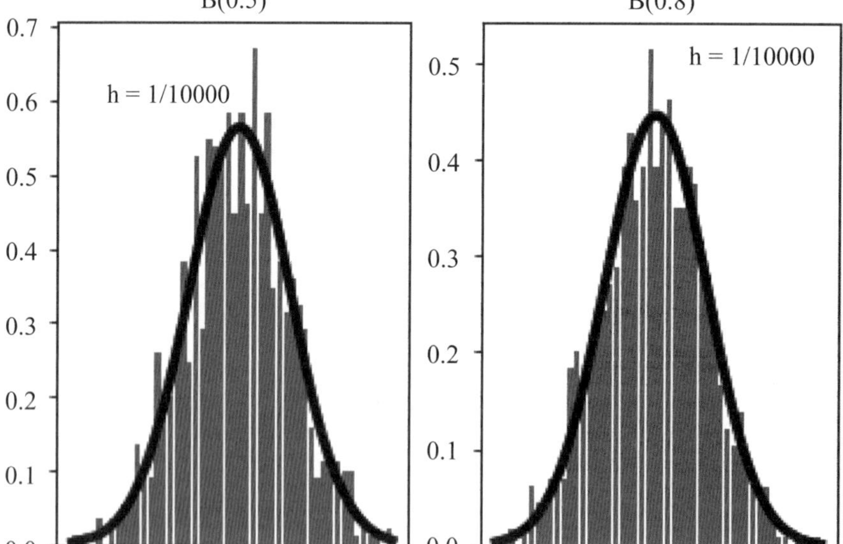

圖 2-17　布朗運動的模擬

例 3 GBM

（2-6）或（2-7）式曾用直覺的方式解釋 GBM。現在我們利用布朗運動說明。GBM 有二種表示方式（可參考《衍商》或《歐選》），即：

$$S(t)=S(t-1)\exp\left[\left(\mu-\frac{1}{2}\sigma^2\right)\Delta t+\sigma\Delta B(t)\right] \tag{2-14}$$

與

$$S(T)=S(0)\exp\left[\left(\mu-\frac{1}{2}\sigma^2\right)T+\sigma B(T)\right] \tag{2-15}$$

其中 μ 與 σ 爲未知參數，而 Δt 與 $\Delta B(t)$ 分別爲 t 與 $B(t)$ 的變動量。利用例 2 的觀念，我們可將時間 $t(0)\leq t\leq T$ 對應至 $0\leq t\leq 1$，即 $\Delta t=h$ 與 $\Delta B(t)=B(h)$。我們舉一個例子說明。利用圖 1-2 內的 TWI 日收盤價序列資料，我們找出 2004/1/29～2005/1/21 期間的日收盤價資料並令之爲 $S(t)$，是故期初值 $S(0)$ = 6,312.65。利用 $S(t)$ 過去的日收盤價（即 2000/1/5～2004/1/28 期間的 TWI 日收盤價資料）並且計算對應的日連續報酬率的平均數與標準差，然後再分別取代 μ 與 σ。根據（2-14）式以及上述已知條件，我們不難模擬出 $S(t)$ 的時間走勢，即令 $h=1/252$（假定 1 年有 252 個交易日），圖 2-18 繪製出上述結果，該圖可與圖 2-8 的結果比較。

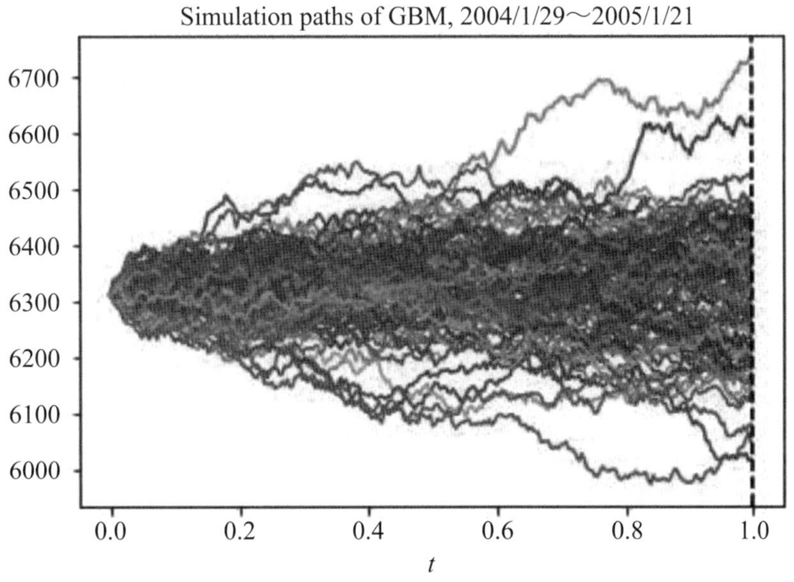

圖 2-18　GBM 的模擬，期初值為 2004/1/29 的 TWI 日收盤價

根據（2-15）式可得 $\log(S_T) = \log(S_0) + (\mu - 0.5\sigma^2)T + \sigma B(T)$，故 $\log(S_T)$ 的平均數與變異數分別為 $MU = \log(S_0) + (\mu - 0.5\sigma^2)T$ 與 $SIGMA = \sigma^2 T$，我們可以說明 $\log(S_T)$ 屬於常態分配。換句話說，於 $T = 1$ 之下，圖 2-18 內可以找出許多 $S(T = 1)$ 的觀察值，編製成直方圖後可繪製如圖 2-19 所示，而於該圖內黑色曲線為對應的常態分配的 PDF 曲線；因此，圖 2-19 說明了 $\log[S(T = 1)]$ 屬於平均數與變異數分別為 MU 與 $SIGMA$ 的常態分配，此隱含著 $S(T = 1)$ 屬於對數常態分配。或者說，若假定 TWI 的日收盤價屬於對數常態分配，圖 2-19 繪製出 2005/1/21 當日對數日收盤價的模擬分配。

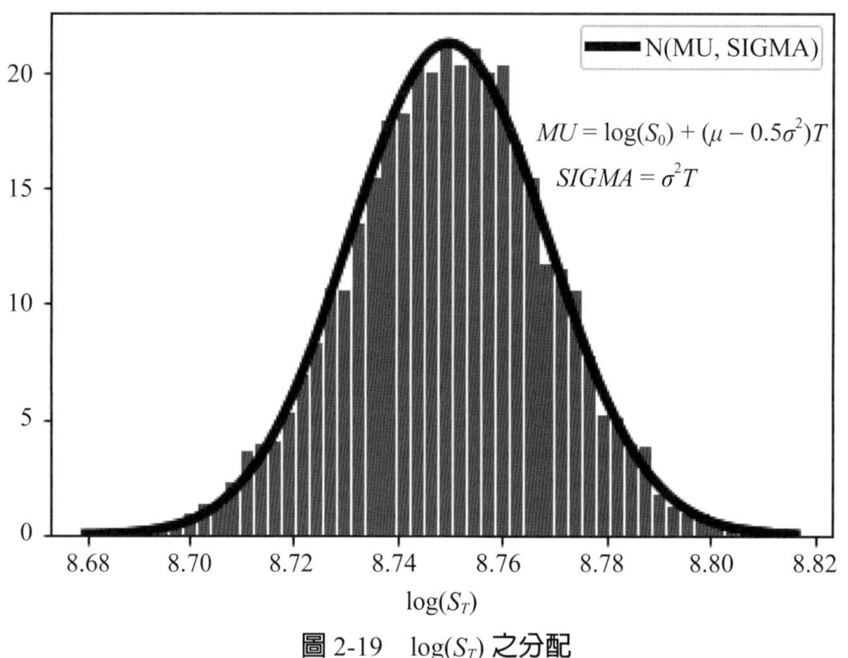

圖 2-19　$\log(S_T)$ 之分配

習題

(1) 試說明常態分配與對數常態分配之間的關係。

(2) 何謂布朗運動或維納過程？試解釋之。

(3) 我們如何「證明」布朗運動的存在？

(4) 我們如何模擬出例如：TWI 之日報酬率的觀察值？

(5) 於對數常態分配內，試繪圖檢視型態參數 s 所扮演的角色。

(6) 試說明均等分配（uniform distribution）的四個特徵。若欲取得介於 -1 與 1 之間的均等分配的觀察值，應如何做？

(7) 於例 2 內，若獨立隨機變數 $\Delta W[t(i)]$ 有 u 個可能，其中 u 爲介於 –1 與 1 之間的均等分配的觀察值，我們是否仍能繪製出類似圖 2-15 與 2-16 的圖形？

(8) 利用圖 1-2 內的 TWI 之日收盤價資料，試繪製對應的直方圖以及對數常態分配的 PDF 曲線。

(9) 假定 TWI 日收盤價屬於對數常態分配，試利用 2022/3/17～2022/4/29 期間的 TWI 日收盤價資料計算日收盤價介於 17,000 與 18,000 之間的機率。TWI 日收盤價小於 16,000 的機率爲何？提示：以樣本平均數與標準差取代對應的參數值。

(10) 續上題，將上述期間的日收盤價轉成日連續報酬率並假定日連續報酬率屬於常態分配，試計算日連續報酬率大於 –2% 的機率爲何？日連續報酬率介於 –2% 與 2% 之間的機率爲何？

2.2.2 *t* 分配

於《統計》內，我們已經知道 t 分配可以分成簡單與複雜的二種型態，其中前者只有一個自由度（degree of freedom, df）參數，而後者卻有三個參數值，分別爲 ν、μ 與 ξ，其分別表示自由度、位置（“loc”）與尺度（“scale”）參數[11]。值得注意的是，ξ 並不是 t 分配的變異數或標準差。我們先試試如何使用：

```
from scipy.stats import t
np.random.seed(6895)
xt1 = t.rvs(df=6,size=100)
np.mean(xt1) # 0.013338860442389206
np.std(xt1) # 1.1554962797562205
np.random.seed(7789)
xt2 = t.rvs(df=6,loc=0,scale=1,size=100)
np.mean(xt2) # -0.03649167656828111
np.std(xt2) # 1.264180003722724
np.var(xt2) # 1.5981510818123865
```

換言之，我們仍使用模組（scipy.stats）內的 t 分配指令，即 t 分配的使用不是

[11] 值得注意的是，我們分別用 ν 取代 df、以 μ 取代 “loc” 以及用 ξ 表示 “scale”。

使用一個參數就是需要使用三個參數值。從上述指令可知 t 分配觀察值的平均數大致爲 0，不過對應的變異數或標準差，若要固定爲已知數值，需要額外的轉換。

於《統計》內，我們已經知道複雜（或稱爲一般化）的 t 分配，其 PDF 可以寫成：

$$f(x|\nu,\mu,s)=\frac{\Gamma\left(\frac{\nu+1}{2}\right)}{\sqrt{\nu\zeta^2\pi}\Gamma\left(\frac{\nu}{2}\right)}\left(1+\frac{1}{\nu}\frac{(x-\mu)^2}{\zeta^2}\right)^{-\frac{\nu+1}{2}},-\infty<x<\infty \tag{2-16}$$

其中 ν、μ 與 ξ 爲未知參數。（2-16）式內參數的角色爲：

$$\begin{aligned}&E(x)=\mu,\nu>1\\&Var(x)=\zeta^2\frac{\nu}{\nu-2},\nu>2\end{aligned} \tag{2-17}$$

即 ξ^2 並不是 t 分配的變異數。是故，欲計算 t 分配的變異數可以透過（2-17）式轉換。我們使用下列二個函數轉換：

```
# scale to sigma2
def vart(df,scale):
    return (scale**2)*df/(df-2)
# sigma to scale
def vscale(df,sigma):
    return sigma*np.sqrt((df-2)/df)
```

我們舉一個例子說明。再試下列指令：

```
sx = np.std(x) # 0.013203986484879833
sca = vscale(3,sx) # 0.007623325151421552
sx2 = vart(3,sca) # 0.00017434525909288927
np.var(x) # 0.0001743452590928893
```

讀者自然能一目了然。是故，若要使用上述 t 分配指令，除了自由度與平均數爲已知外，我們應將已知的變異數或標準差轉換成尺度參數。

我們來看看例如：圖 1-2 內的 TWI 日收盤價資料轉換成日報酬率資料後，後者可用何分配模型化？首先，我們先計算日報酬率資料的平均數與標準差，並且以此當作常態分配 μ 與 σ 參數的估計值，圖 2-20 分別繪製出日報酬率資料的直方圖以及對應的常態分配之 PDF 曲線。我們發現上述日報酬率資料不大可能是由常態分配所產生的，因爲二者的差距太大了。

接著，我們試使用 t 分配。仍使用上述的日報酬率資料的平均數與標準差當作 t 分配的平均數與標準差估計值，不過後者透過（2-17）式可轉換成尺度參數的估計值；雖說如此，t 分配的使用尙須估計自由度參數。於圖 2-20 內，我們使用「目測」的方式，發現自由度等於 3 的結果較佳。於 2.3 節內，我們會介紹如何估計自由度的方法；換言之，從圖 2-20 內可發現 t 分配的 PDF 曲線與日報酬率資料的直方圖竟然頗爲接近，故我們會懷疑上述日報酬率資料有可能是由 t 分配所產生的！

爲了進一步分別出 TWI 日報酬率、常態分配與 t 分配觀察值之間的差異，表 2-3 分別列出 TWI 日報酬率以及模擬的常態分配與 t 分配觀察值，其特色可分述如下[12]：

(1) 畢竟是利用 TWI 日報酬率資料估計，故 TWI 日報酬率資料、模擬的常態分配與 t 分配觀察值的平均數與標準差之差距並不大。
(2) 就最大值與最小值而言，我們發現 TWI 日報酬率與 t 分配觀察值之間頗爲接近，但是相對上常態分配觀察值的最大值與最小值卻皆較小（就絕對值而言）；也就是說，相對於常態分配的觀察值而言，TWI 日報酬率與 t 分配觀察值較易出現極端值。
(3) 我們可以用「偏態係數」衡量一種分配的「對稱」程度，而我們已經知道常態分配屬於對稱型分配，故其對應的偏態係數接近於 0。反觀 TWI 日報酬率的偏態係數估計值約爲 –0.3，顯然與 0 有較大的差距，故 TWI 日報酬率有可能屬於一種左偏的分配，我們亦可從圖 2-20 內看到 TWI 日報酬率的直方圖有較長的左邊尾部得到驗證。至於 t 分配的觀察值，其亦呈現出具有稍微左偏的傾向，即 t 分配觀察值的最小值（絕對值）幅度大於最大值幅度，不過不像 TWI 日報酬率的左偏嚴重，因其對應的偏態係數估計值只有 –0.17。

---

[12] 使用圖 2-20 的條件（即利用 TWI 日報酬率資料以估計常態分配與 t 分配的參數，其次令後者的自由度等於 3），表 2-3 內列出隨機從常態與 t 分配抽取出與 TWI 日報酬率資料的樣本個數相同的觀察值。

(4) 檢視第 25 或 75 個百分位數估計值，應可發現 TWI 日報酬率或 t 分配觀察值出現「腰瘦」的情形，即上述二估計值皆小於對應的常態分配估計值（依絕對值來看）。

(5) 我們繼續檢視「峰態係數」估計值。先檢視常態分配的估計值約為 –0.08 接近於 0，故可知表 2-3 內的估計是指「超額峰態係數」估計值（即常態分配的理論峰態係數等於 3）。換言之，表 2-3 內的 TWI 日報酬率與 t 分配觀察值的峰態係數估計值約為 6.9 與 9.86，顯然後者高出前者甚多，隱含著 t 分配的「峰態」較高。

表 2-3 的結果畢竟只是一種隨機過程的結果，或者說常態分配與 t 分配觀察值只是一次「抽樣」的結果，故難免存在「抽樣誤差」，是故我們必須進一步檢視相對應之理論上的差異。仍使用圖 2-20 或表 2-3 內的條件，表 2-4 分別列出常態分配與 t 分配之 PDF 曲線左右尾部的「理論」分位數，同時為了比較起見，該表亦列出上述不同左右尾部所對應的 TWI 日報酬率之實際計算的樣本分位數。我們可以看出 t 分配的確有可能會出現「極端」的數值，而常態分配則否。例如：令 α 等於 CDF 值（表示左尾的面積），於 $\alpha = 0.0001$ 之下，常態分配、TWI 日報酬率與 t 分配之對應的分位數分別約為 –0.0828、–0.049 與 –0.1691（可檢視表 2-4），顯然 t 分配與常態分配分別屬於「長尾」與「短尾」，而 TWI 日報酬率的尾部恰位於上述二者之間。

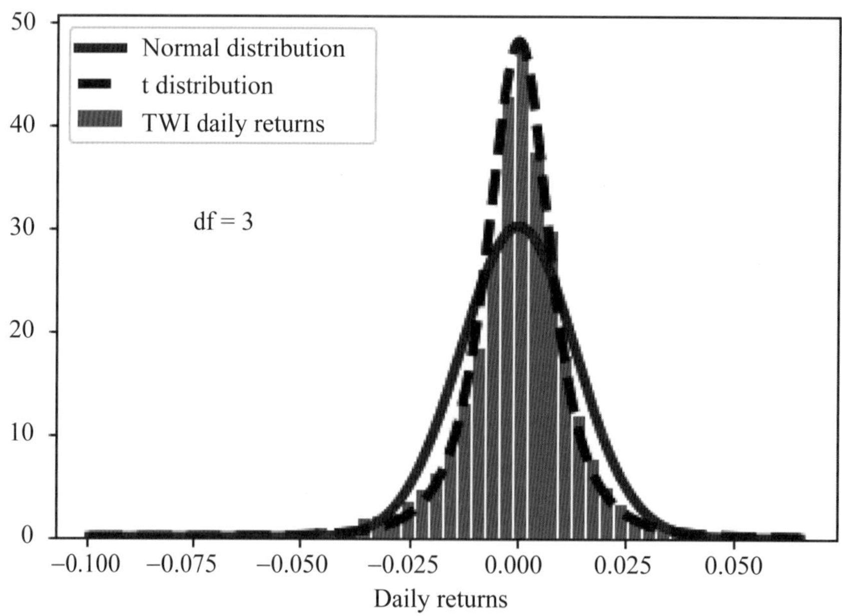

圖 2-20 TWI 日報酬率序列資料（2000/1/5～2022/4/29）的直方圖、常態分配與 t 分配的 PDF

表 2-3　TWI 日報酬率、常態分配觀察值與 t 分配觀察值之敘述統計量

	TWI	z	t
count	5482	5482	5482
mean	0.0001	0.0004	-0.0001
std	0.0132	0.0131	0.0122
min	-0.0994	-0.0511	-0.1049
25%	-0.0056	-0.0084	-0.0057
50%	0.0005	0.0004	0.0001
75%	0.0067	0.0092	0.0059
max	0.0652	0.0426	0.0853
skew	-0.3008	-0.0361	-0.1733
kurt	3.9053	-0.0804	6.8639

說明：第 1 欄內的敘述統計量分別爲樣本數、平均數、標準差、最小值、第 25 個百分位數、中位數、第 75 個百分位數、最大值、偏態係數與（超額）峰態係數之計算。第 2～4 欄則分別爲 TWI 日（連續）報酬率、常態分配觀察值與 t 分配觀察值（使用圖 2-20 的條件）。

表 2-4　分位數的計算

CDF	0.0001	0.01	0.025	0.05	0.1	0.9	0.95	0.975	0.99	0.9999
TWI	-0.0828	-0.0384	-0.0301	-0.022	-0.0145	0.0138	0.0198	0.0268	0.038	0.0633
z	-0.049	-0.0306	-0.0258	-0.0216	-0.0168	0.017	0.0218	0.026	0.0308	0.0492
t	-0.1691	-0.0345	-0.0241	-0.0178	-0.0124	0.0126	0.0181	0.0244	0.0347	0.1694

說明：1. 根據 CDF 值計算對應的分位數。2. TWI 表示 TWI 日（連續）報酬率資料之實際計算的樣本分位數（資料來源：圖 1-2）。3. z 與 t 爲常態分配與 t 分配的理論分位數（根據圖 2-20 內的參數估計值，含 t 分配的自由度爲 3）。

上述的例子亦可檢視圖 2-21 的結果。從該圖內可看出相對於常態分配而言，t 分配擁有「厚尾」的可能，即 t 分配若分別以常態分配與 TWI 日報酬率的分位數（即圖內的 q_n 與 q_T）計算，左尾的面積分別爲 0.0038 與 0.0008，顯然大於對應的 α 值，是故相對於常態分配或 TWI 日報酬率而言，t 分配擁有「左厚尾」的情況；同理，相對於常態分配而言，TWI 日報酬率的分配亦屬於擁有「左厚尾」的情況，因爲 TWI 日報酬率資料小於 q_n 的個數總共有 22 個，若以總個數爲 5,482 計算約爲 0.004。可注意圖 2-21 是一種「放大左尾部」後的結果，即 TWI 日報酬率資料是

用直方圖表示[13]。讀者可以繼續檢視表 2-4 內的其餘結果或屬於右尾部的情況。

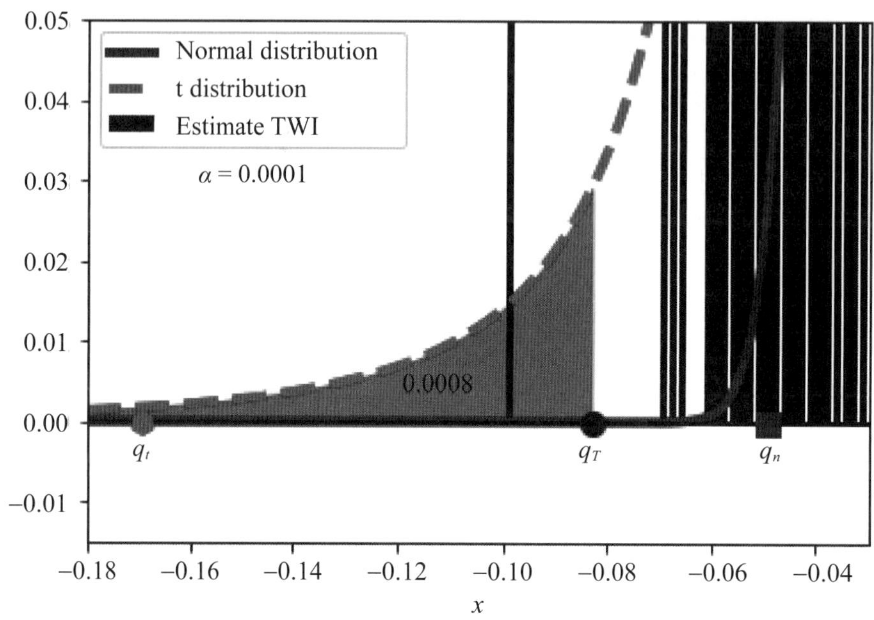

圖 2-21　常態分配與 t 分配之 PDF 曲線左尾面積之比較，其中 α 表示左尾面積而 q_t、q_T 與 q_n 為對應的 t 分配、實際 TWI 日報酬率與常態分配的分位數

我們繼續比較理論常態分配與 t 分配的差異，原則上前者可以選擇標準常態分配。如前所述，t 分配的變異數或標準差未必等於 1；因此，若欲與標準常態分配（其所對應的變異數或標準差等於 1）比較，首先必須先得到於不同自由度下，t 分配的變異數或標準差等於 1 所對應的尺度參數爲何？瞭解上述過程後，圖 2-22 分別繪製出標準常態分配與不同自由度下的 t 分配的 PDF 曲線，當然圖內二分配的平均數與變異數皆分別爲 0 與 1。

相對於常態分配而言，從圖 2-22 內可看出自由度愈低，t 分配的「峰態」愈明顯，尤其是當自由度爲 2.1，此時 t 分配的「高峰」更突出。雖說如此，從圖 2-22 內亦可看出自由度愈高，t 分配的 PDF 曲線反而逐漸接近常態分配的 PDF 曲線；也就是說，t 分配也許可視爲「小自由度的常態分配」，只是傳統的常態分配並不考慮「自由度」，不過此亦隱含著 t 分配其實也是一種以平均數爲中心之「左右對

[13] 可注意 t 分配屬於連續的分配而 TWI 之直方圖則屬於間斷的分配，我們發現用 t 分配計算小於 q_n 的機率與實際用 TWI 日報酬率計算的機率頗爲接近，即前者約爲 0.0038 而後者約爲 0.004。

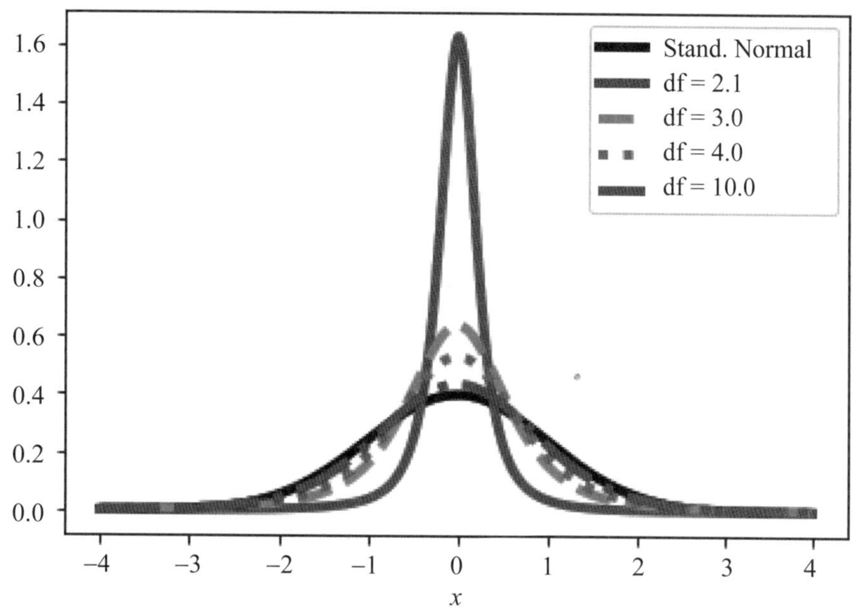

圖 2-22 **標準常態分配與 t 分配的比較**

稱」分配。

圖 2-22 的缺點是我們不易看出不同自由度下 t 分配的 PDF 曲線尾部或是其與常態分配 PDF 曲線尾部之間的差異；因此，圖 2-23 進一步繪製出不同自由度下，t 分配的 PDF 曲線不同程度的左尾部情況，爲了比較起見，該圖亦繪製出單一常態分配的 PDF 曲線尾部。我們可以看出自由度愈低，t 分配的 PDF 曲線的左尾部竟然「愈拉愈長」，隱含著自由度愈低的 t 分配愈有可能出現「向下」的極端值。不像 t 分配的分位數大小會受到自由度高低的影響，常態分配的分位數是與自由度高低無關，我們可以看出自由度愈大，t 分配的分位數會趨向於常態分配的分位數。

例 1 標準 t 分配的 PDF

圖 2-22 的結果是讓人印象深刻的，因爲 t 分配與常態分配必須經過適當地轉換成具有相同的平均數與標準差，我們才可以進一步比較上述二分配；因此，我們需要將 t 分配轉換成仍具有三種參數的「標準 t 分配」，其中上述三種參數分別爲平均數、標準差與自由度（《財統》）。根據 R 語言的“fGarch”程式套件（package）內之 “dstd(.)” 指令，我們將該指令譯成 Python 指令爲：

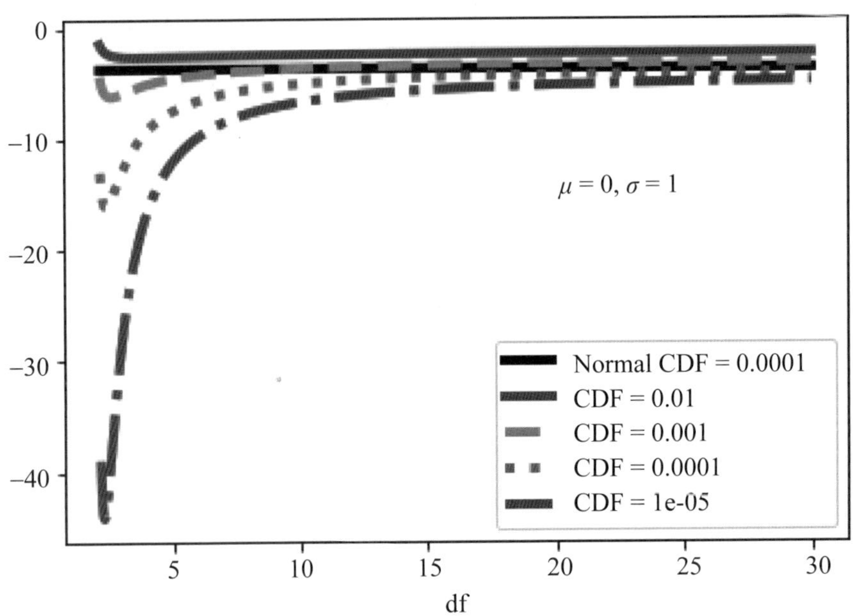

圖 2-23　不同自由度與 CDF 值之下 t 分配的分位數

```
def dstd(x,mean=[0.0],sd=1,nu=5):
    if(len(mean)==3):
        nu = mean[2]
        sd = mean[1]
        mean = mean[0]
    s = np.sqrt(nu/(nu-2))
    z = (x-mean)/sd
    return t.pdf(z*s,df=nu)*s/sd
```

根據上述指令，我們可以輕易地繪製出對應的 t 分配的 PDF 曲線，如圖 2-24 所示，其中左圖的平均數與標準差分別為 3 與 2，而右圖則分別為 0 與 1。我們發現於相同的平均數與標準差下，低自由度的 t 分配的 PDF 曲線「高峰」仍較突出。讀者可以檢視所附的檔案得知如何操作上述 dstd(.) 指令。或者，利用上述指令重新繪製圖 2-20。

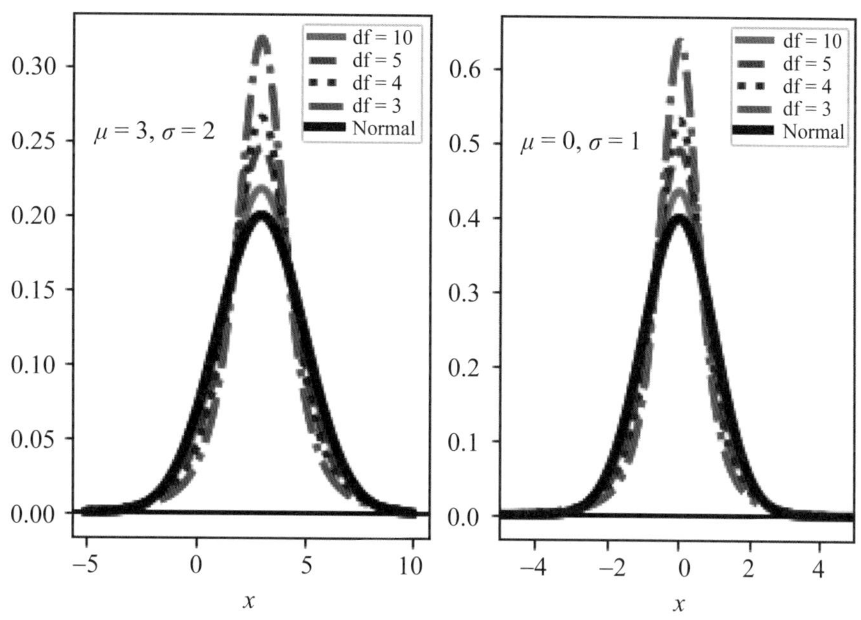

圖 2-24　標準 t 分配與常態分配的比較

例 2　抽取標準 t 分配的觀察值

續例 1，我們亦可以抽取標準 t 分配的觀察值如[⑭]：

```
def rstd(n,mean=0,sd=1,nu=5):
    s = np.sqrt(nu/(nu-2))
    result = t.rvs(size = n, df = nu)*sd/s + mean
    return result
```

我們試試上述函數指令：

```
np.random.seed(1258)
x3 = rstd(500)
np.mean(x3) # -0.016269115261454085
np.std(x3) # 1.0332681327208229
```

⑭ 根據 R 語言的 "fGarch" 程式套件內之 "rstd(.)" 指令。

```
np.random.seed(125855)
x4 = rstd(500,mean=10,sd=3,nu=3)
np.mean(x4) # 9.950545487297157
np.std(x4) # 3.0249860210558053
```

即 x3 爲平均數、標準差與自由度分別爲 0、1 與 5 之 t 分配觀察值，而 x4 爲平均數、標準差與自由度分別爲 10、3 與 3 之 t 分配觀察值。

例 3 偏 t 分配

Fernandez 與 Steel（1998）曾使用一種偏（skew）t 分配，其是於「簡單型」的 t 分配的 PDF 內多考慮一個可控制偏態的參數 ξ，即：

$$\begin{cases} f(x)=\dfrac{2}{\xi+\dfrac{1}{\xi}}f\left(\xi x\right), x<0 \\ f(x)=\dfrac{2}{\xi+\dfrac{1}{\xi}}f\left(\dfrac{x}{\xi}\right), x\geq 0 \end{cases} \tag{2-18}$$

其中 $f(x)$ 爲「簡單型」的 t 分配的 PDF（即其只需要一個自由度參數）。根據（2-18）式，我們不難自設一個簡單型的偏 t 分配的 PDF，而圖 2-25 的上圖進一步繪製出於自由度等於 4 之下，不同 ξ 值的偏 t 分配 PDF 曲線，我們從該圖可看出 ξ 值於 2 附近的偏 t 分配 PDF 曲線較接近簡單型的 t 分配的 PDF 曲線，不過前者卻是右偏的曲線。

我們當然亦可以進一步考慮「標準型」的偏 t 分配之 PDF，而其結果則繪製如圖 2-25 的下圖所示[15]。我們從該圖可看出於 ξ 值等於 1 下，標準型的偏 t 分配之 PDF 曲線恰與簡單型的 t 分配 PDF 曲線重疊。讀者可檢視所附檔案得知如何繪製圖 2-25。

---

[15] 我們亦參考 R 語言內的程式套件（fGarch）指令。

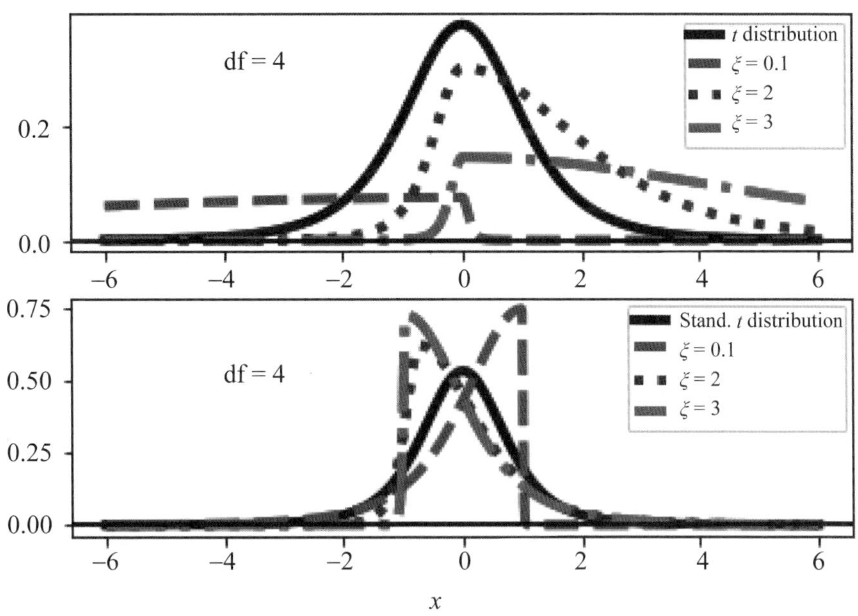

圖 2-25 簡單型（上圖）與標準型（下圖）之偏 t 分配

例 4 月與年通貨膨脹率

至主計總處下載 1959/1～2022/5 期間的 CPI 序列資料，我們分別將 CPI 資料轉換成月與年通貨膨脹率序列資料，圖 2-26 分別繪製出上述通貨膨脹率序列資料的直方圖，可看出二序列資料有較長的右尾部，因此我們希望用標準型的偏 t 分配模型化，此當然會額外牽涉到自由度與 ξ 值的估計。2.3 節將介紹有關於參數值的估計；換言之，圖 2-26 的繪製是使用估計的參數值。

習題

(1) 試利用圖 1-2 的 TWI 日收盤價資料，轉換成月報酬率資料後，再分別用常態與 t 分配模型化。

(2) 試利用圖 1-2 的 TWI 日收盤價資料，轉換成持有 10 日報酬率資料後，再分別用常態與 t 分配模型化。

(3) 試下載 2000/1/1～2022/4/30 期間之 NASDAQ 日收盤價資料，轉換成日報酬率資料後，再分別用常態與 t 分配模型化。

(4) 續上題，試計算NASDAQ日收盤價資料之敘述統計量（含偏態與峰態係數）。

(5) 試用標準型 t 分配重新繪製圖 2-20。

(6) 試用標準型偏 t 分配說明 ξ 值小於 1 的情況。

(7) 試計算月與年通貨膨脹率資料（圖2-26）之敘述統計量（含偏態與峰態係數）。

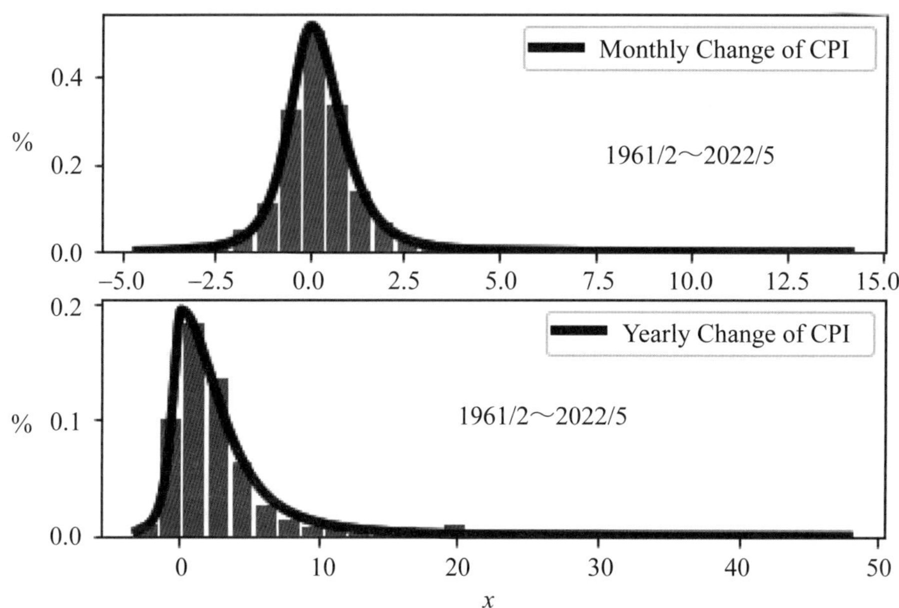

圖 2-26　月與年通貨膨脹率資料分別用偏 t 分配模型化

2.3 MLE

前面章節通常假定隨機變數 X 屬於一種 IID 過程。上述假定看似簡易，但是卻有困難之處；換言之，若看到一組資料，我們如何判斷該組資料是 IID 過程的觀察值。或者說，我們經常假定隨機變數 X 屬於一種 IID 過程，我們如何取得該過程的觀察值？試下列指令：

```
np.random.seed(456)
x = norm.rvs(0,1,100)
x1 = [-1,1]
np.random.seed(8888)
x2 = np.random.choice(x1,100,replace=True)
x3 = np.zeros(100)
np.random.seed(1234)
for i in range(100):
    x3[i] = norm.rvs(0,1,1)
```

即至少有三種方式可以取得 IID 過程的觀察值，如上述 x、x2 與 x3 所示，其中 x2 是用重複抽取（抽出放回）的方式，x 是「從常態分配內一次抽足 100 個觀察值」而 x3 則是「從常態分配內一次抽一個，共抽 100 次」。

那我們如何判斷呢？文獻上有許多檢定方法可供參考，此處我們只使用「連串檢定（runs test）」說明。連串檢定可用於檢定數列的隨機性或獨立性[16]。試下列指令：

```
from statsmodels.sandbox.stats.runs import runstest_1samp
runstest_1samp(x) # (-0.46508621141187295, 0.6418697198885914)
runstest_1samp(x2) # (-1.3759454702171496, 0.16883851623367674)
runstest_1samp(x3) # (0.6717220467868544, 0.5017606632412223)
```

即於 Python 內可以輕易執行連串檢定。連串檢定的結果爲常態分配的檢定統計量與對應的 p 值。例如：以連串檢定檢視上述 x3 的觀察值可得檢定統計量約爲 0.67 而對應的 p 值約爲 0.5，故就常態分配而言，上述檢定結果明顯不拒絕虛無假設爲觀察值具有隨機獨立的情況。其餘變數的觀察值之檢定可依此類推。

以上的例子說明了透過程式語言如 Python，我們可以輕易取得 IID 的觀察值。現在我們介紹 MLE。簡單地說，MLE 是一種能於機率模型內取得參數估計式的一般方法。MLE 的直覺想法其實頗爲簡易：看到已知機率分配的一組資料，我們不禁問：到底何參數值最有可能產生該組資料？例如：我們看到下列 IID 觀察值：

$$y_1, y_2, \cdots, y_n$$

上述觀察值應該是由一種聯合的機率分配如 $f(y_1, y_2, \cdots, y_n; \theta)$ 所產生的，其中 θ 爲對應的參數。因屬於 IID，故 $f(y_1, y_2, \cdots, y_n; \theta)$ 可再寫成[17]：

$$f(y_1, y_2, \cdots, y_n; \theta) = f(y_1; \theta) f(y_2; \theta) \cdots f(y_n; \theta) = \prod_{i=1}^{n} f(y_i; \theta) \qquad (2\text{-}19)$$

（2-19）式亦可再寫成對數的型態如：

$$l_y(\theta) = \log \prod_{i=1}^{n} f(y_i; \theta) = \sum_{i=1}^{n} \log f(y_i; \theta) \qquad (2\text{-}20)$$

---

[16] 連串檢定的詳細介紹可上網查詢或參考 Siegel（1956）或 Laopodis（2022）等文獻。

[17] 可記得 A 與 B 屬於二獨立事件，則 $P(A \cap B) = P(A)P(B)$。依此類推。

其中 $l_y(\theta)$ 稱爲對數概似函數（log likelihood function）。因此，根據上述直覺想法，MLE（估計式）就是欲找出最大的對數概似函數（或概似函數）的參數值 θ^*。

下一章我們將介紹向量矩陣以及對應的微分技巧，我們再詳細說明 MLE。底下，透過 Python 的操作，MLE 應該不難瞭解。試下列指令：

```
np.random.seed(456)
x = poisson.rvs(mu=5,size=100)
x1 = np.sort(x)
Like = np.sum(poisson.logpmf(x1,mu=5)) # -213.93346935977794
```

即我們從 $\mu = 5$ 之下抽取 100 個卜瓦松分配的觀察值，而每一觀察值不難轉換成用對應的機率質量函數（probability mass function, PMF）表示[18]；如此，可找到對應的對數概似函數。圖 2-27 進一步繪製出不同 μ 值與上述對數概似函數之間的關係，可發現於 $\mu = 5$ 之下對應的對數概似函數值最大。可以注意的是，根據（2-20）式的設置方式，對應的對數概似函數值爲負數值。

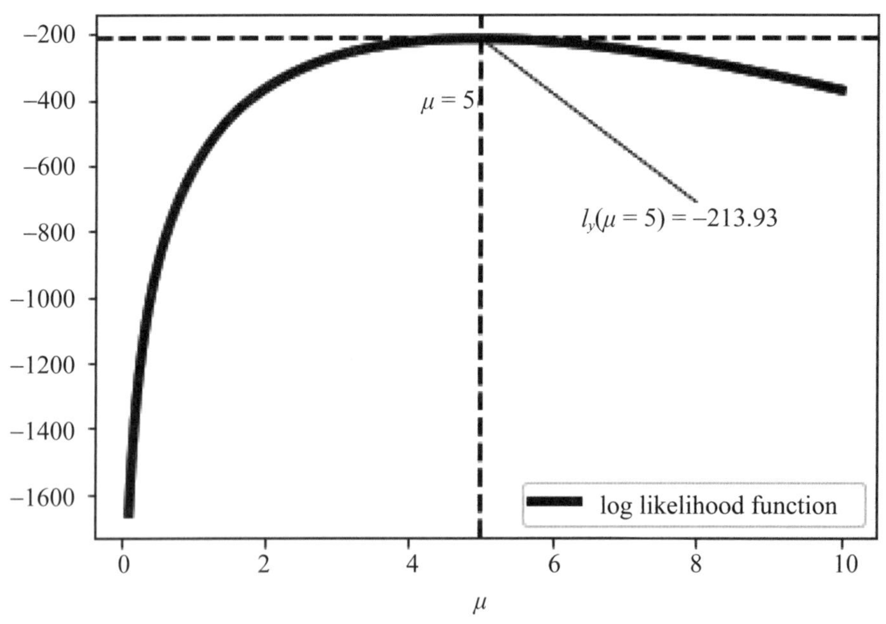

圖 2-27　對數概似函數

---

[18] 卜瓦松分配的 PMF 可寫成：

$$f(x) = e^{-\mu}\frac{\mu^x}{x!}, x = 0,1,2,\cdots$$

因此若 μ 已知，卜瓦松分配的觀察值 x 可轉換成用 $f(x)$ 表示。其餘特殊機率分配可類推。

因此，MLE 只不過是「顚倒」之前的想法，即之前是先有了參數值後才能得到觀察值，而 MLE 則是告訴我們檢視觀察值後，再推想是由何參數值所產生的。再試下列指令：

```
def mlogp(b):
    return -np.sum(poisson.logpmf(x1,mu=b))
b0 = [3]
model1 = minimize(mlogp,b0,method="BFGS")
model1.x # array([4.9500002])
model1.fun # 213.90838560726155
Hess_invp = model1.hess_inv
set1 = np.sqrt(Hess_invp[0,0]) # 0.22236937435324503
# t_statistic
tp = model1.x/set1 # array([22.26026052])
```

通常執行 MLE，我們須根據例如：（2-20）式設置一個對數概似函數，如上述 mlogp(b) 所示（只差一個負號，因底下是使用極小化函數指令）；另一方面，因使用 Python 內的極小化函數指令 minimize(.)，故必須先準備期初參數值 b0。是故，上述指令的意思頗為直接，即我們先預告一個期初值，然後使用極小化技巧[19]，再找出極小化值。上述整個極小化執行結果是用 model1 表示（讀者可檢視看看），而我們有興趣的是最大對數概似值、參數估計值以及估計之逆黑森矩陣（inverse Hessian matrix），可注意如何顯示。估計之逆黑森矩陣可用於導出估計參數之標準誤如 set1；換言之，上述參數估計值所對應的 t 檢定統計量約爲 22.26，明顯拒絕虛無假設爲參數值等於 0 的情況[20]。

再試下列指令：

[19] 我們是使用 "BFGS" 技巧，該技巧頗爲常見，可參考《財統》或 Martin et al.（2012）等。

[20] 整個檢定所需要的觀念，較完整的說明可參考《統計》、《財統》或 Martin et al.（2012）等。

```
def mlogp1(b):
    return -np.mean(poisson.logpmf(x1,mu=b))
b0 = [3]
model2 = minimize(mlogp1,b0,method="BFGS")
Hess_invp1 = model2.hess_inv/len(x1)
set2 = np.sqrt(Hess_invp1[0,0]) # 0.2221620518667766
# t_statistic
tp2 = model2.x/set2 # array([22.28102567])
```

可以看出對數概似函數如（2-20）式亦可改用「平均數」的方式，其估計結果稍有不同，不過二種估計結果（即 model1 與 model2）皆出現「成功收斂」的情況。可以注意「標準誤」的計算方式並不相同，連帶地對應的 t 檢定統計量的結果亦稍有不同。

其實，整個 MLE 的估計過程未必容易順利，特別是我們必須先找出合適的參數期初值；或者，變數的型態亦會影響整個計算的過程，我們再試試。

例 1　以常態分配估計

假定利用圖 1-2 內的 TWI 日收盤價資料轉換成日報酬率資料後，我們打算用常態分配模型化上述日報酬率資料；是故，我們可以使用 MLE 估計常態分配的參數。此時，我們會面臨至少五個考慮：(1) 對數概似函數的設定方式，是以（2-20）式或改用平均數為主，我們發現有時結果並不相同。(2) 期初值的選擇，就本例而言，我們可以用日報酬率資料的平均數與標準差當作期初值，其結果與期初值設為 0 與 1 所得到的標準誤並不相同（可參考習題）。(3) 日報酬率的計算是否可以用百分比表示？我們亦發現結果會有不同。(4) 有些時候，更改所選的樣本期間，說不定可以得到較佳的結果。(5) 畢竟例如：TWI 之日報酬率資料未必是由常態分配所產生的，故若得不到較佳的結果，也許應考慮其他的 MLE 模型。

因此，採取 MLE，可能須謹慎為之。我們先使用對數概似函數以平均數的設定方式，可參考所附檔案，看看其餘二種考慮的結果有何不同。於習題內，我們再改成以（2-20）式的設定方式。

例 2 以標準型 t 分配估計

直覺而言，因所觀察到的觀察值資料，我們不知對應的平均數與標準差資訊，故使用簡單型 t 分配以估計自由度的效果有可能不如使用標準型 t 分配估計，即後者有使用觀察值資料如日報酬率之平均數與標準差資訊。換句話說，面對 TWI 之日報酬率資料，我們以日報酬率資料之樣本平均數、樣本標準差與自由度等於 3 爲期初值而以標準型 t 分配並使用 MLE 估計，可得平均數與標準差估計接近上述期初值之外，自由度的估計值約爲2.8。另一方面，上述三個估計值皆能顯著異於0。

若使用簡單型 t 分配，於自由度之期初值爲 3 的情況下，有可能 MLE 的自由度估計值約爲 254.72 而且並沒有達到「最小值收斂」的情況。

例 3 以標準型偏 t 分配估計

2.2.2 節曾檢視臺灣之月與年通貨膨脹率資料，而於此處我們考慮 1959/2～2022/5 與 1961/2～2022/5 二種期間的月通貨膨脹率資料，並以標準型偏 t 分配估計。於分別以月通貨膨脹率資料之樣本平均數、樣本標準差、自由度爲 2.01 與 ξ 值爲 2 當作 MLE 估計之期初值，不過前者是使用「平均值」之對數概似函數而後者卻是使用（2-20）式。我們發現上述二種的估計結果非常接近，以前者爲例，自由度與 ξ 值的 MLE 估計值分別約爲 2.83 與 1.18，而且上述二估計值皆能顯著異於 0。

可惜的是，若欲使用標準型偏 t 分配模型化年通貨膨脹率資料，我們發現實際的樣本標準差與估計的標準差之間差距過大；或者說，上述的估計係假定變異數固定不變，單純只使用簡易的 MLE 估計並不恰當，於後面的章節內，我們再重新檢視。雖說如此，我們倒是可以先看看月與年通貨膨脹率資料的時間走勢，其繪製如圖 2-28 所示。我們可看出相對於月通貨膨脹率資料的時間走勢而言，年通貨膨脹率資料的時間走勢波動過大。

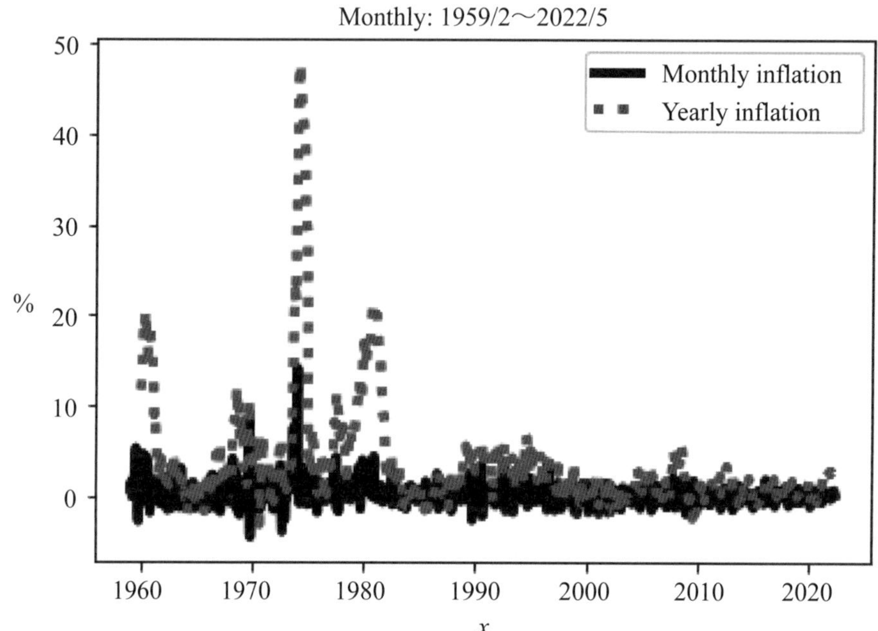

圖 2-28　臺灣之月（1959/2～2022/5）與年（1960/1～2022/5）通貨膨脹率之時間走勢

習題

(1) 試使用連串檢定檢視本節內的 TWI 日報酬率、月與年通貨膨脹率資料。結果爲何？

(2) 此處隨機變數 X 的觀察值是利用 R 語言於平均數與標準差分別爲 2 與 3 的常態分配所抽取的結果，存於所附的 "x.xlsx" 內。我們進一步利用 R 語言的 "bbmle" 程式套件得到估計結果。可以參考所附的 R 語言程式碼。試利用 Python 讀取 "x.xlsx" 檔案，然後用 MLE 估計常態分配的參數。期初值設爲 0 與 1。其結果是否與 R 語言的結果相同？

(3) 續上題，期初值若改用隨機變數 X 觀察值的樣本平均數與樣本標準差呢？期初值若改用 2 與 3 呢？哪一個估計的標準誤會失真？爲什麼？

(4) 於例 1 內，若使用（2-20）式，結果爲何？

(5) 我們亦可以從 Yahoo 下載原油的價格如：

```
CrudeO = yf.download("CL=F", start="2000-01-01", end="2022-04-30")
```

試分別繪製出原油日收盤價與對應的日變動率的時間走勢。

(6) 續上題，於自由度為 2.5 下，試分別繪製出原油之直方圖與 t 分配的 PDF 曲線。結果為何？

(7) 續上題，試用 MLE 估計 t 分配的參數值。自由度的估計值為何？是否顯著異於 0？

(8) 續上題，嘗試使用標準型偏 t 分配模型化。對應的 MLE 之參數估計值分別為何？是否皆顯著異於 0？

(9) 續上題，使用 MLE 之參數估計值，試分別繪製出原油之直方圖、t 分配的 PDF 曲線以及標準型偏 t 分配的 PDF 曲線。結果為何？

矩陣代數

本章將複習一些本書會使用到的矩陣代數（matrix algebra）觀念。其實於第 1 與 2 章內，我們已經隱約感覺到當觀察值資料變多或牽涉到多變量（數）的體系時，用矩陣代數來表示或操作可能較爲簡易。例如：資產組合若有牽涉到三種資產以上，此時資產組合的報酬與風險用矩陣代數來表示或操作比較容易；尤其是，特殊的機率分配如常態分配或 t 分配等亦可擴充至多變量機率分配的情況，此時亦是使用矩陣代數表示。

我們已經使用 Python 操作了，當然亦需要知道矩陣代數於 Python 內如何操作。於《資處》內，我們已經知道向量與矩陣的觀念亦可用 Python 來表示或處理，因此本章可視爲《資處》等之延伸。

3.1 向量與矩陣

簡單地說，矩陣可視爲一種含數字的陣列（array）。通常，一個矩陣的維度（dimension）是表示該矩陣的列數（the number of rows）與行數（the number of columns）。例如：**A** 矩陣分別有 n 列 m 行如下所示：

$$\underset{n\times m}{\mathbf{A}} = \begin{bmatrix} a_{11} & a_{12} & \cdots & a_{1m} \\ a_{21} & a_{22} & \cdots & a_{2m} \\ \vdots & \vdots & \ddots & \vdots \\ a_{n1} & a_{n2} & \cdots & a_{nm} \end{bmatrix}_{n\times m}$$

其中 a_{ij} 表示 **A** 矩陣之第 i 列與第 j 行之元素，而 $\mathbf{x}_{ir} = [a_{i1} \quad a_{i2} \quad \cdots \quad a_{im}]_{m\times 1}$ 表示第 i

列之列向量（row vector）；同理，第 j 行之行向量（column vector）可寫成：

$$\mathbf{x}_{jc} = \begin{bmatrix} a_{1j} \\ a_{2j} \\ \vdots \\ a_{nj} \end{bmatrix}_{n\times 1}$$

因此，**A** 矩陣分別可由 n 個列向量或由 m 個行向量所構成；另一方面，列向量的轉置（transpose）可爲行向量。例如：$\mathbf{x}_{ir}{}^{T} = \begin{bmatrix} a_{i1} & a_{i2} & \cdots & a_{im} \end{bmatrix}_{m\times 1}^{T} = \begin{bmatrix} a_{i1} \\ a_{i2} \\ \vdots \\ a_{im} \end{bmatrix}_{1\times m}$ 而 **A** 矩陣之轉置可爲：

$$\mathbf{A}^{T} = \begin{bmatrix} a_{11} & a_{21} & \cdots & a_{n1} \\ a_{12} & a_{22} & \cdots & a_{n2} \\ \vdots & \vdots & \ddots & \vdots \\ a_{1m} & a_{2m} & \cdots & a_{nm} \end{bmatrix}$$

讀者應不難瞭解。

我們來看看如何於 Python 內表示矩陣與向量。試下列指令：

```
X = np.array([[1,2,3,4],[5,6,7,8],[9,10,11,12],[13,14,15,16]])
X
# array([[ 1,  2,  3,  4],
#        [ 5,  6,  7,  8],
#        [ 9, 10, 11, 12],
#        [13, 14, 15, 16]])
```

即可以於模組（numpy）內建立矩陣，可以注意需使用 “[[ ]]”。我們可以使用下列的指令檢視矩陣的維度，即：

```
X.shape # (4, 4)
```

故矩陣 **X** 是一種 4×4 的矩陣。我們繼續叫出矩陣 **X** 內的元素如：

```
X[0,2] # 3
X[3,3] # 16
```

可記得列與行數皆從 0 開始算，故上述指令分別叫出矩陣 **X** 內的第 1 列與第 3 行元素以及第 4 列與第 4 行元素。

接著，我們嘗試叫出矩陣 **X** 內的行向量，即：

```
x1 = X[:,0]
x1
# array([ 1,  5,  9, 13])
x1.shape # (4,)
x1a = np.array([x1])
x1a
x1a.shape # (1, 4)
x1c = x1a.T
x1c
# array([[ 1],
#        [ 5],
#        [ 9],
#        [13]])
x1c.shape # (4, 1)
```

可以注意行向量如矩陣 **X** 內的第 1 行向量如何叫出；重要的是，x1 與 x1a 並不是「行向量」，其中前者只是含有四個數字的陣列（或 x1 只是一個維度爲 1 的「向量」）（一般向量的維度爲 2），而後者卻是第 1 行向量用列向量的形式表示。因此，必須將 x1a 轉置，方能得到第 1 行向量 x1c。讀者可以練習叫出矩陣 **X** 內其餘的行向量。

我們再來叫出矩陣 **X** 內的列向量。試下列指令：

```
xr1 = X[0]
xr1.shape # (4,)
x1r = np.array([xr1])
x1r.shape # (1, 4)
x1r # array([[1, 2, 3, 4]])
```

可看出 xr1 如何叫出（即第 1 列向量是矩陣 **X** 內的第 1 個「元素」）以及 xr1 並非「向量」，因其維度並非爲 1×4。是故，可將 xr1 轉成爲 x1r，即後者爲矩陣 **X** 內的第 1 列向量。可以再注意上述行向量與列向量亦皆須使用 “[[ ]]”。爲何我們須分別出 xr1 與 x1r 之不同？再試下列指令：

```
xr1.T # array([1, 2, 3, 4])
x1r.T
# array([[1],
#        [2],
#        [3],
#        [4]])
xr1.T # array([1, 2, 3, 4])
```

即列向量如 x1r 可轉置成行向量，但是 xr1 卻無法轉置！

我們再來檢視「乘法」。試下列指令：

```
X1 = x1c*x1r
X1
# array([[ 1,  2,  3,  4],
#        [ 5, 10, 15, 20],
#        [ 9, 18, 27, 36],
#        [13, 26, 39, 52]])
X1a = x1r*x1c
X1a
# array([[ 1,  2,  3,  4],
#        [ 5, 10, 15, 20],
```

```
#         [ 9, 18, 27, 36],
#         [13, 26, 39, 52]])
X1*X1a
# array([[   1,    4,    9,   16],
#         [  25,  100,  225,  400],
#         [  81,  324,  729, 1296],
#         [ 169,  676, 1521, 2704]])
x1r*X
# array([[ 1,  4,  9, 16],
#         [ 5, 12, 21, 32],
#         [ 9, 20, 33, 48],
#         [13, 28, 45, 64]])
```

即向量與矩陣之間可以相乘而使用 "*"，讀者可以分別檢視 X1、X1a、X1*X1a 與 x1r*X 的結果；另外，還有一種稱爲「內積（inner product）」的相乘方式，即：

```
a = x1r.dot(x1c) # array([[90]])
a.shape # (1,)
X2 = x1r.T.dot(x1c.T)
X2
# array([[ 1,  5,  9, 13],
#         [ 2, 10, 18, 26],
#         [ 3, 15, 27, 39],
#         [ 4, 20, 36, 52]])
X.dot(X1)
# array([[  90,  180,  270,  360],
#         [ 202,  404,  606,  808],
#         [ 314,  628,  942, 1256],
#         [ 426,  852, 1278, 1704]])
```

可以注意內積是使用 ".dot()" 的用法，可以檢視上述指令結果；或者說，內積的相乘方式就是我們熟悉的矩陣相乘方式。例如：

```
x1r.dot(X)
# array([[ 90, 100, 110, 120]])
np.dot(x1r,X)
# array([[ 90, 100, 110, 120]])
```

即 x1r 與 X 的維度分別爲 1×4 與 4×4，上述二個內積相乘的結果爲 1×4 的列向量。可以注意的是，內積相乘亦可以使用 np.dot(.) 指令。

例 1　矩陣的建立

我們再複習矩陣的建立，即：

```
W = np.array([[1,2,3],[4,4,5]])
W
# array([[1, 2, 3],
#        [4, 4, 5]])
W1 = np.array([1,2,3,4,5,6])
W2 = W1.reshape([2,3])
W1
# array([1, 2, 3, 4, 5, 6])
W2
# array([[1, 2, 3],
#        [4, 5, 6]])
```

我們亦可以使用「重塑」指令如 ".reshape([])" 以建立想要的矩陣；或者，利用上述指令重新建立一個新維度的矩陣如：

```
W3 = W2.reshape([3,2])
W3
# array([[1, 2],
#        [3, 4],
#        [5, 6]])
```

例 2 重塑指令的應用

續例 1，試下列指令：

```
np.random.seed(1258)
Z = norm.rvs(0,1,size=100).reshape([10,10])
Z.shape # (10, 10)
```

讀者可猜猜 Z 內的元素爲何？

例 3 資料框的轉置

資料框（data frame）亦可以轉成一個矩陣，因此資料框亦可以轉置如：

```
TWI = yf.download("^TWII", start="2000-01-01", end="2022-04-30")
TWIX = TWI.to_numpy()
TWIX.shape # (5483, 6)
TWIdf = pd.DataFrame(TWIX.T)
TWIdf.columns = TWI.index
TWIdf.index = TWI.columns
TWIdf
```

讀者可以逐一解釋上述指令的意思；或者，猜猜 TWIdf 的內容爲何？

例 4 矩陣的合併

試逐一解釋下列指令的意思：

```
np.random.seed(589)
A = norm.rvs(3,4,size=30).reshape(5,6)
np.random.seed(5)
B = t.rvs(df=4,loc=1,scale=2,size=12).reshape(2,6)
C = np.concatenate((A,B),axis=0) # 列合併
B1 = B.reshape(1,12)
A1 = A.reshape(1,30)
C1 = np.concatenate((A1,B1),axis=1).reshape(6,7)
```

若不知結果可逐一輸入並同時檢視。

例 5 內積與外積

試下列指令：

```
u = np.array([[-1],[3]]);v = np.array([[2],[5]])
u.T.dot(v) # array([[13]])
np.dot(u.T,v) # array([[13]])
u.dot(v.T)
# array([[-2, -5],
#        [ 6, 15]])
np.outer(u,v.T)
# array([[-2, -5],
#        [ 6, 15]])
np.outer(u,v)
# array([[-2, -5],
#        [ 6, 15]])
```

我們已經知道 $\mathbf{u}^T\mathbf{v}$ 可稱爲內積，而 $\mathbf{uv}^T$ 則稱爲「外積（outer product）」；換言之：

$$\mathbf{u}^T\mathbf{v} = \begin{bmatrix} u_1 & u_2 & \cdots & u_n \end{bmatrix} \begin{bmatrix} v_1 \\ v_2 \\ \vdots \\ v_n \end{bmatrix} = u_1 v_1 + u_2 v_2 + \cdots + u_n v_n$$

而

$$\mathbf{uv}^T = \begin{bmatrix} u_1 \\ u_2 \\ \vdots \\ u_n \end{bmatrix} \begin{bmatrix} v_1 & v_2 & \cdots & v_n \end{bmatrix} = \begin{bmatrix} u_1 v_1 & u_1 v_2 & \cdots & u_1 v_n \\ u_2 v_1 & u_2 v_2 & \cdots & u_1 v_n \\ \vdots & \vdots & \ddots & \vdots \\ u_n v_1 & u_n v_2 & \cdots & u_n v_n \end{bmatrix}$$

可以注意如何於 Python 內表示上述內積與外積的方式。

習題

(1) 如何於 Python 內建立行向量？試舉一例說明。
(2) 試使用一個「雙迴圈」技巧「讀入」例 3 內的前 500 個 TWI 日收盤價。
(3) 2.2.2 節曾使用 describesk(.) 函數指令，試計算例 3 內的 TWI 日收盤價報酬率的敘述統計量而分別以 10×1 與 1×10 的矩陣型態表示。
(4) 續上題，試計算例 3 內的 TWI 日開盤價報酬率之敘述統計量，並與日收盤價報酬率的敘述統計量合併成一個 10×2 的矩陣。最後再以資料框表示。
(5) 續上題，TWI 日收或開盤報酬率是否皆是一種行向量？若不是，如何轉成行向量？最後用資料框的合併方式合併日「收與開」盤價報酬率的敘述統計量。

3.2 矩陣代數

於 3.1 節內，我們大概已經知道如何於 Python 內操作向量與矩陣了。本節將延續《資處》，進一步介紹本書會使用到的矩陣代數操作[①]。於《財統》與《財數》內我們曾經比較完整地介紹矩陣代數，不過上述二書是使用 R 語言，讀者亦可以參考二書或將二書內 R 語言的程式碼譯成對應的 Python 程式碼。

底下我們分成若干部分介紹：

基本的代數操作

試下列指令：

```
A = np.array([[1,2,3,4]]).reshape(2,2)
B = np.array([[5,6,7,8]]).reshape(2,2)
C = np.array([[range(6)]]).reshape(2,3)
C
# array([[0, 1, 2],
#        [3, 4, 5]])
A+B
A-B
```

① 我們當然無法完整介紹矩陣代數操作，較完整的說明可參考例如：Alexander（2008）、Johnson 與 Dinardo（1997）以及 Greene（2012）等書。

```
a = 2;a*C
D = A.dot(C)
D.shape # (2, 3)
E = D.T.dot(B)
E.shape # (3, 2)
```

讀者可以實際操作看看。

加總

考慮下列的加總：$\sum_{i=1}^{n} x_i$。令$\mathbf{x} = (x_1, \cdots, x_n)^T$與$\mathbf{i} = (1, \cdots, 1)^T$皆是 $n \times 1$ 行向量，則：

$$\mathbf{x}^T \mathbf{i} = \begin{bmatrix} x_1 & \cdots & x_n \end{bmatrix} \begin{bmatrix} 1 \\ \vdots \\ 1 \end{bmatrix} = x_1 + \cdots + x_n = \sum_{i=1}^{n} x_i$$

與

$$\mathbf{i}^T \mathbf{x} = \begin{bmatrix} 1 & \cdots & 1 \end{bmatrix} \begin{bmatrix} x_1 \\ \vdots \\ x_n \end{bmatrix} = x_1 + \cdots + x_n = \sum_{i=1}^{n} x_i$$

我們可看出加總亦可用向量內積表示。

上述可繼續延伸，即：

$$\mathbf{x}^T \mathbf{x} = \begin{bmatrix} x_1 & \cdots & x_n \end{bmatrix} \begin{bmatrix} x_1 \\ \vdots \\ x_n \end{bmatrix} = x_1^2 + \cdots + x_n^2 = \sum_{i=1}^{n} x_i^2$$

與

$$\mathbf{x}^T \mathbf{y} = \begin{bmatrix} x_1 & \cdots & x_n \end{bmatrix} \begin{bmatrix} y_1 \\ \vdots \\ y_n \end{bmatrix} = x_1 y_1 + \cdots + x_n y_n = \sum_{i=1}^{n} x_i y_i$$

其中 $\mathbf{y}$ 亦是一個 $n\times1$ 行向量。值得注意的是，$\mathbf{x}^T\mathbf{y}=\mathbf{y}^T\mathbf{x}$。

我們試試如何於 Python 內操作。試下列指令：

```
i1 = np.ones(100)
i1.shape # (100,)
ir = np.array([i1])
ir.shape # (1, 100)
ic = np.transpose(ir)
ic.shape # (100, 1)
np.random.seed(1234)
x = np.array([norm.rvs(0,1,100)])
x.shape # (1, 100)
xc = x.T
xc.shape # (100, 1)
```

一般習慣用行向量表示，故可以注意如何建立行向量，我們隨時可以檢查對應的「維度」以瞭解是否無誤。再試下列指令：

```
np.sum(x) # 3.511228312543651
xc.T.dot(ic) # array([[3.51122831]])
np.dot(xc.T,ic) # array([[3.51122831]])
ic.T.dot(xc).item() # 3.5112283125436505
np.random.seed(123)
y = np.array([norm.rvs(3,5,100)])
y.shape # (1, 100)
yc = y.T
np.sum(x**2) # 99.26211936137143
xc.T.dot(xc).item() # 99.26211936137145
yc.T.dot(xc) # array([[68.91070826]])
xc.T.dot(yc).item() # 68.91070825987882
```

讀者可以逐一檢視看看。最後，再試下列指令：

```
X = xc.dot(xc.T)
X.shape # (100, 100)
```

當然 X 是一個矩陣。

相關矩陣與共變異數矩陣

我們分別下載 Tesla、Apple、Google 與台積電的 ADR 的日收盤價再轉換成日報酬率資料如下所示：

```
FOUR = ["TSLA","AAPL","GOOGL","TSM"]
Four = yf.download(FOUR, start="2020-01-01", end="2022-04-30").Close
Fourlr = 100*np.log(Four/Four.shift(1)).dropna()
Four.shape # (588, 4)
Fourlr.shape # (587, 4)
```

我們可看出四個日收盤價資料合併成一個矩陣（資料框可視爲矩陣），再一起計算日報酬率的確比較方便。接著，我們計算對應的相關係數（correlation coefficient）爲：

```
Cor = Fourlr.corr()
CoR = np.corrcoef(Fourlr,rowvar=0)
Cor1 = np.round(Cor,4)
CoR1 = np.round(CoR,4)
Cor1
#            AAPL    GOOGL   TSLA    TSM
# AAPL      1.0000   0.7113  0.5019  0.5721
# GOOGL     0.7113   1.0000  0.4325  0.5652
# TSLA      0.5019   0.4325  1.0000  0.4270
# TSM       0.5721   0.5652  0.4270  1.0000
CoR1
# array([[1.     , 0.7113, 0.5019, 0.5721],
#        [0.7113, 1.     , 0.4325, 0.5652],
#        [0.5019, 0.4325, 1.     , 0.427 ],
#        [0.5721, 0.5652, 0.427 , 1.    ]])
```

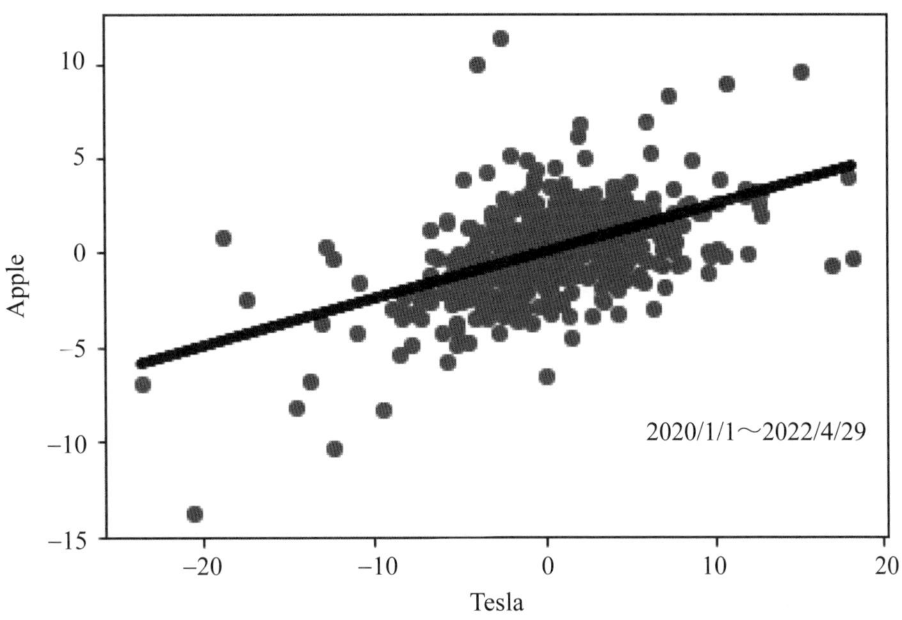

圖 3-1　Tesla 與 Apple 之日報酬率之間的散布圖

可以注意我們有二種方式可以計算上述相關係數矩陣，其中 Cor1 是一個資料框，而 CoR1 則是一個 4×4 的對稱矩陣（symmetric matrix），我們試著叫出其內之元素如：

```
Cor1.shape # (4,4)
Cor1['TSLA'].loc['AAPL'] # 0.5019
CoR1[2,0] # 0.5019
```

即 Tesla 與 Apple 日報酬率之間的（樣本）相關係數約為 0.5（讀者可以分別上述二種叫出元素方法之不同），我們進一步繪製上述二日報酬率之間的散布圖如圖 3-1 所示。試下列指令：

```
x = Fourlr['TSLA'];y = Fourlr['AAPL']
from statsmodels.formula.api import ols
data1 = pd.DataFrame({'x':x,'y':y})
result1 = ols('y~x',data1).fit()
```

```
result1.summary()
yhat = result1.fittedvalues
np.corrcoef(x,y)[0,1] # 0.5018883312882562
Fourlr['TSLA'].corr(Fourlr['AAPL']) # 0.5018883663767254
```

我們發現 Tesla 與 Apple 日報酬率之間約有 50% 像正向的直線關係②。值得注意的是，使用 np.corrcoef(.) 指令計算出的結果是用矩陣的型態呈現；其實，應可發現利用最後一個指令計算較爲直接。

我們繼續計算上述 4 個日報酬率資料的（樣本）共變異數矩陣如：

```
X = Fourlr
V = X.cov()
# V = np.cov(X, rowvar=False)
np.round(V,4)
#           AAPL    GOOGL   TSLA     TSM
# AAPL      5.3365  3.4050  5.3718   3.3427
# GOOGL     3.4050  4.2943  4.1522   2.9626
# TSLA      5.3718  4.1522  21.4671  5.0034
# TSM       3.3427  2.9626  5.0034   6.3973
np.round(V,4)['AAPL']['TSLA'] # 5.3718
np.round(X['AAPL'].cov(X['TSLA']),4) # 5.3718
```

即例如：Tesla 與 Apple 日報酬率之間的（樣本）共變異數約爲 5.37，隱含著上述二日報酬率之間呈現出同方向的變動。

資產組合的平均數與變異數

若上述 Apple、Google、Tesla、與 TSM 等 4 檔股票構成一個資產組合，而其對應的權數分別爲 0.1、0.2、0.3 與 0.4，則我們可以計算上述資產組合的樣本平均

② 我們知道二變數觀察值之間的相關係數是介於 –1 與 1 之間，而相關係數等於 1（–1）表示上述二變數之間爲完全正相關（完全負相關），即上述二變數之間呈一條正斜率（負斜率）的直線。

數與變異數分別為：

```
Y = Fourlr.mean()
w = np.array([[0.1,0.2,0.3,0.4]]).reshape(4,1)
EY = w.T.dot(Y) # array([0.18290375])
w.shape # 0.1,0.2,0.3,0.4
w1 = np.array([0.1,0.2,0.3,0.4])
w1.shape # (4,)
EY1 = (Y*w1).sum() # 0.18290375256017122
covM = Four.pct_change().apply(lambda x: np.log(1+x)).dropna().cov()
Pvar = w.T.dot(covM).dot(w).item() # 0.0006079747313893646
wa = {'AAPL': 0.1,'GOOGL': 0.2,'TSLA': 0.3,'TSM': 0.4}
Pvar1 = covM.mul(wa,axis=0).mul(wa,axis=1).sum().sum() # 0.0006079747313893645
```

即上述指令分別各列出二種計算方式，可以注意Pvar1的計算方式[3]；換言之，再試下列指令：

```
wb = {'AAPL': 0.4,'GOOGL': 0.3,'TSLA': 0.2,'TSM': 0.1}
Pvar2 = covM.mul(wa,axis=0).mul(wb,axis=1).sum().sum() # 0.0005214813220015717
w2 = np.array([[0.4,0.3,0.2,0.1]]).reshape(4,1)
w.T.dot(covM).dot(w2).item() # 0.0005214813220015717
```

當然上述 Pvar2 只是純粹為了說明而已。

---

[3] 若只有二種資產，則資產組合的變異數可寫成：

$$\begin{aligned}(w_1 \quad w_2)\begin{bmatrix}\sigma_{11} & \sigma_{12}\\ \sigma_{21} & \sigma_{22}\end{bmatrix}\begin{pmatrix}w_1\\ w_2\end{pmatrix} &= (w_1\sigma_{11}+w_2\sigma_{21} \quad w_1\sigma_{12}+w_2\sigma_{22})\begin{pmatrix}w_1\\ w_2\end{pmatrix}\\ &= w_1^2\sigma_{11}+w_1w_2\sigma_{21}+w_1w_2\sigma_{12}+w_2^2\sigma_{22}\\ &= \sum_{i=1}^{2}\sum_{j=1}^{2} w_i w_j \sigma_{ij}\end{aligned}$$

其中 σ_{ii} 為第 i 種資產的變異數，其餘可類推。

矩陣的秩

通常我們可以用「矩陣的秩（rank of a matrix）」判斷一個矩陣內的行向量或列向量之間是否相互獨立，即：

```
def rank(X):
    return np.linalg.matrix_rank(X)
Fourlr.shape # (587, 4)
rank(Fourlr) # 4
Fourlr['2TSLA'] = 2*Fourlr['TSLA']
rank(Fourlr) # 4
rank(dfCor1) # 4
```

即我們自設一個可以檢視矩陣的秩的函數；換言之，Fourlr 雖是一個 587×4 的矩陣，但是 Fourlr 的「行秩（column rank）」卻等於 4，隱含著 Fourlr 內只有四個相互獨立的行向量，此時因獨立的行向量數目等於「秩」的數目，我們稱 Fourlr 具有「滿行秩（full column rank）」。再來，

```
Fourlr['2TSLA'] = 2*Fourlr['TSLA']
Fourlr.shape # (587, 5)
rank(Fourlr) # 4
rank(Cor1) # 4
```

我們在 Fourlr 內額外加進 2 倍 Tesla 的日報酬率向量，此時 Fourlr 變成一個 587×5 的矩陣，但是 Fourlr 的「行秩」卻仍等於 4；換句話說，新的 Fourlr 內的行向量之間不再是獨立而是相依。

接下來，我們檢視 Cor1。因 Cor1 是一個 4×4 的矩陣，而 Cor1 的「行秩」與「列秩」亦皆爲 4，即 dfCor1 不僅是一個「滿行秩」，同時亦是一個「滿列秩（full row rank）」，故統稱 dfCor1 的「秩」等於 4。同理，上述 V 矩陣的秩亦等於 4，但是 Fourlr 的秩卻不等於 4。

逆矩陣

考慮一個聯立方程式如 $\mathbf{Ax} = \mathbf{b}$[④]。我們只考慮簡單的情況，即 $\mathbf{A}$ 是一個 $n \times n$（係數）矩陣而 $\mathbf{x}$ 與 $\mathbf{b}$ 皆是一個 $n \times 1$ 向量；因此，$\mathbf{Ax} = \mathbf{b}$ 相當於聯立方程式下「求解」。爲了於 $\mathbf{Ax} = \mathbf{b}$ 下求（解）$\mathbf{x}$，我們希望存在一個方陣（square matrix）$\mathbf{B}$，使得：

$$\mathbf{BAx} = \mathbf{Ix} = \mathbf{x} = \mathbf{Bb}$$

其中 $\mathbf{I}$ 是一個 $n \times n$ 單位矩陣（identity matrix）（底下就會介紹）。若 $\mathbf{B}$ 的確存在，則稱 $\mathbf{B}$ 爲 $\mathbf{A}$ 之逆矩陣（inverse matrix），寫成 $\mathbf{B} = \mathbf{A}^{-1}$。根據上述定義可知：

$$\mathbf{A}^{-1}\mathbf{A} = \mathbf{AA}^{-1} = \mathbf{I}$$

是故透過逆矩陣，我們可以定義「非奇異矩陣（nonsingular matrix）」。一個非奇異矩陣是指存在對應的逆矩陣。我們舉一個例子看看。我們自設函數如：

```
def inv(X):
    return np.linalg.inv(X)
A = np.array([[1,1],[2,-1]])
inv(A)
# array([[ 0.33333333,  0.33333333],
#        [ 0.66666667, -0.33333333]])
inv(A).dot(A)
# array([[ 1.00000000e+00, -5.55111512e-17],
#        [ 0.00000000e+00,  1.00000000e+00]])
np.round(A.dot(inv(A)),4)
# array([[1., 0.],
#        [0., 1.]])
def det(X):
    return np.linalg.det(X)
```

④ 簡單的例子爲 $\begin{cases} x_1 + x_2 = 1 \\ 2x_1 - x_2 = 1 \end{cases}$，其中 $\mathbf{A} = \begin{bmatrix} 1 & 1 \\ 2 & -1 \end{bmatrix}$、$\mathbf{x} = \begin{bmatrix} x_1 \\ x_2 \end{bmatrix}$ 與 $\mathbf{b} = \begin{bmatrix} 1 \\ 1 \end{bmatrix}$。

```
det(A) # -2.9999999999999996
b = np.array([[1],[1]])
x = inv(A).dot(b)
# array([[0.66666667],
#        [0.33333333]])
```

即我們可以輕易地計算例如：A 矩陣的逆矩陣與對應的 A 之行列式（determinant）之值。從上述結果亦可看出 A 矩陣是一種非奇異矩陣的條件，是對應的行列式之值不等於 0（《資處》）。從上述指令可看出使用矩陣代數來求解聯立方程式，變得相當容易。有關於逆矩陣的性質，重要的有：

$$(\mathbf{AB})^{-1} = \mathbf{B}^{-1}\mathbf{A}^{-1}$$

轉置矩陣亦有類似的性質[5]，讀者可舉一個例子檢視看看。

特殊的矩陣

底下介紹一些特殊的矩陣如：

```
# identity matrix
A = np.array([[1,2,3,4]]).reshape(2,2)
I2 = np.identity(2)
I2
# array([[1., 0.],
#        [0., 1.]])
I2.dot(A)
# array([[1., 2.],
#        [3., 4.]])
A.dot(I2)
# array([[1., 2.],
#        [3., 4.]])
```

[5] 即 $(\mathbf{AB})^T = \mathbf{B}^T\mathbf{A}^T$。

```
I2.T
# array([[1., 0.],
#        [0., 1.]])
I3 = np.eye(3)
```

即有多種方式可以建立單位矩陣。我們進一步可以看出 $\mathbf{IA} = \mathbf{AI}$ 或 $\mathbf{I}^T = \mathbf{I}$ 性質，其中 A 是一個方陣。讀者可猜猜 I3 為何？

再試一個：

```
# diagonal matrix
np.diag(A) # array([1, 4])
D = np.diag(np.diag(A))
# array([[1, 0],
#        [0, 4]])
```

即我們可以從一個方陣找出對角的元素；另外，亦可以建立一個對角矩陣（diagonal matrix）如上述 D 所示。

例 1 與平均數之差

於許多統計的計算內，習慣上會先將觀察值資料由平均數轉換成以 0 為中心，例如：像變異數或標準差的計算，或是常態分配的「標準化」過程。上述轉換的步驟可為：

$$\mathbf{i}\overline{x} = \mathbf{i}\frac{1}{n}\mathbf{i}^T\mathbf{x} = \begin{bmatrix} \overline{x} \\ \overline{x} \\ \vdots \\ \overline{x} \end{bmatrix} = \frac{1}{n}\mathbf{i}\mathbf{i}^T\mathbf{x}$$

其中 $\mathbf{x}$ 是一個 $n \times 1$ 向量而 $(1/n)\mathbf{i}\mathbf{i}^T$ 是一個其內之元素皆為 $1/n$ 的 $n \times \text{n}$ 矩陣，故可得：

$$\begin{bmatrix} x_1 - \overline{x} \\ x_2 - \overline{x} \\ \vdots \\ x_n - \overline{x} \end{bmatrix} = \left[\mathbf{x} - \mathbf{i}\overline{x}\right] = \left[\mathbf{x} - \frac{1}{n}\mathbf{i}\mathbf{i}^T\mathbf{x}\right]$$

因 $\mathbf{x} = \mathbf{x}\mathbf{I}$，故上式可改寫成：

$$\left[\mathbf{x} - \frac{1}{n}\mathbf{i}\mathbf{i}^T\mathbf{x}\right] = \left[\mathbf{I}\mathbf{x} - \frac{1}{n}\mathbf{i}\mathbf{i}^T\mathbf{x}\right] = \left[\mathbf{I} - \frac{1}{n}\mathbf{i}\mathbf{i}^T\right]\mathbf{x} = \mathbf{M}^0\mathbf{x}$$

其中 $\mathbf{M}^0$ 是一個 $n \times n$ 矩陣。因此，可看出 $\mathbf{M}^0$ 是一個頗爲奇特的矩陣，即 $\mathbf{M}^0$「後乘上」一個變數，竟是該變數與其平均數的「差量」。事實上，$\mathbf{M}^0$ 稱爲一種「自乘不變矩陣（idempotent matrix）」。$\mathbf{M}^0$ 至少具有下列性質：(1) $\mathbf{i}^T\mathbf{M}^0 = \mathbf{0}$；(2) $\mathbf{M}^{0T} = \mathbf{M}^0$；(3) $\mathbf{M}^{0T}\mathbf{M}^0 = \mathbf{M}^0$。透過上述性質可得：

$$\sum_{i=1}^{n}(x_i - \overline{x})^2 = (\mathbf{x} - \mathbf{i}\overline{x})^T(\mathbf{x} - \mathbf{i}\overline{x}) = \mathbf{x}^T\mathbf{M}^0\mathbf{x} \text{ 與 } \sum_{i=1}^{n}(y_i - \overline{y})^2 = \mathbf{y}^T\mathbf{M}^0\mathbf{y} \tag{3-1}$$

與

$$\begin{bmatrix} \sum_{i=1}^{n}(x_i - \overline{x})^2 & \sum_{i=1}^{n}(x_i - \overline{x})(y_i - \overline{y}) \\ \sum_{i=1}^{n}(y_i - \overline{y})(x_i - \overline{x}) & \sum_{i=1}^{n}(y_i - \overline{y})^2 \end{bmatrix} = \begin{bmatrix} \mathbf{x}^T\mathbf{M}^0\mathbf{x} & \mathbf{x}^T\mathbf{M}^0\mathbf{y} \\ \mathbf{y}^T\mathbf{M}^0\mathbf{x} & \mathbf{y}^T\mathbf{M}^0\mathbf{y} \end{bmatrix} \tag{3-2}$$

其中 $\mathbf{y}$ 是一個 $n \times 1$ 向量。

例 2 自乘不變矩陣

續例 1，我們舉一個簡單的例子。試下列指令：

```
x2 = np.array([[2],[4]])
y2 = np.array([[1],[0]])
ic2 = np.array([np.ones(2)]).T
M02 = np.eye(2)-(1/2)*(ic2.dot(ic2.T))
```

```
M02.shape # (2, 2)
M02.dot(x2)
# array([[-1.],
#        [ 1.]])
M02.dot(y2)
# array([[ 0.5],
#        [-0.5]])
```

其中 M02 是一個 2×2 的自乘不變矩陣。我們檢視其性質：

```
M02
# array([[ 0.5, -0.5],
#        [-0.5,  0.5]])
M02.T
ic2.T.dot(M02) # array([[0., 0.]])
M02.dot(M02)
# array([[ 0.5, -0.5],
#        [-0.5,  0.5]])
```

再檢視（3-1）與（3-2）式如：

```
x22 = x2.T.dot(M02).dot(x2) # array([[2.]])
xy2 = x2.T.dot(M02).dot(y2) # array([[-1.]])
yx2 = y2.T.dot(M02).dot(x2) # array([[-1.]])
y22 = y2.T.dot(M02).dot(y2) # array([[0.5]])
XY = np.array([[x22,xy2,yx2,y22]]).reshape(2,2)
XY
# array([[ 2. , -1. ],
#        [-1. ,  0.5]])
```

例 3 特性根與特性向量

我們將介紹矩陣的拆解（matrix decomposition）。令 $\mathbf{A}$ 表示一個 n 階的方形矩陣，我們可以將其拆解成以其特性根與特性向量表示。即令 $\mathbf{\Lambda}$ 表示一個對角矩陣，其對角元素爲 $\mathbf{A}$ 之特性根，若按照特性根的順序，其對應的特性向量可以合併成一個 n 階的方形矩陣 $\mathbf{W}$，按照特性根與特性向量的定義（《財數》或《財統》），我們可以寫成：

$$\mathbf{AW} = \mathbf{W\Lambda} \Rightarrow \mathbf{\Lambda} = \mathbf{W}^T\mathbf{AW} \tag{3-3}$$

若 $\mathbf{A}$ 矩陣的特性根皆爲非 0 之相異值（即其不相等），則其特性向量彼此相互線性獨立，只要 $\mathbf{W}$ 的逆矩陣存在，（3-3）式可以再改寫成：

$$\mathbf{A} = \mathbf{W\Lambda W}^T \tag{3-4}$$

其中 $\mathbf{W}$ 是一個正交矩陣（orthogonal matrix）且 $\mathbf{W}^{-1} = \mathbf{W}^T$。（3-4）式又可以稱爲方形又對稱矩陣 $\mathbf{A}$ 之頻譜分解（spectral decomposition）。

我們利用上述四種股價日報酬率序列資料來說明（3-3）與（3-4）式。首先，我們先將上述四種股價日報酬率序列資料「標準化」後再進一步取得對應的（樣本）相關係數矩陣[⑥]，即：

```
X = Fourlr
del X['2TSLA']
sX = (X-X.mean())/X.std()
# sX = (X-np.mean(X,axis=0))/np.std(X,axis=0)
A = sX.corr()
np.round(A,4)
#          AAPL    GOOGL    TSLA      TSM
# AAPL    1.0000   0.7113   0.5019   0.5721
```

⑥ 爲了能比較四種股價之間的差異，「標準化」似乎是一個不錯的方式，即標準化是將每一觀察值與平均數之間的距離用對應的標準差表示。值得注意的是，經過標準化後的資料，不同資料之間的相關係數矩陣與共變異數矩陣是相同的，只不過因所使用的 Python 指令對於樣本數的選擇不一致，故上述二矩陣所計算的結果稍有不同（習題）。

```
# GOOGL  0.7113    1.0000    0.4325    0.5652
# TSLA    0.5019    0.4325    1.0000    0.4270
# TSM     0.5721    0.5652    0.4270    1.0000
```

令 **A** 表示上述之相關係數矩陣，然後，利用下列函數取得對應的特性根與特性向量，即：

```
def eig(X):
  eigenvalues, eigenvectors = np.linalg.eig(X)
  E = {'values':eigenvalues,'vectors':eigenvectors}
  return E
lambda1 = eig(A)['values'] # array([2.6177763 , 0.6230027 , 0.28285606, 0.47636495])
LAMBDA = np.diag(lambda1)
np.round(LAMBDA,4)
# array([[2.6178, 0.    , 0.    , 0.    ],
#        [0.    , 0.623 , 0.    , 0.    ],
#        [0.    , 0.    , 0.2829, 0.    ],
#        [0.    , 0.    , 0.    , 0.4764]])
W = eig(A)['vectors']
```

上述 eig(.) 是我們自設的可以計算 **A** 之特性根與特性向量函數，即 lambda1 是特性根向量，我們可以將其轉換成 **Λ** 矩陣；另外，可得特性向量所形成的 **W** 矩陣。接下來，我們來看（3-3）與（3-4）式關係。試下列指令：

```
np.round(W.dot(LAMBDA).dot(W.T),4)
# array([[1.    , 0.5019, 0.4325, 0.427 ],
#        [0.5019, 1.    , 0.7113, 0.5721],
#        [0.4325, 0.7113, 1.    , 0.5652],
#        [0.427 , 0.5721, 0.5652, 1.    ]])
np.round(W.T.dot(A).dot(W),4)
# array([[ 2.6178, -0.    , 0.    , 0.    ],
#        [-0.    , 0.623 , 0.    , 0.    ],
```

```
#        [ 0.     , -0.    , 0.2829, 0.  ],
#        [-0.     , 0.     , 0.     , 0.4764]])
```

例 4 主成分分析

續例 3，我們計算出 **A** 之特性根與特性向量後有何用處呢？我們有辦法拆解出多個時間序列的共同主要成分，此種方法就稱爲主成分分析（principal components analysis, PCA）。PCA 可以說是許多直交（或稱正交）（orthogonalization）技巧內最簡單的一種方法，其可以將一組有相關的序列資料轉換成一組毫無相關的序列資料，而該技巧普遍應用於財務風險管理上。

有關於 PCA 的介紹可參考《財數》或《財統》，此處我們不再贅述。首先我們先將 **A** 之特性根與特性向量由大至小排列：

```
lambda2 = np.zeros([4,1])
lambda2[0,0] = lambda1[0];lambda2[1,0] = lambda1[3]
lambda2[2,0] = lambda1[2];lambda2[3,0] = lambda1[1]
lambda2.T # array([[2.6177763 , 0.6230027 , 0.47636495, 0.28285606]])
W1 = np.zeros([4,4])
W1[:,0] = W[:,0];W1[:,1] = W[:,3];W1[:,2] = W[:,2];W1[:,3] = W[:,1]
```

接著我們檢視 **W** 矩陣（即 W1）的特性：

```
np.round(W1.T.dot(W1),4)
# array([[ 1.,  0.,  0., -0.],
#        [ 0.,  1.,  0.,  0.],
#        [ 0.,  0.,  1.,  0.],
#        [-0.,  0.,  0.,  1.]])
np.round(inv(W1),4)
# array([[-0.5402, -0.5258, -0.4375, -0.4902],
#        [ 0.1627,  0.3427, -0.8912,  0.2485],
#        [ 0.3712,  0.4052, -0.0093, -0.8354],
#        [-0.7375,  0.6648,  0.1192, -0.0066]])
```

```
np.round(W1.T,4)
# array([[-0.5402, -0.5258, -0.4375, -0.4902],
#        [ 0.1627,  0.3427, -0.8912,  0.2485],
#        [ 0.3712,  0.4052, -0.0093, -0.8354],
#        [-0.7375,  0.6648,  0.1192, -0.0066]])
```

即 **W** 矩陣內之行向量具有直交的特性，而且 $\mathbf{W}^{-1} = \mathbf{W}^{T}$。我們來看：

```
lambda2.T/np.sum(lambda2.T) # array([[0.65444407, 0.15575067, 0.11909124, 0.07071401]])
np.cumsum(lambda2/np.sum(lambda2)) # array([0.65444407, 0.81019475, 0.92928599, 1.        ])
```

即矩陣 **A** 之變異若由前面三個主成分解釋可達 92.93%，而上述三主成分可寫成：

```
P = sX.dot(W1)
TSLAhat = W1[0,0]*P['TSLA']+W1[0,1]*P['APPL']+W1[0,2]*P['TSM']
APPLhat = W1[1,0]*P['TSLA']+W1[1,1]*P['APPL']+W1[1,2]*P['TSM']
GOOGLhat = W1[2,0]*P['TSLA']+W1[2,1]*P['APPL']+W1[2,2]*P['TSM']
TSMhat = W1[3,0]*P['TSLA']+W1[3,1]*P['APPL']+W1[3,2]*P['TSM']
```

圖 3-2 分別繪製出上述四種實際日報酬率與其對應的由（三）主成分所預測（解釋）的時間走勢，我們發現後者可解釋前者大部分的變動。上述 PCA 的優點是可以找到四種實際日報酬率的「共同解釋因子」，但是其缺點卻不知「主成分」的意義爲何？可以參考第 10 章。

例 5 再談效率前緣線

1.3 節談到的效率前緣線的繪製或取得，比較麻煩的是各種資產權數的設定，畢竟須符合 $0 \leq \sum w_i \leq 1$ 且 $\sum w_i = 1$ 的要求，尤其是當資產組合內的資產數目變大，上述條件愈難滿足。還好，透過程式語言如 Python，倒也不難。例如：

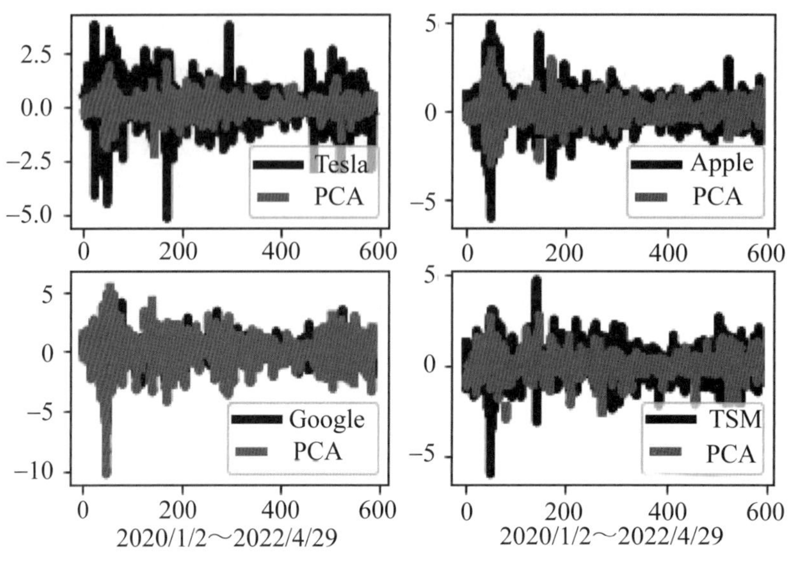

圖 3-2　四種股價日報酬率與其主成分時間走勢

```
from scipy.stats import uniform
np.random.seed(1234)
uniform.rvs(size=5)
# array([0.19151945, 0.62210877, 0.43772774, 0.78535858, 0.77997581])
```

利用均等分配（uniform distribution），不難取得 $0 \leq w_i \leq 1$ 內之 w_i 的觀察值；其次，試下列函數：

```
def weights(n):
    w = uniform.rvs(size=n)
    w1 = w/np.sum(w)
    return w1
np.sum(weights(5)) # 1.0000000000000002
```

即透過 weights(.) 函數的設定，自然可以滿足 $\sum w_i = 1$ 的要求。

表 3-1　圖 3-3 的部分結果（單位：%）

Volatility	Expected Value	0050.TW	0051.TW	0052.TW	0053.TW	0055.TW
1.2134	0.0475	0.1	0.272	0.2401	0.1924	0.1955
1.2277	0.0377	0.5091	0.1343	0.0717	0.1482	0.1368
1.2979	0.0436	0.2738	0.1498	0.2249	0.3018	0.0496
1.2285	0.0438	0.0456	0.0918	0.063	0.5713	0.2282
1.2716	0.0502	0.0899	0.2966	0.2251	0.33	0.0584

說明：第 1～6 欄分別表示資產組合預期風險、資產組合預期報酬以及各 ETF 之權數。

我們舉一個例子說明。利用 Yahoo，可以下載臺灣之 5 檔 ETF（如表 3-1 所示）於 2020/1/1～2022/8/31 期間之調整後收盤價歷史資料，轉換成對應的日對數報酬率後，我們可以計算上述 5 檔 ETF 所構成之資產組合的樣本平均數與標準差，並且以後者取代資產組合的預期平均報酬與預期風險。例如：利用上述 weights(.) 函數，我們考慮五萬種權數並且逐一計算對應的預期平均報酬與預期風險，其中表 3-1 只列出部分結果，完整的部分則繪製如圖 3-3 所示。我們發現可以繪製出對應的「效率前緣線」，可以參考第 9 章。

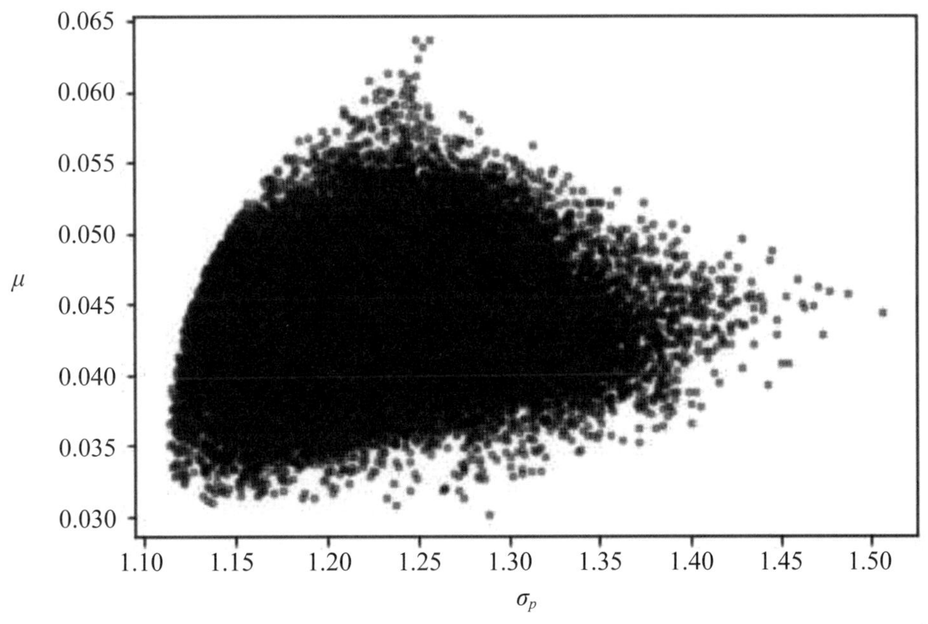

圖 3-3　5 檔臺灣 ETF 所構成的資產組合之預期報酬與風險

習題

(1) 利用上述四種股價日報酬率資料檢視 $\mathbf{M}^0$ 的性質。

(2) 於例 3 內，試計算標準化後之四種股價之日報酬率資料的共變異數矩陣，其結果與 **A** 矩陣有何不同？

(3) 續上題，爲何會有不同？

(4) 利用圖 3-2 內的資料，以三種主成分的預測資料當作解釋變數，使用 OLS 估計實際資料。

(5) 正定矩陣（positive definite matrix）。若 **A** 是一個對稱矩陣，則 **A** 之對應的特性根皆大於 0，則稱 **A** 屬於正定矩陣。試檢視例 2 內的共變異數矩陣是否屬於一個正定矩陣。

(6) 下三角矩陣（lower triangular matrix）。透過可列斯基拆解（Cholesky decomposition）可將一個正定矩陣 **A** 拆成 $\mathbf{A} = \mathbf{L}\mathbf{L}^T$，其中 **L** 是一個下三角矩陣，即 **L** 矩陣之對角線以上的元素皆爲 0。試舉一個例子說明。提示：

```
L = np.linalg.cholesky(V)
```

(7) 續例 (6)，透過下三角矩陣，我們可以模擬出有相關的觀察值如上述四種股價日報酬資料。應如何做？

3.3 再談 MLE

第 2 章曾經使用 MLE，不過我們並沒有多加介紹，原因就是 MLE 的說明大多使用向量或矩陣的型態，我們看看。爲了節省空間，只以 IID 的常態分配說明。我們發現MLE與OLS的估計式頗爲雷同。底下，分成單變量與矩陣型態二部分說明。

3.3.1 單變量情況

考慮 n 個 IID 的常態分配隨機變數的觀察值，如 $y_1, y_2, \cdots, y_n$，而上述觀察值有共同的參數向量 $(\mu, \sigma^2) \in R \times R_+$。我們的目的是找出 (μ, σ^2) 之 MLE 估計式，如 $(\hat{\mu}_{ML}, \hat{\sigma}^2_{ML})$。面對 $\mathbf{y} = (y_1, \cdots, y_n)^T$，我們思考 **y** 之聯合 PDF 爲何 [7]？因 y_i 係獨立的常

---

[7] 面對 y，我們思考 y 從何而來，此時當然思考 y 之聯合 PDF，第 4 章會面對較爲實際的聯合 PDF。

態分配觀察值，故 **y** 之聯合 PDF 可爲單獨常態分配之乘積，即：

$$P(y \mid \mu, \sigma^2) = \prod_{i=1}^{n} N(y_i \mid \mu, \sigma^2) \tag{3-5}$$

其中

$$N(y_i \mid \mu, \sigma^2) = \frac{1}{\sqrt{2\pi\sigma^2}} \exp\left[-\frac{(y_i - \mu)^2}{2\sigma^2}\right]$$

爲常態分配的 PDF。（3-5）式整理後可寫成：

$$P(y \mid \mu, \sigma^2) = \left(2\pi\sigma^2\right)^{-\frac{n}{2}} \exp\left(-\frac{\sum_{i=1}^{n}(y_i - \mu)^2}{2\sigma^2}\right) = \left(2\pi\sigma^2\right)^{-\frac{n}{2}} \exp\left[-\frac{1}{2\sigma^2}\sum_{i=1}^{n}(y_i - \mu)^2\right] \tag{3-6}$$

根據（3-6）式，概似函數可寫成：

$$L_y(\mu, \sigma^2) = \left(2\pi\sigma^2\right)^{-\frac{n}{2}} \exp\left(-\frac{\sum_{i=1}^{n}(y_i - \mu)^2}{2\sigma^2}\right) = \left(2\pi\sigma^2\right)^{-\frac{n}{2}} \exp\left[-\frac{1}{2\sigma^2}\sum_{i=1}^{n}(y_i - \mu)^2\right] \tag{3-7}$$

即概似函數可爲 μ 與 σ^2 的函數。對（3-7）式取對數值，則對數概似函數可爲：

$$l_y(\mu, \sigma^2) = -\frac{n}{2}\log(2\pi) - \frac{n}{2}\log\sigma^2 - \frac{1}{2\sigma^2}\sum_{i=1}^{n}(y_i - \mu)^2 \tag{3-8}$$

（3-8）式亦可以用平均數的概念表示，即：

$$\bar{l}_y(\mu, \sigma^2) = -\frac{1}{2}\log(2\pi) - \frac{1}{2}\log\sigma^2 - \frac{1}{2\sigma^2 n}\sum_{i=1}^{n}(y_i - \mu)^2 \tag{3-9}$$

因此，MLE 的估計式可以由極大化（3-8）或（3-9）式求得。假定我們有 100 個 y_i 的觀察值，圖 3-4 繪製出（3-9）式的一種可能。

從圖 3-4 內並不容易看出極大值出現於何處，故我們進一步解析圖 3-4，其結果可繪製如圖 3-5 所示。圖 3-5 的繪製其實頗為簡易，即可以先固定其中一個參數如 $\bar{\sigma}$ 不變，然後再將不同的 μ 值代入常態分配的 PDF 內；同理，亦可固定 μ 如 $\bar{\mu}$，然後再將不同的 σ 值代入常態分配的 PDF 內。我們從圖 3-5 內可看出欲估計 σ 值較為困難。

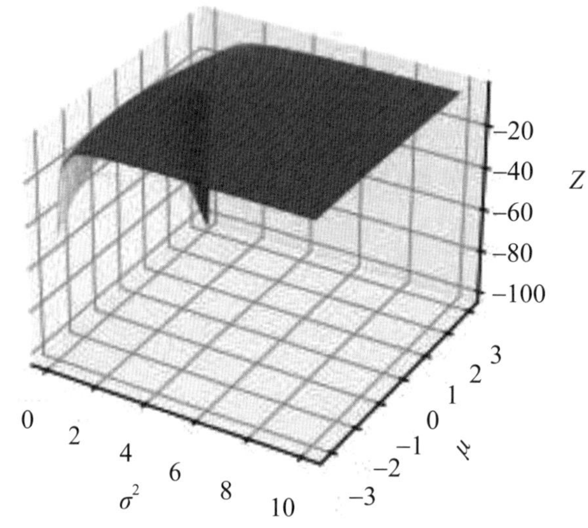

圖 3-4　(3-9) 式的一個例子，其中 Z 表示 $\bar{l}_y$

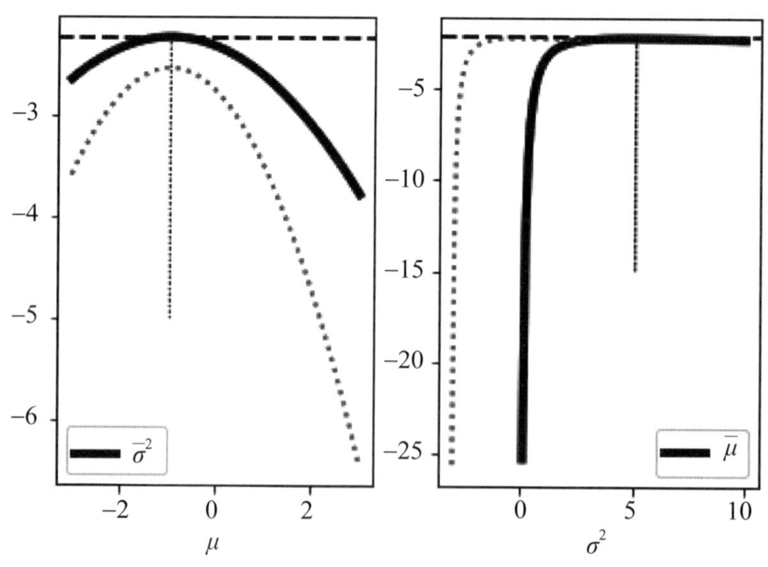

圖 3-5　圖 3-4 的解析

因（3-8）或（3-9）式內有二個（含）以上的未知參數，故欲極大化過程勢必使用向量與矩陣。底下，我們完全使用（3-9）式說明，讀者若使用（3-8）式應知如何轉換。令 $\boldsymbol{\theta} = (\mu, \sigma^2)^T$ 是一個 $k \times 1$ 向量，其中 $k = 2$。我們可用梯度（gradient）函數定義第 1 次微分過程，即：

$$\mathbf{G}_n(\boldsymbol{\theta}) = \frac{\partial \bar{l}}{\partial \boldsymbol{\theta}} = \begin{bmatrix} \dfrac{\partial \bar{l}}{\partial \theta_1} \\ \dfrac{\partial \bar{l}}{\partial \theta_2} \\ \vdots \\ \dfrac{\partial \bar{l}}{\partial \theta_k} \end{bmatrix} \tag{3-10}$$

其中 θ_i 爲 $\boldsymbol{\theta}$ 的第 i 個元素。令上述梯度（函數）等於 0，可得 k 個 $\boldsymbol{\theta}$ 的 MLE 估計式，寫成 $\hat{\boldsymbol{\theta}}_{ML}$，即：

$$\mathbf{G}_n(\hat{\boldsymbol{\theta}}_{ML}) = \left.\frac{\partial \bar{l}}{\partial \boldsymbol{\theta}}\right|_{\boldsymbol{\theta} = \hat{\boldsymbol{\theta}}_{ML}} = \mathbf{0} \tag{3-11}$$

因此，就（3-9）式而言，可得：

$$\frac{\partial \bar{l}_y(\mu, \sigma^2)}{\partial \mu} = \frac{1}{\sigma^2 n}\sum_{i=1}^{n}(y_i - \mu) \text{ 與 } \frac{\partial \bar{l}_y(\mu, \sigma^2)}{\partial \sigma^2} = -\frac{1}{2\sigma^2} + \frac{1}{2\sigma^4 n}\sum_{i=1}^{n}(y_2 - \mu)^2$$

故梯度（函數）可寫成：

$$\mathbf{g}_n(\boldsymbol{\theta}) = \frac{\partial \bar{l}}{\partial \boldsymbol{\theta}} = \begin{bmatrix} \dfrac{1}{\sigma^2 n}\sum_{i=1}^{n}(y_i - \mu) \\ -\dfrac{1}{2\sigma^2} + \dfrac{1}{2\sigma^2 n}\sum_{i=1}^{n}(y_i - \mu)^2 \end{bmatrix}$$

根據（3-11）式可得：

$$\mathbf{g}_n(\hat{\boldsymbol{\theta}}_{ML})=\begin{bmatrix}\dfrac{1}{\hat{\sigma}_{ML}^2 n}\sum_{i=1}^{n}\left(y_i-\hat{\mu}_{ML}\right)\\ -\dfrac{1}{2\hat{\sigma}_{ML}^2}+\dfrac{1}{2\hat{\sigma}_{ML}^2 n}\sum_{i=1}^{n}\left(y_i-\hat{\mu}_{ML}\right)^2\end{bmatrix}=\begin{bmatrix}0\\0\end{bmatrix}$$

故可得 MLE 之估計式爲 $\hat{\mu}_{ML}=\overline{y}$ 與 $\hat{\sigma}_{ML}^2=\dfrac{\sum_{i=1}^{n}(y_2-\overline{y})^2}{n}$；換言之，$\mu$ 之 MLE 估計式爲 y_i 之樣本平均數 $\overline{y}$，但是 σ^2 之 MLE 估計式卻與 y_i 之樣本變異數 $s^2=\dfrac{\sum_{i=1}^{n}(y_2-\overline{y})^2}{n-1}$ 稍有差異，即後者的分母是使用 $n-1$ 計算。

接下來，我們檢視第 2 次微分的情況。我們先定義黑森矩陣（Hessian matrix）**H**，即：

$$\mathbf{H}_n(\boldsymbol{\theta})=\frac{\partial^2\overline{l}}{\partial\boldsymbol{\theta}\partial\boldsymbol{\theta}^T}=\begin{bmatrix}\dfrac{\partial^2\overline{l}}{\partial\theta_1\partial\theta_1} & \dfrac{\partial^2\overline{l}}{\partial\theta_1\partial\theta_2} & \cdots & \dfrac{\partial^2\overline{l}}{\partial\theta_1\partial\theta_k}\\ \dfrac{\partial^2\overline{l}}{\partial\theta_2\partial\theta_1} & \dfrac{\partial^2\overline{l}}{\partial\theta_2\partial\theta_2} & \cdots & \dfrac{\partial^2\overline{l}}{\partial\theta_2\partial\theta_k}\\ \vdots & \vdots & \vdots & \vdots\\ \dfrac{\partial^2\overline{l}}{\partial\theta_k\partial\theta_1} & \dfrac{\partial^2\overline{l}}{\partial\theta_k\partial\theta_2} & \cdots & \dfrac{\partial^2\overline{l}}{\partial\theta_k\partial\theta_k}\end{bmatrix}$$

而於$\hat{\boldsymbol{\theta}}_{ML}$之下可得：

$$\mathbf{H}_n(\hat{\boldsymbol{\theta}}_{ML})=\left.\frac{\partial^2\overline{l}}{\partial\boldsymbol{\theta}\partial\boldsymbol{\theta}^T}\right|_{\boldsymbol{\theta}=\hat{\boldsymbol{\theta}}_{ML}} \tag{3-12}$$

爲了說明 $\hat{\theta}_{ML}$ 符合極大化過程，上述 $\mathbf{H}_n(\hat{\boldsymbol{\theta}}_{ML})$ 是一個負定矩陣（negative definite matrix）（例 3）。

就（3-9）式而言，可得對應的黑森矩陣爲：

$$\mathbf{H}_n(\boldsymbol{\theta}) = \begin{bmatrix} -\dfrac{1}{\sigma^2} & -\dfrac{1}{\sigma^4 n}\sum_{i=1}^{n}(y_i-\mu) \\ -\dfrac{1}{\sigma^4 n}\sum_{i=1}^{n}(y_i-\mu) & \dfrac{1}{2\sigma^4}-\dfrac{1}{\sigma^6 n}\sum_{i=1}^{n}(y_i-\mu)^2 \end{bmatrix}$$

根據（3-11）式以及 $\sum_{i=1}^{n}(y_i-\hat{\mu}_{ML})=0$，於 $\hat{\theta}_{ML}$ 之下可得：

$$\mathbf{H}_n(\hat{\boldsymbol{\theta}}_{ML}) = \begin{bmatrix} -\dfrac{1}{\hat{\sigma}^2_{ML}} & 0 \\ 0 & \dfrac{1}{2\hat{\sigma}^4_{ML}} \end{bmatrix} \tag{3-13}$$

我們可以判斷 $\mathbf{H}_n(\hat{\boldsymbol{\theta}}_{ML})$ 是一個負定矩陣。

其實從上述 $\hat{\sigma}^2_{ML}$ 與 s^2 的差異大概就可知 MLE 適用於大樣本分析上，即於大樣本下上述 $\hat{\sigma}^2_{ML}$ 與 s^2 的差異可說是微乎其微。沒錯，根據例如：《財統》、《財時》或 Greene（2012）等可知 MLE 估計式的漸近分配（asymptotic distribution）爲常態分配，可寫成：

$$\hat{\boldsymbol{\theta}}_{ML} \overset{a}{\sim} N\left[\boldsymbol{\theta}_0, \mathbf{I}(\boldsymbol{\theta}_0)^{-1}\right] \tag{3-14}$$

其中"$\overset{a}{\sim}$"與 $\boldsymbol{\theta}_0$ 分別表示漸近分配與眞實參數向量，而訊息矩陣（information matrix）$\mathbf{I}(\boldsymbol{\theta}_0)$ 可定義成：

$$\mathbf{I}(\boldsymbol{\theta}_0) = -E_0\left[\frac{\partial^2 l}{\partial\boldsymbol{\theta}_0\partial\boldsymbol{\theta}_0^T}\right] \tag{3-15}$$

其中 $E_0(.)$ 表示於 $\boldsymbol{\theta}_0$ 下之期望值[8]。

$\hat{\boldsymbol{\theta}}_{ML}$ 具有一致性（consistent）是MLE估計式的特色[9]。因此，就（3-13）式而言，$\hat{\boldsymbol{\theta}}_{ML}$ 之變異數的下限值可有二種表示方式，即：

---

⑧ 於若干條件下，我們稱（3-14）式內的 $\mathbf{I}(\boldsymbol{\theta}_0)^{-1}$ 符合 Cramér-Rao 之下限（Lower Bound）要求，可參考例如：Greene（2012）或 Martin et al.（2012）等。

⑨ 即 $p\lim\hat{\boldsymbol{\theta}}_{ML}=\boldsymbol{\theta}_0$，其中 $p\lim$ 表示機率極限（probability limit）。

$$\frac{1}{n}\mathbf{I}(\boldsymbol{\theta}_0)^{-1} = \begin{bmatrix} \dfrac{\sigma_0^2}{n} & 0 \\ 0 & \dfrac{2}{n}\sigma_0^4 \end{bmatrix} \tag{3-16}$$

與

$$\mathbf{I}(\boldsymbol{\theta}_0)^{-1} = \begin{bmatrix} \sigma_0^2 & 0 \\ 0 & 2\sigma_0^4 \end{bmatrix} \tag{3-17}$$

換言之，根據（3-8）式，從（3-17）式可知 $\hat{\mu}_{ML}$ 與 $\hat{\sigma}^2_{ML}$ 對應的標準誤約爲$\sqrt{\sigma_0^2}$與$\sqrt{2\sigma_0^4}$；另外，根據（3-9）式，從（3-16）式可知$\hat{\mu}_{ML}$與$\hat{\sigma}^2_{ML}$對應的標準誤約爲$\sqrt{\sigma_0^2/n}$與$\sqrt{2\sigma_0^4/n}$。因此，使用 MLE 的特色是不僅可以取得參數之估計值，同時亦可以取得對應的估計標準誤。不過因 $\boldsymbol{\theta}_0$ 爲未知，我們當以$\hat{\boldsymbol{\theta}}_{ML}$取代。

例 1 極小化過程

利用圖 3-4 內的 **y** 資料，我們試著用常態分配而以 MLE 估計，即：

```
def mlogy(b):
    return -np.mean(norm.logpdf(y,b[0],b[1]))
b0 = [0,1]
model1 = minimize(mlogy,b0,method="BFGS",options={'disp':True,'return_all': True})
model1.x # array([-0.94575378,  2.25650101])
np.mean(y) # -0.9457818530192803
np.var(y)*((n-1)/n) # 5.040789174528349
model1.x[1]**2 # 5.091796793810447
```

我們發現 model1 內的參數估計值頗接近 **y** 資料之樣本平均數與「校正」的樣本變異數。若檢視 model1 的結果可發現估計參數值需要經過 12 次才會「收斂」，可以參考圖 3-6；另一方面，可檢視 model1 的 “jac” 結果[10]，應可發現其內之元素皆接近於 0。因我們知道圖 3-4 內的 **y** 資料（共有 100 個觀察值）是由平均數與標準差 –1

[10] 該結果可對應至梯度向量。

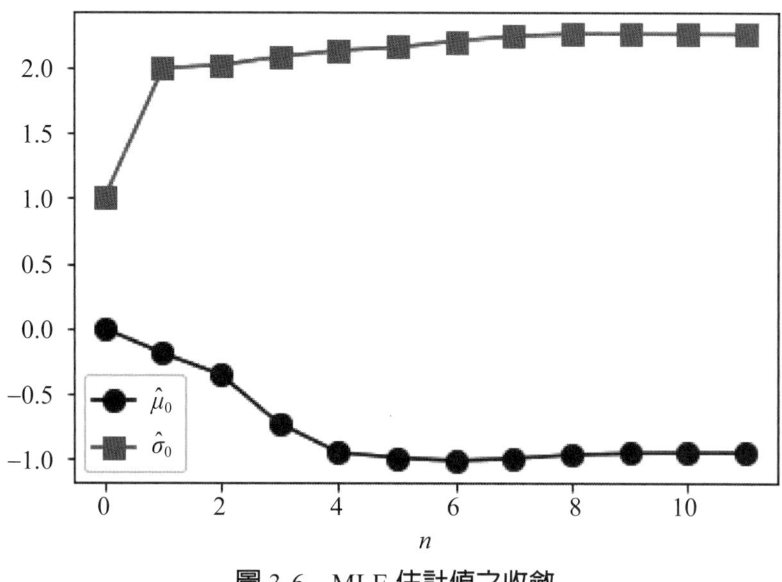

圖 3-6　MLE 估計值之收斂

與 2 的常態分配所產生的（可參考所附的檔案）；是故，根據（3-16）式可知：

$$\frac{1}{n}\mathbf{I}(\boldsymbol{\theta}_0)^{-1}=\begin{bmatrix}\frac{\sigma_0^2}{n} & 0\\ 0 & \frac{2}{n}\sigma_0^4\end{bmatrix}=\begin{bmatrix}\frac{4}{100} & 0\\ 0 & \frac{32}{100}\end{bmatrix}=\begin{bmatrix}0.04 & 0\\ 0 & 0.32\end{bmatrix}\text{與}$$

$$\frac{1}{n}\hat{\mathbf{I}}\left(\hat{\boldsymbol{\theta}}_{ML}\right)^{-1}=\begin{bmatrix}0.05 & -0.00\\ -0.00 & 0.02\end{bmatrix}$$

其中 $\frac{1}{n}\hat{\mathbf{I}}\left(\hat{\boldsymbol{\theta}}_{ML}\right)^{-1}$ 係根據 model1 的結果計算而得，我們可看出若增加 **y** 資料的觀察值個數（即 n 提高），參數標準誤之估計會愈接近「眞實數值」；不過，根據 $\frac{1}{n}\hat{\mathbf{I}}\left(\hat{\boldsymbol{\theta}}_{ML}\right)^{-1}$ 所計算的估計參數之 t 檢定統計量皆顯示出估計參數皆能顯著異於 0，同時於顯著水準爲 5% 之下亦與母體參數值無顯著差異。

例 2　不同型態

續例 1，於所附的檔案內，我們分別檢視多種情況。我們發現似乎用（3-9）式來估計較爲穩定；或者說，使用（3-8）式，若錯用期初值，可能不容易會有「收斂」的結果。可以檢視所附的檔案。

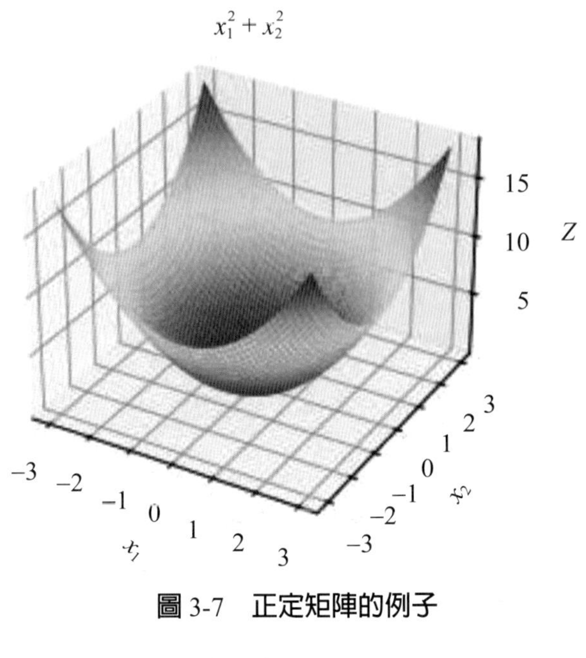

圖 3-7　正定矩陣的例子

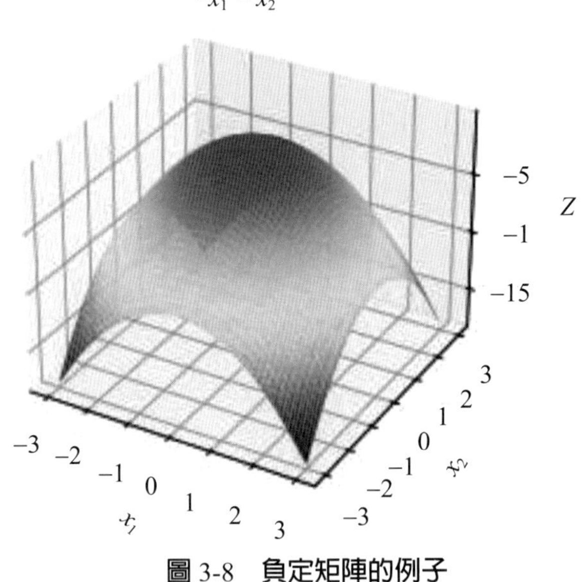

圖 3-8　負定矩陣的例子

例 3　負定矩陣與正定矩陣

我們計算極值需要判斷矩陣是否屬於負定矩陣抑或是正定矩陣。此處我們只介紹一個簡單的判斷方式[11]，可以參考圖 3-7 與 3-8。顯然圖 3-7 屬於正定矩陣而圖 3-8

[11] 有關於負定矩陣與正定矩陣的判斷可以參考《財數》。

則屬於負定矩陣的例子；是故，極小值的充分條件是對應的黑森矩陣屬於正定矩陣，而極大值則需要負定的黑森矩陣。

通常極值的求取會牽涉到雙重加總的型態如：

$$q=\sum_{i=1}^{n}\sum_{j=1}^{n}x_i x_j a_{ij}$$

上述二次型（quadratic form）亦可寫成：

$$q=\mathbf{x}^T\mathbf{A}\mathbf{x} \tag{3-18}$$

其中 **A** 是一個對稱矩陣。不管 **x** 的值爲何，我們發現（3-18）式的 q 的正負值竟然與 **A** 有關，即若 **A** 屬於正定（負定）矩陣，則 q 爲正數值（負數值）。換句話說，圖 3-7 與 3-8 內的函數亦可寫成如（3-18）式的型態，即：

$$q_1=\mathbf{x}^T\mathbf{A}\mathbf{x}=\begin{bmatrix}x_1 & x_2\end{bmatrix}\begin{bmatrix}1 & 0\\ 0 & 1\end{bmatrix}\begin{bmatrix}x_1\\ x_2\end{bmatrix}=\begin{bmatrix}x_1 & x_2\end{bmatrix}\begin{bmatrix}x_1\\ x_2\end{bmatrix}=x_1^2+x_2^2$$

與

$$-q_1=\mathbf{x}^T\mathrm{B}\mathbf{x}=\begin{bmatrix}x_1 & x_2\end{bmatrix}\begin{bmatrix}-1 & 0\\ 0 & -1\end{bmatrix}\begin{bmatrix}x_1\\ x_2\end{bmatrix}=\begin{bmatrix}-x_1 & -x_2\end{bmatrix}\begin{bmatrix}x_1\\ x_2\end{bmatrix}=-x_1^2-x_2^2$$

因此，q_1 與 $-q_1$ 是否存在最小值與最大值的前提是對應的 **A** 與 **B** 分別屬於正定與負定矩陣。我們再檢視 **A** 與 **B** 矩陣的特性根，分別是 [1, 1] 與 [−1, −1]。是故，一個容易判斷的方式是：若 **A** 是一個對稱矩陣而對應的特性根皆爲正數值（負數值），則 **A** 是一個正定（負定）矩陣[12]。

習題

(1) 試下載 TWI 之 2022/1/1～2022/4/30 期間日收盤價資料。利用上述資料，試用 MLE 估計日報酬率資料爲常態分配之參數。使用（參數）期初值爲 0 與 1。

---

[12] 若有特性根等於 0，則稱爲半（semi）正定（負定）矩陣。

(2) 續上題，參數估計值經過幾次「收斂」？試繪製出收斂圖。
(3) 續上題，似乎參數 μ 之估計標準誤皆較大，如何改善？提示：提高樣本數。
(4) 續題 (1)，若（參數）期初值分別改爲樣本平均數與樣本標準差呢？參數估計值經過幾次「收斂」？此時參數之估計標準誤爲何？
(5) 試設計一個含梯度與黑森矩陣的函數。
(6) 續上題，利用題 (1) 的估計結果計算訊息矩陣（3-15）與（3-16）式。

3.3.2 OLS

考慮一個線性的迴歸模型如：

$$\mathbf{y} = \mathbf{X}\boldsymbol{\beta} + \boldsymbol{\varepsilon} \tag{3-19}$$

其中 $\mathbf{y}$、$\mathbf{X}$、$\boldsymbol{\beta}$ 與 $\boldsymbol{\varepsilon}$ 的維度分別爲 $n\times1$、$n\times k$、$k\times1$ 與 $n\times1$。於例如：《財統》、《財時》或《統計》等內，我們已經知道 $\boldsymbol{\beta}$ 之 OLS 估計式可寫成：

$$\hat{\boldsymbol{\beta}} = \left(\mathbf{X}^T\mathbf{X}\right)^{-1}\mathbf{X}^T\mathbf{y} \tag{3-20}$$

我們發現前述介紹的 MLE 過程竟與（3-20）式吻合；或者說，令 $k = 1$ 與 $\mathbf{X} = \mathbf{i}$，代入（3-20）式內，$\hat{\beta}$ 竟然等於 $\bar{y}$。例如：

```
ic = np.array([np.ones(10)]).reshape(10,1)
np.random.seed(1258)
y = norm.rvs(2,3,10).reshape(10,1)
yhat = inv(ic.T.dot(ic)).dot(ic.T).dot(y).item() # 1.1456356991365069
np.mean(y) # 1.1456356991365069
```

即 $\mathbf{X}$ 內只有 $\mathbf{i}$，MLE 的估計式竟然與 OLS 的估計式相同，隱含著線性迴歸模型亦可以用 MLE 估計；或者說，前述例如：常態機率分配內參數的估計，竟然可以用線性迴歸模型表示與估計。我們檢視看看。

如前所述，常態分配的 PDF 可寫成：

$$N(y_i \mid \mu, \sigma^2) = \frac{1}{\sqrt{2\pi\sigma^2}} \exp\left[-\frac{(y_i - \mathbf{x}_i\beta)^2}{2\sigma^2} \right] \quad (3\text{-}21)$$

其中 $\mathbf{x}_i$ 是 $\mathbf{X}$ 的第 i 列向量，當然於我們的例子內，$\mathbf{x}_i = 1$；另一方面，常態分配內的參數 μ 用 β 取代。因此，於 y_i 屬於 IID 之下，概似函數寫成向量矩陣的型態爲：

$$\frac{1}{\left(\sqrt{2\pi\sigma^2}\right)^n} \exp\left[-\frac{1}{2\sigma^2} (\mathbf{y} - \mathbf{X}\boldsymbol{\beta})^T (\mathbf{y} - \mathbf{X}\boldsymbol{\beta}) \right]$$

故類似（3-8）式，對數概似函數可寫成：

$$l(\mathbf{y} \mid \mathbf{X}, \mu, \sigma^2) = -\frac{n}{2}\log(2\pi) - \frac{n}{2}\log\sigma^2 - (-\frac{1}{2\sigma^2})(\mathbf{y} - \mathbf{X}\boldsymbol{\beta})^T (\mathbf{y} - \mathbf{X}\boldsymbol{\beta}) \quad (3\text{-}22)$$

（3-22）式可再改寫成：

$$l(\mathbf{y} \mid \mathbf{X}, \mu, \sigma^2) = -\frac{n}{2}\log(2\pi) - \frac{n}{2}\log\sigma^2 - \left(-\frac{1}{2\sigma^2}\right)\left(\mathbf{y}^T\mathbf{y} - 2\mathbf{y}^T\mathbf{X}\boldsymbol{\beta} + \boldsymbol{\beta}^T\mathbf{X}^T\mathbf{X}\boldsymbol{\beta}\right) \quad (3\text{-}23)$$

因此，MLE 估計式可由極大化（3-23）式求得。

首先，我們計算（3-23）式的梯度向量（微分技巧可參考例 1 與 2）：

$$\mathbf{g} = \frac{\partial l}{\partial \boldsymbol{\theta}} = \begin{bmatrix} \dfrac{\partial l}{\partial \beta} \\ \dfrac{\partial l}{\partial \sigma^2} \end{bmatrix} = \begin{bmatrix} \dfrac{\mathbf{X}^T(\mathbf{y} - \mathbf{X}\boldsymbol{\beta})}{\sigma^2} \\ -\dfrac{n}{2\sigma^2} + \dfrac{(\mathbf{y} - \mathbf{X}\boldsymbol{\beta})^T(\mathbf{y} - \mathbf{X}\boldsymbol{\beta})}{2\sigma^4} \end{bmatrix} \quad (3\text{-}24)$$

令上述梯度向量等於 0 分別可得：

$$\hat{\boldsymbol{\beta}} = (\mathbf{X}^T\mathbf{X})^{-1}\mathbf{X}^T\mathbf{y} \text{與} \hat{\sigma}^2 = \frac{1}{n}\left[(\mathbf{y} - \mathbf{X}\hat{\boldsymbol{\beta}})^T (\mathbf{y} - \mathbf{X}\hat{\boldsymbol{\beta}}) \right] = \frac{1}{n}\mathbf{e}^T\mathbf{e} \quad (3\text{-}25)$$

其中 $\hat{\boldsymbol{\beta}}$ 與 $\hat{\sigma}^2$ 分別表示線性迴歸模型用 MLE 所得到的估計式，而 $\mathbf{e}$ 則表示殘差值（residuals）向量，其可用於估計 $\boldsymbol{\varepsilon}$。如前所述，若 $k = 1$ 與 $\mathbf{X} = \mathbf{i}$，則 $\hat{\boldsymbol{\beta}}$ 等於 $\bar{y}$，而

從（3-25）式內可看出$\hat{\sigma}^2 = \frac{1}{n}\sum_{i=1}^{n}\left(y_i - \overline{y}\right)^2$，故（3-25）式內之$\hat{\boldsymbol{\beta}}$與$\hat{\sigma}^2$相當於 3.3.1 節內之$\hat{\mu}_{ML}$與$\hat{\sigma}^2_{ML}$。

事實上，熟悉迴歸分析的讀者應會發現 MLE 的估計式，如$\hat{\sigma}^2$於小樣本下仍是「偏（biased）」的估計式，因於迴歸分析內，我們是用$s^2 = \frac{1}{n-1}\mathbf{e}^T\mathbf{e}$估計未知的$\sigma^2$。

我們繼續檢視（3-23）式所對應的黑森矩陣，即：

$$\mathbf{H} = \frac{\partial l}{\partial \boldsymbol{\theta} \partial \boldsymbol{\theta}^T} = \begin{bmatrix} \frac{\partial l}{\partial \boldsymbol{\beta} \partial \boldsymbol{\beta}^T} & \frac{\partial l}{\partial \boldsymbol{\beta} \partial \sigma^2} \\ \frac{\partial l}{\partial \sigma^2 \partial \boldsymbol{\beta}^T} & \frac{\partial l}{\partial \sigma^2 \partial \sigma^2} \end{bmatrix} = \begin{bmatrix} -\frac{\mathbf{X}^T\mathbf{X}}{\sigma^2} & -\frac{\mathbf{X}^T\boldsymbol{\varepsilon}}{\sigma^4} \\ -\frac{\boldsymbol{\varepsilon}^T\mathbf{X}}{\sigma^2} & -\frac{n}{2\sigma^4} - \frac{\boldsymbol{\varepsilon}^T\boldsymbol{\varepsilon}}{\sigma^6} \end{bmatrix} \tag{3-26}$$

讀者不難判斷 **H** 是一個負定矩陣。於迴歸的基本假定內（《財時》），可知 $\mathbf{X}^T\boldsymbol{\varepsilon} = \mathbf{0}$ 與 $E(\boldsymbol{\varepsilon}^T\boldsymbol{\varepsilon}) = \sigma^2$，前者可對應至須符合「標準方程式」，而後者則稱母體變異數爲一個固定數值，因此若對（3-26）式取期望值，可得：

$$E(\mathbf{H}) = \begin{bmatrix} -\frac{\mathbf{X}^T\mathbf{X}}{\sigma^2} & \mathbf{0} \\ \mathbf{0} & -\frac{n}{2\sigma^4} \end{bmatrix}$$

而訊息矩陣爲黑森矩陣期望值之負數如（3-15）式，故可得：

$$\mathbf{I}(\boldsymbol{\theta}) = -E\left(\mathbf{H}\right) = \begin{bmatrix} \frac{\mathbf{X}^T\mathbf{X}}{\sigma^2} & \mathbf{0} \\ \mathbf{0} & \frac{n}{2\sigma^4} \end{bmatrix}$$

隱含著：

$$\mathbf{I}(\boldsymbol{\theta})^{-1} = \begin{bmatrix} \sigma^2\left(\mathbf{X}^T\mathbf{X}\right)^{-1} & \mathbf{0} \\ \mathbf{0} & \frac{2\sigma^4}{n} \end{bmatrix} \tag{3-27}$$

也許讀者對於（3-27）式並不陌生，因 $\sigma^2(\mathbf{X}^T\mathbf{X})^{-1}$ 不就是 OLS 的估計式 $\hat{\boldsymbol{\beta}}$ 的共變異數矩陣嗎？換言之，（3-27）式隱含著 OLS 估計式的共變異數矩陣為：

$$
\mathbf{I}(\boldsymbol{\theta})^{-1} = \begin{bmatrix} var(\hat{\beta}_1) & cov(\hat{\beta}_1,\hat{\beta}_2) & \cdots & cov(\hat{\beta}_1,\hat{\beta}_k) & cov(\hat{\beta}_1,\hat{\sigma}^2) \\ cov(\hat{\beta}_2,\hat{\beta}_1) & var(\hat{\beta}_1) & \cdots & cov(\hat{\beta}_2,\hat{\beta}_k) & cov(\hat{\beta}_2,\hat{\sigma}^2) \\ \vdots & \vdots & \ddots & \vdots & \vdots \\ cov(\hat{\beta}_k,\hat{\beta}_1) & cov(\hat{\beta}_k,\hat{\beta}_2) & \cdots & var(\hat{\beta}_k) & cov(\hat{\beta}_k,\hat{\sigma}^2) \\ cov(\hat{\sigma}^2,\hat{\beta}_1) & cov(\hat{\sigma}^2,\hat{\beta}_2) & \cdots & cov(\hat{\sigma}^2,\hat{\beta}_k) & var(\hat{\sigma}^2) \end{bmatrix}
$$

$$
= \begin{bmatrix} var(\hat{\beta}_1) & cov(\hat{\beta}_1,\hat{\beta}_2) & \cdots & cov(\hat{\beta}_1,\hat{\beta}_k) & 0 \\ cov(\hat{\beta}_2,\hat{\beta}_1) & var(\hat{\beta}_1) & \cdots & cov(\hat{\beta}_2,\hat{\beta}_k) & 0 \\ \vdots & \vdots & \ddots & \vdots & \vdots \\ cov(\hat{\beta}_k,\hat{\beta}_1) & cov(\hat{\beta}_k,\hat{\beta}_2) & \cdots & var(\hat{\beta}_k) & 0 \\ 0 & 0 & \cdots & 0 & var(\hat{\sigma}^2) \end{bmatrix} \quad (3\text{-}28)
$$

例 1 再談梯度向量

考慮一個純量函數（scalar-valued function）如 $y = f(x_1, x_2, \cdots, x_n)$，我們亦可將 y 改成一個向量函數 $y = f(\mathbf{x})$，其中 $\mathbf{x}$ 是一個 $n \times 1$ 向量。例如：

```
def f(x):
    return (x[0]**2-2*x[1]**2+x[2]**2).item()
np.random.seed(1234)
x = np.array([norm.rvs(0,1,3)]).reshape(3,1)
f(x) # -0.5619458397829105
x1 = np.array([1,2,3]).reshape(3,1)
f(x1) # 2
```

即 $f(x_1, x_2, x_3) = x_1^2 - 2x_2^2 + x_3^2$ 而上述 $f(x)$ 已將 $f(x_1, x_2, x_3)$ 改成一個向量函數。

$y = f(\mathbf{x})$ 的梯度函數可寫成：

$$\mathbf{g}(\mathbf{x}) = \frac{\partial f(\mathbf{x})}{\partial \mathbf{x}} = \begin{bmatrix} \frac{\partial y}{\partial x_1} \\ \frac{\partial y}{\partial x_2} \\ \vdots \\ \frac{\partial y}{\partial x_n} \end{bmatrix} \text{與 } \mathbf{g}(\mathbf{x})^T = \frac{\partial f(\mathbf{x})}{\partial \mathbf{x}^T} = \begin{bmatrix} \frac{\partial y}{\partial x_1} & \frac{\partial y}{\partial x_2} & \cdots & \frac{\partial y}{\partial x_n} \end{bmatrix}$$

是故梯度函數 $\mathbf{g}(\mathbf{x})$ 亦是一個 $n \times 1$ 的向量。從上述可看出 $\mathbf{g}(\mathbf{x})$ 的維度取決於偏微分之分母維度。

例 2 黑森矩陣

二次微分矩陣或黑森矩陣可寫成：

$$\mathbf{H} = \begin{bmatrix} \partial^2 y / \partial x_1 \partial x_1 & \partial^2 y / \partial x_1 \partial x_2 & \cdots & \partial^2 y / \partial x_1 \partial x_n \\ \partial^2 y / \partial x_2 \partial x_1 & \partial^2 y / \partial x_2 \partial x_2 & \cdots & \partial^2 y / \partial x_2 \partial x_n \\ \vdots & \vdots & \ddots & \vdots \\ \partial^2 y / \partial x_n \partial x_1 & \partial^2 y / \partial x_n \partial x_2 & \cdots & \partial^2 y / \partial x_n \partial x_n \end{bmatrix}$$

其亦可寫成：

$$\mathbf{H} = \frac{\partial\left(\partial y / \partial \mathbf{x}\right)}{\partial \mathbf{x}^T} = \frac{\partial^2 y}{\partial \mathbf{x} \partial \mathbf{x}^T}$$

即通常黑森矩陣是一個方形且對稱的矩陣，而黑森矩陣的行向量其實就是 $\mathbf{g}(\mathbf{x})$ 對 $\mathbf{x}^T$ 的微分。

例 3 線性函數

一個線性函數可寫成$y = \mathbf{a}^T \mathbf{x} = \mathbf{x}^T \mathbf{a} = \sum_{i=1}^{n} a_i x_i$，其中 $\mathbf{a}^T = (a_1, a_2, \cdots, a_n)$，即 $\mathbf{a}$ 是一個 $n \times 1$（參數）向量。根據例 1，可得：

$$\frac{\partial y}{\partial \mathbf{x}} = \frac{\partial(\mathbf{a}^T \mathbf{x})}{\partial \mathbf{x}} = \mathbf{a} \text{ 或 } \frac{\partial y}{\partial \mathbf{x}^T} = \frac{\partial(\mathbf{a}^T \mathbf{x})}{\partial \mathbf{x}^T} = \mathbf{a}^T$$

仍是取決於偏微分之分母維度。

例 4 線性函數體系

考慮一個線性函數體系如 $\mathbf{y} = \mathbf{A}\mathbf{x}$，其中 $\mathbf{A}$ 是一個 $n \times n$ 矩陣，而 $\mathbf{a}_i$ 是 $\mathbf{A}$ 內的第 i 個列向量之轉置（即 $\mathbf{a}_i$ 是一個行向量），故 $y_i = \mathbf{a}_i^T \mathbf{x}$。我們分別可以得到：

$$\frac{\partial y_i}{\partial \mathbf{x}} = \mathbf{a}_i$$

隱含著：

$$\begin{bmatrix} \partial y_1 / \partial \mathbf{x}^T \\ \partial y_1 / \partial \mathbf{x}^T \\ \cdots \\ \partial y_n / \partial \mathbf{x}^T \end{bmatrix} = \begin{bmatrix} \mathbf{a}_1^T \\ \mathbf{a}_2^T \\ \cdots \\ \mathbf{a}_n^T \end{bmatrix}$$

合併後可得：

$$\frac{\partial \mathbf{A}\mathbf{x}}{\partial \mathbf{x}} = \mathbf{A}^T$$

與上述之 $\dfrac{\partial y}{\partial \mathbf{x}} = \dfrac{\partial (\mathbf{a}^T \mathbf{x})}{\partial \mathbf{x}} = \mathbf{a}$ 有異曲同工之妙。

例 5 二次式

考慮一個二次式型態如 $\mathbf{x}^T \mathbf{A}\mathbf{x} = \sum_{i=1}^{n} \sum_{i=1}^{n} a_{ij} x_i x_j$。例如：$\mathbf{A} = \begin{bmatrix} 1 & 3 \\ 3 & 4 \end{bmatrix}$，可得：

$$\mathbf{x}^T \mathbf{A}\mathbf{x} = \begin{bmatrix} x_1 & x_2 \end{bmatrix} \begin{bmatrix} 1 & 3 \\ 3 & 4 \end{bmatrix} \begin{bmatrix} x_1 \\ x_2 \end{bmatrix} = x_1^2 + 4x_2^2 + 6x_1 x_2$$

故

$$\frac{\partial \mathbf{x}^T \mathbf{A}\mathbf{x}}{\partial \mathbf{x}} = \begin{bmatrix} 2x_1 + 6x_2 \\ 6x_1 + 8x_2 \end{bmatrix} = \begin{bmatrix} 2 & 6 \\ 6 & 8 \end{bmatrix} \begin{bmatrix} x_1 \\ x_2 \end{bmatrix} = 2\mathbf{A}\mathbf{x}$$

再來：

$$\frac{\partial \mathbf{x}^T \mathbf{A}\mathbf{x}}{\partial a_{ij}} = x_i x_j$$

而 $x_i x_j$ 所對應的方形矩陣為 $\mathbf{x}\mathbf{x}^T$，此隱含著 $\frac{\partial \mathbf{x}^T \mathbf{A}\mathbf{x}}{\partial \mathbf{A}} = \mathbf{x}\mathbf{x}^T$。

習題

(1) 考慮 $L = \mathbf{a}^T\mathbf{x} - \mathbf{x}^T\mathbf{A}\mathbf{x}$，試分別計算 $\frac{\partial L}{\partial \mathbf{x}}$ 與 $\frac{\partial L}{\partial \mathbf{x}\partial \mathbf{x}^T}$。

(2) 續上題，若欲極大化 L，條件為何？

(3) 續上題，若欲極小化 L，條件為何？

(4) 考慮下列 $\mathbf{A}$ 矩陣的型態：

$$\begin{bmatrix} 2 & 1 & 3 \\ 3 & 2 & 5 \\ 1 & 3 & 2 \end{bmatrix}、\begin{bmatrix} 2 & -1 & -3 \\ -1 & 3 & 2 \\ -3 & 2 & 5 \end{bmatrix} 與 \begin{bmatrix} -3 & 0 & 1 \\ 0 & -2 & 0 \\ 1 & 0 & -1 \end{bmatrix}$$

若欲極小化與極大化 L，何種 $\mathbf{A}$ 矩陣的型態較適當？為什麼？

(5) 下載 TWI 之 2022/1/1～2022/4/30 期間的日收盤價資料。試用迴歸模型而以 MLE 估計日報酬率資料為常態分配之參數與對應之標準誤。

多變量隨機變數

至目前爲止，我們大多以單一變量隨機變數爲主，不過於分析上應會感覺仍有不足；或者說，難免我們會牽涉到分析屬於多變量的情況。例如：X、Y 與 Z 皆屬於常態分配的隨機變數，若有分析牽涉到 X、Y 與 Z 的觀察值，我們總不能皆假定上述三變數相互獨立吧！換言之，我們如何描述 n（$n > 2$）個隨機變數的常態分配或 t 分配？而上述 n 個隨機變數的觀察值之間的關係爲何？其實，此種情況頗容易見到。

通常，欲分析多變量隨機變數大多從雙變量隨機變數開始後再延伸，我們當然也不例外。多變量隨機變數的分析於財金領域倒也常見，我們比較偏向於例如：Alexander（2008）、Kim 與 Francis（2013）或 Elton et al.（2014）等文獻。

4.1 雙變量隨機變數

本節我們分成多個部分介紹。從底下可看出有些部分容易被我們忽略。

4.1.1 間斷的隨機變數

我們先看一個例子。表 4-1 分別列出 Tesla 與 Apple 之日（連續）報酬率資料（2020/1/1～2022/4/30 期間）（分別用 x 與 y 表示）之基本敘述統計量。利用表 4-1 內的資訊，我們進一步將 x 資料分成 $x \leq 0$ 與 $x > 0$ 二部分，以及將 y 資料分成 $y \leq Q1$、$Q1 < y \leq Q3$ 與 $y > Q3$ 三部分，其中 $Q1$ 與 $Q3$ 分別表示 y 資料之第 25 與 75 個百分位數。表 4-2 列出 x 與 y 之實證（樣本）聯合機率分配。有關於表 4-2 的編製方法，可以參考所附檔案。

表 4-1　Tesla（x）與 Apple（y）之日報酬率的基本敘述統計量（單位：%）

	count	mean	std	min	25%	50%	75%	max
y	587	0.1302	2.3101	-13.7708	-0.9504	0.0748	1.4033	11.3157
x	587	0.3991	4.6333	-23.6518	-2.0069	0.2632	2.7069	18.1445

說明：2020/1/1～2022/4/30 期間。第 1 列內的敘述統計量分別爲樣本數、平均數、標準差、最小值、第 25 個百分位數、中位數、第 75 個百分位數、最大值。

表 4-2　x 與 y 之實證聯合機率分配（單位：%）

	y = 0	**y = 1**	**y = 2**
x = 0	0.1789	0.2147	0.0579
x = 1	0.0716	0.2845	0.1925

說明：1. **x = 0** 與 **x = 1** 分別表示 $x \leq 0$ 與 $x > 0$ 等二事件。
2. **y = 0**、**y = 1** 與 **y = 2** 分別表示 $y \leq Q1$、$Q1 < y \leq Q3$ 與 $y > Q3$ 等三事件，其中 $Q1$ 與 $Q3$ 分別表示 y 資料之第 25 與 75 個百分位數。

面對表 4-2 的結果，我們如何解釋其內之元素？此時我們當然需要先定義 x 與 y 同時出現之聯合機率函數。令 $p(x, y) = P(X = x, Y = y)$ 表示上述之聯合機率函數，即例如：$p(0, 1) = 0.2147$ 表示 Tesla 的日報酬率小於等於 0 以及 Apple 的日報酬率介於 $Q1$ 與 $Q3$ 之間的實證機率約爲 0.2147，可以注意上述「Tesla 的日報酬率小於等於 0」與「Apple 的日報酬率介於 $Q1$ 與 $Q3$ 之間」之二事件需同時存在，故上述「聯合機率」指的是上述二事件同時出現的機率。

我們可以進一步說明。令 X 與 Y 分別爲定義於（樣本空間）$S(X)$ 與 $S(Y)$ 的間斷隨機變數，而於 X 與 Y 值於（聯合樣本空間）$S(XY) = S(X) \times S(Y)$ 出現的可能性可用 $p(x, y)$ 表示。$p(x, y)$ 具有下列性質：

(1) 就 $x, y \in S(XY)$ 而言，$p(x, y) > 0$。

(2) 就 $x, y \notin S(XY)$ 而言，$p(x, y) = 0$。

(3) $\sum_{x,y \in S(XY)} p(x, y) = \sum_{x \in S(X)} \sum_{y \in S(Y)} p(x, y) = 1$。

換言之，上述性質仍提醒我們「聯合機率」值介於 0 與 1 之間，而所有機率值的加總等於 1。

其實，面對聯合機率如表 4-2，我們可以再加進若干性質：

(4) $\sum_{x \in S(X)} p(x, y) = p(y)$ 與 $\sum_{y \in S(Y)} p(x, y) = p(x)$，其中 $p(x)$ 與 $p(y)$ 稱爲邊際機率分配（marginal probability distribution）。

(5) $\sum_{x \in S(X)} p(x \mid y) = 1$ 與 $\sum_{y \in S(Y)} p(y \mid x) = 1$，其中 $p(x \mid y)$ 與 $p(y \mid x)$ 稱爲條件機率分配

（conditional probability distribution）[①]。

是故，根據表 4-2 與性質 (4)，我們可以編製 X 與 Y 之邊際機率分配如表 4-3 所示[②]。X 與 Y 之邊際機率分配就是單變量之 X 與 Y 的機率分配，其亦可稱為「無條件（unconditional）」機率分配。例如：$p(x = 0) = 0.4514$ 與 $p(y = 2) = 0.2504$ 分別表示 Tesla 的日報酬率小於等於 0 的機率約為 0.4514 以及 Apple 的日報酬率大於 Apple 的 Q3 的機率約 0.2504；換言之，該機率的出現並無任何「前提或條件」。

表 4-3　表 4-2 的邊際機率分配（單位：%）

	x = 0	x = 1	y = 0	y = 1	y = 2
p(x)	0.4514	0.5486	---	---	---
p(y)	---	---	0.2504	0.4991	0.2504

表 4-4　$p(y \mid x)$（單位：%）

	x = 0	x = 1
y = 0	0.3962	0.1304
y = 1	0.4755	0.5186
y = 2	0.1283	0.3509

表 4-5　$p(x \mid y)$（單位：%）

	y = 0	y = 1	y = 2
x = 0	0.7143	0.43	0.2313
x = 1	0.2857	0.57	0.7687

根據表 4-2 與性質 (5)，表 4-4 與 4-5 分別列出 $p(y \mid x)$ 與 $p(x \mid y)$ 的結果。我們分別舉一個例子說明。考慮 $p(y = 1 \mid x = 1)$，我們知道此為於 $x = 1$ 出現的條件下，$y = 1$ 隨後出現的機率。從表 4-4 內可得 $p(y = 1 \mid x = 1) = 0.5186$，而此機率可從 $p(x = 1, y = 1)/p(x = 1)$ 求得（相當於從 $x = 1$ 出現的結果內找出 $y = 1$ 的機率），故從表 4-2 與 4-3 內可得 $p(x = 1, y = 1)/p(x = 1) = 0.2845/0.5486 = 0.5186$。再檢視 $p(x = 1 \mid y = 1)$ 的結果。從表 4-5 內可得 $p(x = 1 \mid y = 1) = 0.57$，而其可解釋成：於 $y = 1$ 的條件下，

① 條件機率分配內的「機率」指的是條件機率如 $P(B \mid A)$（於 A 出現的條件下 B 再出現的機率）等。

② 表 4-3 的結果未必與表 4-2 一致，此乃因「四捨五入」所造成的。

隨後出現 $x = 1$ 的機率約爲 0.57；同理，此亦可由表 4-2 與 4-3 內得知，即 $p(x = 1, y = 1)/p(y = 1) = 0.2845/0.4991 = 0.57$。表 4-4 與 4-5 的其餘結果可類推。讀者倒是可以注意如何利用 Python 得出表 4-2～4-5 的結果。

我們再來看 $p(y = 1 \mid x = 1) = 0.5186$ 與 $p(x = 1 \mid y = 1) = 0.57$ 的結果。根據定義，前者表示於 Tesla 日報酬率爲正數値的條件下，Apple 的日報酬率介於 Apple 的 Q1 與 Q3 的機率約爲 0.5186，而後者則爲於 Apple 的日報酬率介於 Apple 的 Q1 與 Q3 的條件下，Tesla 日報酬率爲正數値的機率約爲 0.57。是故，從上述機率的解釋下，除了表示 Tesla 日報酬率與 Apple 日報酬率之間可能有關係之外，我們竟然可以看到計算條件期望值（conditional expectation）與條件變異數（conditional variance）的可能，即延續上述性質如：

(6) 條件期望值與條件變異數可以計算如下：

$$\mu_{X|Y=y} = \mu(X \mid Y = y) = E\left(X \mid Y = y\right) = \sum\nolimits_{x \in S(X)} xP(x \mid y) \tag{4-1}$$

與

$$\sigma^2_{X|Y=y} = \operatorname{var}\left(X \mid Y = y\right) = \sum\nolimits_{x \in S(X)} \left(x - \mu_{X|Y=y}\right)^2 P(x \mid y) \tag{4-2}$$

其中 $p(x \mid y)$ 亦可用 $P(x \mid y)$ 表示。

我們先利用表 4-5 的結果說明。例如：我們欲計算於 $y = 0$ 之下，$\mu(X \mid y = 0)$ 與 $\operatorname{var}(X \mid y = 0)$ 之值。根據（4-1）與（4-2）式分別可得：

$$\mu(X \mid y = 0) = 0 \times 0.7143 + 1 \times 0.2857 = 0.2857$$

與

$$\operatorname{var}(X \mid y = 0) = (0 - 0.2857)^2 \times 0.7143 + (1 - 0.2857)^2 \times 0.2857 = 0.2041$$

換言之，我們除了可以得出於 $y = 0$ 之下 X 的機率分配之外，更進一步可以計算出上述分配的條件平均數與條件變異數分別爲 0.2857 與 0.2041（單位：%）。其餘機率分配的條件平均數與條件變異數的計算可類推。

上述表 4-2 例子其實可以繼續延伸，不過此時使用連續的隨機變數來計算機率可能比較方便（可以參考 4.2 節）；也就是說，就表 4-2 的例子而言，若將 X 與 Y 視爲連續的隨機變數[③]，我們直接使用日報酬率當作隨機變數的觀察值，於解釋上，反而較爲直接。

例 1 條件平均數與條件變異數的意義

我們知道可以從例如：表 4-2 的結果得出 $p(x \mid y)$ 或 $p(y \mid x)$，進一步計算對應的條件平均數與條件變異數；是故，條件平均數與條件變異數的觀念是間接的，或者說，於我們的直覺內，並無條件平均數或甚至於條件變異數的計算。其實條件平均數或甚至於條件變異數的觀念是頗爲簡易的，可以參考圖 4-1。既然 y 與 x 有關係，自然可以固定 x 值，然後檢視 y 的變化，我們從圖 4-1 內亦可看出其中之關係。換句話說，從圖 4-1 內大致可以看出 y 與 x 呈現正關係，不過 x 值愈大，反而 y 的條件變異數縮小了。

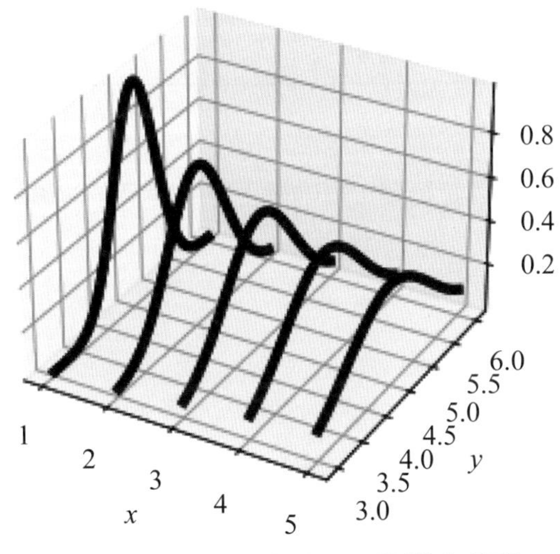

圖 4-1 於 x 之條件下 y 的機率分配

例 2 迴歸模型

其實，條件平均數與條件變異數亦可以用迴歸模型估計，可以參考圖 4-2。從該圖內可看出條件期望值爲 $y = \rho x$，其中 $\rho = 0.8$。於 2.1 節內我們將以 $f(y \mid x)$ 取代

③ 當然實際上 Tesla 與 Apple 的日報酬率是間斷的，我們假定它們是連續隨機變數的觀察值，反而是用「連續的隨機變數」估計「間斷的隨機變數」。

$p(y \mid x)$。於圖 4-2 內，我們只考慮一種簡單的情況，即雖然 y 與 x 呈現正關係，但是 y 之條件變異數卻與 x 無關；或者說，於圖 4-2 內可看出於 x 值固定之下，y 之機率分配與對應之條件變異數皆相同。

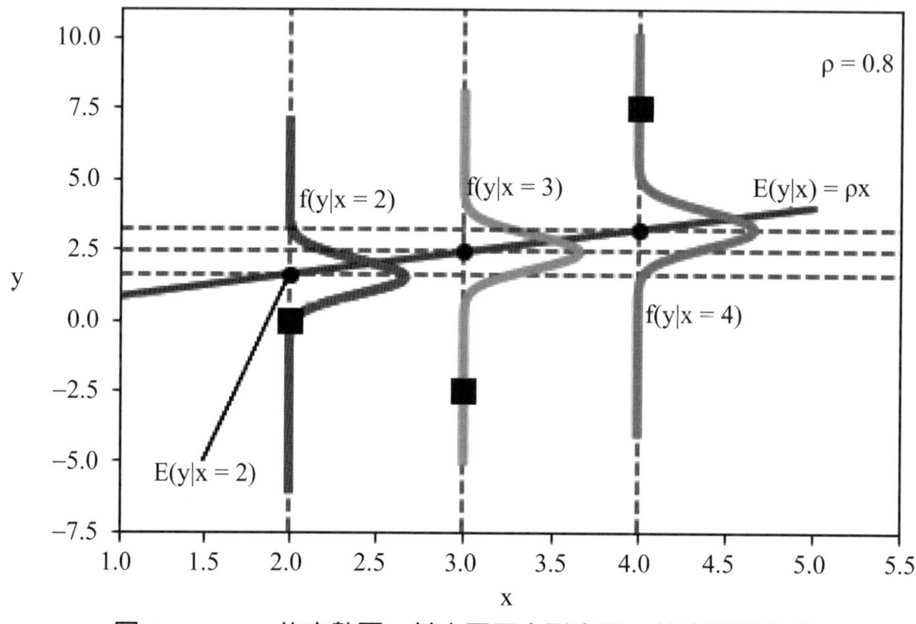

圖 4-2　$y = \rho x$ 的走勢圖，其中黑正方形表示 y_i 的實際觀察值

例 3　共同影響因子

嚴格來說，表 4-2 內的結果有可能會產生「誤導」，即從表 4-2 內可得出 $p(x \mid y)$ 或 $p(y \mid x)$，其中 x 與 y 分別表示 Tesla 與 Apple 的日報酬率。雖說如此，我們的確很難合理化下列結果：究竟是 x 影響 y 呢？還是 y 影響 x 呢？我們想到的是 x 與 y 之間存在共同的影響因子；換句話說，我們選擇 NASDAQ 綜合指數當作可能的共同影響因子。圖 4-3 的左圖繪製出 x 與 y 之間的散布圖，可發現二變數之間的觀察值呈現正向的關係，我們進一步計算 x 與 y 之間的（樣本）相關係數約為 0.5。圖 4-3 的右圖則繪製出「過濾完」NASDAQ 綜合指數日報酬率的影響後的 x 與 y 之值[④]，可發現過濾後的 x 與 y 值之間已無關係，即對應的（樣本）相關係數約為 –0.06（有可能與 0 無顯著差異）。

---

④ 即分別計算 x 與 NASDAQ 綜合指數日報酬率以及 y 與 NASDAQ 綜合指數日報酬率之迴歸的殘差值。

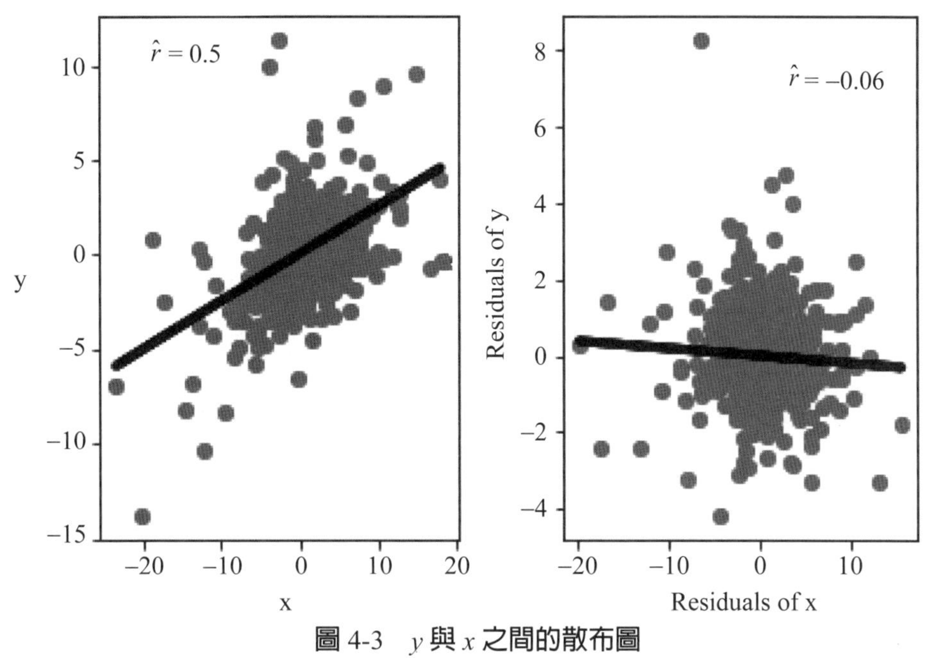

圖 4-3　y 與 x 之間的散布圖

例 4　條件預期與迴歸函數

續例 3，於 $W = w$ 之下，一個自然對 Y 或 X 之預期爲條件 $E(Y \mid W = w)$ 或 $E(X \mid W = w)$，其中 $E(Y \mid W = w)$ 或 $E(X \mid W = w)$ 可稱爲迴歸函數（regression function）。換句話說，圖 4-3 內的直線可稱爲迴歸線。上述 Y 或 X 與對應的迴歸函數的關係可寫成：

$$Y = E(Y \mid W = w) + Y - E(Y \mid W = w) = E(Y \mid W = w) + \varepsilon_Y$$

或

$$X = E(X \mid W = w) + X - E(X \mid W = w) = E(X \mid W = w) + \varepsilon_X$$

其中 ε_Y 與 ε_X 分別是 Y 對 W 之迴歸式的誤差項以及 X 對 W 之迴歸式的誤差項。於例 3 內，W 可爲 NASDAQ 日報酬率的隨機變數。通常我們是用估計迴歸式的殘差值（residuals）估計對應的誤差項，可以參考《財統》或《統計》。

表 4-6　聯合次數分配

	y = 0	y = 1
x = 0	5689	1589
x = 1	2569	3388
x = 2	5699	2568

習題

(1) 試用 Python 編製表 4-6 的結果。

(2) 續上題，將表 4-6 轉換成（實證）聯合機率分配表。邊際機率分配各爲何？

(3) 續上題，試計算 $p(x \mid y)$。

(4) 續上題，試計算 $p(y \mid x)$。

(5) 續上題，試計算 $\mu(X \mid y)$ 與 $\text{var}(X \mid y)$。

(6) 下載與例 3 相同時期的 TWI 日收盤價資料並轉成日報酬率資料。試計算 Tesla、Apple、TWI 與 NASDAQ 之日報酬率資料的相關係數矩陣。

(7) 續上題，TWI 日報酬率對 NASDAQ 之日報酬率的迴歸估計結果爲何？

4.1.2 期望值的操作

本節將介紹一些簡單的數學操作。考慮隨機變數 X 與 Y 皆有相對應的平均數（即期望值）、變異數與共變異數[⑤]。令 a 與 b 是常數。我們可得：

$$E(aX \pm bY) = aE(X) + bE(Y) = a\mu_X + b\mu_Y \tag{4-3}$$

$$\text{var}(aX \pm bY) = a^2\sigma_X^2 + b^2\sigma_Y^2 \pm 2ab\sigma_{YX} \tag{4-4}$$

（4-3）與（4-4）式的證明頗爲直接，我們可以試試。就（4-3）式而言，可知：

$$E(aX \pm bY)$$

$$= \sum_{x \in S(X)} \sum_{y \in S(Y)} (ax \pm by) p(x, y) \tag{4-5a}$$

$$= \sum_{x \in S(X)} \sum_{y \in S(Y)} axp(x, y) \pm \sum_{x \in S(X)} \sum_{y \in S(Y)} byp(x, y) \tag{4-5b}$$

$$= a\sum_{x \in S(X)} x \sum_{y \in S(Y)} p(x, y) \pm b \sum_{y \in S(Y)} y \sum_{x \in S(X)} p(x, y) \tag{4-5c}$$

$$= aE(X) \pm bE(Y) \tag{4-5d}$$

⑤ 此乃假定 X 與 Y 的平均數、變異數與共變異數值皆非無窮大。

$$= a\mu_X \pm b\mu_Y \tag{4-5e}$$

其中（4-5a）式提醒我們 $(aX \pm bY)$ 的期望值計算需要使用 X 與 Y 的聯合機率函數 $p(x, y)$；（4-5b）式說明"±"具有「分配律」的性質[6]；（4-5c）式則說明「x 不受 y 加總的影響，而 y 不受 x 加總的影響」；（4-5d）式說明了邊際機率可由加總聯合機率求得；（4-5d）與（4-5e）式則說明了 $E(X)$ 與 $E(Y)$ 的定義。

同理，我們檢視（4-4）式；可得：

$$\begin{aligned}
&\text{var}(aX + bY) \\
&= E\{[(aX + bY) - E(aX + bY)]^2\} \\
&= E\{[a(X - \mu_X) + b(Y - \mu_Y)]^2\} \\
&= a^2E[(X - \mu_X)^2] + b^2E[(Y - \mu_Y)^2]\} + 2abE[(X - \mu_X)(Y - \mu_Y)] \\
&= a^2\text{var}(X) + b^2\text{var}(Y) + 2ab\,\text{cov}(X, Y)
\end{aligned}$$

上式的推導應不難瞭解，讀者可以試試；另一方面，讀者亦可以練習 $\text{var}(aX - bY)$ 的情況。

接下來，我們檢視 $\text{cov}(aX, bY)$ 的結果，即：

$$\begin{aligned}
\text{cov}(aX, bY) &= E[(aX - a\mu_X)(bY - b\mu_Y)] \\
&= abE[(X - \mu_X)(Y - \mu_Y)] \\
&= ab\text{cov}(aX, bY)
\end{aligned}$$

讀者應不難瞭解上式的推導。

例 1　重複期望值定理

就表 4-2 內的結果而言，可得：

$$E(Y) = E(Y \mid X = 0)P(X = 0) + E(Y \mid X = 1)P(X = 1) = 0.9999$$

以及

---

⑥ 分配律是指例如：$(a + b)c = ac + bc$。

$$E(X) = E(X \mid Y=0)P(Y=0) + E(X \mid Y=1)P(Y=1) + E(X \mid Y=2)P(Y=2)$$
$$= 0.5486$$

讀者倒是可以驗證看看。上述二式隱含著：

$$E(Y) = E[E(Y \mid X)] \text{ 與 } E(X) = E[E(X \mid Y)] \tag{4-6}$$

即（4-6）式可以稱爲重複期望值定理（law of iterated expectations）。有關於重複期望值定理的應用，可以參考《財時》。

例 2 獨立性

若 X 與 Y 屬於相互獨立的隨機變數，則：

$$P(X=x \mid Y=y) = P(X=x) \text{ 或 } P(Y=y \mid X=x) = P(Y=y)$$

是故，讀者可以檢視表 4-2 的結果看看 X 與 Y 是否相互獨立。

例 3 線性組合的平均數與變異數

令 $Y = \sum_{i=1}^{n} a_i X_i = \mathbf{a}^T \mathbf{X}$，其中 a_i 爲常數而 $\mathbf{a}$ 與 $\mathbf{X}$ 分別爲 $n \times 1$ 隨機變數向量，即：

$$\mathbf{a} = \begin{bmatrix} a_1 \\ \vdots \\ a_n \end{bmatrix} \text{ 與 } \mathbf{X} = \begin{bmatrix} X_1 \\ \vdots \\ X_n \end{bmatrix}$$

則

$$E(Y) = \sum_{i=1}^{n} a_i E(X_i) = \mathbf{a}^T E(\mathbf{X})$$

而

$$\sigma_Y^2 = \sum_{i=1}^{n} a_i^2 \sigma_{X_i}^2 + 2 \sum\sum_{i<j} a_i a_j \sigma_{X_i} \sigma_{X_j} = \mathbf{a}^T \operatorname{cov}(\mathbf{X}) \mathbf{a}$$

其中

$$\mathrm{cov}(\mathbf{X}) = E\begin{bmatrix} X_1 - E(X_1) \\ \vdots \\ X_n - E(X_n) \end{bmatrix}\begin{bmatrix} X_1 - E(X_1) & \cdots & X_n - E(X_n) \end{bmatrix}$$

$$= \begin{bmatrix} \sigma_{X_1}^2 & \sigma_{X_1X_2} & \cdots & \sigma_{X_1X_n} \\ \sigma_{X_2X_1} & \sigma_{X_2}^2 & \cdots & \sigma_{X_2X_n} \\ \vdots & \vdots & \ddots & \vdots \\ \sigma_{X_nX_1} & \sigma_{X_nX_2} & \cdots & \sigma_{X_n}^2 \end{bmatrix}$$

即上述結果可說是（4-3)～(4-5）式的延伸。可以注意的是，$\sigma_Y^2 \geq 0$ 隱含著共變異數矩陣 cov(**X**) 是一個對稱且半正定矩陣。

例 4 線性組合的共變異數

令 $\mathbf{Y} = \mathbf{A}\mathbf{X}$，其中 **A** 是一個 $k \times n$ 之常數矩陣，而 **X** 是一個 $n \times 1$ 隨機變數向量，則：

$$\begin{aligned} \mathrm{cov}(\mathbf{Y}) &= E\{[\mathbf{Y} - E(\mathbf{Y})][\mathbf{X} - E(\mathbf{X})]^T\} \\ &= E\{\mathbf{A}[\mathbf{X} - E(\mathbf{X})][\mathbf{X} - E(\mathbf{X})]^T\mathbf{A}^T\} \\ &= \mathbf{A}E\{[\mathbf{X} - E(\mathbf{X})][\mathbf{X} - E(\mathbf{X})]^T\}\mathbf{A}^T \\ &= \mathbf{A}\mathrm{cov}(\mathbf{X})\mathbf{A}^T \end{aligned}$$

例 5 相關（係數）矩陣

根據定義 $\rho_{ij} = \rho_{ji} = \dfrac{\mathrm{cov}(X_i, X_j)}{\sigma_{X_i}\sigma_{X_j}}$ 表示 X_i 與 X_j 之間的相關（係數）矩陣，我們亦可以將其推廣至用矩陣的型態表示。令 $X = (X_1, \cdots, X_n)$，則相關（係數）矩陣 **ρ** 可寫成：

$$\boldsymbol{\rho} = \begin{bmatrix} \sigma_{X_1} & & & \\ & \sigma_{X_2} & & \\ & & \ddots & \\ & & & \sigma_{X_n} \end{bmatrix}^{-1} \mathrm{cov}(\mathbf{X}) \begin{bmatrix} \sigma_{X_1} & & & \\ & \sigma_{X_2} & & \\ & & \ddots & \\ & & & \sigma_{X_n} \end{bmatrix}^{-1} = \begin{bmatrix} 1 & \rho_{12} & \cdots & \rho_{1n} \\ \rho_{21} & 1 & \cdots & \rho_{2n} \\ \vdots & \vdots & \ddots & \vdots \\ \rho_{n1} & \rho_{n2} & \cdots & 1 \end{bmatrix}$$

習題

(1) 某投資人投資 Tesla 與 Apple 的比重分別爲 0.6 與 0.4。令 X 與 Y 分別表示 Tesla 與 Apple 的日報酬率，寫成 $\mathbf{Q}=\begin{bmatrix} x \\ y \end{bmatrix}$。利用 4.1.1 節的資料，計算 $E(\mathbf{Q})$ 與 $\text{cov}(\mathbf{Q})$。提示：用樣本平均數與樣本共變異數取代 $\boldsymbol{\mu}=E(\mathbf{Q})$ 與 $\text{cov}(\mathbf{Q})$。

(2) 續上題，該投資人之資產組合的預期日報酬率 R 爲何？

(3) 續上題，該投資人之資產組合的日報酬率之變異數爲何？

(4) 續上題，假定投資 X 與 Y 的成本支出占 $E(\mathbf{Q})$ 的比重分別爲 0.001 與 0.002，即 $C=\mathbf{c}^T\boldsymbol{\mu}$，其中 $\mathbf{c}=[0.001 \quad 0.002]^T$。$[R \quad C]^T$ 爲何？

(5) 續上題，$[R \quad C]^T$ 之共變異數矩陣爲何？

(6) 續上題，每日利潤爲何？

(7) 續上題，每日利潤的變異數爲何？

(8) 續題 (5)，$[R \quad C]^T$ 之相關係數矩陣爲何？

4.2 多變量的隨機變數

前面章節雖說有介紹多變量隨機變數的情況，不過大部分仍局限於使用間斷的隨機變數，因此自然地本節將擴充至檢視多變量連續隨機變數的情況。欲說明多變量連續的隨機變數，當然就無法排除雙變量常態分配與多變量常態分配的介紹。本節仍只著重於基本觀念的介紹，較完整的說明可參考例如：Mittelhammer（2013）或 Hogg et al.（2019）等書。

4.2.1 連續的隨機變數

於第 2 章內，我們已經知道若 X 屬於連續的隨機變數而 $f_X(x)$ 爲對應的 PDF，則 X 之平均數與變異數可用「積分」的方式計算，即重寫（2-11）式爲：

$$\mu_X=E_X(x)=\int_{-\infty}^{\infty}xf_X(x)dx \text{ 與 } \sigma_X^2=E_X\left[\left(x-\mu_X\right)^2\right]=\int_{-\infty}^{\infty}\left(x-\mu_X\right)^2 f_X(x)dx \qquad (4\text{-}7)$$

如此可看出若隨機變數由間斷改成連續，我們是用「積分」取代「加總」。我們發現「期望值」的操作，其實沒有改變多少。

我們舉一個例子說明。考慮表 4-7 的情況，我們不難用 Python 操作，即：

表 4-7 間斷的機率分配

x	1	2	3	4
p(x)	0.4	0.1	0.3	0.2

```
x = np.arange(1,5,1)
px = np.array([4,1,3,2])/10
df = pd.DataFrame({'x':x,'p(x)':px})
df.T.to_excel('D:\\finComp\\ch4\\T47.xlsx')
mux = np.sum(df.T.iloc[0]*df.T.iloc[1]) # 2.3
varx = np.sum((df.T.iloc[0]-mux)**2*df.T.iloc[1]) # 1.4100000000000001
```

可得對應的期望值與變異數分別約爲 2.3 與 1.41。

現在我們考慮一個連續的 PDF：

$$f(y)=\begin{cases}\frac{1}{2}(y+1),-1<y<1\\ 0,otherwise\end{cases}$$

讀者當然可以根據（4-7）式[7]計算對應的μ_Y與σ_Y^2，不過我們仍使用Python操作，即：

```
def fy(y):
    return 0.5*(y+1)
import scipy.integrate as integrate
integrate.quad(fy,-1,1) # (1.0, 1.1102230246251565e-14)
def muy(y):
    return y*fy(y)
def vary(y):
    mu = integrate.quad(muy,-1,1)[0]
    return (y-mu)**2*fy(y)
integrate.quad(muy,-1,1) # (0.3333333333333333, 5.53042002075866e-15)
integrate.quad(vary,-1,1) # (0.2222222222222222, 2.4671622769447922e-15)
```

[7] 例如：$\mu=\int_{-\infty}^{\infty}yf(y)dy=\int_{-1}^{1}y\frac{y+1}{2}dy=\frac{1}{3}$。$\sigma^2$ 的計算可類推。

即對應的 μ_Y 與 σ_Y^2 分別約為 0.33 與 0.22。讀者可以注意 integrate.quad(.) 指令的使用方式。

接下來，我們定義雙變數之聯合 CDF，我們不難將其推廣至多變量的情況。假定 $F_{X,Y}(x, y)$ 是一個連續函數，則就所有的 $(x, y) \in R^2$ 而言，可得：

$$F_{X,Y}(x, y) = \int_{-\infty}^{x} \int_{-\infty}^{y} f_{X,Y}(w_1, w_2) dw_1 dw_2 \tag{4-8}$$

其中 $F_{X,Y}(x, y)$ 與 $f_{X,Y}(x, y)$ 分別為 (x, y) 之 CDF 與 PDF，二者之間的關係可寫成：

$$\frac{\partial^2 F_{X,Y}(x, y)}{\partial x \partial y} = f_{X,Y}(x, y)$$

是故，$f_{X,Y}(x, y)$ 符合二個性質：

$$(1)\ f_{X,Y}(x, y) \geq 0\text{；}(2) \iint f_{X,Y}(x, y) dxdy = 1$$

我們仍舉一個例子。令：

$$f_{X,Y}(x, y) = \begin{cases} 4xye^{-(x^2+y^2)}, x > 0, y > 0 \\ 0, elsewhere \end{cases}$$

假定欲計算：

$$P\left(X > \frac{\sqrt{2}}{2}, Y > \frac{\sqrt{2}}{2}\right) = \int_{\sqrt{2}/2}^{\infty} \int_{\sqrt{2}/2}^{\infty} 4xye^{-(x^2+y^2)} dxdy$$

我們仍使用 Python 計算，即：

```
p_inf = float('inf')
fxy = lambda y, x: 4*x*y*np.exp(-x**2-y**2)
integrate.dblquad(fxy,np.sqrt(0.5),p_inf,lambda x:np.sqrt(0.5),lambda x:p_inf)
# (0.3678794411714013, 1.3408960585473898e-08)
```

即上述積分值約為 0.37。因此，只要適當使用 Python 指令，欲計算聯合機率值仍不是問題。

例 1 邊際機率

就表 4-2 而言，可注意「加總 y 可得 x 之邊際機率」；同理「加總 x 可得 y 之邊際機率」。是故，就上述 $f_{X,Y}(x,y)=4xye^{-(x^2+y^2)}$ 而言，可得邊際機率 $f_X(y)$ 為：

$$f_X(x)=\int_0^{\infty}4xye^{-(x^2+y^2)}dy=2xe^{-x^2}\int_0^{\infty}e^{-w}dw=2xe^{-x^2}$$

與

$$f_Y(y)=\int_0^{\infty}4xye^{-(x^2+y^2)}dx=2ye^{-y^2}\int_0^{\infty}e^{-w}dw=2ye^{-y^2}$$

即「積分 y 可得 x 之邊際機率」與「積分 x 可得 y 之邊際機率」；因此，若面對連續隨機變數，我們用「積分」取代「加總」。面對上述 $f_X(x)$ 與 $f_Y(y)$，我們仍可以使用 Python 計算。例如：

```
mfx = lambda x: 2*x*np.exp(-x**2)
integrate.quad(mfx,0,0.83)
# (0.4978718936931531, 5.527488396918668e-15)
```

即 $\int_0^{0.83}f_X(x)dx\approx 0.5$。

例 2 3D 立體圖

就上述 $f_{X,Y}(x,y)=4xye^{-(x^2+y^2)}$ 而言，我們可以繪製對應的 3D 立體圖如圖 4-4 所示。若求解 $f_{X,Y}(x,y)$ 極大值，可發現極值出現於 $(x,y)=\left(\sqrt{2}/2,\sqrt{2}/2\right)$ 處[8]，如圖內之黑點處。

---

⑧ 即求解 $\partial f_{X,Y}/\partial x=0$ 與 $\partial f_{X,Y}/\partial y=0$。

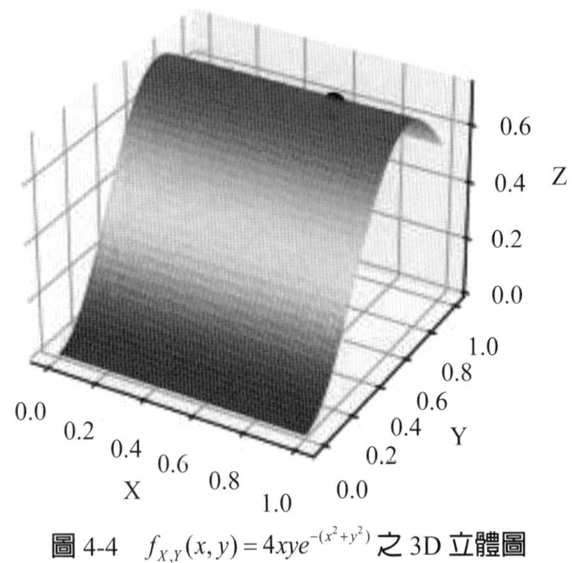

圖 4-4 $f_{X,Y}(x,y)=4xye^{-(x^2+y^2)}$ **之 3D 立體圖**

例 3 **條件分配圖**

續例 2，根據圖 4-4，我們亦可以分別繪製出$f(y\,|\,x)$與$f(x\,|\,y)$，如圖 4-5 與 4-6 所示。從圖內可看出$f(y\,|\,x)$是 X的函數而$f(x\,|\,y)$卻是 Y的函數，說明了$f(y\,|\,x)$與$f(x\,|\,y)$之值取決於 X或 Y的實現值。

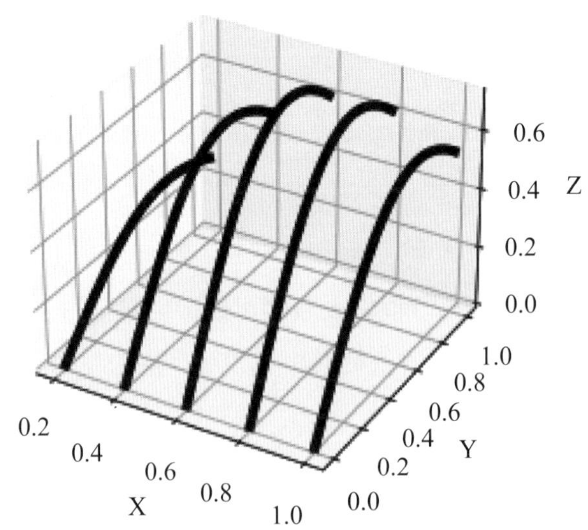

圖 4-5 條件分配圖，其中 $z=f(y\,|\,x)$

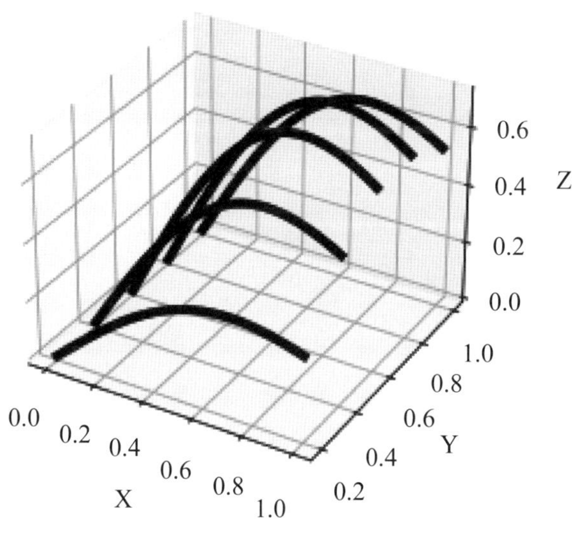

圖 4-6 條件分配圖，其中 $z = f(x \mid y)$

例 4 X **與** Y **相互獨立**

考慮一個聯合 PDF：

$$f_{X,Y}(x,y) = \begin{cases} \frac{1}{12}, -2 < x < 2, -1.5 < y < 1.5 \\ 0, otherwise \end{cases}$$

我們可以驗證 $f_{X,Y}(x,y)$ 是否是一個聯合 PDF，即：

```
f1xy = lambda x,y: (1/12)
integrate.dblquad(f1xy,-1.5,1.5,lambda x:-2,lambda x:2)
# (1.0, 1.1102230246251565e-14)
```

接下來，再分別驗證對應的條件 PDF 爲：

```
mf1x = lambda y: 0.25
integrate.quad(mf1x,-2,2)
# (1.0, 1.1102230246251565e-14)
```

```
mf1y = lambda x: 1/3
integrate.quad(mf1y,-1.5,1.5)
# (1.0, 1.1102230246251565e-14)
```

即 $f_X(x) = 0.25$ 與 $f_Y(y) = 1/3$，讀者可以證明 $f_{X,Y}(x, y) = f_X(x)f_Y(y)$。

習題

(1) 考慮下列的聯合 PDF：

$$f_{X,Y,Z}(x,y,z) = \begin{cases} (3/16)xy^2e^{-z}, 0 < x < 2, 0 < y < 2, 0 < z < \infty \\ 0, otherwise \end{cases}$$

試驗證看看。提示：可使用 integrate.tplquad(.) 指令。

(2) 續上題，試分別找出 X、Y 與 Z 的邊際分配之 PDF。提示：

$$f_X(x) = \int_{-\infty}^{\infty}\int_{-\infty}^{\infty} f_{X,Y,Z}(x,y,z)dydz = \left(\frac{3}{16}\right)x\int_0^2 y^2dy\int_0^{\infty} e^{-z}dz = \frac{1}{2}x$$

其餘可類推。

(3) 續上題，$P(x > 1)$ 爲何？

(4) 續上題，上述三個隨機變數是否相互獨立？爲什麼？

(5) 續上題，$P(z > 1)$ 爲何？

(6) 續上題，$P(x < 1, y < 1, z < 10)$ 爲何？

(7) 續上題，於 Y 與 Z 的條件，X 的 PDF 爲何？

(8) 續上題，$f_X(x \mid y = 1, z = 0)$ 爲何？提示：

$$f_{Y,Z}(y,z) = \int_{-\infty}^{\infty} f_{X,Y,Z}(x,y,z)dx \text{ 與 } f_X(x \mid y = 1, z = 0) = \frac{f_{X,Y,Z}(x,1,0)}{f_{Y,Z}(1,0)}$$

4.2.2 多變量常態分配

考慮 X 與 Y 是一個雙變量常態分配（bivariate normal distribution）的隨機變數，而後者的聯合 PDF 可寫成：

$$f_{X,Y}(x,y)=\frac{1}{2\pi\sigma_X\sigma_Y\sqrt{1-\rho_{XY}^2}}\times$$
$$\exp\left\{-\frac{1}{2\left(1-\rho_{XY}^2\right)}\left[\left(\frac{x-\mu_X}{\sigma_X}\right)^2+\left(\frac{y-\mu_Y}{\sigma_Y}\right)^2-\frac{2\rho_{XY}(x-\mu_X)(y-\mu_Y)}{\sigma_X\sigma_Y}\right]\right\} \quad (4\text{-}9)$$

其中 μ_X 與 σ_X 爲 X 之平均數與標準差，而 μ_Y 與 σ_Y 則爲 Y 之平均數與標準差；另外，ρ_{XY} 爲 X 與 Y 之相關係數。

面對（4-9）式，我們不難自行設計對應的雙變量常態分配的聯合 PDF 爲：

```
mux = muy = 0
sx = sy = 1
rho = 0.5
def fxy(x,y):
    A = 1/(2*np.pi*sx*sy*np.sqrt(1-rho**2))
    B = ((x-mux)/sx)**2+((y-muy)/sy)**2-(2*rho*(x-mux)*(y-muy))/(sx*sy)
    C = -(1/(2*(1-rho**2)))
    return A*np.exp(C*B)
```

並且利用雙積分的技巧驗證上述函數 fxy(.) 並無誤設，即：

```
p_inf = float('inf')
integrate.dblquad(fxy,-p_inf,p_inf,lambda x:-p_inf,lambda x:p_inf)
# (1.0000000000098548, 1.2381842730490636e-08)
```

可注意 $-\infty<x,y<\infty$。利用上述積分技巧可得：

```
integrate.dblquad(fxy,-p_inf,0,lambda x:-p_inf,lambda x:2)
# (0.4979735269908425, 1.4204097796760512e-08)
```

即 $\int_{-\infty}^{0}\int_{-\infty}^{2} f_{X,Y}(x,y)dxdy\approx 0.498$。

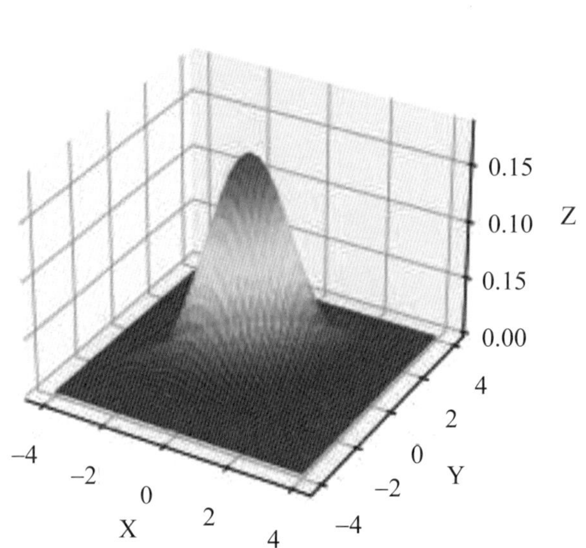

圖 4-7　雙變量常態分配之 3D **立體圖，其中** $\mu_X = \mu_Y = 0$、$\sigma_X = \sigma_Y = 1$ **與** $\rho_{XY} = 0.5$

利用上述函數 fxy(.)，圖 4-7 進一步繪製出雙變量常態分配之 3D 立體圖，其中 $\mu_X = \mu_Y = 0$、$\sigma_X = \sigma_Y = 1$ 與 $\rho_{XY} = 0.5$。

利用模組（scipy）內的 “multivariate_normal” 指令，我們不僅可以取得雙變量或甚至於多變量常態分配的基本性質；換言之，令 $\mathbf{X} = (X_1, \cdots, X_n)$ 是一個內有 n 個隨機變數的 $n\times 1$ 向量，則 $\mathbf{X}$ 之常態分配的聯合 PDF 可寫成：

$$f_{\mathbf{X}}(\mathbf{x}) = \frac{1}{2\pi \det(\mathbf{\Sigma})^{1/2}} \exp\left[-\frac{1}{2}(\mathbf{x}-\boldsymbol{\mu})^{-1}\mathbf{\Sigma}^{-1}(\mathbf{x}-\boldsymbol{\mu})\right] \quad (4\text{-}10)$$

其中 $\boldsymbol{\mu}$ 是一個 $n\times 1$ 之平均數向量，而 $\mathbf{\Sigma}$ 則是一個 $n\times n$ 的共變異數矩陣；另外，det(.) 則是表示行列式。

利用（4-10）式，我們不難取得雙變量常態分配的 CDF 如：

```
from scipy.stats import multivariate_normal as mvn
mean = np.array([0,0])
covariance = np.array([[1, 0.5],[0.5, 1]])
F = mvn(mean=mean, cov=covariance)
F.cdf(np.array([0,2])) # 0.4979735268824185
```

即依舊取得$\int_{-\infty}^{0}\int_{-\infty}^{2} f_{X,Y}(x,y)dxdy \approx 0.498$。

或是：

```
x = np.linspace(-4,4,100)
y = np.linspace(-4,4,100)
X, Y = np.meshgrid(x,y)
M = [0,0]
V = np.array([[1,-0.8,-0.8,1]]).reshape(2,2)
pos = np.zeros([X.shape[0],X.shape[1],2])
pos.shape # (500, 500, 2)
pos[:, :, 0] = X; pos[:, :, 1] = Y
Q = mvn(M,V)
Z = Q.pdf(pos)
fig = plt.figure()
ax = plt.axes(projection='3d')
ax.plot_surface(X, Y, Z,cmap='rainbow',linewidth=0)
ax.set_zlabel('Z');plt.xlabel('X');plt.ylabel('Y')
plt.title(r'$\rho=-0.8$')
```

亦可得雙變量常態分配之 3D 立體圖如圖 4-8 所示。可以注意如何使用 Q = mvn(M,V) 與 Z = Q.pdf(pos) 指令。

接下來，我們來看如何利用（4-10）式抽出具有相關的常態分配觀察值如：

```
M1 = np.zeros(3)
V1 = np.array([[1,0.8,-0.5,0.8,2,-0.5,0.-0.5,-0.5,4]]).reshape(3,3)
V1
# array([[ 1. ,  0.8, -0.5],
#        [ 0.8,  2. , -0.5],
#        [-0.5, -0.5,  4. ]])
```

首先 Vr1(.) 是我們自設函數可將上述共變異數矩陣轉成對應的相關係數矩陣如：

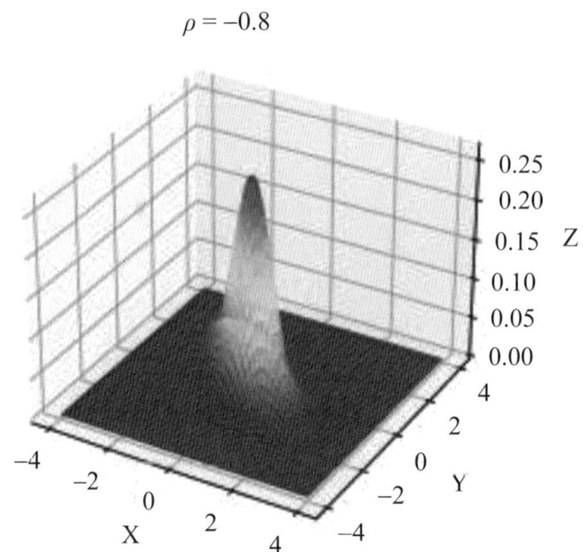

圖 4-8　雙變量常態分配之 3D **立體圖，其中** $\mu_X = \mu_Y = 0$、$\sigma_X = \sigma_Y = 1$ **與** $\rho_{XY} = -0.8$

```
R = np.round(Vr1(V1),4)
# array([[ 1.      , 0.5657, -0.25  ],
#        [ 0.5657, 1.      , -0.1768],
#        [-0.25  , -0.1768, 1.    ]])
```

再來：

```
np.random.seed(3333)
XY = mvn.rvs(mean=M1,cov=V1,size=100)
XY.shape # (100, 3)
x1 = XY[:,0]
y1 = XY[:,1]
z1 = XY[:,2]
```

即可以抽出具有上述 R 關係的常態分配各 100 個觀察值，圖 4-9 分別繪製出其中的散布圖，讀者可檢視看看。

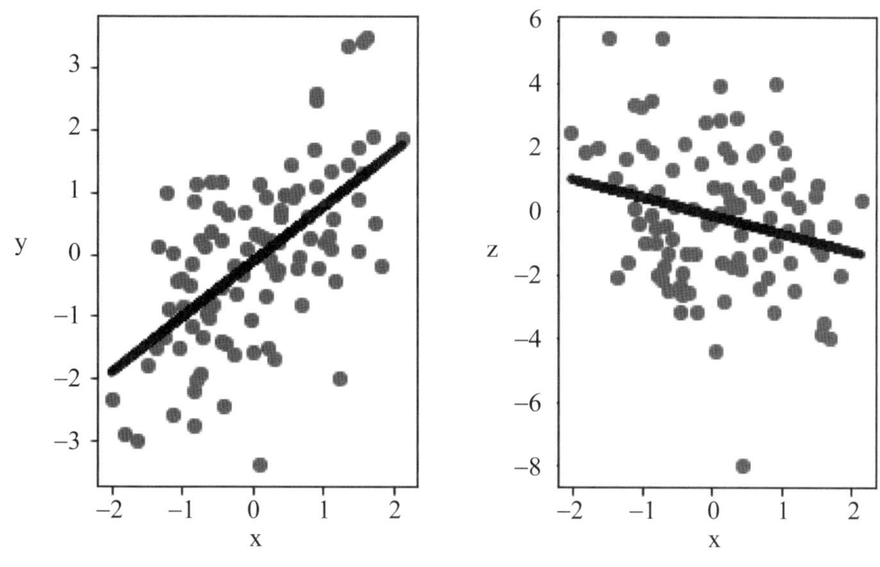

圖 4-9 抽出具有相關的常態分配觀察值

例 1 雙變量常態分配的條件機率分配

雙變量常態分配如（4-9）式的特色是不僅對應的邊際分配如 $f_X(x)$ 與 $f_Y(y)$ 皆是屬於常態分配之外，即 $f_X(x) \sim N(\mu_X, \sigma_X^2)$ 與 $f_Y(x) \sim N(\mu_Y, \sigma_Y^2)$；同時，條件分配例如：$f_{Y|X}(y \mid x = x_0)$ 亦屬於常態分配，即：

$$f_{Y|X}(y \mid x = x_0) \sim N\left[\mu_Y + \rho_{XY}\frac{\sigma_Y}{\sigma_X}(x_0 - \mu_X), \sigma_Y^2\left(1 - \rho_{XY}^2\right)\right] \tag{4-11}$$

隱含著平均數與變異數分別爲：

$$E(Y \mid x = x_0) = \mu_Y + \rho_{XY}\frac{\sigma_Y}{\sigma_X}(x_0 - \mu_X) = \mu_Y + \frac{\sigma_{XY}}{\sigma_X^2}(x_0 - \mu_X)$$

與

$$\text{var}(Y \mid x = x_0) = \sigma_Y^2\left(1 - \rho_{XY}^2\right)$$

可記得 $\rho_{XY} = \dfrac{\sigma_{XY}}{\sigma_X \sigma_Y}$，其中 $\sigma_{XY} = E[(X - \mu_X)(Y - \mu_Y)]$。讀者當然亦可以檢視 $f_{X|Y}(x \mid y =$

$y_0)$ 屬於常態分配，可參考例如：Hogg et al.（2019）。（4-12）～（4-13）式皆可用迴歸模型檢視[9]。於 $\mu_X = \mu_Y = 0$、$\sigma_X^2 = 1$、$\sigma_Y^2 = 2$ 與 $\sigma_{XY} = 0.9$ 的條件下，圖 4-10 繪製出 $f_{Y|X}(y \mid x = x_0)$ 之 3D 立體圖，讀者可與圖 4-1 比較看看。

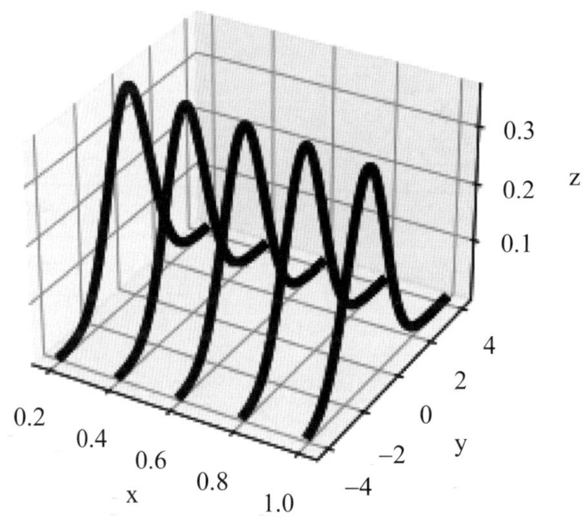

圖 4-10 $f_{Y|X}(y|x = x_0)$ **之 3D 立體圖，其中** $\mu_X = \mu_Y = 0$、$\sigma_X^2 = 1$、$\sigma_Y^2 = 2$ **與** $\sigma_{XY} = 0.9$

例 2 矩陣的分割

令 $\mathbf{X} = (X_1, \cdots, X_n)$ 是一個內有 n 個隨機變數的 $n \times 1$ 向量，我們可以將 $\mathbf{X}$ 分割 $\mathbf{X}_1$ 與 $\mathbf{X}_2$ 二部分，即$\mathbf{X} = \begin{bmatrix} \mathbf{X}_1 \\ \mathbf{X}_2 \end{bmatrix}$。同理，對應的平均數向量與共變異數矩陣可以分

---

[9] 考慮簡單的線性迴歸式如 $y = \alpha + \beta x + \varepsilon$。若使用 OLS，可得：

$$\hat{\alpha} = \overline{y} - \hat{\beta}\overline{x}, \hat{\beta} = \frac{\sum (x - \overline{x})(y - \overline{y})}{\sum (x - \overline{x})^2}$$

故 $\hat{y} = \hat{\alpha} + \hat{\beta}x \Rightarrow \hat{y} = \overline{y} - \hat{\beta}\overline{x} + \hat{\beta}x = \overline{y} + \hat{\beta}(x - \overline{x})$。同理，令 $\hat{y} = \rho_{XY}\dfrac{\sigma_Y}{\sigma_X}x$，可得：

$$\tilde{y} = \hat{y} - \overline{\hat{y}} = \rho_{XY}\frac{\sigma_Y}{\sigma_X}(x - \overline{x}) = \rho_{XY}\frac{\sigma_Y}{\sigma_X}\tilde{x}$$

是故：

$$\sigma_Y^2 = E\left[\left(\tilde{y} - \rho_{XY}\frac{\sigma_Y}{\sigma_X}\tilde{x}\right)^2\right] = \sigma_Y^2 + \rho_{XY}^2\frac{\sigma_Y^2}{\sigma_X^2}\sigma_X^2 - 2\rho_{XY}\frac{\sigma_Y}{\sigma_X}\rho_{XY}\sigma_X\sigma_Y = \sigma_Y^2\left(1 - \rho_{XY}^2\right)$$

別分割成 $\boldsymbol{\mu} = \begin{bmatrix} \boldsymbol{\mu}_1 \\ \boldsymbol{\mu}_2 \end{bmatrix}$ 與 $\boldsymbol{\Sigma} = \begin{bmatrix} \boldsymbol{\Sigma}_{11} & \boldsymbol{\Sigma}_{12} \\ \boldsymbol{\Sigma}_{21} & \boldsymbol{\Sigma}_{22} \end{bmatrix}$。我們利用前述之 Tesla、Apple、Google 與 TSM 的日報酬率資料（2020-01-02～2022/4/29）說明，即：

```
Four = pd.DataFrame({'TSLA':tslap,'APPL':applp,'GOOGL':googlp,'TSM':tsmp})
X = 100*np.log(Four/Four.shift(1)).dropna()
Four.shape # (588, 4)
X.shape # (587, 4)
xbar = np.mean(X)
xbar.shape # (4,)
S = np.cov(X,rowvar=0)
S.shape # (4, 4)
```

令上述 xbar 與 S 分別爲 $\boldsymbol{\mu}$ 與 $\boldsymbol{\Sigma}$，即：

```
mu = np.array([xbar]).T
mu.shape # (4, 1)
mu1 = np.array([mu[0:1,0]])
mu1.shape # (1, 1)
mu2 = mu[1:4]
mu2.shape # (3, 1)
np.concatenate([mu1,mu2])
S11 = S[0:1,0:1]
S11.shape # (1, 1)
S12 = S[0:1,1:4]
S12.shape # (1, 3)
S22 = S[1:4,1:4]
S22.shape # (3, 3)
sa = np.concatenate([S11,S12],axis=1)
sb = np.concatenate([S12.T,S22],axis=1)
np.round(np.concatenate([sa,sb]),4)
```

例 3 $\mathbf{X}_1|\mathbf{X}_2$ **之條件分配**

續例 2，假定上述四種日報酬率屬於多變量常態分配，則根據上述之分割，$\mathbf{X}_1|\mathbf{X}_2$ 之條件分配亦屬於常態分配，即：

$$f_{\mathbf{X}_1|\mathbf{X}_2}(X_1 \mid X_2) \sim \mathbf{N}\left[\boldsymbol{\mu}_1 - \boldsymbol{\Sigma}_{12}\boldsymbol{\Sigma}_{22}^{-1}\left(X_2 - \boldsymbol{\mu}_2\right), \boldsymbol{\Sigma}_{11} - \boldsymbol{\Sigma}_{12}\boldsymbol{\Sigma}_{22}^{-1}\boldsymbol{\Sigma}_{21}\right] \tag{4-12}$$

亦可參考例如：Hogg et al.（2019）。我們不難利用上述資料說明（4-12）式，即：

```
X.shape # (587,4)
X2 = np.array([X.iloc[500][1:4]]).T
X2.shape # (3, 1)
mean = mu1+S12.dot(inv(S22)).dot((X2-mu2)) # array([[2.4721695]])
s2 = S11-S12.dot(inv(S22)).dot(S12.T) # array([[15.35069501]])
def normpdf2(x):
    return norm.pdf(x,loc=mean,scale=np.sqrt(s2))
integrate.quad(normpdf2,-p_inf,p_inf)
# (1.0000000000000002, 3.2322510641520265e-09)
```

即上述 X 為四種日報酬率資料矩陣。於已知的 $\mathbf{X}_2 = X_2$ 之下，可知 $\mathbf{X}_1 \mid \mathbf{X}_2$ 之分配屬於常態分配；另一方面，圖 4-11 亦繪製出四種 $\mathbf{X}_1 \mid \mathbf{X}_2$ 之條件分配，讀者亦可以練習看看。

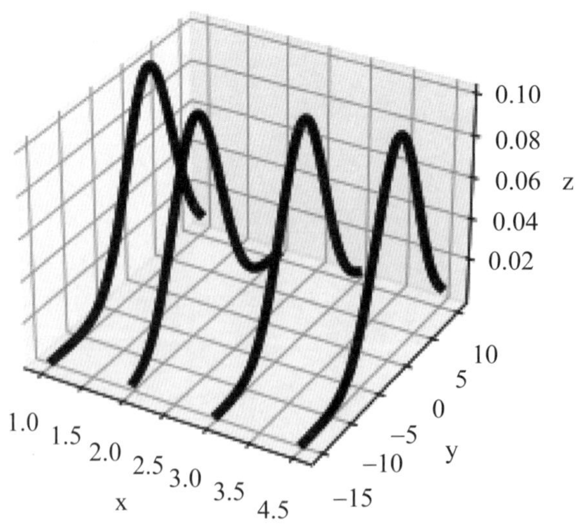

圖 4-11 $f_{\mathbf{X}_1|\mathbf{X}_2}(X_1 \mid X_2 = X_0)$ 之 3D 立體圖

例 4 標準化

續例 3，X 爲四種日報酬率資料矩陣，我們可以將 X「標準化」，即：

```
df1 = X/X.std() - X.mean()/X.std()
df1.mean()
df1.std()
np.round(np.corrcoef(df1,rowvar=0),4)
# array([[1.    , 0.5019, 0.4325, 0.427 ],
#        [0.5019, 1.    , 0.7113, 0.5721],
#        [0.4325, 0.7113, 1.    , 0.5652],
#        [0.427 , 0.5721, 0.5652, 1.    ]])
np.round(np.cov(df1,rowvar=0),4)
# array([[1.    , 0.5019, 0.4325, 0.427 ],
#        [0.5019, 1.    , 0.7113, 0.5721],
#        [0.4325, 0.7113, 1.    , 0.5652],
#        [0.427 , 0.5721, 0.5652, 1.    ]])
```

讀者可檢視上述經過標準化後之 X 的平均數與標準差是否皆是 0 與 1。我們可看出經過標準化後之 X 的共變異數矩陣與相關係數矩陣竟然完全相同。

例 5 MLE

續例 4，由於標準化後之 X 的平均數與標準差皆是 0 與 1，故若假定 X 屬於多變量常態分配而欲使用 MLE 估計其內之參數，我們可以省去平均數與標準差參數的估計，即我們只要估計 X 內不同變數之間的相關係數即可（因 X 內之共變異數矩陣與相關係數矩陣完全相同）。是故，可試下列指令：

```
def mlogx(b):
    xbar = df1.mean()
    L = np.array([[1,0,0,0,b[0],1,0,0,b[1],b[2],1,0,b[3],
                   b[4],b[5],1]]).reshape(4,4)
    Sbar = L.dot(L.T)
    return -np.mean(mvn.logpdf(df1,mean=xbar,cov=Sbar))
```

```
b0 = [0.5019,0.4325,0.7113,0.427,0.5721,0.5652]
model1 = minimize(mlogx,b0,method="BFGS")
```

其中 df1 表示經過標準化後之 X。我們可以利用下三角矩陣 L 的觀念（第 3 章），將相關係數矩陣或共變異數矩陣轉成 LL^T；換言之，利用 X 內不同變數之間的樣本相關係數爲期初值（即 b0），以及延續之前 MLE 的估計方法可得 model1 的結果。上述 model1 的結果可爲：

```
b = model1.x
L = np.array([[1,0,0,0,b[0],1,0,0,b[1],b[2],1,0,b[3],b[4],b[5],1]]).reshape(4,4)
np.round(L.dot(L.T),4)
# array([[1.    , 0.5019, 0.4325, 0.427 ],
#        [0.5019, 1.2519, 0.8777, 0.6926],
#        [0.4325, 0.8777, 1.6235, 0.797 ],
#        [0.427 , 0.6926, 0.797 , 1.4989]])
Hess_invp1 = model1.hess_inv/len(df1)
se1 = np.sqrt(Hess_invp1[0,0]) # 0.0336440420002943
```

讀者可檢視其餘的結果並進一步檢定 MLE 的估計參數之顯著性。

例 6 CDF 與分位數

模組（scipy）內的 mvn 指令只能計算「累積機率」，但是卻無法計算對應的分位數，試下列指令：

```
xa = [-1,-1,-1,-1]
Cor = df1.corr()
FC = mvn(mean=[0,0,0,0], cov=Cor)
P = FC.cdf(xa) # 0.02432439477253416
norm.ppf(0.05,0,1) # -1.6448536269514729
FC.ppf(P)
# AttributeError: 'multivariate_normal_frozen' object has no attribute 'ppf'
```

換言之，利用前述之標準化後 4 檔股票日報酬率資料，若「上限值與下限值各皆爲 –1 與負無窮大」，則對應的累積機率（CDF）約爲 0.0243；可惜的是，我們無法利用上述機率反推出對應的分位數。還好，透過 R 語言的程式套件（mvtnorm）內的指令如 qmvnorm(.) 支援，可以參考所附的 ch4.R 檔案；不過，爲取得一致結果，上述上下限內之元素值須皆相同。

習題

(1) 其實我們亦可以利用第 3 章內的 $\mathbf{M}^0$（自乘不變矩陣）將例 4 內之 X「標準化」，應如何做？
(2) 利用例 4 內的 X，假定後者屬於多變量之常態分配且利用 X 之樣本平均數與樣本共變異數矩陣爲多變量常態分配之參數，試計算小於 $\mathbf{x} = [0 \quad 2 \quad 2 \quad 0]$ 之機率。
(3) 續上題，若將 $\mathbf{x} = [0 \quad 2 \quad 2 \quad 0]$ 標準化呢？
(4) 我們有何方式可以模擬出具有相關的常態分配觀察值？試解釋之。
(5) 例 4 內的 X 之樣本共變異數矩陣與樣本平均數模擬出 500 個觀察值，並計算對應的樣本相關係數矩陣。
(6) 續上題，令模擬的第 1 與 2 個變數觀察值分別爲 y 與 x，試繪製出 y 與 x 的散布圖。
(7) 續題 (5)，若使用下三角矩陣的觀念模擬呢？

4.3 多變量 t 分配

本節分成二部分介紹：其一是說明模組（scipy）內多變量 t 分配指令的特色，另一則檢視一些應用。

4.3.1 多變量 t 分配的特色

本節將介紹多變量 t 分配的特色。根據模組（scipy），多變量 t 分配的 PDF 可寫成：

$$f(\mathbf{x}) = \frac{\Gamma(\nu + p)/2}{\Gamma\left(\frac{\nu}{2}\right)\nu^{p/2}\pi^{p/2}}\left[1 + \frac{1}{\nu}(\mathbf{x} - \boldsymbol{\mu})^T \boldsymbol{\Sigma}^{-1}(\mathbf{x} - \boldsymbol{\mu})\right]^{-(\nu + p)/2} \tag{4-13}$$

其中 ρ、v、$\boldsymbol{\mu}$ 與 $\boldsymbol{\Sigma}$ 分別表示 $\mathbf{x}$ 之維度、自由度、平均數向量與尺度矩陣，即最後二者分別為向量與矩陣。

我們先看看如何使用模組（scipy）內的指令：

```
from scipy.stats import multivariate_t as mvt
n = 10000;df = 3
S = np.array([[2.1, 0.3], [0.3, 1.5]])
Sigma = S.dot(S.T)
Sigma
# array([[4.5 , 1.08],
#        [1.08, 2.34]])
mt = mvt([0.1, 0.2], Sigma, df=df)
```

即多變量 t 分配的 PDF 如（4-13）式內有 $\boldsymbol{\mu}$、$\boldsymbol{\Sigma}$ 與 v 三個參數；換言之，若要使用上述 mvt，必須事先準備上述三個參數，其中自由度用 df 表示；換言之，上述 mvt 的使用類似於 2.2.2 節內複雜的單變量 t 分配。例如：根據上述已知條件，若欲抽取多變量 t 分配的觀察值可使用下列指令：

```
np.random.seed(1234)
X = mt.rvs(size=n)
X.shape # (1000, 2)
```

因此，上述 X 內有二個變數各 1,000 個觀察值資料。接著，我們計算 X 的共變異數矩陣為：

```
V = np.cov(X,rowvar=0)
V
# array([[13.36991216,  2.49650647],
#        [ 2.49650647 ,  6.98687409]])
```

顯然上述共變異數矩陣 V 並不等於尺度矩陣 Sigma；因此，值得注意的是，（4-13）式內的 $\boldsymbol{\Sigma}$ 並不是多變量 t 分配的共變異數矩陣。

延續（2-17）式，尺度矩陣 $\boldsymbol{\Sigma}$ 與共變異數矩陣 $\mathbf{V}$ 之間的關係可寫成：

$$\mathbf{V} = \frac{\nu}{\nu - 2}\boldsymbol{\Sigma} \tag{4-14}$$

是故，延續上述例子與（4-14）式，可得：

```
V = (df/(df-2))*Sigma
V
# array([[13.5 ,  3.24],
#        [ 3.24,  7.02]])
```

是故，可將前述的 $\boldsymbol{\Sigma}$ 轉換成 **V**。我們利用下列的模擬「證明」（4-14）式，即：

```
Vhat = np.zeros([1000,2,2])
np.random.seed(5678)
for i in range(1000):
    mt = mvt([0.0, 0.0],Sigma,df=df)
    x = mt.rvs(size=n)
    Vhat[i,:,:] = np.cov(x,rowvar=0)
np.mean(Vhat[:,0,0]) # 13.53453563305887
np.mean(Vhat[:,0,1]) # 3.3465264996026294
np.mean(Vhat[:,1,1]) # 7.086090391493162
```

讀者應可發現上述 Vhat 接近於 V。

因此，我們進一步以自設函數的方式來表示（4-14）式，即：

```
# Sigma to V
def StV(V,df):
    return (df/(df-2))*V
# V to Sigma
def VtS(V,df):
    return (df-2)*V/df
```

我們試試上述函數的轉換：

```
rho = np.array([1,0.5,0.5,1]).reshape(2,2)
VtS(rho,df)
# array([[0.33333333, 0.16666667],
#        [0.16666667, 0.33333333]])
StV(VtS(rho,df),df)
# array([[1. , 0.5],
#        [0.5, 1. ]])
```

亦可驗證看看如：

```
rhohat = np.zeros([1000,2,2])
np.random.seed(5678)
for i in range(1000):
    V = VtS(rho,3)
    mt = mvt([0.0, 0.0],V,df=df)
    y = mt.rvs(size=n)
    rhohat[i,:,:] = np.corrcoef(y,rowvar=0)
np.mean(rhohat[:,0,0]) # 1.0
np.mean(rhohat[:,0,1]) # 0.4991551589200463
np.mean(rhohat[:,1,1]) # 1.0
```

我們舉一個例子說明。試下列指令：

```
ticker = ['0050.tw','0051.tw','0052.tw']
Three = yf.download(ticker,start='2000-1-1',end='2022-8-31')['Adj Close']
Xr = 100*np.log(Three/Three.shift(1)).dropna()
sXr = (Xr-Xr.mean())/Xr.std()
r1 = sXr.corr()
#            0050.TW    0051.TW    0052.TW
# 0050.TW    1.000000   0.633526   0.646049
# 0051.TW    0.633526   1.000000   0.577602
# 0052.TW    0.646049   0.577602   1.000000
```

我們下載臺灣之 3 檔 ETF 的調整後收盤價資料，轉換成「標準化」日報酬率資料後，再計算對應的相關係數矩陣。接著，將上述相關係數矩陣轉換成尺度矩陣如：

```
S1 = VtS(r1,df)
```

我們進一步抽出對應的觀察值如：

```
mt1 = mvt([0.0,0.0,0.0],S1,df=df)
np.random.seed(3423)
Y = pd.DataFrame(mt1.rvs(size=n),columns=Xr.columns)
Y.corr()
#            0050.TW     0051.TW     0052.TW
# 0050.TW    1.000000    0.649531    0.645772
# 0051.TW    0.649531    1.000000    0.562044
# 0052.TW    0.645772    0.562044    1.000000
```

檢視 Y 內之觀察值，其爲具有上述相關程度的 t 分配觀察值（自由度爲 3）；換言之，Y 內爲抽出之三種自由度爲 3 的 t 分配觀察值（個數皆爲 1,000），不過上述三種觀察值之間彼此有相關。例如：圖 4-12 繪製出 Y 內第一種觀察值的直方圖，而從圖內可看出上述直方圖接近於自由度爲 3 的 t 分配。

例 1 多變量 t 分配之 PDF

利用上述 3 檔臺灣之標準化後的日報酬率資料，我們可以取得對應的多變量 t 分配之 PDF 値爲：

```
mu = np.array([0,0,0])
Ft = mvt(loc=mu,shape=S1,df=df)
p = Ft.pdf(np.array([0,2,1])) # 0.0013777461617097391
```

即點 (0, 2, 1) 的 PDF 値約爲 0.0014。

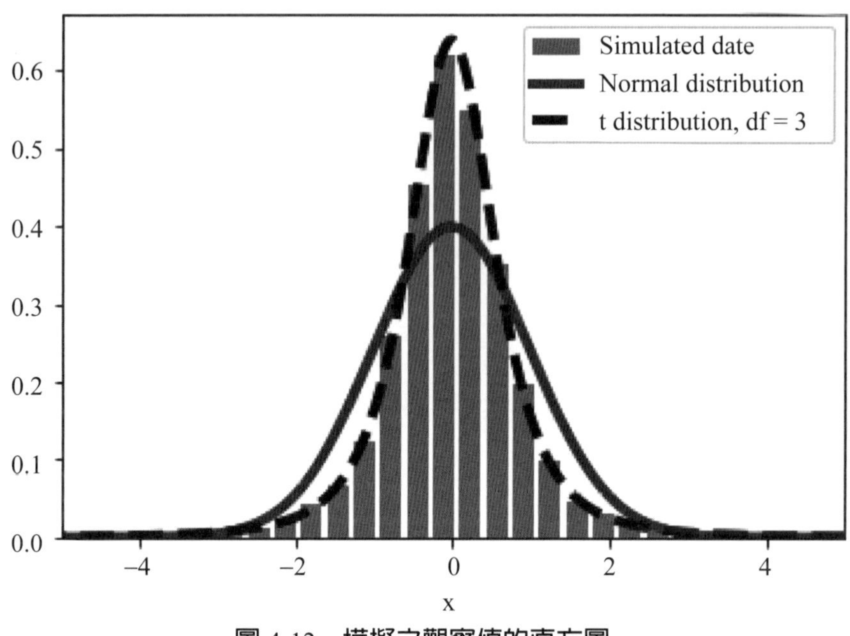

圖 4-12 模擬之觀察值的直方圖

例 2 3D 立體圖

利用前述下載之 “0050.TW”（元大台灣 50）與 “0051.TW”（元大中型 100）日報酬率資料（二者相關係數約為 0.65），圖 4-13 繪製出上述二者之雙變量 t 分配的 3D 立體圖，讀者可以參考所附檔案得知如何繪製該圖。

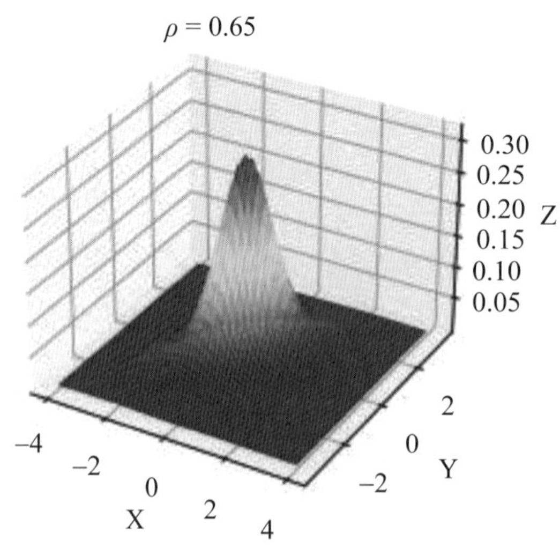

圖 4-13 雙變量 t 分配之 3D 立體圖

例 3 多變量 t 分配之 CDF 與分位數

模組（scipy.stats）內並無提供計算多變量 t 分配之 CDF 與分位數的指令，故仍使用 R 語言內的程式套件（mvtnorm）當作補充。例如：利用前述之 3 檔 ETF 資料可得下列資訊：

```
V3 = Xr.cov()
S3 = VtS(V3,df)
np.round(S3,4)
#              0050.TW      0051.TW      0052.TW
# 0050.TW       0.6510       0.4096       0.4984
# 0051.TW       0.4096       0.6422       0.4426
# 0052.TW       0.4984       0.4426       0.9143
np.round(Xr.mean(),4)
# 0050.TW       0.0163
# 0051.TW       0.0138
# 0052.TW       0.0251
# dtype: float64
```

假定欲計算：

$$\int_{-\infty}^{q}\int_{-\infty}^{q}\int_{-\infty}^{q} f(x,y,z)dxdydz$$

其中 $f(x,y,z)$ 爲上述 3 檔 ETF 日報酬率之 t 分配的 PDF。若 $q=-1$，可得上述積分值約爲 0.053。詳細計算過程可參考 ch4.R 檔案。

例 4 MLE

前述多變量 t 分配的自由度是隨意取的，此當然不合理。我們改用 MLE 取得上述自由度估計值；換言之，試下列指令：

```
Four = yf.download(['0050.tw','0057.tw','0061.tw','0056.tw'],
                   start='2000-1-1',end='2022-8-31')['Adj Close']
four = 100*np.log(Four/Four.shift(1)).dropna()
xbar = four.mean()
```

我們改下載臺灣之 4 檔 ETF 歷史資料。假定上述資料屬於多變量 t 分配，設平均對數概似函數爲：

```
def mlogxt(b):
    L = np.array([[1,0,0,0,b[0],1,0,0,b[1],b[2],1,0,b[3],
                   b[4],b[5],1]]).reshape(4,4)
    Sbar = L.dot(L.T)
    return -np.mean(mvt.logpdf(four,loc=xbar,shape=Sbar,df=b[6]))
```

接著，使用「極小化」步驟：

```
b0 = [0.73,0.82,0.65,0.45,0.39,0.44,3]
model1 = minimize(mlogxt,b0,method="BFGS")
```

其中期初值 b0 係參考 four 之相關係數矩陣內之元素以及仍假定 df 之期初值爲 3，讀者可檢視 model1 內的計算結果。我們發現：

```
b = model1.x
b[6] # 5.077776823090516
```

即自由度之估計值約爲 5.08。讀者可以檢視所附檔案，應可發現 model1 內的所有參數估計值皆顯著異於 0；另外，由於是取得估計尺度矩陣，故仍需轉換成估計的共變異數矩陣與相關係數矩陣。

例 5　下載台灣 50 與 100 成分股資料

檢視下列指令：

```
Tai50100 = pd.read_excel('C:\\all3\\FinComp\\ch4\\Tai50100.xlsx')
Tai50100.columns
```

即上述檔案含有台灣 50 與 100 成分股的一些資料，讀者可以檢視看看。透過 Yahoo，我們下載上述成分股的歷史資料如：

```
W = Tai50100
names = [' 代碼 ',' 代碼 .1',' 代碼 .2',' 代碼 .3',' 代碼 .4']
nT,k = W.shape
Wa = []
for j in range(5):
    for i in range(nT):
        Wa.append(str(int(W[names[j]][i]))+'.TW')
len(Wa) # 130
names1 = ' 代碼 .5'
Wb = []
for i in range(15):
    Wb.append(str(int(W[names1][i]))+'.TW')
len(Wb) # 15
DatA = yf.download(Wa, start="2010-03-20", end="2022-07-31")
# 1 Failed download:
# - 2823.TW: No data found, symbol may be delisted
DatB = yf.download(Wb, start="2010-03-20", end="2022-07-31")
DA = DatA['Adj Close']
DB = DatB['Adj Close']
DAB = pd.concat([DA,DB],axis=1)
DAB.shape # (3035, 144)
del DAB['2823.TW']
DAB.to_excel('C:\\all3\\FinComp\\ch4\\Tai50100AC1.xlsx')
del DAB['3714.TW']
DABr = 100*np.log(DAB/DAB.shift(1)).dropna()
DABr.shape # (921, 143)
DABr.to_excel('C:\\all3\\FinComp\\ch4\\Tai50100ACr.xlsx')
```

讀者可以思考如何取得上述 DABr 資料。

4.3.2 一些應用

本章檢視多變量常態分配與多變量 t 分配，二者的差異可以分述如下：

(1) 多變量常態分配內有平均數向量與共變異數矩陣二個參數，而上述二種參數竟與圖 1-10 或圖 3-3 內的「效率前緣線」的繪製吻合；換言之，第 9 章會介紹的馬可維茲資產組合理論（Markowitz portfolio theory）背後就是建立在多變量常態分配的假定上。或者說，投資人的偏好是取決於預期報酬與預期風險二個因子，而上述二因子可以用多變量常態分配內的平均數向量與共變異數矩陣二個參數取代。

(2) 多變量 t 分配內除了有平均數向量與共變異數矩陣二種參數外，尚多了自由度參數，因此若資產組合理論有考慮多變量 t 分配，豈不是隱含著上述「效率前緣線」的繪製背後假定自由度固定嗎？換言之，若自由度改變，圖 1-10 或圖 3-3 內的「效率前緣線」亦會隨之改變！

(3) 我們已經知道自由度愈小，t 分配與常態分配之間的差距愈大，即前者愈容易出現極端值。

(4) 現在有 COVID-19 疫情、烏俄戰爭、旱災或通貨膨脹等衝擊[10]，我們認爲現在估計多變量 t 分配所得到的自由度會較大呢？抑或是較小？還是一成不變？

換句話說，多變量 t 分配比多變量常態分配多了一個「自由度」參數，提醒我們應多注意。我們來驗證看看。

延續 4.3.1 節的例 4。首先，爲了計算方便起見，我們更改 model1 內的期初值，即：

```
b1 = [0.1,0.1,0.1,0.1,0.1,0.1,3]
model2 = minimize(mlogxt,b1,method="BFGS")
model2.x[6] # 5.078536262082303
```

應可發現自由度估計值差距不大，此隱含著以 MLE 方法估計多變量 t 分配內的參數值，使用不同期初值，其估計結果其實差距不大。我們將 4.3.1 節的例 4 內的 Four 檔案稱爲 Portfolio 1。接著，我們分別下載下列檔案：

```
Stocks = yf.download(["TSLA",'AAPL','GOOGL','TSM'],
                     start="2000-01-01", end="2022-08-31")['Adj Close']
Sr = 100*np.log(Stocks/Stocks.shift(1)).dropna()
```

[10] 筆者此時的時間爲 2022/09/10。

```
Sr.shape # (3064, 4)
Stocks1 = yf.download(["2330.tw",'2881.tw','1301.tw','2002.tw'],
                    start="2000-01-01", end="2022-08-31")['Adj Close']
Sr1 = 100*np.log(Stocks1/Stocks1.shift(1)).dropna()
Sr1.shape # (5069, 4)
```

而將 Stocks 與 Stocks1 檔案分別稱爲 Portfolio 2 與 Portfolio 3。

再試下列指令：

```
xbar1 = Sr.mean()
def mlogxta(b):
    L = np.array([[1,0,0,0,b[0],1,0,0,b[1],b[2],1,0,b[3],
                    b[4],b[5],1]]).reshape(4,4)
    Sbar = L.dot(L.T)
    return -np.mean(mvt.logpdf(Sr,loc=xbarl,shape=Sbar,df=b[6]))
b0 = [0.73,0.82,0.65,0.45,0.39,0.44,3]
model3 = minimize(mlogxta,b0,method="BFGS")
model3.x[6] # 2.0329611336304048
b1 = [0.1,0.1,0.1,0.1,0.1,0.1,3]
model4 = minimize(mlogxta,b1,method="BFGS")
model4.x[6] # 2.0329596635212197
```

即於 Portfolio 2 內亦使用不同期初值估計，所得到的自由度估計值皆約爲 2.33；換言之，於所有的樣本期間內，Portfolio 1～3 皆以多變量 t 分配模型化並且使用 MLE，上述三者之自由度估計值分別約爲 5.08、2.03 與 3.12，其中後者可參考所附檔案。上述估計值也許可以稱爲「長期之估計自由度」。我們發現 Portfolio 2 的長期自由度估計值最低，而 Portfolio 1 的長期自由度估計值最高。

我們使用二種方式檢視上述自由度估計值是否穩定，其中第一種方法是使用不同樣本期間估計，即從樣本期間的最後一日往前推 m 個交易日估計，然後再逐一向前增加一個交易日，重新再估計一次，依此類推[11]；第二種方法則是使用滾動的方

[11] 例如：Portfolio 1 的所選取的估計樣本期間分別爲 2022/8/30～2020/8/14、2022/8/30～2020/8/13、…。依此類推。

式估計。顯然上述第一種方法的目的在於檢視 COVID-19 等因素對於自由度估計值的影響，而第二種方法類似於「移動平均」等概念。圖 4-14 與 4-15 分別繪製出上述第一種與第二種估計結果。就 Portfolio 1～3 而言，我們發現上述估計結果竟然不同，可以分述如下：

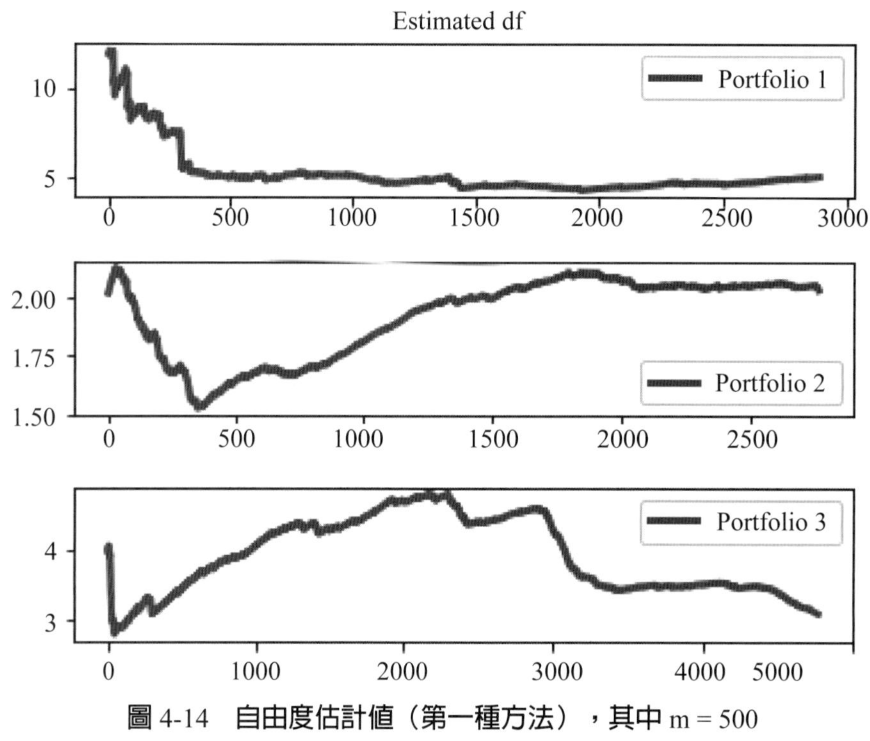

圖 4-14　**自由度估計值（第一種方法），其中** m = 500

(1) 從圖 4-15 內可看出「短期」自由度估計值並非固定不變。

(2) 若「現在」仍受到 COVID-19 等因素的影響，我們發現 Portfolio 1 與 2 的自由度估計值竟然受到 COVID-19 等因素的影響；換言之，愈包括 COVID-19 等影響期間，自由度估計值反而愈高；至於 Portfolio 3 的自由度估計值則較不受 COVID-19 等因素的影響。

(3) 有意思的是，我們發現於某段期間內 Portfolio 2 與 3 的自由度估計值竟然小於 2，根據（4-14）式，此時多變量 t 分配不存在對應的變異數；換言之，我們有可能估計出自由度小於 2 的多變量 t 分配，不過此時上述多變量 t 分配不存在對應的變異數。

(4) 我們已經知道財金報酬率資料較適合用 t 分配模型化，而從圖 4-15 內亦可看出所選取的 m 值愈大，自由度的估計值愈平穩，隱含著資產組合所選取的樣本期

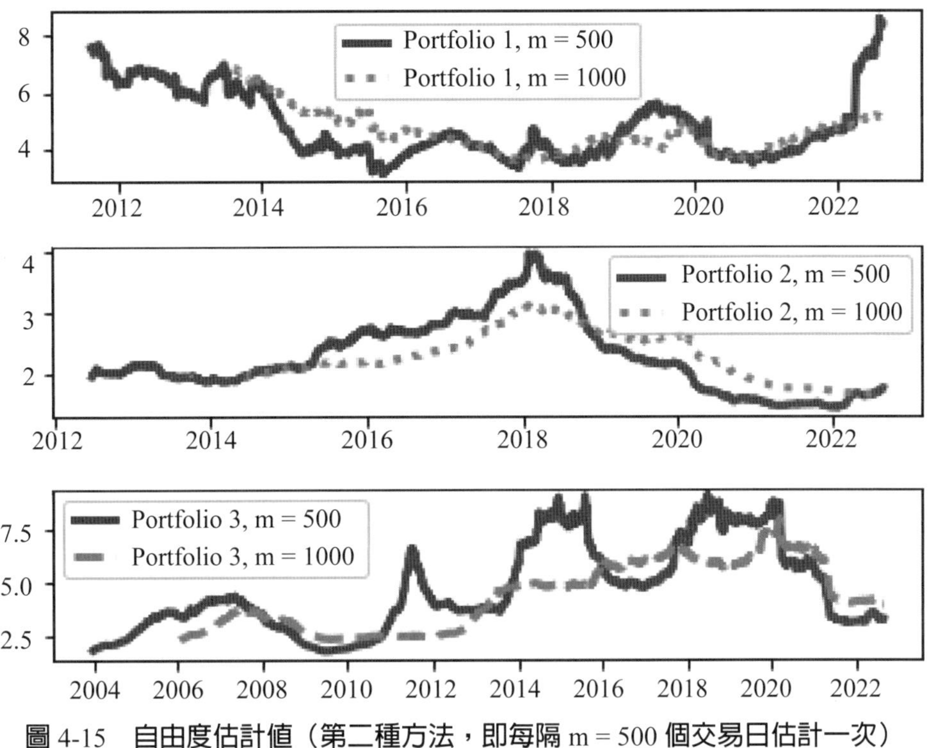

圖 4-15　自由度估計值（第二種方法，即每隔 m = 500 個交易日估計一次）

間應愈長，才能較「安定」；或者說，資產組合所選取的樣本期間愈短，「效率前緣線」的變化較大。也許，透過多變量 t 分配，我們可以知道上述變化是因不同自由度所造成的。例如：圖 4-16 與 4-17 分別利用 Portfolio 1 繪製出不同期間的「效率前緣線」，而圖內之 All periods、Period 1 與 Period n 所對應的自由度估計值分別約爲 5.08、7.53 與 8.32。或者就是不同自由度才造成圖 4-16 與 4-17 內的「效率前緣線」差異。

例 1　ETF 之報酬率是否屬於 t 分配？

ETF 之報酬率是否屬於 t 分配？以前述 Portfolio 1 內的 0050.TW 與 0056.TW 日報酬率資料爲例，圖 4-18 分別繪製出上述 2 檔 ETF 日報酬率資料的直方圖，我們可看出上述 2 檔絕非屬於常態分配，反而接近於 t 分配。讀者可進一步估計對應的 t 分配的自由度，因上述二圖是用「目測」的方式找出自由度。

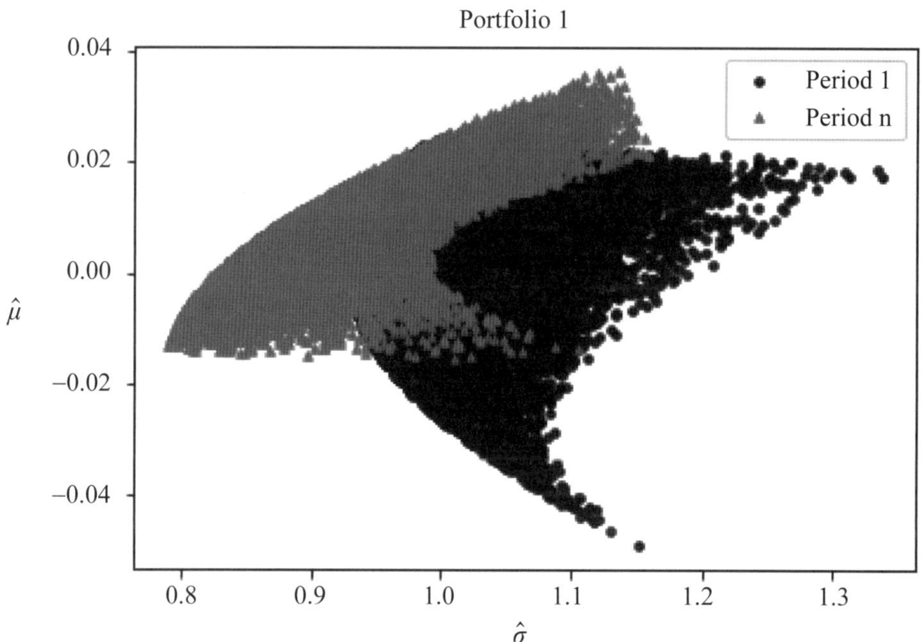

圖 4-16　Portfolio 1 所計算的效率前緣線，其中 Period 1 與 Period n 分別表示 2009/8/5～2011/8/8 與 2020/8/14～2022/8/30 期間

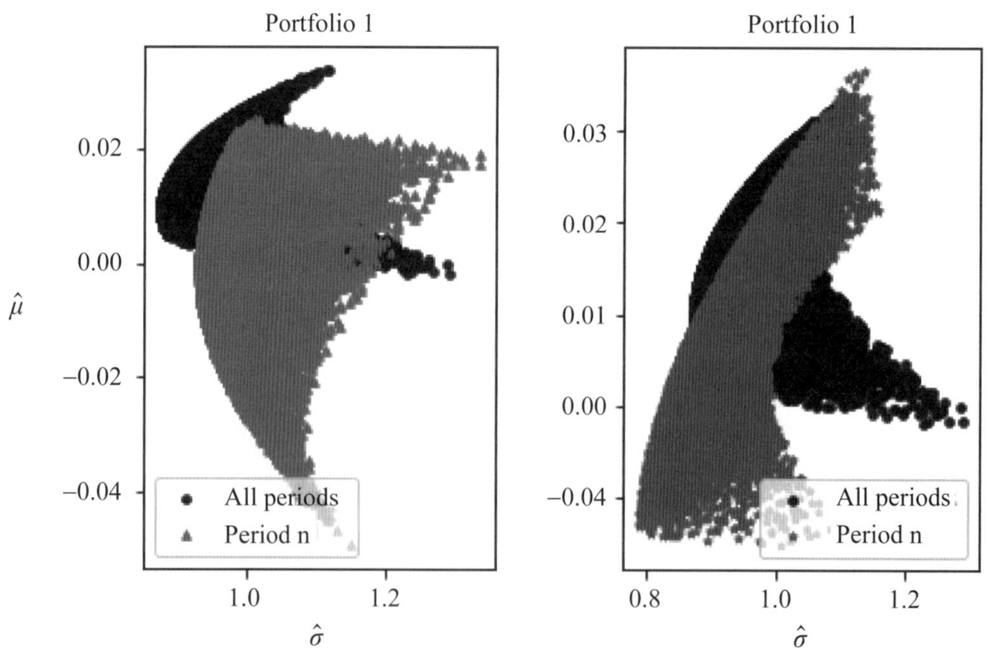

圖 4-17　延續圖 4-16，其中 All periods 是指 2009/8/5～2022/8/30 期間

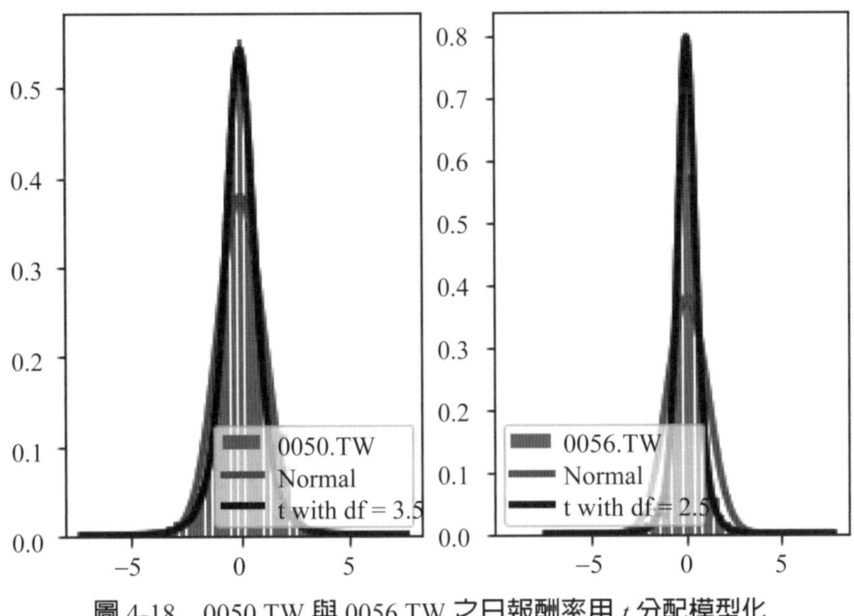

圖 4-18　0050.TW 與 0056.TW 之日報酬率用 t 分配模型化

例 2　Portfolio 1 的報酬率是否屬於 t 分配？

因 Portfolio 1 是由不同的 ETF 所構成，若使用的權數皆介於 0 與 1 之間，如圖 4-16 或 4-17 內所示，則對應的資產組合的報酬率是否屬於 t 分配？爲了回答上述問題，我們考慮二種權數[12]所構成的資產組合，圖 4-19 分別繪製出上述資產組合日報酬率的直方圖，我們發現上述直方圖仍接近於 t 分配。

例 3　Portfolio 1 與 2 的資產組合

首先檢視圖 4-20，可以發現相對於 Portfolio 2 的「效率前緣線」而言，Portfolio 1 的「效率前緣線」顯示出不僅預期報酬較低，同時預期風險也較低，那是否有可能將上述二者「再組合」呢？當然，Portfolio 1 與 2 的樣本期間未必一致，我們可以透過下列指令取得一致的樣本期間，即：

```
X = pd.concat([four,Sr],axis=1,join='inner')
X1 = X[four.columns]
X2 = X[Sr.columns]
```

[12] 例如：權數 1 分別爲 0.0940、0.3054、0.2149 與 0.3856，另外權數 2 分別爲 0.4070、0.0592、0.2632 與 0.2706。

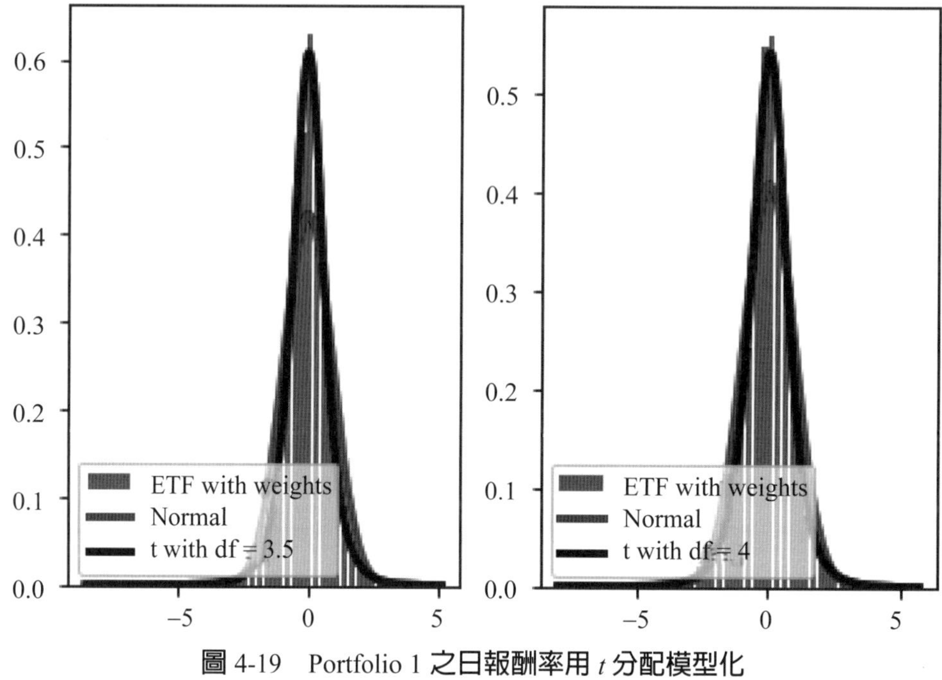

圖 4-19　Portfolio 1 之日報酬率用 t 分配模型化

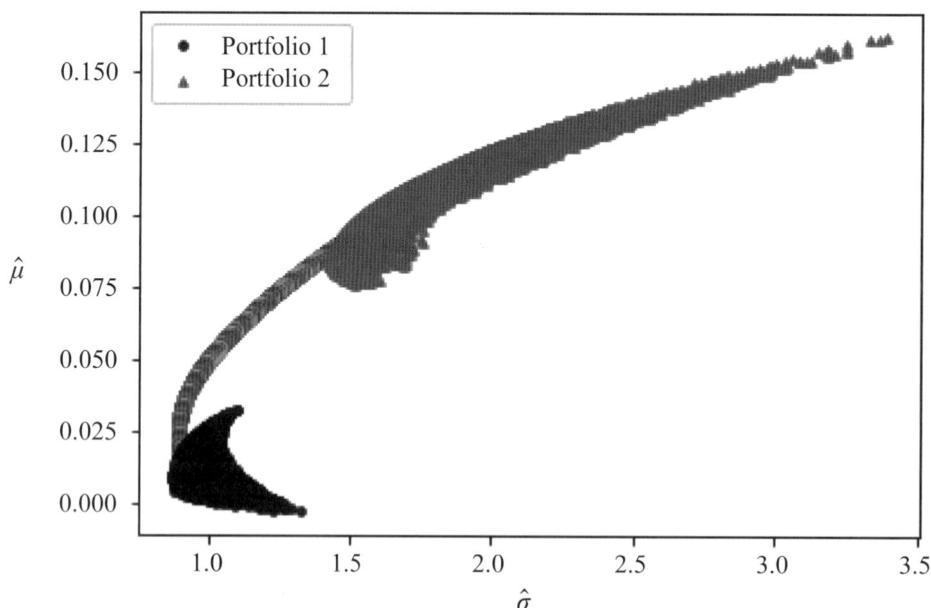

圖 4-20　Portfolio 1 與 Portfolio 2 的資產組合的效率前緣線

換言之，Portfolio 1 與 2 已改用 X1 與 X2 表示。令 $0 \leq w_a \leq 1$，並且分別以 w_a 與 $1 - w_a$ 爲 X1 與 X2 的權數，圖 4-20 繪製出其中一種結果。讀者可以檢視看看。

例 4 **續例 3**

續例 3，圖 4-20 只繪製出 Portfolio 1 與 Portfolio 2 的資產組合的其中一種結果，若相同的步驟重複 N 次呢？圖 4-21 繪製出 N = 10,000 的結果，可發現圖內幾乎已將 Portfolio 1 與 Portfolio 2 的「效率前緣線」淪爲一體了。圖 4-21 的 Python 指令可爲：

```
N = 10000
nT = len(X1a)
wa = np.arange(0,1,0.001)
XN = np.zeros([N,len(wa),2])
for j in range(N):
    X1a = np.sum(weights(4)*X1,axis=1)
    X2a = np.sum(weights(4)*X2,axis=1)
    # X12 = np.zeros([nT,len(wa)])
  for i in range(len(wa)):
    X12 = wa[i]*X1a+(1-wa[i])*X2a
    XN[j,i,0] = np.std(X12)
    XN[j,i,1] = np.mean(X12)
```

即 XN 是一個具有 3 維度的陣列（array）（《資處》），讀者可檢視看看。

習題

(1) 於所有的樣本期間內，試分別繪製出 Portfolio 1～3 的「效率前緣線」。
(2) 試分別繪製出 Portfolio 2 的前 500 與最後 500 個交易日的「效率前緣線」。
(3) 試分別繪製出 Portfolio 3 的前 500 與最後 500 個交易日的「效率前緣線」。
(4) 何謂多變量 t 分配？試解釋之。
(5) 我們如何從多變量 t 分配抽取觀察值？

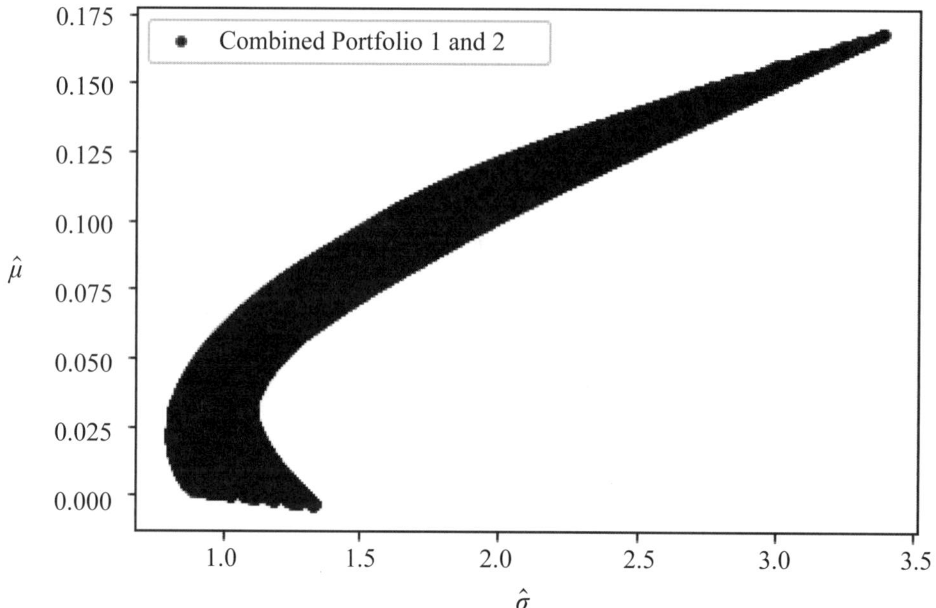

圖 4-21　Portfolio 1 與 Portfolio 2 的資產組合的效率前緣線

Chapter 5

時間序列模型

前面章節我們使用 MLE 估計 IID 之常態分配的平均數與變異數的過程，其實已幫我們揭開資產報酬模型（asset return models）的「面紗」；或者說，一種最簡單或最原始的資產報酬模型可稱爲「固定預期報酬（constant expected return, CER）」模型。於 CER 模型下，不僅資產報酬率屬於 IID 之平均數與變異數皆固定的常態分配，而且不同資產報酬率之間雖有相關但是卻與時間無關；因此，說穿了，CER 模型只不過是假定多種資產報酬率屬於參數值皆固定的多變量常態分配而已。CER 模型竟然於財務的應用上，層面頗廣[①]。

於底下或較深入的書籍內[②]，我們可看出由 CER 模型所衍生的如何模型化資產報酬率的方法[③]，其實就是時間序列模型。有意義的是，CER 模型可視爲長期模型，而上述時間序列模型，其實就是一個短期模型。

5.1 隨機過程

如前所述，我們可以按照時間的排序如日、週、月、季或甚至於年檢視所觀察到的資料，該資料就稱爲時間序列資料；不過，若根據「隨機變數」與「實際觀察

① 例如：如風險值（Value at Risk, VaR）計算等之風險分析、Markowitz（1952）的「平均數－變異數之資產組合分析（mean-variance portfolio analysis）」、Sharpe（1964）的「資本資產定價模型（Capital Asset Pricing Model, CAPM）」或是 Black 與 Scholes（1973）的選擇權定價模型等竟皆假定 CER 模型。

② 如《財統》或《財時》等書。

③ 即資產報酬率的模型化可包括「平均數方程式」與「變異數方程式」二類。

值」之間的關係，時間序列資料若用隨機變數表示，則稱爲隨機過程。換言之，簡單地說，Y_t 是一種隨機過程，其中 Y_t 是一種隨機變數而下標 t 則表示時間，即時間序列資料可用 Y_t 之觀察值 $y_0, y_1, \cdots, y_t$ 表示。

爲了顯示 Y_t 的特徵或估計 Y_t 的「參數」④，通常我們會計算 Y_t 之實現值的基本敘述統計量如 $\bar{y}$ 或 $s_Y(y)$（標準差）等；不過，使用上述基本敘述統計量應特別注意。例如：檢視圖 5-1 的結果。想像 Y_2 尙未轉成 y_2 之前，後者其實有多種可能，即 Y_2 可用一個例如：常態機率分配 $N(\mu_2, \sigma_2^2)$ 表示；是故，若欲檢視 $y_{t+1}, y_{t+2}, \cdots, y_{t+n}$ 期間，豈不是隱含著存在共有 $2n$ 個未知參數（即 μ_t 與 σ_t^2 各 n 個）需估計嗎？另一方面，其實每一時間點，我們只有一個觀察值 y_t 如圖 5-1 所示，那如何由單一個 y_t 分別估計對應的 μ_t 與 σ_t^2 呢？

因此，從事時間序列分析，首先面對的是有關於「恆定性或稱定態（stationarity）」的假定；或者說，資產價格與報酬率之間的關係，我們發現竟與時間序列分析內的恆定性與「非恆定性或非定態（non-stationarity）」的觀念有關。我們看看。

5.1.1 恆定性

直覺而言，例如：$\bar{y} = \frac{1}{n}\sum_{i=1}^{n} y_i$ 是欲估計 $\mu(y)$（寫成 $\bar{y} \to \mu(y)$），故就圖 5-1 而言，相當於 $y_1 \to \mu(y)$、$y_2 \to \mu(y)$ 或 $y_3 \to \mu(y)$ 等；因此，$\bar{y} \to \mu(y)$ 要能成立，必須是 y_t（$t = 1, \cdots, n$）有共同的 $\mu(y)$；同理，y_t 要有相同的 $\sigma^2(y)$，才能 $s(y) \to \sigma(y)$。另一方面，圖 5-2 分別繪製出 TWI 於 2020/1/2～2022/4/29 期間之日收盤價與日報酬率之時間走勢，我們發現只有後者方有可能符合上述的要求；或者說，檢視圖 5-2 的結果，我們竟然發現日收盤價之時間走勢偏向於時間序列內的「非恆定性」，而日報酬率之時間走勢卻較符合時間序列內的「恆定性」。究竟時間序列內的「非恆定性」與「恆定性」爲何？

弱恆定性

本書只檢視弱恆定性（weak stationarity）或稱爲共變異恆定性（covariance stationarity）；換言之，隨機過程 Y_t 若屬於弱恆定性，其必須滿足下列要求：

(1) $E(y_t) = \mu = \mu_0 < \infty$，其中 μ 與 t 無關或是 μ_0 是一個固定的數值。

(2) $\text{var}(y_t) = \sigma^2 = \sigma_0^2 < \infty$，其中 σ^2 與 t 無關或是 σ_0^2 是一個固定的數值。

---

④ 即假定 Y_t 可用一個機率分配表示。

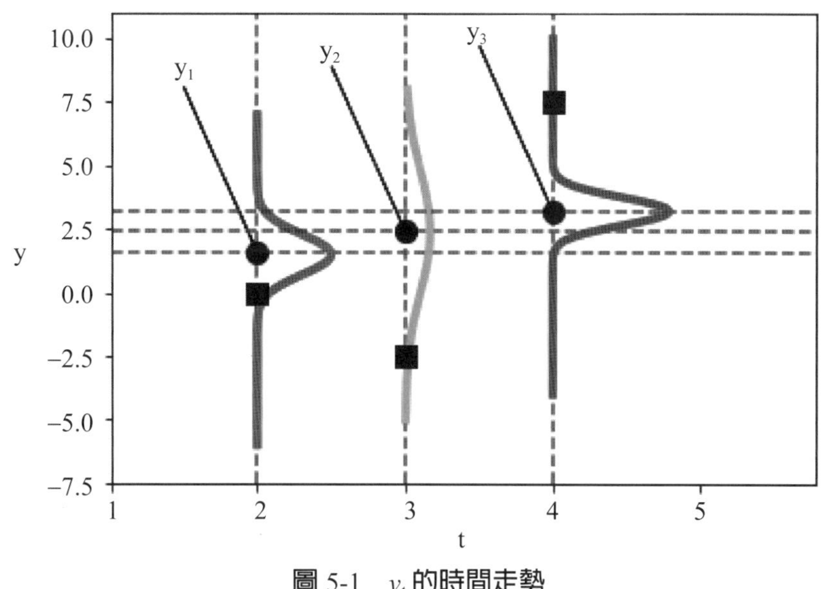

圖 5-1　y_t 的時間走勢

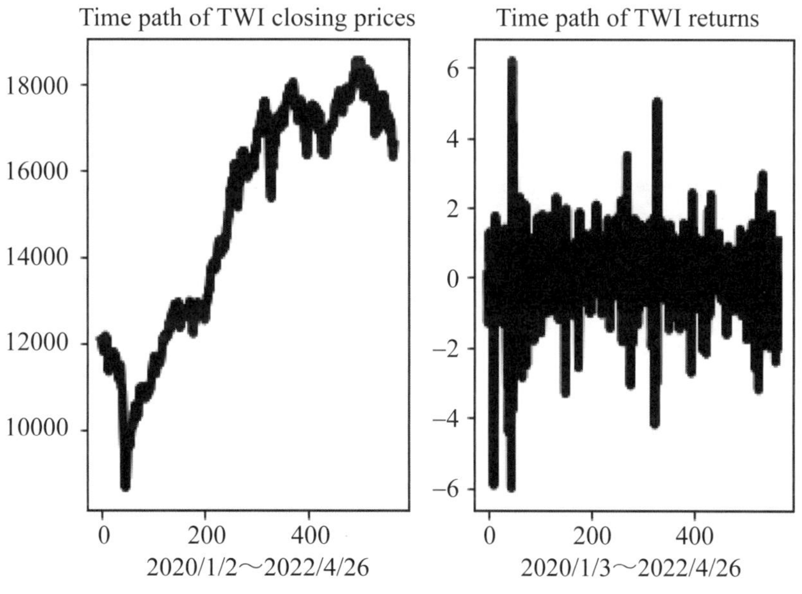

圖 5-2　TWI 之日收盤價與日報酬率的時間走勢

(3) $\cos(y_t, y_{t-j}) = \gamma_j < \infty$，其中 γ_j 只與 j 有關但是與 t 無關。

若上述 (1) 與 (2) 成立，(3) 可改成用相關係數表示，即：

(4) $-1 \leq \text{cor}(y_t, y_{t-j}) = \rho_j \leq 1$，其中 $\rho_j = \dfrac{\gamma_j}{\sigma_0^2}$ 與 t 無關。

是故，γ_j 是計算 y_t 與 y_{t-j} 之間的「線性依賴方向」而 ρ_j 卻不僅衡量上述「線性依賴方向」，同時亦計算線性依賴程度；因此，習慣上我們較常使用 ρ_j。由於本書只介紹弱恆定性，故本書所謂的恆定性指的就是弱恆定性。

從上述有關於恆定性的定義可看出 Y_t 屬於恆定隨機過程，不僅 Y_t 的平均數與變異數固定且相同，同時 Y_t 與 Y_{t-j} 的「線性相關結構」亦與時間無關。我們舉一個例子說明。最簡單的恆定隨機過程莫過於是白噪音過程（white noise process）[5]。例如：圖 5-3 分別繪製出 IID 之標準常態分配（以 *IID* z_t 表示）與 IID 之均等分配（uniform distribution）（以 *IID* u_t 表示）之觀察值走勢。顧名思義，*IID* z_t 或 u_t 屬於白噪音過程，不過由於 *IID* z_t 與 *IID* u_t 並無「線性相關結構」，故圖 5-3 內的走勢類似「鋸齒狀」走勢。有點意外的是，圖 5-2 內的 TWI 日報酬率之時間走勢竟有點類似白噪音過程，如圖 5-3 內的走勢；是故，TWI 日報酬率偏向於屬於恆定過程。

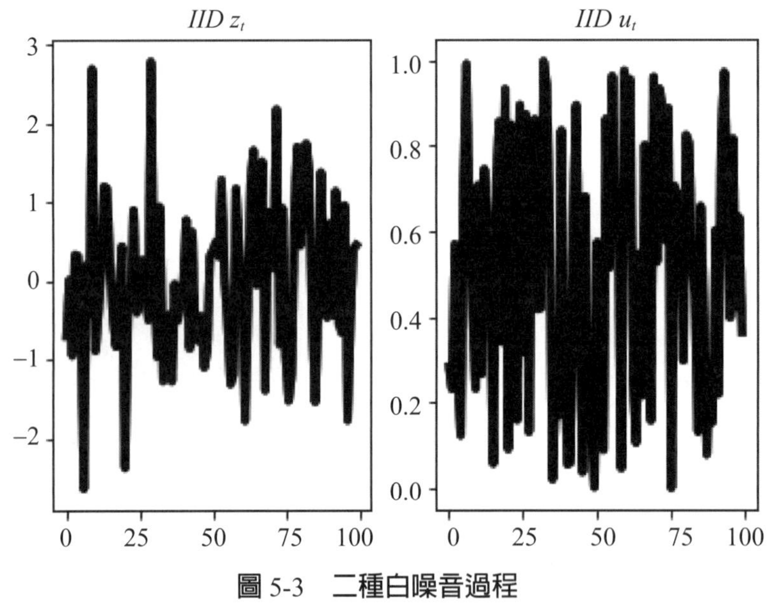

圖 5-3　二種白噪音過程

通常，我們使用估計的自我相關係數（autocorrelation coefficients, ACF）與偏自我相關係數（PACF）以估計一個隨機過程的實際線性結構[6]；換言之，根據圖 5-3

[5] x_t 屬於白噪音過程的條件爲 (i) $E(x_t) = 0$；(ii)$\text{var}(x_t) = \sigma_0^2$；(iii) $\rho_j = 0$，其中 σ_0^2 是一個常數以及 $j \neq 0$。

[6] ρ_j 是估計 y_t 與 y_{t-j} 之間的自我相關係數，故 ACF 就是相關係數的估計。PACF 是單純只

內的資料，圖 5-4 繪製出對應的估計的 ACF 與 PACF 走勢圖，我們可以看出 z_t 與 z_{t-j} 以及 u_t 與 u_{t-j} 的估計 ACF 與 PACF 竟皆與 0 無顯著的差異⑦。

圖 5-4 的結果是讓人印象深刻的，因爲它讓我們想檢視圖 5-2 內 TWI 之日收盤價與日報酬率資料的估計 ACF 與 PACF 走勢，而其結果則繪製如圖 5-5 所示。我們發現 TWI 之日報酬率資料的估計 ACF 與 PACF 結果的確非常類似白噪音過程走勢，但是根據 TWI 之日收盤價資料所得到的估計 ACF 與 PACF 結果，雖說前者與白噪音過程的結果類似，但是後者卻隱含著今日的收盤價與前日或甚至於過去的收盤價有關⑧。

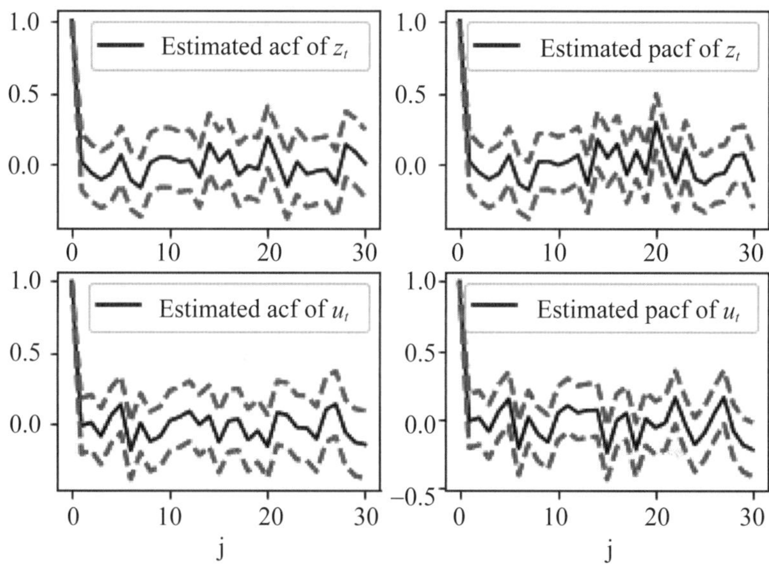

圖 5-4　IID z_t 與 u_t 之觀察値的估計 ACF **與** PACF

估計 y_t 與 y_{t-j} 之間的相關係數，即忽略 y_{t-s}（$s < j$）的影響。直覺而言，PACF 之估計有些類似自我迴歸模型，即 AR(p) 模型的參數估計。有關於 ACF 與 PACF 的定義或計算可參考《財統》或《財時》等書。

⑦ 讀者可以參考圖 5-4 所附的檔案，得知如何於 Python 內計算 ACF 與 PACF。圖內變數之落後期數 j 以及 95% 信賴區間係筆者自訂的，讀者可以更改試試；另外，Python 亦有提供「標準」繪製估計之 ACF 與 PACF 方式，可以參考習題。

⑧ 讀者可檢視 TWI 日收盤價資料的估計 ACF，可發現今日與昨日收盤價之間的估計 ACF 竟然高達 0.9985，但是今日與前日或之後的收盤價之間的估計 PACF 驟降至與 0 無顯著差異。

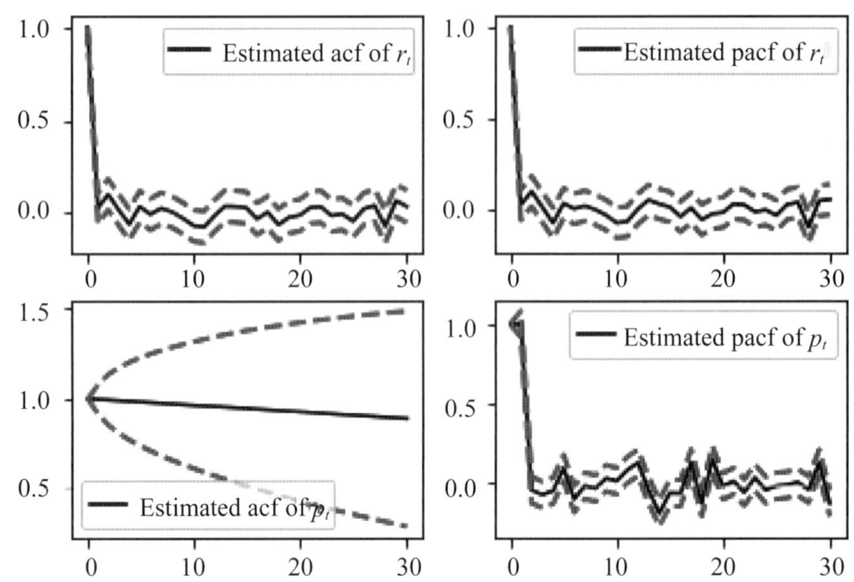

圖 5-5　TWI 日收盤價與日報酬率之觀察值的估計 ACF 與 PACF，其中 r_t 與 P_t 分別表示 TWI 日報酬率與 TWI 日收盤價

若檢視圖 5-5 內左下圖的 TWI 日收盤價資料的估計 ACF，可以發現不僅今日的收盤價與昨日或甚至於更過去的收盤價之間的估計 ACF 竟然皆接近於 1，同時所對應的 95% 信賴區間竟然隨落後期數（即 j）的擴大而變大，隱含著 TWI 日收盤價的變異數並非一個固定的數值，故 TWI 日收盤價並非屬於恆定的過程；換言之，TWI 之日報酬率與日收盤價資料之間的最大差異，居然表現在估計 ACF 之不同。或者說，TWI 日報酬率的估計 ACF 類似白噪音過程，有出現隨落後期數驟降的現象，但是 TWI 日收盤價的估計 ACF 卻出現於 1 處緩降的情況。因此，用估計 ACF 的結果來區分恆定過程與非恆定過程的差異，似乎是一種可行的方式。

上述檢視白噪音過程或 TWI 日報酬率之觀察值資料是有意義的，即例如：知道後者屬於恆定過程的實現值後，我們用 TWI 日報酬率之樣本平均數或變異數估計對應的母體平均數或變異數就有意義了；換句話說，若觀察值資料屬於非恆定過程，隱含著母體平均數或變異數會隨時間改變，那用樣本平均數或變異數去估計就無意義了。

例 1　美元兌新臺幣匯率

至央行下載 1990/1～2022/4 期間美元兌新臺幣月匯率資料並將其轉換成月變動率資料。圖 5-6 分別繪製出美元兌新臺幣月匯率與月匯率變動率資料的估計 ACF

與 PACF，我們發現圖 5-5 與 5-6 的結果竟然非常類似，即外匯與股票皆屬於資產，其價格走勢其實非常類似。是故，從圖 5-5 與 5-6 的結果可看出我們大致可將隨機過程分成「恆定的過程」與「非恆定的過程」二類，其中資產價格屬於後者而資產價格之報酬率（或變動率）則屬於前者。

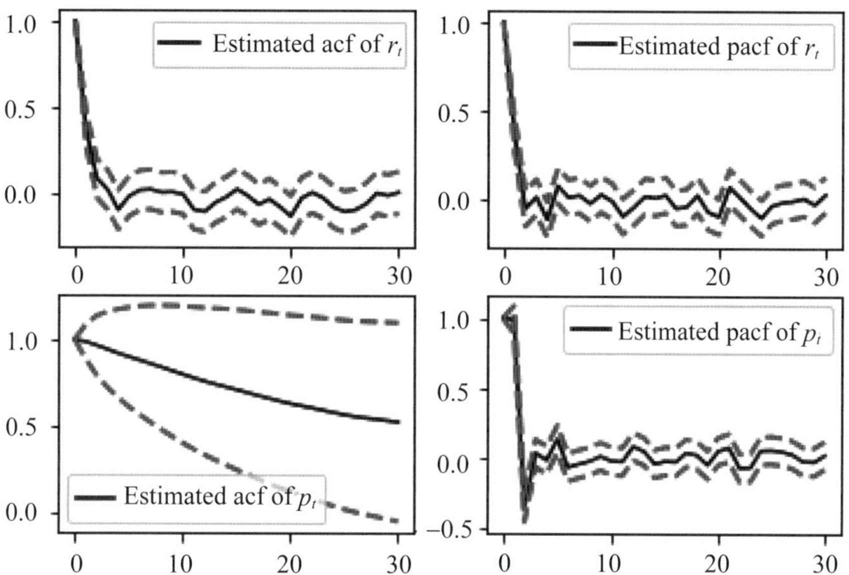

圖 5-6　美元兌新臺幣月匯率與月匯率變動率之觀察值的估計 ACF 與 PACF，其中 r_t 與 P_t 分別表示美元兌新臺幣月匯率變動率與美元兌新臺幣月匯率

例 2　原油價格

至 FRED[9]下載 1986/1～2022/5 期間西德州中級原油（West Texas Intermediate, WTI）月價格資料並將其轉換成月價格變動率資料。圖 5-7 分別繪製出 WTI 月價格資料與對應之月價格變動率資料的估計 ACF 與 PACF，我們發現該圖與圖 5-5 與 5-6 的結果非常類似，即原油價格、美元兌新臺幣匯率與 TWI 收盤價資料似乎可以歸屬於相同性質的一類。

[9] Crude Oil Prices: West Texas Intermediate (WTI) - Cushing, Oklahoma (MCOILWTICO) | FRED | St. Louis Fed (stlouisfed.org).

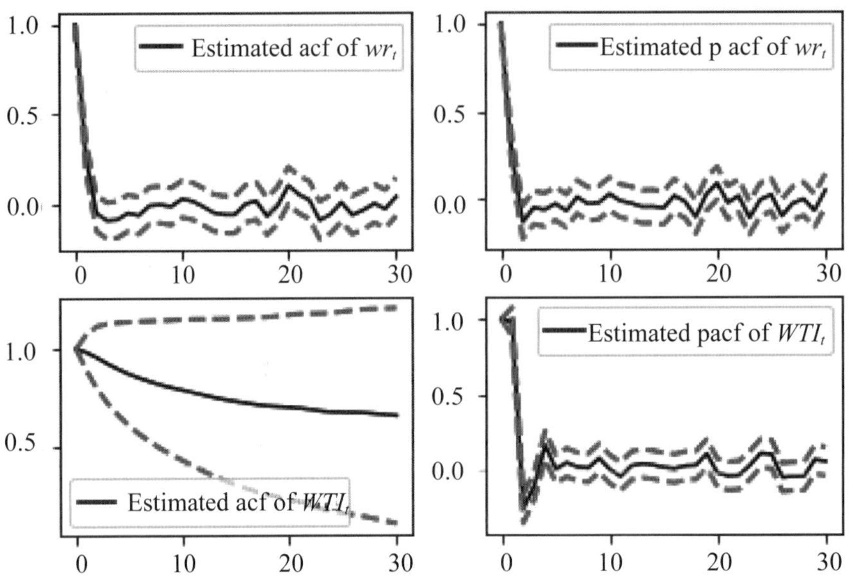

圖 5-7 月原油價格與月原油價格變動率之觀察值的估計 ACF 與 PACF，其中 wr_t 表示月原油價格變動率而 WTI_t 表示月原油價格

例 3 CPI 與通貨膨脹率

至主計總處下載 1959/1～2020/5 之 CPI 月資料並將其轉換成（年）通貨膨脹率資料。圖 5-8 分別繪製出 CPI 與通貨膨脹率資料之估計的 ACF 與 PACF，我們檢視通貨膨脹率資料之估計 ACF 結果（圖 5-8 之左上圖），可以發現上述通貨膨脹率資料之估計 ACF 隨落後期遞減的速度亦非常緩慢，故似乎可將通貨膨脹率與上述 TWI 日收盤價、美元兌新臺幣月匯率以及 WTI 月原油價格等劃分成屬於相同性質的一類；不過，若是如此，那 CPI 資料呢？畢竟通貨膨脹率資料是經過 CPI 資料轉換而來；換言之，CPI 資料與 TWI 日收盤價資料有可能並不屬於相同的一類！

例 4 自我迴歸模型

除了上述可以用估計的 ACF 結果判斷所檢視的資料究竟屬於恆定的抑或是非恆定過程之外，我們亦可以使用自我迴歸模型（autoregression model, AR）判斷。最簡單的 AR 模型可寫成：

$$y_t = \beta_0 + \beta_1 y_{t-1} + \varepsilon_t \tag{5-1}$$

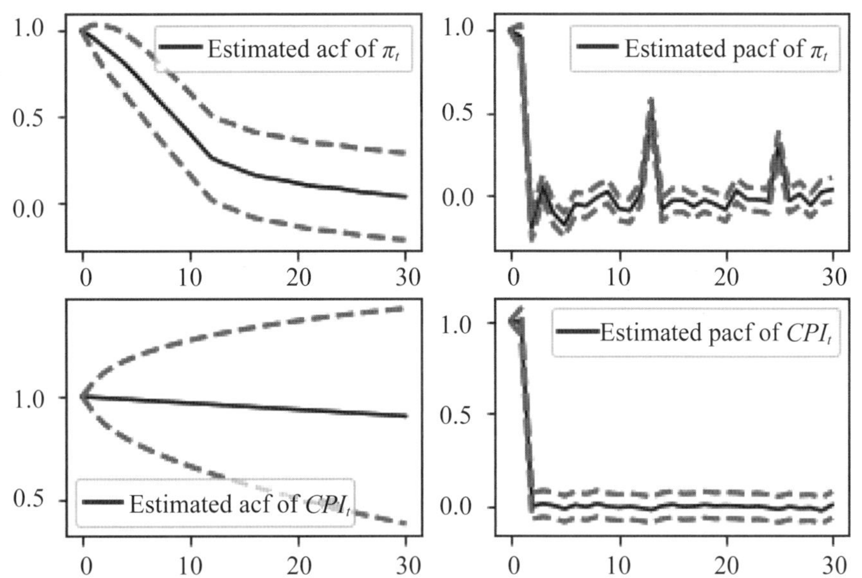

圖 5-8　CPI 與通貨膨脹率之觀察值的估計 ACF 與 PACF，其中 π_t 表示通貨膨脹率

（5-1）式可稱爲 AR(1) 模型。檢視（5-1）式，可看出該式其實只是一種簡單的線性迴歸模型，其中解釋變數爲落後 1 期的被解釋變數。因此，我們亦可以使用 OLS 估計（5-1）式。利用圖 5-2 內的 TWI 日收盤價資料，我們使用（5-1）式而以 OLS 估計，即：

```
data = pd.DataFrame({'twip':twip,'twip_1':twip.shift(1)}).dropna()
modela = ols('twip~twip_1',data).fit()
modela.summary()
modela.params
# Intercept    46.636489
# twip_1        0.997409
```

即（5-1）式內的 β_1 之估計值約爲 0.9974。於 5.1.2 節內，我們可以看出若 β_1 之估計值接近於 1，則被估計的資料有可能屬於非恆定過程；換言之，TWI 日收盤價資料有可能屬於非恆定過程。於模組（statsmodels）內，Python 有提供估計 AR 模型的指令。試下列指令：

```
from statsmodels.tsa.ar_model import AutoReg
model1 = AutoReg(twip, 1).fit()
model1.summary()
model1.params
# intercept    46.636489
# Close.L1      0.997409
```

讀者可以比較上述 modela 與 model1 的結果，可發現 β_1 之估計值完全相同。是故，讀者可以進一步利用（5-1）式估計上述美元兌新臺幣匯率、WTI 價格、CPI 以及通貨膨脹率資料的 β 之估計值爲何？

習題

(1) 爲何需要有弱恆定性的假定？試解釋之。

(2) 我們亦可以使用下列指令直接繪製估計的 ACF 與 PACF 圖形，即：

```
from statsmodels.graphics.tsaplots import plot_acf, plot_pacf
```

試繪製出 TWI 日收盤價資料之估計的 ACF 與 PACF 圖形。

(3) 至 FRED 下載美國聯邦資金有效利率（Federal funds effective rate）之 1954/7～2022/6 期間月利率資料並繪製其時間走勢。

(4) 續上題，試分別繪製出上述月利率資料之估計的 ACF 與 PACF 圖。

(5) 續上題，上述月利率資料若用（5-1）式估計，β 之估計值爲何？

(6) 續上題，上述月利率資料屬於恆定過程抑或是非恆定過程？

(7) 通常，估計的 ACF 與 PACF 圖可用長條圖繪製，將題 (4) 的結果改用長條圖繪製。

(8) 此處的自我相關係數與本章之前的相關係數有何不同？

5.1.2 非恆定過程

我們說最簡單的恆定過程莫過於是白噪音過程，而最簡單的非恆定過程就是隨機漫步過程。考慮下列二種模型：

$$\text{模型 1：} y_t = \beta_0 + y_{t-1} + \varepsilon_t$$
$$\text{模型 2：} y_t = \beta_0 + \beta_2 y_{t-1} + \varepsilon_t$$

其中$|\beta_1|<1$以及ε_t為IID之標準常態分配；換言之，上述模型1與2只不過將（5-1）式分成二類，其中模型 1 屬於隨機漫步過程而模型 2 則屬於 AR(1) 模型。我們來看看上述二模型有何不同，可以參考圖 5-9。

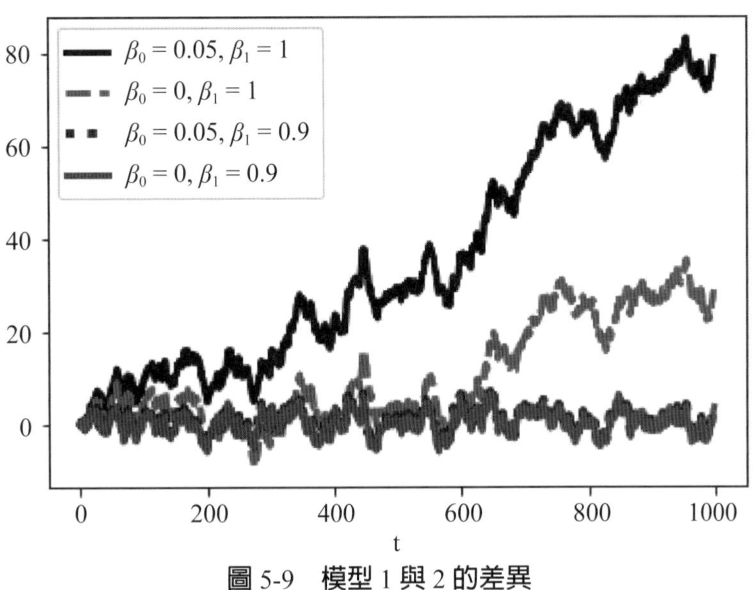

圖 5-9 模型 1 與 2 的差異

根據上述模型 1 與 2，於 $\beta_0 = 0$ 或 0.05 以及 $\beta_1 = 1$ 或 0.9 下，我們分別模擬出上述四種可能，而其實現值時間走勢則繪製如圖 5-9 所示。果然，從圖 5-9 內可看出簡單如（5-1）式的確可分成二類，其中 β_1 值竟扮演著重要角色；或者，利用（5-1）式可得[10]：

$$y_t = \beta_0\left(1+\beta_1+\cdots+\beta_1^{t-1}\right)+\beta_1^t y_0+\beta_1^{t-1}\varepsilon_0+\beta_1^{t-2}\varepsilon_1+\cdots+\varepsilon_t \tag{5-2}$$

（5-2）式的特色可分述如下：

---

[10] 根據（5-1）式可得：

$$y_1 = \beta_0+\beta_1 y_0+\varepsilon_0$$

$$y_2 = \beta_0+\beta_1 y_1+\varepsilon_1 = \beta_0+\beta_1(\beta_0+\beta_1 y_0+\varepsilon_0)+\varepsilon_1$$

$$= \beta_0+\beta_1\beta_0+\beta_1^2 y_0+\varepsilon_1+\beta_1\varepsilon_0$$

$$y_3 = \beta_0+\beta_1 y_2+\varepsilon_3 = \beta_0+\beta_1\left[\beta_0+\beta_1\beta_0+\beta_1^2 y_0+\varepsilon_1+\beta_1\varepsilon_0\right]+\varepsilon_3$$

$$= \beta_0\left(1+\beta_1+\beta_1^2\right)+\beta_1^3 y_0+\beta_1^2\varepsilon_0+\beta_1\varepsilon_1+\varepsilon_3$$

…

自然可得（5-2）式。

(1) 若 $|\beta_1| < 1$，隨著時間經過可看出 β_1 的「力道」逐漸消退，此可看出落後被解釋變數的影響力逐漸薄弱。

(2) 若 $\beta_1 = 1$，隨著時間經過可看出 β_1 的「力道」不僅未退反而逐漸恆久累積；尤有甚者，y_t 內竟然有二種恆久累積力道，其中之一是「確定趨勢（determined trend）」，而另外一種是「隨機趨勢」；是故，y_t 是一種累積變數（integrated variable）。習慣上，我們將 y_t 寫成 $I(k)$，其中 $k = 1$，隱含著 y_t 只要差分（differencing）一次，上述累積力道就不見了，即 $\Delta y_t = y_t - y_{t-1} = \beta_0 + \varepsilon_t$。

(3) 因此，我們解釋圖 5-9 內的結果。若 $|\beta_1| < 1$，因 y_t 屬於 $I(0)$（隱含著不需要差分）無累積力道，故 y_t 的實現值走勢無趨勢，反而會反轉趨向於 y_t 的平均數，我們就將此類稱爲恆定過程；是故，例如：圖 5-2 內的 TWI 日報酬率序列資料的走勢就屬於此類，表現出來的是對應的估計 ACF 會隨落後期數驟降。

(4) 反觀 $\beta_1 = 1$ 的情況，y_t 不僅屬於 $I(1)$，隱含著 y_t 具有隨機趨勢，而且若 $\beta_0 \neq 0$，則 y_t 更具有確定趨勢，我們亦可以從圖 5-9 內看出端倪。顧名思義，因 y_t 具有隨機趨勢，隱含著 y_t 的未來走勢晦暗未明，是故我們將此類的 y_t 稱爲非恆定過程。另一方面，由於 y_t 具有趨勢項，故 y_t 之估計的 ACF 才會隨著落後期數下降緩慢。

(5) 於 $y_0 = 0$ 與 $\beta_1 = 1$ 之下，（5-2）式可改寫成 $y_t = \beta_0 t + \sum \varepsilon_t$，其中 $t = 0, 1, 2, \cdots$；換言之，於上述假定下，非恆定過程如 y_t 可拆成由確定趨勢（即 $\beta_0 t$）與隨機趨勢（即 $\sum \varepsilon_t$）二部分，可以參考圖 5-10。

例 1　落後操作式

習慣上，於 $\beta_1 = 1$ 之下，（5-1）式可寫成 $(1 - L)y_t = \beta_0 + \varepsilon_t$，其中 $L^n y_t = y_{t-n}$ 以及 $n = \cdots, -2, -1, 0, 1, 2$。我們稱 L^n 爲一種落後操作式（lag operator）。使用 L^n 的優點是例如：求解 $(1 - L)y_t = 0$，隱含著 $L = 1$，則稱 y_t 內存在一個單根（unit root）。同理，求解 $y_t - 0.9y_{t-1} = 0$，其可寫成 $(1 - 0.9L)y_t = 0$，即 $L = 1/0.9 \approx 1.1$，隱含著恆定過程如 $y_t - 0.9y_{t-1} = 0$ 的「根」大於 1。我們從圖 5-9 內可看出恆定過程如 $y_t - 0.9y_{t-1} = \varepsilon_t$ 或 $y_t - 0.9y_{t-1} = 0.05 + \varepsilon_t$ 的時間走勢是「安定的（即其不會發散）」；是故，按照上述的判斷方式，可知時間序列資料若以 AR 模型估計，若該模型的根（即該模型的「解」）大於 1，隱含著該時間序列資料屬於恆定過程。同理，若模型的根小於等於 1，則該模型是不安定的[11]。

---

[11] 於《財時》內，我們亦有介紹判斷非恆定過程（恆定過程）的根是大於等於 1（小於 1）的方法。

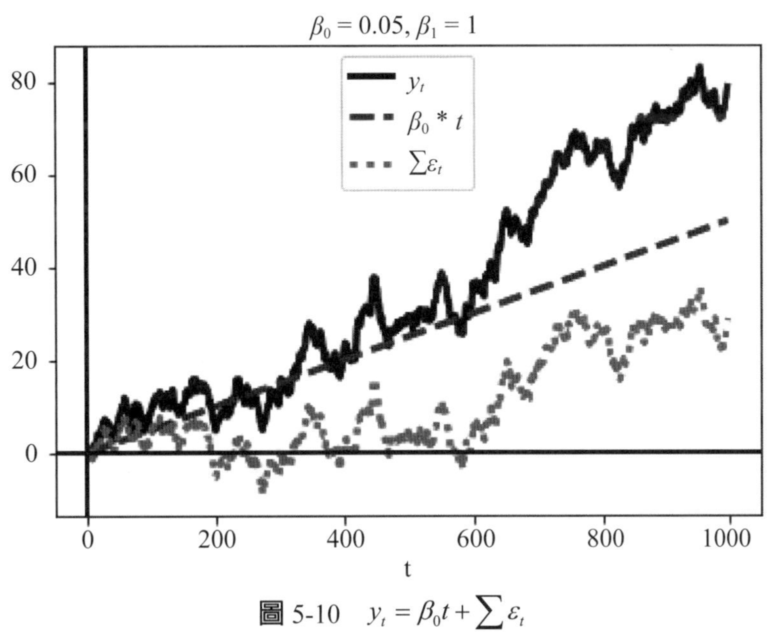

圖 5-10　$y_t = \beta_0 t + \sum \varepsilon_t$

考慮圖 5-10 內的 y_t 模擬資料，我們可以使用前述的 AutoReg(.) 指令而以 AR(1) 模型估計，可得 β_1 之估計值約為 0.9997，而上述指令的估計結果亦會列出對應的根約為 1.003，不過就統計檢定的觀點來看，顯然與 1 無顯著的差異，故上述 y_t 之模擬資料有可能屬於非恆定過程。通常「根」可拆成實根（real root）與虛根（imaginary root）二部分，於此情況下，我們可以進一步計算該根之長度（modulus）；換言之，上述根大於 1 的說法相當於根的長度大於 1。也就是說，判斷所估計模型是否安定有另外一種說法，即所估計模型的根之長度小於等於單位圓，則該模型屬於不安定的；同理，若所估計模型的根之長度大於單位圓，則屬於安定的模型。讀者可以檢視 $y_t = 0.05 + 0.9y_{t-1} + \varepsilon_t$ 的情況。

例 2 $I(2)$

我們說 $I(1)$ 需要差分一次，那 $I(2)$ 需要差分幾次呢？2 次。考慮下列的 AR(2) 模型：

$$\begin{aligned}
&(1-L)^2 y_t = \varepsilon_t \\
&\Rightarrow (1-2L+L^2)y_t = \varepsilon_t \\
&\Rightarrow y_t - 2y_{t-1} + y_{t-2} = \varepsilon_t \\
&\Rightarrow y_t = 2y_{t-2} - y_{t-2} + \varepsilon_t
\end{aligned} \tag{5-3}$$

其中 ε_t 仍表示 IID 之標準常態分配誤差項。根據（5-3）式，我們不難模擬出 y_t 的時間走勢而繪製如圖 5-11 之上圖所示[12]。圖 5-11 之下圖繼續繪製出 Δy_t 的實現值走勢，我們可以看出 Δy_t 的實現值類似 $I(1)$ 的走勢。利用上述 y_t 與 Δy_t 的實現值資料，讀者可以分別以 AR(1) 模型估計，同時檢視對應的 β_1 之估計值看看。

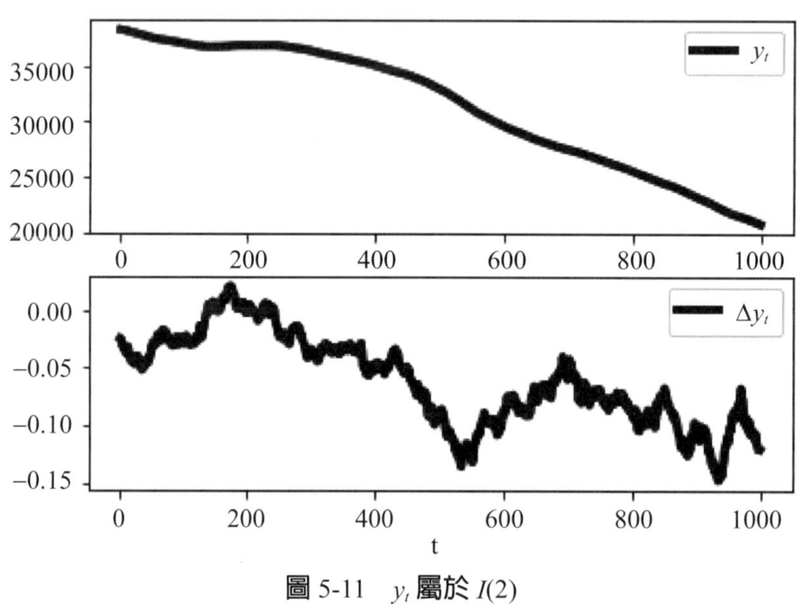

圖 5-11　y_t 屬於 $I(2)$

例 3　$(1-L)(1-L^{12})$

若再檢視 5.1.1 節內的 CPI 與通貨膨脹率資料，應可發現可能存在下列 AR 模型：

$$\begin{aligned}&(1-L)(1-L^{12})y_t=\varepsilon_t\\&\Rightarrow(1-L-L^{12}+L^{13})y_t=\varepsilon_t\\&\Rightarrow y_t=y_{t-1}+y_{t-12}-y_{t-13}+\varepsilon_t\end{aligned}\tag{5-4}$$

其中 y_t 表示 CPI 而 $(1-L^{12})y_t$ 則表示通貨膨脹率（的觀察值）。$(1-L^{12})y_t$ 可稱爲 y_t 之季節差分（seasonal differencing）。因此，於（5-4）內我們可以看到普通差分與季節差分的操作；或者說，由於還是「差分」二次，故（5-4）式內的 y_t 仍屬於 $I(2)$。

[12] 讀者可以檢視所附檔案，我們總共模擬出 10,000 個 y_t 的觀察值但是只取最後 1,000 個觀察值，即前面 9,000 個觀察值當作「熱機」而捨棄。

讀者可嘗試將 CPI 與通貨膨脹率資料分別以 AR(1) 模型估計，看看結果爲何？另一方面，根據（5-4）式模擬出 y_t 資料，其與 $(1-L^{12})y_t$ 資料的走勢爲何（習題）？

例 4 DF 分配

前述之模型 1 與 2，若使用 AR(1) 模型估計，β_1 之估計值的 t 檢定統計量分配並不是熟知的常態（或 t）分配，而是稱爲 Dickey 與 Fuller（DF, 1979）分配。我們舉一個例子說明。根據上述模型 1 與 2，令 $\beta_0 = 0.05$ 而於模型 1 與 2 內，分別令 $\beta_1 = 1$ 與 $\beta_1 = 0.5$。我們先分別模擬出模型 1 與 2 的 y_t 之各 440 個觀察值，再用 AR(1) 模型估計 β_1 之對應的 t 檢定統計量。上述動作重複例如 N 次，分別可得 N 個 t 檢定統計量。圖 5-12 分別繪製出上述模型 1 與 2 之 N = 1,000 個 t 檢定統計量的直方圖，爲了比較起見，圖 5-12 內亦分別繪製出利用上述 N 個 t 檢定統計量資訊所得到的常態分配之 PDF。我們發現模型 2 之 β_1 的 t 檢定統計量會接近於常態分配，但是模型 1 之 β_1 的 t 檢定統計量並不會接近於常態分配，反倒是其屬於一種右偏的分配，我們稱該分配爲 DF 分配。換言之，若有觀察值資料疑似屬於非恆定過程，我們可以以 AR(1) 模型估計，不過欲檢視例如 H_0：$\beta_1 = 1$ 所使用的 t 檢定統計量分配，其並不是熟悉的常態（或 t）分配，反而必須使用 DF 分配；或者說，使用熟悉的常態（或 t）分配可能會「誤判」。

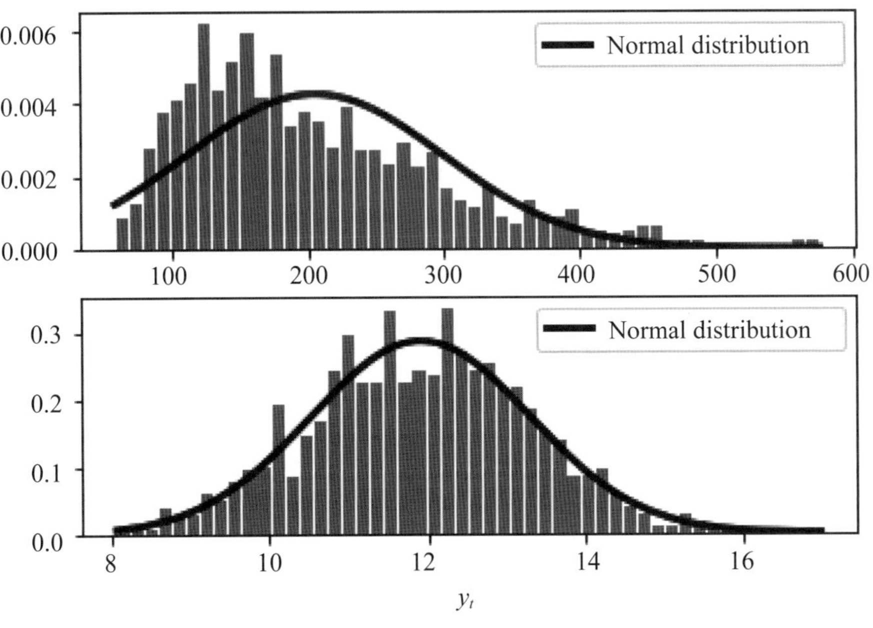

圖 5-12 DF 分配

例 5 ADF 單根檢定

如前所述，我們可以使用估計的 ACF 而以「目測」的方式判斷觀察值資料是否屬於非恆定過程，不過該方法仍有缺點（見習題），我們可以以較嚴謹的統計檢定方法，如「單根檢定（unit root test）」取代。DF 或「擴充 DF（augmented Dickey-Fuller, ADF）」單根檢定是普遍被使用的檢定方法，其中 DF 單根檢定可寫成：

$$\begin{aligned} y_t &= \beta_0 + \beta_1 y_{t-1} + ct + \varepsilon_t \\ \Delta y_t &= y_t - y_{t-1} = \beta_0 + (\beta_1 - 1)y_{t-1} + ct + \varepsilon_t \end{aligned} \qquad (5\text{-}5)$$

其中 t 表示確定趨勢（即 $t = 0, 1, 2, \cdots$）而 c 爲對應之參數。另外，ADF 單根檢定可以擴充（5-5）式而寫成：

$$\Delta y_t = y_t - y_{t-1} = \beta_0 + (\beta_1 - 1)y_{t-1} + ct + \sum_{i=1} \alpha_i \Delta y_{t-i} + \varepsilon_t \qquad (5\text{-}6)$$

即 ADF 單根檢定只是於 DF 單根檢定內多加了落後因變數項而已[13]。値得注意的是，DF 或 ADF 單根檢定皆使用 $H_0: \beta_1 - 1 = 0$。

於 Python 內，模組（statsmodels）亦有提供 DF 或 ADF 單根檢定的指令，即：

```
from statsmodels.tsa.stattools import adfuller
re1 = adfuller(ytc,regression='c',autolag=None)
re1[0] # -1.9802611564895167, test statistic
re1[1] # 0.2952943885817541, pvalue
```

其中 ytc 表示 5.1.1 節內的原油價格。讀者可檢視上述 re1 結果。上述 $\beta_1 - 1$ 之估計値的 t 檢定統計量約爲 –1.98 而所對應的臨界値約爲 –2.87（顯著水準爲 5%）（re1 結果內有提供），故不拒絕虛無假設爲 $\beta_1 - 1 = 0$；換言之，上述 ADF 檢定顯示出 ytc 可能存在一個單根。値得注意的是，$\beta_1 - 1$ 之估計値的 t 檢定統計量已非傳統常態（或 t）分配，而是 DF 分配；因此，$\beta_1 - 1$ 之估計値的 t 檢定統計量所對應的 p 値係根據 DF 分配計算而得。於習題內，我們會要求讀者用 OLS 估計 re1 結果。

---

[13] DF 或 ADF 單根檢定的詳細使用方式可參考《財時》。除了 DF 或 ADF 單根檢定之外，《財時》亦介紹許多其他的單根檢定方法，有興趣的讀者亦可參考看看。

例 6 線性組合關係

我們可能有下列的線性組合關係：

- $y_t \sim I(0) \Rightarrow a + by_t \sim I(0)$
- $y_t \sim I(1) \Rightarrow a + by_t \sim I(1)$
- $y_t \sim I(0), x_t \sim I(0) \Rightarrow ax_t + by_t \sim I(0)$
- $y_t \sim I(1), x_t \sim I(0) \Rightarrow ax_t + by_t \sim I(1)$
- $y_t \sim I(0), x_t \sim I(1) \Rightarrow ax_t + by_t \sim I(1)$
- $y_t \sim I(1), x_t \sim I(1) \Rightarrow ax_t + by_t \sim I(1)$
- $y_t \sim I(2), x_t \sim I(1) \Rightarrow ax_t + by_t \sim I(2)$

其中 a 與 b 表示二個固定的常數。上述例如：第四個組合的意思可解釋成：若 y_t 屬於 $I(1)$（即 y_t 內存在一個單根）而 x_t 屬於 $I(0)$（即 x_t 爲恆定序列），則 y_t 與 x_t 的線性組合仍爲 $I(1)$（即 $I(r)$ 會支配 $I(r-1)$）（讀者可自行模擬證明看看）。其餘的關係可類推。

若 y_t 與 x_t 同屬於 $I(1)$ 但彼此之間有共整合（cointegration）關係，則存在一個定態的均衡關係如：

$$w_t = ax_t + by_t \sim I(0) \tag{5-7}$$

直覺而言，上式若再加進一個常數項，並不會影響其仍爲恆定的性質[14]。

習題

(1) 試計算並繪製出圖 5-9 各變數實現值之估計的 ACF。

(2) 何謂確定趨勢？何謂隨機趨勢？試分別解釋之。

(3) 若 y_t 只存在確定趨勢項，試模擬 y_t 的結果並計算其對應的 ACF，結果爲何？

(4) 試根據（5-4）式模擬出 y_t 的觀察值並分別繪製出 y_t 與 Δy_t 的時間走勢。

(5) 試以 AR(1) 模型而以 OLS 估計例 5 內之 ADF 檢定結果。

(6) 其實，我們亦可以利用（5-6）式模擬出 DF 分配。試試看。

(7) 於只有常數項與趨勢項下，試分別以 ADF 單根檢定檢視 CPI 與通貨膨脹率資料，結果爲何？

---

[14] 有關於共整合的意義可參考《財統》。

(8) 續上題，於常數項、趨勢項與落後因變數的期數用 AIC 決定[15]下，通貨膨脹率資料的 ADF 檢定為何？

5.2 CER 模型

於 5.1 節內，我們已大致分別出恆定與非恆定過程的差異；或者說，資產價格與資產報酬率（或變動率）其實是二種不同的隨機過程，而資產報酬率（或變動率）較為接近恆定過程。換句話說，若假定資產報酬率（或變動率）屬於恆定過程，不僅「誤設」的可能性較小，同時我們可以進一步以資產報酬率（或變動率）的樣本敘述統計量估計對應的未知參數。因此，假定資產報酬率（或變動率）屬於恆定過程的優點是，我們可以進一步執行「統計推論」。

我們先來檢視 CER 模型的假設[16]。令 r_{it} 表示 t 期第 i 種資產之（連續）報酬率。我們有興趣知道（任何）t 期之 r_{it} 之機率分配，其中 $i = 1, 2, \cdots, n$。

CER 模型的假設

(1) 弱恆定性與遍歷性（ergodicity）。$\{r_{i1}, \cdots, r_{iT}\} = \{r_{it}\}_{t=1}^{T}$ 屬於弱恆定性與遍歷性過程[17]，其中 $E(r_{it}) = \mu_i$、$\text{var}(r_{it}) = \sigma_i^2$、$\text{cov}(r_{it}, r_{jt}) = \sigma_{ij}$ 與 $cor(r_{it}, r_{jt}) = \rho_{ij}$。

(2) $\{r_{it}\}_{t=1}^{T}$ 屬於多變量常態分配。

(3) 就 $t \neq s$ 與 $i, j = 1, \cdots, n$ 而言，$\text{cov}(r_{it}, r_{js}) = cor(r_{it}, r_{is}) = 0$。上述假定說明了不存在序列相關（no serial correlation）。

(4) 由於假定屬於弱恆定性過程，故上述參數如 μ_i、σ_i^2、σ_{ij} 或 ρ_{ij} 皆為固定數值。

換句話說，CER 模型假定多種資產的報酬率之間屬於多變量常態分配之恆定過程，而多種資產的報酬率之間只存在「同時期」相關但卻不存在序列相關。有關於後者我們可以分成三部分說明：

(1) 就 i 資產而言，不存在序列相關，隱含著 $\text{cov}(r_{it}, r_{is}) = cor(r_{it}, r_{is}) = 0$，其中 $t \neq s$。

(2) 就 i 與 j 資產而言，不存在序列相關，隱含著 $\text{cov}(r_{it}, r_{js}) = cor(r_{it}, r_{js}) = 0$，其中 $t \neq s$。

---

[15] AIC 的意義可參考《財時》或《財統》。

[16] 本節大部分的內容取自 Zivot (2016)。

[17] 遍歷性過程是指二個距離時間較長的隨機過程之間可視為獨立，此隱含著二隨機變數之間的相關性 ρ_i 會隨時間消退，即 $\rho_1 > \rho_2 > \cdots$，而若 i 夠大，$\rho_i \approx 0$。我們發現恆定過程如 AR 模型具有遍歷性過程的特色。

(3) 就 i 與 j 資產而言，存在同時期相關，隱含著 $cov(r_{it}, r_{js}) = cor(r_{it}, r_{js}) \neq 0$，其中 $t = s$。

由於就常態分配而言，無序列相關隱含著相互獨立，故 r_{it} 屬於 IID 之常態分配，寫成 $r_{it} \overset{IID}{\sim} N(\mu_i, \sigma_i^2)$。因此，簡單地說，CER 模型假定 n 種資產報酬率（或變動率）皆是屬於 IID 之常態分配，而個別資產報酬率（或變動率）之間只有「同時期的相關」，如此形成一個多變量的常態分配。

面對上述 CER 模型的假定，我們倒是可以用 n 條簡單迴歸式表示，即可以用 OLS 或其他方式估計上述未知之固定參數；換言之，就資產 $i = 1, 2, \cdots, n$ 與時間 $t = 1, 2, \cdots, T$ 而言，CER 模型可寫成：

$$r_{it} = \mu_i + \varepsilon_{it} \tag{5-8}$$

其中

$$r_{it} \overset{IID}{\sim} N(\mu_i, \sigma_i^2) \tag{5-9}$$

與

$$\text{cov}(\varepsilon_{it}, \varepsilon_{js}) = \begin{cases} \sigma_{ij}, t = s \\ 0, t \neq s \end{cases} \tag{5-10}$$

根據（5-8）～（5-10）式，透過期望值的操作分別可得：

$$\begin{aligned}
&E(r_{it}) = E(\mu_i + \varepsilon_{it}) = \mu_i \\
&\text{var}(r_{it}) = \text{var}(\mu_i + \varepsilon_{it}) = \text{var}(\varepsilon_{it}) = \sigma_i^2 \\
&\text{cov}(r_{it}, r_{jt}) = \text{cov}(\mu_i + \varepsilon_{it}, \mu_j + \varepsilon_{jt}) = \text{cov}(\varepsilon_{it}, \varepsilon_{jt}) = \sigma_{ij} \\
&\text{cov}(r_{it}, r_{js}) = \text{cov}(\mu_i + \varepsilon_{it}, \mu_j + \varepsilon_{js}) = \text{cov}(\varepsilon_{it}, \varepsilon_{js}) = 0, t \neq s
\end{aligned}$$

透過相關係數例如：$\rho_{ij} = cor(r_{it}, r_{js}) = \dfrac{\sigma_{ij}}{\sigma_i \sigma_j}$ 的定義，可將上述後二者改用相關係數表示。因此，上述 CER 模型假定的另外一種表示方式就是（5-8）～（5-10）式。

使用迴歸式，如（5-8）～（5-10）式的優點是面對未來不確定的資訊，通常我們是用平均數如 μ_i 預期，故 $\varepsilon_{it} = r_{it} - E(r_{it}) = r_{it} - \mu_i$ 表示「出乎意料之外」的資訊。其次，ε_{it} 屬於 IID，表示 t 期與 s 期的「出乎意料之外」資訊無關（當然，$t \neq s$）；另一方面，ε_{it} 屬於常態分配是假定於正常情況下，未來「正」與「負」面資訊的衝擊比重大致相同。接著，$\text{var}(\varepsilon_{it}) = \sigma_i^2$ 更是假定未來每期之出乎意料之外資訊的衝擊幅度大致相同。

最後，我們檢視（5-10）式的意義。該式提供了一個頗爲重要的觀念，即既然各資產之間存在共變異（或相關），那豈不是隱含著影響各資產的出乎意料之外衝擊資訊皆會影響到各資產嗎？也就是說，對 i 資產有利（有害）的衝擊資訊，不僅會影響 k 資產，同時亦會波及到 j 資產；因此，簡單如（5-10）式的設定方式竟隱含著存在著「系統（性）風險（systematic risk）⑱」。或者說，於一個趨向於完全（整）的資產組合內，個別風險（可以分散的風險）趨向於 0；是故，於 CER 模型內，倒不需要額外再顯示個別風險。

例 1　用矩陣表示

定義下列之 $n \times 1$ 向量如 $\mathbf{r}_t = (r_{1t}, \cdots, r_{nt})^T$、$\boldsymbol{\mu} = (\mu_1, \cdots, \mu_n)^T$ 與 $\boldsymbol{\varepsilon}_t = (\varepsilon_{1t}, \cdots, \varepsilon_{nt})^T$ 以及 $n \times n$ 之對稱共變異數矩陣如：

$$\text{var}(\boldsymbol{\varepsilon}_t) = \boldsymbol{\Sigma} = \begin{bmatrix} \sigma_1^2 & \sigma_{12} & \cdots & \sigma_{1n} \\ \sigma_{21} & \sigma_2^2 & \cdots & \sigma_{2n} \\ \vdots & \vdots & \ddots & \vdots \\ \sigma_{n1} & \sigma_{n2} & \cdots & \sigma_n^2 \end{bmatrix}$$

故上述 CER 模型如（5-8）～（5-10）式可改寫成用矩陣的型態表示，即：

$$\mathbf{r}_t = \boldsymbol{\mu} + \boldsymbol{\varepsilon}_t \tag{5-11}$$

其中 $\boldsymbol{\varepsilon}_t \overset{IID}{\sim} N(\mathbf{0}, \boldsymbol{\Sigma})$，隱含著 $\mathbf{r}_t \overset{IID}{\sim} N(\boldsymbol{\mu}, \boldsymbol{\Sigma})$。

更有甚者，根據可列斯基拆解（第 3 章），可得 $\boldsymbol{\Sigma} = \boldsymbol{\Sigma}^{1/2}\boldsymbol{\Sigma}^{1/2T}$，其中 $\boldsymbol{\Sigma}^{1/2}$ 是一個下三角矩陣，則（5-11）式可改寫成：

⑱ 系統性風險又稱爲不可分散風險（undiversifiable risk）或市場風險（market risk）。直覺而言，投資人可藉由持有多種資產的方式，可使個別資產的價格波動風險因相互抵消而降低，但是影響遍及所有資產的因素所構成的風險則無法消除，後者即屬於系統性風險。

$$\mathbf{r}_t = \boldsymbol{\mu} + \boldsymbol{\Sigma}^{1/2}\mathbf{Z}_t \qquad (5\text{-}12)$$

其中 $\mathbf{Z}_t \overset{IID}{\sim} N(\mathbf{0}, \mathbf{I}_n)$，而 $\mathbf{I}_n$ 爲維度爲 n 之單位矩陣。

表 5-1　2020/1/1～2022/5/31 **期間；資料來源**：Yahoo。**單位**：%。

	TSLA	APPL	GOOGL	TSM	VLPAX	AMAGX	FGRIX
count	607	607	607	607	607	607	607
mean	0.3634	0.1173	0.0852	0.0789	0.0543	0.0512	0.0296
std	4.6737	2.3429	2.0945	2.5229	2.3988	1.567	1.6316
min	-23.6518	-13.7708	-12.3685	-15.1219	-22.8534	-11.0188	-11.782
25%	-2.0575	-0.9952	-0.8262	-1.4141	-1.0654	-0.6181	-0.5864
50%	0.2632	0.1096	0.1843	0.0994	0.1378	0.1337	0.0962
75%	2.736	1.4147	1.1929	1.4323	1.2237	0.8899	0.8346
max	18.1445	11.3157	8.8388	11.9135	9.1462	8.1619	8.7039
Skew	-0.2765	-0.2114	-0.2668	-0.0903	-2.1389	-0.7048	-0.8278
Kurt	3.3428	4.7766	3.8999	3.2765	18.4057	8.1631	10.474

說明：第 1 欄內的敘述統計量分別爲樣本數、平均數、標準差、最小值、第 25 個百分位數、中位數、第 75 個百分位數、最大值、偏態係數與（超額）峰態係數之計算。第 1 列分別表示 Tesla、Apple、Google、TSMC 之 TSM、VLPAX、AMAGX 與 FGRIX，其中後三者爲股票型共同基金，可參考例如：“ https:// money.usnews.com/funds/ mutual-funds/us-stocks”。

例 2　樣本敘述統計量

如前所述，若假定報酬率（或變動率）屬於恆定過程，該報酬率之樣本敘述統計量的計算變得有意義；或是，我們可以利用報酬率之樣本敘述統計量估計對應的母體未知之敘述統計量。例如：表 5-1 除了前述之 Tesla、Apple、Google 與 TSM（TSMC）之外，尚列出 3 檔於 2020/1/1～2022/5/31 期間之美國股票型共同基金（mutual funds）的樣本敘述統計量。有意思的是，我們可以看出上述 3 檔股票型共同基金的日報酬率雖說平均數較低，但是相對上標準差亦低，隱含著風險相對上亦較低。我們從圖 5-13 內的結果亦可看出端倪，該圖係繪製出上述 3 檔基金日報酬率資料之直方圖，爲了比較起見，圖 5-13 內亦繪製出 Tesla 之日報酬率之直方圖。我們發現除了 VLPAX 之外，其餘 2 檔基金的日報酬率相對上較爲集中，反觀 Tesla 之日報酬率之直方圖，雖說波動幅度較大，但是 Tesla 之日報酬率的平均數卻較大；不過，從表 5-1 內可注意 3 檔基金日報酬率的樣本偏態與峰態係數皆較大（依絕對值來看），隱含著即使是基金，其亦有可能出現「向下」的極端值。

若以平均數與標準差當作預期報酬與風險的指標，表 5-1 或圖 5-13 的結果大致顯示出「高預期報酬伴隨著高風險，而低預期報酬亦伴隨著低風險」的現象；或者說，預期報酬與風險之間可能存在著替換的可能。於習題內，我們會要求讀者用「標準化」日報酬率的方式，重新編製表 5-1 與繪製圖 5-13 的結果，應會有類似的結論。

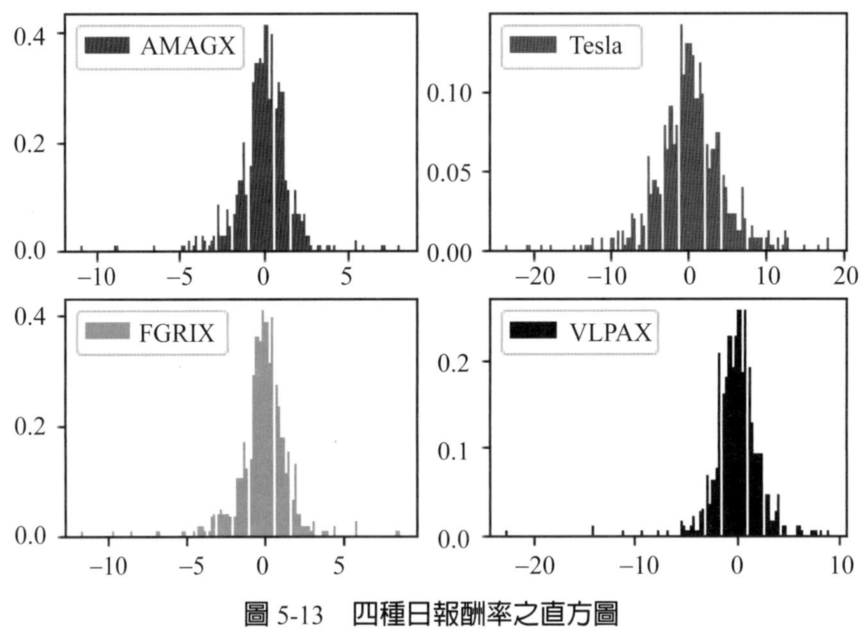

圖 5-13　四種日報酬率之直方圖

例 3（5-11）式的模擬

利用上述 Tesla、Apple、Google 與 TSM 日報酬率資料所計算的樣本平均數向量以及樣本共變異數矩陣，我們嘗試根據（5-11）式模擬出觀察值；換言之，先試下列指令：

```
muhat = Fourlr.mean()
np.round(muhat,4)
# TSLA     0.3634
# APPL     0.1173
# GOOGL    0.0852
```

```
# TSM        0.0789
# dtype: float64
Sigmahat = np.cov(Fourlr,rowvar=0)
np.round(Sigmahat,4)
# array([[21.8439,  5.6882,  4.4451,  5.2114],
#        [ 5.6882 ,  5.489  ,  3.531  ,  3.4317],
#        [ 4.4451 ,  3.531  ,  4.3869,  3.0447],
#        [ 5.2114 ,  3.4317,  3.0447,  6.3649]])
np.round(np.corrcoef(Fourlr,rowvar=0),4)
# array([[1.     , 0.5195, 0.4541, 0.442 ],
#        [0.5195, 1.     , 0.7196, 0.5806],
#        [0.4541, 0.7196, 1.     , 0.5762],
#        [0.442  , 0.5806, 0.5762, 1.     ]])
```

接下來，以上述之樣本平均數向量以及樣本共變異數矩陣分別當作 $\boldsymbol{\mu}$ 與 $\boldsymbol{\Sigma}$ 的估計值，再試下列指令：

```
np.random.seed(2569)
X = mvn.rvs(mean=muhat,cov=Sigmahat,size=5000)
X.shape # (5000, 4)
```

其中 X 爲一個 5,000×4 的矩陣，即我們已分別模擬出上述 Tesla 等日報酬率各 5,000 個觀察值。讀者可以進一步計算 X 內之平均數向量與共變異數矩陣。

例 4（5-12）式的模擬

續例 3，我們亦可以利用（5-12）式以模擬出 Tesla 等日報酬率觀察值資料，不過此時須借用可列斯基拆解，即：

```
L = np.linalg.cholesky(Sigmahat)
```

其中 L 是一個下三角矩陣。再試下列指令：

```
I4 = np.eye(4)
muhat1 = np.zeros(4)
X1 = np.zeros([500,4])
np.random.seed(3333)
for i in range(500):
    X1[i,:] = muhat + L.dot(mvn.rvs(mean=muhat1,cov=I4,size=1))
```

其中 X1 亦是一個 5,000×4 的矩陣。於習題內，讀者可以嘗試用模擬的方式說明上述的模擬過程是合理的。

例 5 以 OLS 估計

考慮如（5-1）式的簡單迴歸式，我們將其改寫成 $y_t = \beta_0 + \beta_1 x_t + \varepsilon_t$，其中 $x_t = y_{t-1}$。透過如《財統》等可知，$b_0 = \bar{y} - b_1\bar{x}$，其中 b_0 與 b_1 分別爲 β_0 與 β_1 的 OLS 估計式。因於 CER 模型內[19]，$\beta_1 = 0$ 隱含著 $b_1 = 0$，故 $b_0 = \bar{y}$；換言之，若用 OLS 估計 CER 模型內每一報酬率方程式，結果就是報酬率的樣本平均數。我們如何於 Python 內估計迴歸式內只有常數項的情況？試下列指令：

```
n = len(Fourlr)
ones = np.ones(n)
Fourlr['ones'] = ones
M1 = ols('TSLA~ones-1',Fourlr).fit()
M1.summary()
```

讀者可檢視上述 M1 內之結果。可以注意的是，如何於 ols(.) 指令內只估計常數項的方式。於 M1 內，我們可以叫出部分結果如：

```
b0 = M1.params
# ones    0.363426
# dtype: float64
e1 = M1.resid
```

[19] 參考（5-8）式。

```
e1.shape
s12 = np.sum(e1**2)/(n-1) # 21.843860175138616
np.sum(e1**2)/(n) # 21.807873585064254
np.var(Fourlr['TSLA']) # 21.807873585064243
```

讀者可以比較看看。

習題

(1) 於 Tesla、Apple、Google 與 TSM 日報酬率資料所計算的樣本相關係數矩陣內，我們如何加進「變數名稱」。
(2) 我們如何知道例 4 內的模擬是合理的？試用模擬的方式說明。
(3) 有多少種方法可以模擬具有相關的常態分配觀察值？試解釋之。
(4) 使用 AutoReg(.) 指令應亦可以估計 CER 模型，試舉一例說明。
(5) 我們如何估計「整體」的 CER 模型？提示：使用 MLE。
(6) 續上題，試舉一例說明。
(7) 圖 5-13 內的日報酬率資料經過標準化後，結果爲何？

5.3 ARIMA 模型

如前所述，CER 模型的延伸（相當於如何模型化資產報酬率）可以分成平均數方程式與變異數方程式二部分。就單變量模型而言，平均數方程式可用「自我迴歸整合移動平均（autoregressive integrated moving average, ARIMA）」模型表示，而變異數方程式則可用「自我迴歸條件異質變異數（autoregressive conditional heteroskedasticity, ARCH）」模型爲代表。上述單變量模型可以擴充至如「向量自我迴歸（vector autoregressions, VAR）模型以及向量 ARCH 模型等多變量模型[20]。本節將介紹ARIMA與ARMA模型[21]。至於VAR模型與ARCH模型則留至後面章節介紹。

基本上，非恆定序列如 y_t 可透過「差分轉換」成恆定序列，例如：$\Delta^r y_t = x_t$ 或 $\Delta_s y_t = x_t$，其中 $\Delta y_t = y_t - y_{t-1}$ 與 $\Delta_s y_t = y_t - y_{t-s}$。我們稱 Δ^r 爲普通差分，而稱 Δ_s

[20] 向量 ARCH (MARCH) 模型亦可擴充至向量 GARCH (MGARCH) 模型等，MARCH 與 MGARCH 模型，本書將於第 8 章介紹。

[21]《財時》有較完整的說明。

爲季節（性）差分[22]。換言之，x_t 是一種恆定過程，其可用「自我迴歸移動平均（autoregressive moving average, ARMA）」模型表示；顯然，上述差分轉換讓 ARIMA 模型轉換成 ARMA 模型。

x_t 屬於 ARMA(p, q) 模型之一般式可寫成：

$$x_t = \delta + \phi_1 x_{t-1} + \cdots + \phi_p x_{t-p} + \varepsilon_t + \theta_1 \varepsilon_{t-1} + \cdots + \theta_q \varepsilon_{t-q},\ \varepsilon_t \overset{IID}{\sim} N(0, \sigma_u^2) \tag{5-13}$$

其中 δ 是一個常數。若 $\phi_1 = \cdots = \phi_p = 0$，則上述 ARMA(p, q) 模型可以簡化成一種 ARMA(p, q)= MA(q) 模型；同理，若 $\theta_1 = \cdots = \theta_p = 0$，則上述 ARMA(p, q) 模型可以簡化成一種 ARMA(p, q)= AR(p) 模型。AR(p) 模型我們並不陌生，前面章節內的 AR(1) 模型，就屬於 AR(p) 模型，其中 p = 1。至於 MA(q) 模型，該模型可視爲（5-13）式的一個特例[23]。由此來看，相對上 AR(p) 模型較爲簡易，畢竟其屬於迴歸模型的應用。

我們嘗試利用前述的通貨膨脹率資料分析看看。首先，假定想要以 AR(2) 模型，模型化上述資料，即：

```
modela = AutoReg(pi,2,old_names = False).fit()
modela.summary()
```

其中通貨膨脹率資料用 pi 表示；換言之，仍使用 AutoReg(.) 指令估計以 AR(2) 模型，可得：

$$\hat{x}_t = \underset{(0.070)}{0.1532} + \underset{(0.036)}{1.1467} x_{t-1} - \underset{(0.036)}{0.1921} x_{t-2} \tag{5-14}$$

其中 x_t 表示通貨膨脹率而 $\hat{x}_t$ 則爲對應的估計迴歸式；另外，（5-14）式內的小括號內之值爲對應的估計標準誤。

面對（5-14）式的估計結果，首先，當然需判斷該估計模型是否安定？（5-14）式的一般解可寫成：

---

[22] 通常季節（性）差分使用一次就足夠了。

[23] 即 MA(q) 模型可視爲一種「加權平均」計算的模型。

$$(1 - 1.1467L + 0.1921L^2)x_t = 0$$

上式內之 $(1 - 1.1467L + 0.1921L^2)$ 方程式所對應的「根」之值分別約爲 0.94 與 0.2，此恰爲 modela 內所顯示的根之倒數（讀者可以檢視 modela 的結果）[24]；是故，估計之 AR 模型是否安定，有二種方式可以判斷。

檢視（5-14）式的結果，可發現如 ϕ_1 與 ϕ_2 的估計值皆能顯著異於 0，我們可以進一步檢視上述通貨膨脹率資料以 AR(2) 模型化之殘差值序列資料（以 e_t 表示），以瞭解 AR(2) 模型是否恰當？圖 5-14 繪製 e_t 的時間走勢，可發現二次石油危機[25]造成通貨膨脹率有異常的變動，該變動不易以 AR(2) 模型掌握；另一方面，圖 5-15 進一步分別繪製 e_t 之估計的 ACF 與 PACF，我們發現上述通貨膨脹率資料可能存在「季節性因素」。

直覺而言，若上述通貨膨脹率資料可以適當地以 AR(2) 模型化，對應的 e_t 應接近於白噪音過程的實現值。欲判斷上述 e_t 是否接近於白噪音過程，除了可透過如圖 5-14 與 5-15 以目測的方式檢視外，我們亦可以透過統計檢定如 LB 檢定[26]檢視。試下列指令：

---

[24] 試下列指令：

```
def solve(a,b,c):
    D = b**2-4*a*c
    lambda1 = (-b+np.sqrt(D))/(2*a)
    lambda2 = (-b-np.sqrt(D))/(2*a)
    return lambda1, lambda2
solve(1,-7,12) # (4.0, 3.0)
```

相當於 $x^2 - 7x + 12 = 0$ 之根爲 4 與 3。利用上述 solve(.) 函數指令檢視（5-14）式，即：

```
solve(1,-1.1467,0.1921) # (0.9429852560295082, 0.20371474397049183)
```

即（5-14）式對應的根分別約爲 0.94 與 0.2。檢視上述二根之倒數看看。

[25] 第一次石油危機出現於 1973 年，而第二次石油危機則發生於 1979 年。

[26] LB 檢定亦可稱爲 Ljung-Box 檢定，可以參考第 6 章或《財統》。

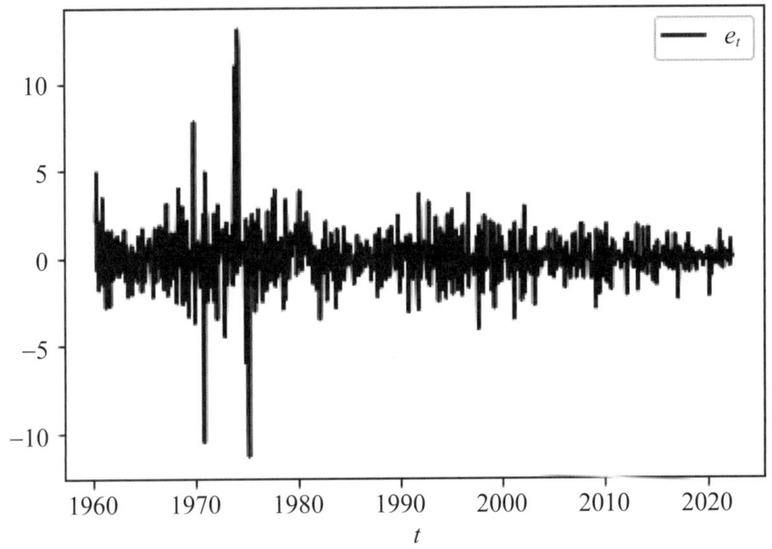

圖 5-14　（5-14）式內對應的殘差值（以 e_t 表示）之時間走勢

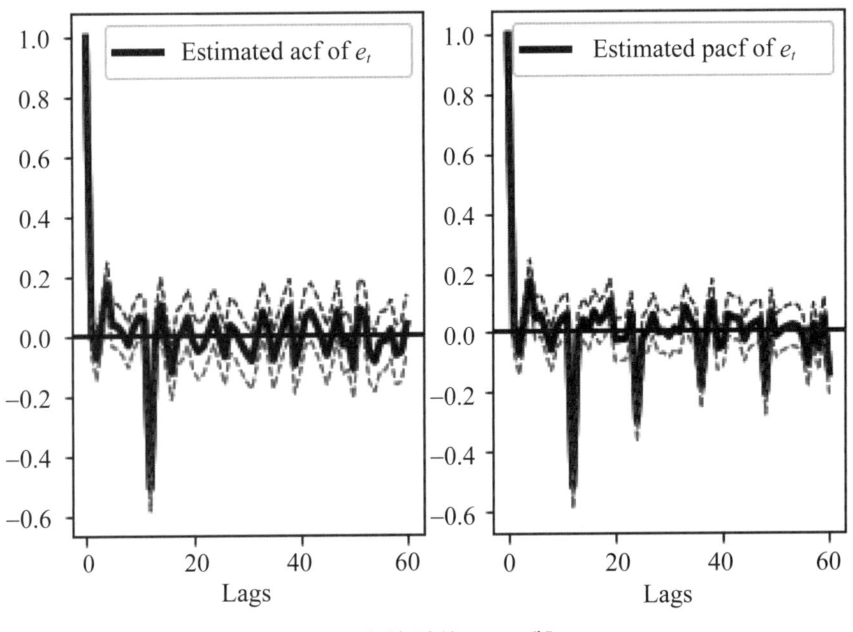

圖 5-15　e_t 之估計的 ACF 與 PACF

```
import statsmodels.api as sm
sm.stats.acorr_ljungbox(et, lags=[5], return_df=True)
#      lb_stat     lb_pvalue
# 5  29.89463    0.000015
```

其中 e_t 用 et 表示；換言之，上述指令顯示於 Python 內，其實可以直接執行 LB 檢定，即於落後期數為 5 之下，LB 檢定統計量與對應的 p 值分別約為 29.89 與 0.00，隱含著拒絕虛無假設為$H_0: \hat{\rho}_1 = \cdots = \hat{\rho}_k = 0$，其中 $k = 5$。因此，從圖 5-15 與 LB 檢定的結果可知，以 AR(2) 模型化上述通貨膨脹率資料尚嫌不足。

例 1 ARIMA 模型的表示方式

於 Python 內，ARIMA 模型之估計可以直接使用 ARIMA(.) 指令，試下列指令：

```
from statsmodels.tsa.arima.model import ARIMA
model1 = ARIMA(pi, order=(2, 0, 0)).fit()
```

即 ARIMA 模型的一般式可寫成 ARIMA(p, r, q)，其中 p 與 q 分別為 AR 模型與 MA 模型的落後期數，而 r 則為差分次數。是故，前述之通貨膨脹率資料以 AR (2) 模型估計，相當於令 p = 2、q = 0 與 r = 0。讀者可以檢視上述 modela 與 model1 的結果「大同小異」。

例 2 MA 模型

上述通貨膨脹率資料若欲以 MA (1) 模型估計，可試下列指令：

```
model2 = ARIMA(pi, order=(0, 0, 1)).fit()
model2.summary()
```

可得：

$$\hat{x}_t = 3.6257 + \hat{\varepsilon}_{t-1} + 0.9584\hat{\varepsilon}_{t-1}$$
$$(0.396) \qquad (0.9584)$$

其中 $\hat{\varepsilon}_t$ 是 ε_t 的估計值。若仔細思索上述 MA(1) 模型的估計結果，應可發現其並不是使用 OLS 而是使用 MLE（例如：可參考《財時》）；因此，相對上，AR 模型的估計就簡單多了。就（5-13）式而言，上述 MA(1) 模型相當於同時令 p = 0 與 q = 1，可得：

$$x_t = \delta + \varepsilon_t + \theta_1\varepsilon_{t-1} = \delta + (1+\theta_1 L)\varepsilon_t$$
$$\Rightarrow \frac{1}{(1+\theta_1 L)} x_t = \frac{\delta}{(1+\theta_1 L)} + \varepsilon_t$$
$$\Rightarrow \left[1 + (-\theta_1 L) + (-\theta_1 L)^2 + \cdots\right] x_t = \frac{\delta}{(1+\theta_1 L)} + \varepsilon_t$$

即只要 $1/(1+\theta_1 L)$ 可以轉換爲 $1 + (-\theta_1 L) + (-\theta_1 L)^2 + \cdots$，隱含著 MA(1) 模型亦可以用 AR 模型表示[27]。

例 3 ARMA 模型

上述通貨膨脹率資料若以 ARMA(1, 1) 模型估計，即：

```
model3 = ARIMA(pi, order=(1, 0, 1)).fit()
```

可得：

$$\hat{x}_t = 3.7971 + 0.9475 x_{t-1} + \hat{\varepsilon}_t + 0.2173\hat{\varepsilon}_{t-1}$$
$$(1.576) \quad (0.007) \qquad\qquad (0.016)$$

換言之，ARMA(1, 1) 模型相當於 ARIMA(1, 0, 1) 模型。就（5-13）式而言，相當於令 p = q = 1，可得：

$$x_t = \delta + \phi_1 x_{t-1} + \varepsilon_t + \theta_1\varepsilon_{t-1}$$
$$\Rightarrow (1-\phi_1 L)x_t = \delta + (1+\theta_1 L)\varepsilon_t$$

是故，若 $|\phi_1| < 1$，上述 ARMA(1, 1) 模型可以變成 MA(∞) 模型；同理，若 $|\theta_1| < 1$，則變成 AR(∞) 模型。因此，以 ARMA(1, 1) 模型化上述通貨膨脹率資料，反倒是屬於一種簡潔的方式[28]。

---

[27] 若 $|k| < 1$，可得 $\frac{1}{1-k} = 1 + k + k^2 + \cdots$。換言之，上述估計的 MA(1) 模型之 θ_1 的估計值小於 1，故估計的 MA(1) 模型可轉換爲 AR 模型。

[28] ARMA(1, 1) 模型只需估計四個參數（可檢視 model3），而 MA(∞) 模型或 AR(∞) 模型卻須估計「無窮多」參數。

例 4 ARIMA(1, 1, 1) **模型**

若上述通貨膨脹率資料以 ARIMA(1, 1, 1) 模型估計呢？由於需差分一次，故此相當於懷疑上述通貨膨脹率資料存在一個「單根」，故可以先使用前述的單根檢定如 ADF 檢視。根據（5-13）式，落後一期可得：

$$x_{t-1} = \delta + \phi_1 x_{t-2} + \cdots + \phi_p x_{t-p-1} + \varepsilon_{t-1} + \theta_1 \varepsilon_{t-2} + \cdots + \theta_q \varepsilon_{t-q-1} \quad (5\text{-}15)$$

（5-13）式減（5-15）式，可得：

$$\Delta x_t = \phi_1 \Delta x_{t-1} + \cdots + \phi_p \Delta x_{t-p} + (\varepsilon_t - \varepsilon_{t-1}) + \theta_1(\varepsilon_{t-1} - \varepsilon_{t-2}) + \cdots + \theta_q(\varepsilon_{t-q} - \varepsilon_{t-q-1})$$

因 ARIMA(1, 1, 1) 模型隱含著 p = q = 1，故上式可再寫成：

$$\Delta x_t = \phi_1 \Delta x_{t-1} + (\varepsilon_t - \varepsilon_{t-1}) + \theta_1(\varepsilon_{t-1} - \varepsilon_{t-2})$$

可以留意此時已無常數項。換言之，試下列指令：

```
model4 = ARIMA(pi, order=(1, 1, 1)).fit()
```

可得：

$$\begin{aligned}\Delta \hat{x}_t &= -0.138 \Delta x_{t-1} + 0.3256(\hat{\varepsilon}_t - \hat{\varepsilon}_{t-1}) \\ &\quad\ (0.147) \qquad\quad (0.148)\end{aligned}$$

顯然於顯著水準爲 5% 之下，θ_1 的估計值顯著異於 0 而 ϕ_1 的估計值有可能等於 0。

例 5 **虛根**

於時間序列分析內，難免會遇到虛根，其是用虛數（imaginary number）表示。於 Python 內，虛數亦可用下列方式表示：

```
i = complex(0,1)
i.real # 0.0
i.imag # 1.0
```

即 $x^2-2x+5=0$ 內存在二根，分別爲 $1+2i$ 與 $1-2i$，而對應的長度（或絕對值）約爲 2.24。可以參考所附之檔案。

習題

(1) 利用 2020/1/1～2022/5/31 期間之 Tesla 日收盤價資料，試以 ARIMA(1, 1, 0) 模型估計，結果爲何？

(2) 其實，ACF(.) 指令內亦有包括 LB 檢定，試舉一例說明。

(3) 利用前述之通貨膨脹率資料，試以 ARIMA(2, 1, 0) 模型估計，結果爲何？

(4) 續上題，其實亦可以用 AR(2) 模型估計，如何估計？

(5) 續上題，估計出的 AR(2) 模型是否安定？爲什麼？

(6) 於模組 numpy 內，直接有指令可以計算多項式的根，試下列指令：

```
# p[0] * x**n + p[1] * x**(n-1) + ... + p[n-1]*x + p[n]
coeff = [3.2, 2, 1]
s1 = np.roots(coeff)
# array([-0.3125+0.46351241j, -0.3125-0.46351241j])
i = complex(0,1)
def solve1(a,b,c):
    D = b**2-4*a*c
    if D >= 0:
        return (-b+np.sqrt(D))/(2*a), (-b-np.sqrt(D))/(2*a)
    else:
        return (-b+np.sqrt(-D)*i)/(2*a), (-b-np.sqrt(-D)*i)/(2*a)
s = solve1(3.2,2,1)
# ((-0.3125+0.46351240544347894j), (-0.3125-0.46351240544347894j))
np.abs(s1[0]) # 0.5590169943749475
np.sqrt(s1[0].real**2+s1[0].imag**2) # 0.5590169943749475
```

試計算 $r_t = 0.141 + 1.418 r_{t-1} - 0.588 r_{t-2} + 0.125 r_{t-3} - 0.024 r_{t-4} + \varepsilon_t$ 之根；或者說，r_t 以 AR(4) 模型化是否安定？

Chapter 6 VAR 模型

近年來，由於科技進步以及網際網路的普及，加速了全球化的腳步，此不僅提高了金融市場之間的整合，同時亦隱含著單一市場價格的波動容易影響或波及到其他市場；換言之，金融市場之間的相互依存關係更加密切。因此，我們反而必須以「整體」的觀點方能掌握全球金融的脈動。或者說，對於持有許多不同資產的投資人或機構而言，爲了能提高投資決策的準確度，瞭解不同市場之間的動態依存關係是迫在眉睫的課題。本章將介紹經濟計量模型內的 VAR 模型，而第 8 章則將介紹 MGARCH 模型。上述二模型的特色是同時檢視聯合的（多變量）報酬（率）。於統計文獻內，上述模型皆屬於向量或多變量時間序列分析。

本章的觀念大多來自於第 5 章的延伸；也就是說，本章檢視多變量時間序列而第 5 章所檢視的只是多變量時間序列內的單一成分，是故本章會多使用向量矩陣觀念，還好後者可以利用 Python 克服。試下列指令：

```
ten = ["^IXIC",'TSM','^FTSE','^DJI','^N225','^TWII','^GSPC','TSLA','WMT','GM']
Ten = yf.download(ten, start="2000-01-01", end="2022-05-31").Close
Ten.columns = ['NASDAQ','TSM','FTSE','DOW','N225','TWI','SP500','TESLA','Wal-Mart','GM']
YrD = 100*np.log(Ten/Ten.shift(1)).dropna()
YrD.shape # (2232, 10)
YrD1 = YrD.to_numpy()
```

明顯 YrD 是屬於維度爲 10 的資料框，其內包括 NASDAQ 等十種資產日報酬率，而每一種日報酬率皆有 2,232 個觀察值；另一方面，我們容易將 YrD 轉換成矩陣型態，如 YrD1 所示。

再試下列指令：

```
Y1D = YrD[['NASDAQ','FTSE','TWI','N225']]
Y2D = YrD[['TESLA','TSM','Wal-Mart']]
```

即個別投資人可能擁有 Y2D 內的資產而機構投資人則對 Y1D 較有興趣。利用前述的多變量常態分配，我們亦可以輕易地模擬出當期相關的觀察值資料如：

```
M1 = Y2D.mean()
V1 = Y2D.cov()
np.random.seed(3333)
XY = mvn.rvs(mean=M1,cov=V1,size=10000)
xy = pd.DataFrame(XY)
```

我們發現若能習慣使用向量矩陣以及對應的 Python 指令操作，的確相當方便。讀者可以練習看看。

6.1 一些準備

如前所述，本章的許多觀念是第 5 章的延伸，因此可以比較看看。首先，我們檢視多變量（弱）恆定性的假定，接著說明跨相關矩陣（cross-correlation matrix）的意義，然後我們再來看一些統計檢定[①]。

6.1.1（弱）恆定性與跨相關矩陣

如第 5 章所述，為了能使用一些基本的敘述統計量，恆定性的假定是必須的；同理，於多變量時間序列分析內，前述的恆定性假定亦能適用，只不過需改變我們的標的。例如：令 $\mathbf{r}_t = (r_{1t}, r_{2t}, \cdots, r_{kt})^T$ 是一個 $k \times 1$ 向量，其中 r_{it} 表示 t 期第 i 種資產報酬率。若 $\mathbf{r}_t$ 屬於（弱）恆定隨機過程，隱含著 $\mathbf{r}_t$ 之對應的平均數向量以及共變異數矩陣與時間無關；換言之，延續前面章節的假定，我們假定多變量報酬率序

① 本節大致參考 Tsay（2010, 2014）。

列如 $\mathbf{r}_t$ 屬於（弱）恆定隨機過程。

若 $\mathbf{r}_t$ 屬於（弱）恆定隨機過程，我們定義對應的平均數向量與「當期」共變異數矩陣分別爲：

$$\boldsymbol{\mu} = E(\mathbf{r}), \boldsymbol{\Gamma}_0 = E\left[\left(\mathbf{r}_t - \mathbf{u}\right)\left(\mathbf{r}_t - \mathbf{u}\right)^T\right] \tag{6-1}$$

即 $\boldsymbol{\mu}$ 以及 $\boldsymbol{\Gamma}_0$ 與時間無關，其中 $\boldsymbol{\mu}$ 是一個 $k \times 1$ 向量而 $\boldsymbol{\Gamma}_0$ 是一個 $k \times k$ 矩陣。値得注意的是，$\boldsymbol{\mu}$ 相當於 $\mathbf{r}_t$ 內元素之 k 維度的非條件預期，而 $\boldsymbol{\Gamma}_0$ 內的對角元素則是 r_{it} 的非條件（共）變異數，其中 $\boldsymbol{\Gamma}_0$ 內的 (i, j) 元素則爲 r_{it} 與 r_{jt} 的非條件共變異數[②]。

令 $\mathbf{D}$ 是一個 $k \times k$ 的對角矩陣，其中 $\mathbf{D}$ 內的對角元素分別爲 r_{it} 的標準差，其中 $i = 1, 2, \cdots, k$。因此，$\mathbf{r}_t$ 之當期跨相關係數矩陣可寫成：

$$\boldsymbol{\rho}_0 = \left[\rho_{ij}(0)\right] = \mathbf{D}^{-1}\boldsymbol{\Gamma}_0\mathbf{D}^{-1} \tag{6-2}$$

其中 $\rho_{ij}(0) = \dfrac{\Gamma_{ij}(0)}{\sqrt{\Gamma_{ii}(0)\Gamma_{jj}(0)}}$ 表示當期之第 i 與 j 資產的相關係數。理所當然，$-1 \le \rho_{ij}(0) \le 1$ 而 $\rho_{ii}(0) = 1$。

上述 $\boldsymbol{\Gamma}_0$ 的定義可以延伸，或者說於多變量時間序列內，不同變數之間的「領先－落後（lead-lag）」關係是重要的；因此，我們可以進一步定義 $\mathbf{r}_t$ 之落後 h 期跨共變異數矩陣爲：

$$\boldsymbol{\Gamma}_h = \left[\Gamma_{ij}(h)\right] = E\left[\left(\mathbf{r}_t - \boldsymbol{\mu}\right)\left(\mathbf{r}_{t-h} - \boldsymbol{\mu}\right)^T\right] \tag{6-3}$$

其中 $\boldsymbol{\Gamma}_h$ 內之第 (i, j) 元素係計算 r_{it} 與 r_{jt-h} 的相關係數。顯然，$\boldsymbol{\Gamma}_0$ 與 $\boldsymbol{\Gamma}_h$ 係用於衡量 $\mathbf{r}_t$ 內之當期與落後期之間的線性依存關係。如前所述，於恆定性的假定下，$\boldsymbol{\Gamma}_h$ 只是 h 的函數，即其與時間無關。是故，$\mathbf{r}_t$ 之落後 h 期跨相關係數矩陣爲：

$$\rho_h = [\rho_{ij}(h)] = \mathbf{D}^{-1}\boldsymbol{\Gamma}_h\mathbf{D}^{-1} \tag{6-4}$$

② $\boldsymbol{\mu}$ 與 $\boldsymbol{\Gamma}_0$ 亦分別可寫成 $\boldsymbol{\mu} = (\mu_1, \mu_2, \cdots, \mu_k)^T$ 與 $\boldsymbol{\Gamma}_0 = [\Gamma_{ij}(0)]$，表示後者是落後期數爲 0 的當期共變異數矩陣。

可記得 $\mathbf{r}_t$ 屬於恆定過程，$\mathbf{D}$ 內之元素爲固定數值，故（6-4）式仍使用 $\mathbf{D}$。

從（6-3）與（6-4）二式的定義來看，可得例如：

$$\rho_{ij}(h) = \frac{\Gamma_{ij}(h)}{\sqrt{\Gamma_{ii}(0)\Gamma_{jj}(0)}} \tag{6-5}$$

其中 $\rho_{ij}(h)$ 表示 r_{it} 與 r_{jt-h} 的相關係數。$\rho_{ij}(h)$ 的意思值得注意，即當 $h > 0$，若 $\rho_{ij}(h) \neq 0$，可看出 r_{jt-h}「領先」r_{it}；同理，$\rho_{ji}(h)$ 表示 r_{jt} 與 r_{it-h} 的相關係數，故若 $\rho_{ji}(h) \neq 0$，反而 r_{jt} 是「落後於」r_{it-h}。接下來，$\rho_{ij}(h)$ 的對角元素如 $\rho_{ii}(h)$ 表示第 i 種資產報酬率與其對應的落後 h 期之自我相關係數。

因此，（6-5）式內的 $\rho_{ij}(h)$ 值頗爲重要，其特色可分述如下：

(1) 若 $h > 0$，顯然 $\rho_{ij}(h) \neq \rho_{ji}(h)$，故 $\boldsymbol{\rho}_h$ 或 $\boldsymbol{\Gamma}_h$ 並不是一個對稱的矩陣；反觀，$\boldsymbol{\rho}_0$ 反而是一種對稱的矩陣。

(2) 利用 $\text{cov}(y, x) = \text{cov}(x, y)$ 以及 $\mathbf{r}_t$ 屬於恆定過程的假定，可得 $\boldsymbol{\rho}_h = \boldsymbol{\rho}_{-h}^T$ 與 $\boldsymbol{\Gamma}_h = \boldsymbol{\Gamma}_{-h}^T$ 的結果[③]。

(3) $\boldsymbol{\rho}_h$ 內顯示出「線性結構」關係如：(i) $\rho_{ii}(h)$ 表示 r_{it} 之自我相關函數，其中 $i = 1, 2, \cdots, h$；(ii) 若 $h = 0$，$\boldsymbol{\rho}_0$ 內的非對角元素顯示出 r_{it} 與 r_{jt} 的當期線性關係；(iii) 若 $h > 0$，$\boldsymbol{\rho}_h$ 內的非對角元素顯示出 r_{it} 與 r_{jt-h} 或 r_{jt} 與 r_{it-h} 的線性關係。

(4) r_{it} 與 r_{jt} 之間存在「單向關係（unidirectional relationship）」，如就所有的 $h > 0$ 以及部分的 $v > 0$ 而言，$\rho_{ij}(h) = 0$ 與 $\rho_{ji}(v) \neq 0$ 隱含著 r_{it} 與過去的 r_{jt} 無關，但是 r_{jt} 卻與過去的 r_{it} 有關。

(5) r_{it} 與 r_{jt} 之間存在「反饋關係（feedback relationship）」，如就所有的 $h > 0$ 以及部分的 $v > 0$ 而言，$\rho_{ij}(h) \neq 0$ 與 $\rho_{ji}(v) \neq 0$。

上述線性結構關係可用底下之 VAR 模型進一步檢視。

瞭解上述跨共變異數矩陣與跨相關係數矩陣的意義後，我們進一步檢視對應的

---

③ 例如：檢視 $\boldsymbol{\Gamma}_h = \boldsymbol{\Gamma}_{-h}^T$ 的情況，其餘可類推。因：

$\text{cov}(r_{it}, r_{jt-h}) = \text{cov}(r_{jt-h}, r_{it}) = \text{cov}(r_{jt}, r_{it+h}) = \text{cov}(r_{jt}, r_{it-(-h)})$

可得 $\Gamma_{ij}(h) = \Gamma_{ij}(-h)$。因 $\Gamma_{ij}(h)$ 爲 $\boldsymbol{\Gamma}_h$ 之第 (i, j) 元素，故 $\boldsymbol{\Gamma}_h = \boldsymbol{\Gamma}_{-h}^T$。考慮 $k = 2$ 的情況，可得 $\boldsymbol{\Gamma}_h$ 爲：

$$E\begin{bmatrix} r_{1t} - \mu_1 \\ r_{2t} - \mu_2 \end{bmatrix}\begin{bmatrix} r_{1t-h} - \mu_1 & r_{2t-h} - \mu_2 \end{bmatrix} = \begin{bmatrix} E(r_{1t} - \mu_1)(r_{1t-h} - \mu_1) & E(r_{1t} - \mu_1)(r_{2t-h} - \mu_2) \\ E(r_{2t} - \mu_2)(r_{1t-h} - \mu_1) & E(r_{2t} - \mu_2)(r_{2t-h} - \mu_2) \end{bmatrix}$$

可知 $\boldsymbol{\Gamma}_h$ 之對角線元素爲自我相關係數，而對角線之上與之下元素分別爲 r_{1t} 與 r_{2t-h} 以及 r_{2t} 與 r_{1t-h} 之共變異數。

樣本統計量；當然，我們利用後者估計前者，即：

$$\hat{\boldsymbol{\Gamma}}_h = \frac{1}{n}\sum_{t=h+1}^{n}\left(\mathbf{r}_t - \overline{\mathbf{r}}\right)\left(\mathbf{r}_{t-h} - \overline{\mathbf{r}}\right)^T, h \geq 0 \tag{6-6}$$

與

$$\hat{\boldsymbol{\rho}}_h = \hat{\mathbf{D}}^{-1}\hat{\boldsymbol{\Gamma}}_h\hat{\mathbf{D}}^{-1}, h \geq 0 \tag{6-7}$$

其中 $\overline{\mathbf{r}} = \sum_{t=1}^{n}\mathbf{r}_t / n$ 與 n 分別表示樣本平均數向量與樣本個數，而 $\hat{\boldsymbol{\Gamma}}_h$ 與 $\hat{\boldsymbol{\rho}}_h$ 則分別稱為樣本的跨共變異數矩陣與跨相關係數矩陣。

我們不難舉一個例子說明（6-6）與（6-7）二式。試下列指令：

```
h = 3
Y = Yr[['NASDAQ','TSM']]
Y = Y-Y.mean()
n = len(Y) # 138
Y1 = Y[h:]
Y1h = Y.shift(h)[h:]
Gammahat = Y1.T.dot(Y1h)/n
D = np.diag(np.std(Y))
rhohhat = inv(D).dot(Gammahat).dot(inv(D))
np.round(rhohhat,3)
# array([[ 0.007,  0.063],
#        [-0.032,  0.115]])
rho0hat = np.corrcoef(Y,rowvar=0)
# array([[1.        , 0.29626165],
#        [0.29626165, 1.        ]])
```

即我們利用前述之 NASDAQ 與 TSM 之月報酬率資料分別計算 $\hat{\boldsymbol{\rho}}_0$ 與 $\hat{\boldsymbol{\rho}}_h$。首先，可看出前者是一個對稱矩陣，其中 NASDAQ 與 TSM 之月報酬率之間的當期相關係數估計值約為 30%。其次，$\hat{\boldsymbol{\rho}}_h$ 卻是一個不對稱的矩陣，其中 NASDAQ 之當期月報酬率與 TSM 之落後 3 期月報酬率之間的估計相關係數約為 6.3%，而 TSM 之當期月報酬率與 NASAQ 之落後 3 期月報酬率之間的估計相關係數則約為 –3.2%[4]；另一方面，$\hat{\boldsymbol{\rho}}_h$的對角線內之值則分別表示變數之估計的自我相關係數。

雖然 $\hat{\boldsymbol{\rho}}_h$ 內可提供頗豐碩的資訊，不過透過（6-6）與（6-7）二式計算仍稍嫌麻煩，因此值得我們另以自設函數的方式將其解析；換言之，透過模仿模組（statsmodels）內的 acf(.) 指令，我們自設的函數如下：

```
def ACFyx(y,x,h):
    r1 = np.zeros([len(h),3])
    for i in range(len(h)):
        y1 = y[h[i]:]
        y2 = x.shift(h[i])[h[i]:]
        ra = np.corrcoef(y1,y2)[0,1]
        r1[i,0] = ra
        q = norm.ppf([0.975],0,1)
        r1[i,1] = ra-q*np.sqrt(1/len(y1))
        r1[i,2] = ra+q*np.sqrt(1/len(y1))
    return r1
```

也就是說，若 k 較大，反而不易從$\hat{\boldsymbol{\rho}}_h$內取得相關資訊，故可透過「成對」的方式為之[5]。試下列指令：

```
y = Yr['NASDAQ']
x = Yr['TSM']
yD = YrD['NASDAQ']
xD = YrD['TSM']
h1 = np.arange(1,4)
np.round(ACFyx(y,x,h1),3)
np.round(ACFyx(x,y,h1),3)
```

[4] 換句話說，$\hat{\boldsymbol{\rho}}_h$之對角線之右上角與左下角分別計算 r_{it} 與 r_{jt-h} 以及 r_{it-h} 與 r_{jt} 之間的樣本相關係數。

[5] 於上述 Acfyx(.) 函數內，我們加上$\hat{\rho}_{yx}(h)$的 95% 信賴區間估計，即使用$\hat{\rho}_{yx} \sim N(\rho_{yx}, 1/n)$的假定，後者可參考《財時》。

讀者可以檢視上述結果看看，尤其是後二者的結果。

上述指令使用 NASDAQ 與 TSM 之月與日報酬率資料，其中 y 與 x 分別表示 NASDAQ 與 TSM 報酬率，圖 6-1 與 6-2 分別繪製出 $\hat{\rho}_{yx}(h)$ 與 $\hat{\rho}_{xy}(h)$ 的估計結果。因所得到的 $\hat{\rho}_{yx}(h)$ 與 $\hat{\rho}_{xy}(h)$ 值幾乎皆接近於 0，故我們發現當期 NASDAQ 之月與日報酬率與 TSM 之落後 h 期的月與日報酬率之間幾乎無關。讀者可以檢視其他的情況。上述資產當期與過去報酬率之間大多不存在相關，但是許多總體經濟資料就不一定了。

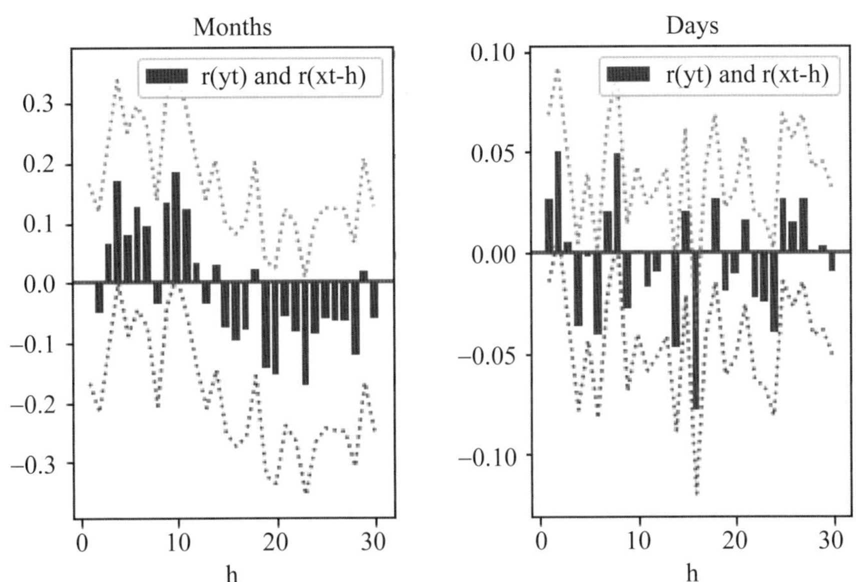

圖 6-1　相關係數之估計，其中 y 與 x 分別表示 NASDAQ 與 TSM 報酬率

例 1　貨幣供給年增率與通貨膨脹率

圖 6-3 分別繪製出 1988/5～2022/5 期間 M2（貨幣供給）之年增率與通貨膨脹率的時間走勢（左圖）以及上述二者之間的散布圖[⑥]。我們發現 M2 年增率與通貨膨脹率的時間走勢大致一致，即二者之間存在正向的關係，我們進一步發現其對應的當期相關係數估計值約為 53.55%。圖 6-4 進一步繪製出 M2 之年增率與通貨膨脹率的估計 ACF，應可發現前者的「持續性」高於後者[⑦]。

⑥ 通貨膨脹率資料取自第 5 章，而 M2 之年增率資料則取自主計總處。

⑦ 就 95% 的信賴區間估計而言，M2 年增率約從落後 36 個月後而通貨膨脹率則約從 20 個月後估計的自我相關係數接近於 0。

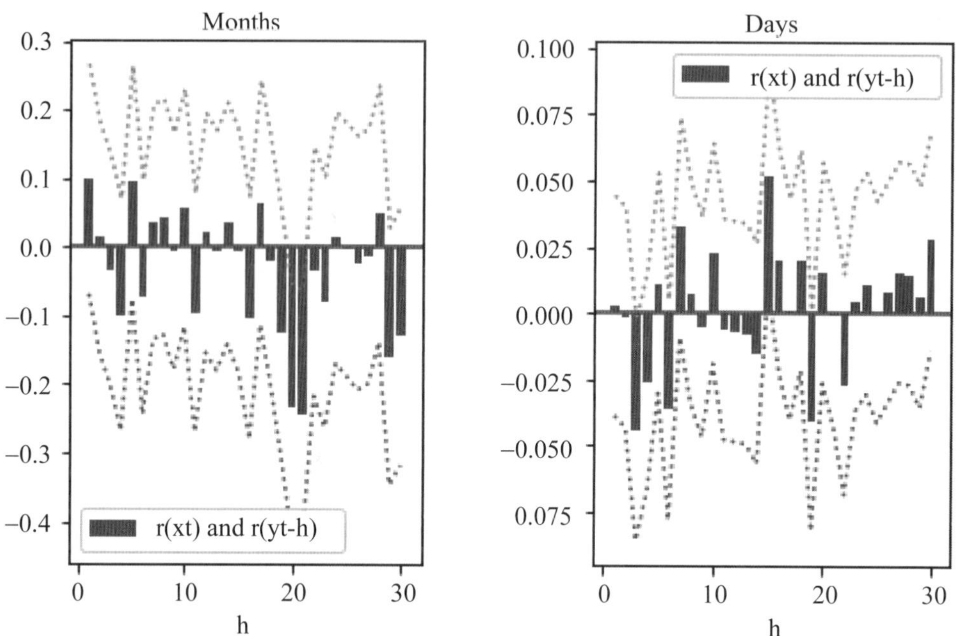

圖 6-2　相關係數之估計，其中 y 與 x 分別表示 NASDAQ 與 TSM 報酬率

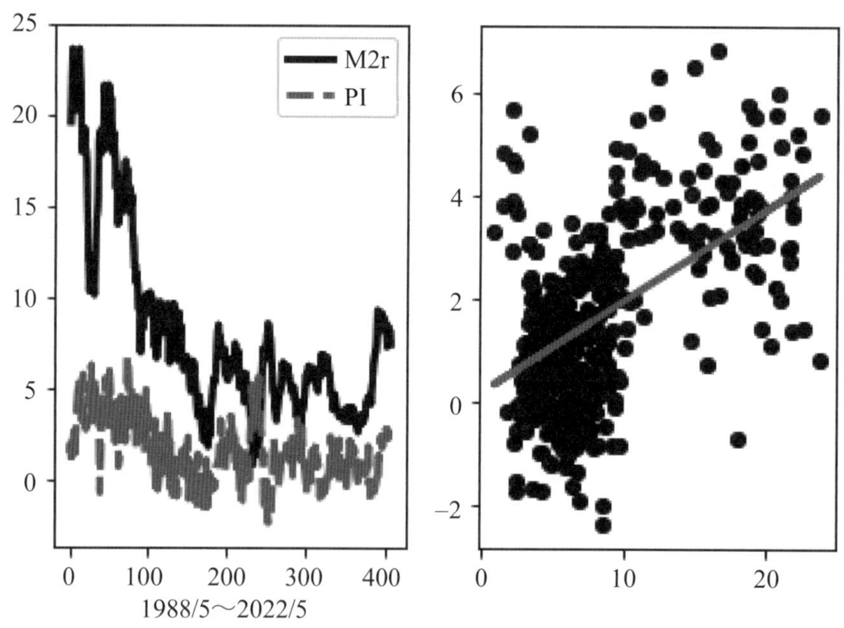

圖 6-3　M2r 之年增率與 PI 通貨膨脹率之時間走勢（左圖）以及上述二者之散布圖，其中 M2r 與 PI 分別表示 M2 之年增率與通貨膨脹率

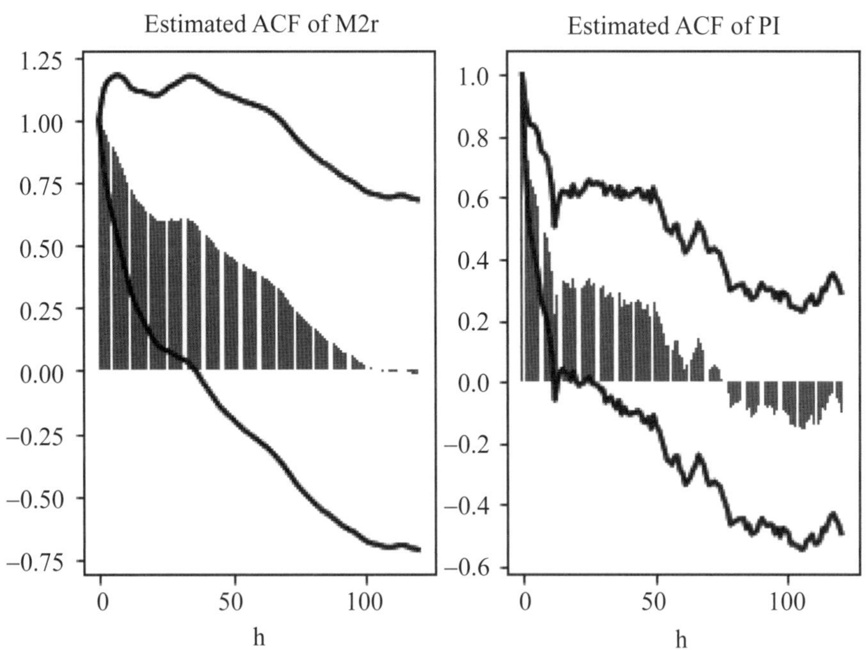

圖 6-4 M2 之年增率與通貨膨脹率之估計的 ACF，其中 M2r 與 PI 分別表示 M2 之年增率與通貨膨脹率

例 2 貨幣供給年增率與通貨膨脹率之估計的相關係數

續例 1，上述 M2 年增率與通貨膨脹率之間倒是提供一個不錯的「領先－落後」或是「反饋」關係的一個良好例子，可以參考圖 6-5。有意思的是，y_t 與 x_{t-h} 之間的估計相關係數下降的速度較慢，即約至 $h = 124$（月）後才接近於 0（左圖），反觀 x_t 與 y_{t-h} 之估計的相關係數約至 $h = 89$（月）後才接近於 0 月（右圖）；因此，簡單地說，當期 M2 年增率與落後期通貨膨脹率之間的關係可以持續 10 年左右，而當期通貨膨脹率與落後期 M2 年增率之間亦約可持續 7.4 年之久。

例 3 失業率與失業率之年增率

至主計總處下載 1978/1～2022/5 期間之月失業率，圖 6-6 分別繪製出月失業率的時間走勢（左圖）以及估計的 ACF（右圖）。我們發現月失業率似乎有逐月走高的趨勢，以及估計的 ACF 顯示出月失業率的「持續性」竟然頗久。為了與前述之 M2 年增率（或通貨膨脹率）比較，我們除了將上述月失業率轉換成失業率之年增率之外，圖 6-7 亦分別繪製出 $y_t(x_t)$ 與 z_{t-h} 以及 z_t 與 $y_{t-h}(x_{t-h})$ 之估計的相關係數，

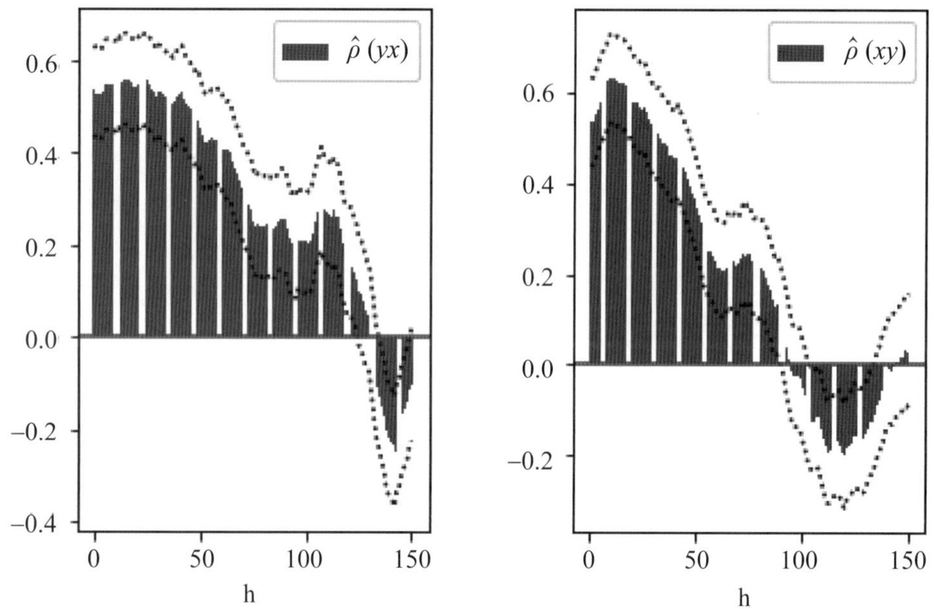

圖 6-5　y_t 與 y_{t-h}（左圖）以及 x_t 與 y_{t-h} 之估計的相關係數，其中 y 與 x 分別表示 M2 年增率與通貨膨脹率

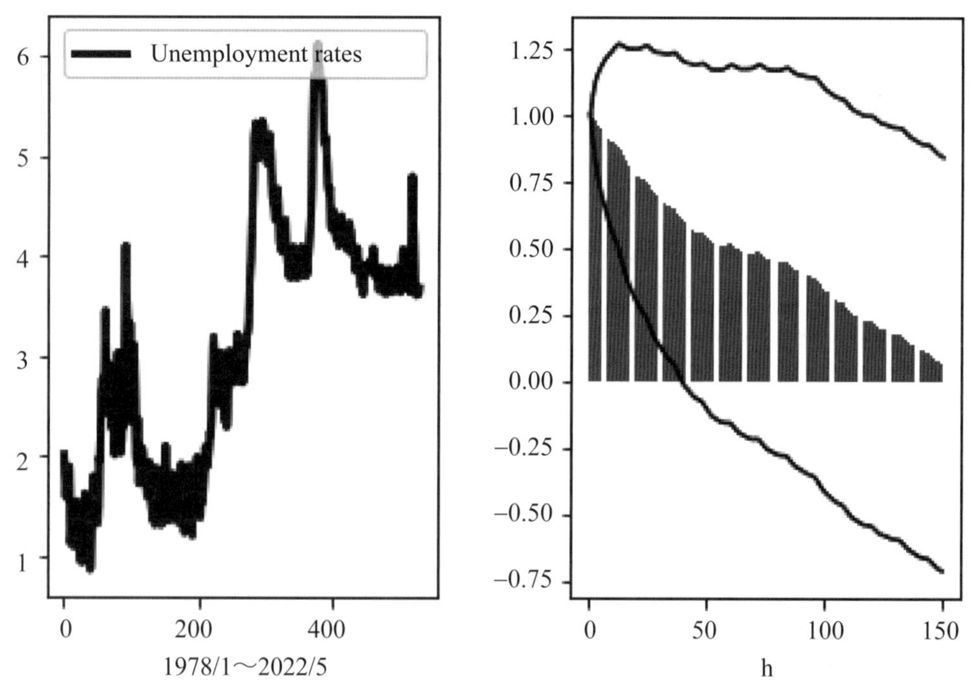

圖 6-6　1978/1～2022/5 期間之月失業率的時間走勢（左圖）以及失業率之估計的 ACF

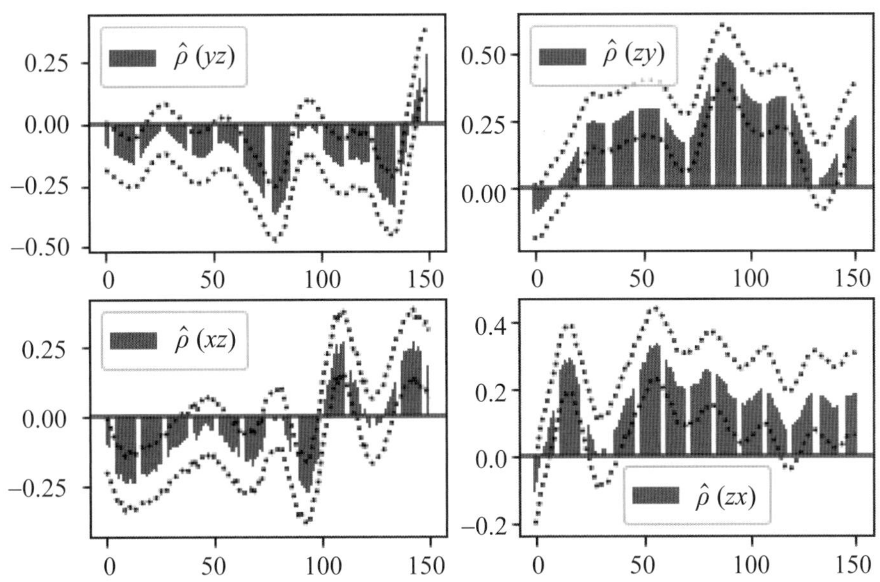

圖 6-7 $y_t(x_t)$ 與 z_{t-h} 以及 z_t 與 $y_{t-h}(x_{t-h})$ 之估計的相關係數，其中 y、x 與 z 分別表示 M2 年增率、通貨膨脹率以及失業率之年增率

其中 y、x 與 z 分別表示 M2 年增率、通貨膨脹率以及失業率之年增率。我們發現因 M2 年增率與通貨膨脹率之間呈現正向的關係，故 $y_t(x_t)$ 與 z_{t-h} 之間的估計相關係數竟然大部分爲負值，而 z_t 與 $y_{t-h}(x_{t-h})$ 之估計的相關係數大部分爲正數值。換句話說，我們發現 M2 年增率、通貨膨脹率以及失業率之年增率之間竟然彼此長時間「糾纏不清」。

習題

(1) 何謂跨相關矩陣？試解釋之？

(2) 跨相關矩陣的估計有何用處？試說明之。

(3) TSM 與 TWI 報酬率之間的關係爲何？試說明之。

(4) 就（6-3）與（6-4）二式而言，是否可以自設一個函數以取得 $\boldsymbol{\rho}_h$ 的估計值？
提示：

```
def EAcf(Y,h1):
    h = len(h1)
    m,k = Y.shape
    R = np.zeros([h,k,k])
    D = np.diag(np.std(Y))
    n = len(Y)
    for i in range(h):
        Y1 = Y[h1[i]:]
        Y1h = Y.shift(h1[i])[h1[i]:]
        Gammahat = Y1.T.dot(Y1h)/n
        R[i,:,:] = inv(D).dot(Gammahat).dot(inv(D))
    return R
```

(5) 續上題，以上述十種資產月報酬率資料（即 Yr），試計算 $\boldsymbol{\rho}_1$ 的估計值。

(6) 續上題，以上述十種資產月報酬率資料（即 Yr），試計算 $\boldsymbol{\rho}_1(1\sim11)$ 的估計值。

(7) 將前述之 M2 年增率、通貨膨脹率以及失業率年增率資料合併成一個矩陣，若不除去對應的平均數估計 $\boldsymbol{\rho}_h$ 值，會發生何情況？

(8) 續上題，原來（6-3）與（6-4）二式應該用「殘差值資料」，即將上述 M2 年增率、通貨膨脹率以及失業率年增率資料除去對應的平均數後，再重新估計一次，結果為何？

(9) 就第 4 題而言，我們亦可以用「成對」的方式取得資訊，試舉一例說明。

(10) 通常欲模擬多變量常態分配的觀察值，我們必須自設共變異數矩陣，不過上述矩陣必須是一個半正定矩陣，那如何找出一個半正定矩陣呢？利用現有的共變異數矩陣反而較爲省事，試以前述之 Y1D 資料的平均數向量與共變異數矩陣模擬出 1,000 個多變量常態分配的觀察值。

6.1.2 多變量波特曼托檢定

第 5 章曾提到可以使用 LB 檢定檢視 ARMA 等模型之估計後殘差值是否接近白噪音過程。其實，LB 檢定亦可稱爲波特曼托檢定（Portmanteau test）[⑧]，其可用於

⑧ 也許我們可以稱「虛無假設屬於較明確的假定而對立假設則屬於較鬆散的假定」的檢定方法爲波特曼托檢定。

檢定虛無假設爲 $\rho(1) = \cdots = \rho(h) = 0$ 的情況，其中 $\rho(h)$ 表示上述當期殘差值與其落後 h 期之相關係數。如前所述，我們可以使用模組（statsmodels）內的指令直接取得 LB 檢定的結果如：

```
import statsmodels.api as sm
y = Yr['TSM']
y1 = y-np.mean(y)
h = np.arange(1,4,1)
sm.stats.acorr_ljungbox(y1,lags=[3],return_df=True)
#           lb_stat   lb_pvalue
# 3   10.161641    0.017241
sm.stats.acorr_ljungbox(y1,lags=h,return_df=True)
#           lb_stat   lb_pvalue
# 1    8.199208     0.004191
# 2    8.266975     0.016027
# 3  10.161641     0.017241
acf(y1,fft=False,nlags=3,alpha=0.05,qstat=True)[2:4]
# (array([ 8.19920839,  8.26697492, 10.16164085]),
#  array([0.00419087, 0.01602689, 0.01724094]))
```

即使用 6.1.1 節內的 TSM 月報酬率（除去平均數）資料，於 $h = 3$ 之下，可得單變量波特曼托檢定（即 LB 檢定）統計量值約爲 10.162 [0.017]（中括號內之值爲對應的 p 值），故於顯著水準爲 5% 下，拒絕虛無假設爲 $\rho_1 = \rho_2 = \rho_3 = 0$ 的情況。值得注意的是，單獨使用 acf(.) 指令亦可取得上述 LB 檢定結果。換言之，上述單變量波特曼托檢定是一種聯合檢定，其與單一檢定如虛無假設爲 $\rho_m = 0$ 不同。例如：圖 6-8 繪製出上述 TSM 月報酬率之估計的 ACF 圖，我們可看出虛無假設若爲 $\rho_3 = 0$，明顯不拒絕上述虛無假設。

根據 Tsay（2010），多變量波特曼托檢定統計量可寫成：

$$Q_k(m) = n^2 \sum_{l=1}^{m} \frac{1}{n-l} tr\left(\hat{\boldsymbol{\Gamma}}_l^T \hat{\boldsymbol{\Gamma}}_0^{-1} \hat{\boldsymbol{\Gamma}}_l \hat{\boldsymbol{\Gamma}}_0^{-1}\right) \tag{6-8}$$

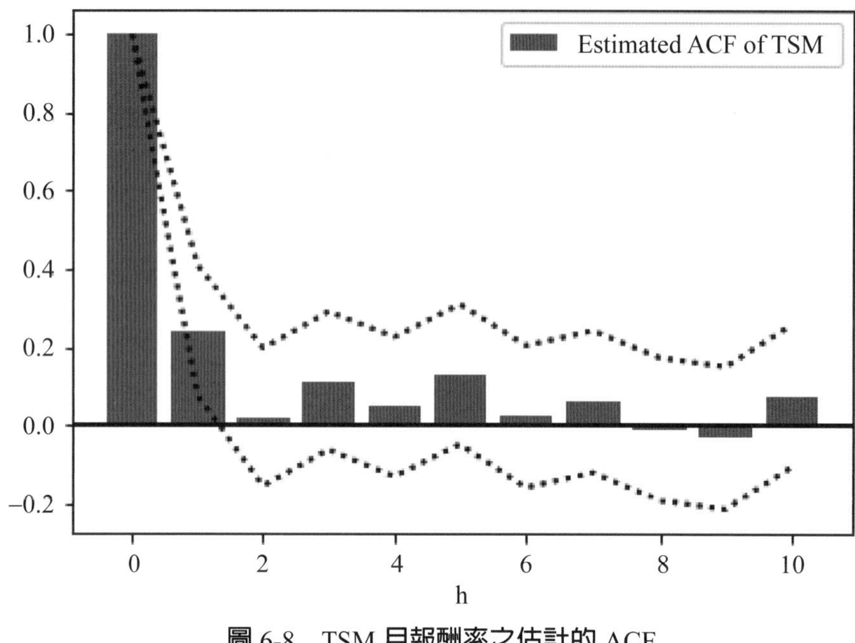

圖 6-8　TSM 月報酬率之估計的 ACF

其中 n 爲樣本個數與 k 爲 $\mathbf{r}_t$ 之維度，而 $tr(.)$ 則表示矩陣之跡數（trace）[⑨]。換言之，（6-8）式所對應的虛無假設爲 $\boldsymbol{\rho}_1 = \boldsymbol{\rho}_2 = \cdots = \boldsymbol{\rho}_m = \mathbf{0}$，而對立假設則爲虛無假設不成立。上述 $Q_k(m)$ 之漸近分配爲自由度爲 k^2m 的卡方分配。根據（6-8）式，不難以自設函數的方式設定如：

```
def MQm(Y1,h1):
    h = len(h1)
    nT,k = Y1.shape
    Y10 = Y1[0:]
    Y10 = Y1.shift(0)[0:]
```

⑨ 試下列指令：

```
X = np.array([[1,2,3,4]]).reshape(2,2)
# array([[1, 2],
# [3, 4]])
np.matrix.trace(X) # 5
```

即矩陣之跡數爲對角元素之加總。

```
    G0 = Y10.T.dot(Y10)/nT
    D = np.diag(np.std(Y1))
    G0a = inv(D).dot(G0).dot(inv(D))
    Qm1 = np.zeros(h)
    Qm = np.zeros([2,h])
    for i in range(h):
        ha = h1[i]
        Y1a = Y1[ha:]
        Y1ha = Y1.shift(ha)[ha:]
        Gh = Y1a.T.dot(Y1ha)/nT
        Gha = inv(D).dot(Gh).dot(inv(D))
        Qm1[i] = np.matrix.trace(Gha.T.dot(inv(G0a)).dot(Gha).dot(inv(G0a)))/(nT-1-i)
    Qm[0,:] = nT**2*np.cumsum(Qm1)
    for i in range(h):
        Qm[1,i] = 1-chi2.cdf(Qm[0,i],k*k*h1[i])
    return Qm
```

再試下列指令：

```
h1 = np.arange(1,11,1)
X = Yr[['NASDAQ','TSM']]
Y1 = X-np.mean(X)
np.round(MQm(Y1,h1),1)
# array([[17.9, 18.4, 21.1, 27. , 30.3, 33.8, 35.3, 36. , 39., 44.9],
#        [ 0. , 0. , 0. , 0. , 0.1 , 0.1 , 0.2 , 0.3 , 0.3, 0.3]])
```

即使用 6.1.1 節內的 NASDAQ 與 TSM 月報酬率（除去平均數）資料，我們執行多變量波特曼托檢定，於 $m = 4$ 之下，對應的檢定統計量約為 27 [0.00]，即拒絕虛無假設為 $\boldsymbol{\rho}_1 = \boldsymbol{\rho}_2 = \cdots = \boldsymbol{\rho}_4 = \mathbf{0}$ 的假定；但是，於 $m = 10$ 之下，對應的檢定統計量約為 44.9 [0.3]，隱含著不拒絕虛無假設為 $\boldsymbol{\rho}_1 = \boldsymbol{\rho}_2 = \cdots = \boldsymbol{\rho}_{10} = \mathbf{0}$ 的假定。換言之，利用多變量波特曼托檢定，我們發現上述 NASDAQ 與 TSM 月報酬率資料於 $m < 4$ 之下，可能存在線性相關。

使用克羅內克積（Kronecker product）（見例 1）以及矩陣之向量化[10]，Tsay（2010）曾指出多變量波特曼托檢定統計量亦可寫成：

$$Q_k(m) = n^2 \sum_{l=1}^{m} \frac{1}{n-l} \mathbf{b}_l^T \left(\hat{\boldsymbol{\rho}}_0^{-1} \otimes \hat{\boldsymbol{\rho}}_0^{-1} \right) \mathbf{b}_l \tag{6-9}$$

其中 $\mathbf{b}_m$ 爲 $\hat{\boldsymbol{\rho}}_m$ 之「矩陣之向量化」，而「⊗」則表示克羅內克積。面對（6-9）式讀者可以自設函數的方式表示（習題）。

利用（6-8）或（6-9）式，我們可以檢視 $\mathbf{r}_t$ 之第 1 至 m 個跨相關係數矩陣內之元素是否爲 0，若拒絕虛無假設，隱含著 $\mathbf{r}_t$ 內存在「領先－落後」關係，而我們可以進一步建立一個多變量動態模型檢視上述關係。下一節介紹的 VAR 模型就是一個可以檢視多變量財金時間序列資料的線性架構模型。

例 1　克羅內克積

令 **A** 與 **C** 分別是一個 $m \times n$ 與 $p \times q$ 矩陣，則：

$$\mathbf{A} = \begin{bmatrix} a_{11} & a_{12} & \cdots & a_{1n} \\ a_{21} & a_{22} & \cdots & a_{2n} \\ \vdots & \vdots & \ddots & \vdots \\ a_{m1} & a_{m2} & \cdots & a_{mn} \end{bmatrix} \text{與 } \mathbf{A} \otimes \mathbf{C} = \begin{bmatrix} a_{11}\mathbf{C} & a_{12}\mathbf{C} & \cdots & a_{1n}\mathbf{C} \\ a_{21}\mathbf{C} & a_{22}\mathbf{C} & \cdots & a_{2n}\mathbf{C} \\ \vdots & \vdots & \ddots & \vdots \\ a_{m1}\mathbf{C} & a_{m2}\mathbf{C} & \cdots & a_{mn}\mathbf{C} \end{bmatrix}$$

是一個 $mp \times nq$ 矩陣。我們舉一個例子看看。試下列指令：

---

[10] 顧名思義，矩陣之向量化是將矩陣的元素堆積成一個向量，我們不難設計一個函數表示，即：

```
def vec(X):
    m,n = X.shape
    return X.reshape(m*n,1)
X1 = np.array([[1,2,3,4,5,6]]).reshape(3,2)
vec(X1)
```

讀者可以檢視看看。

```
A = np.array([['a','b','c','d']]).reshape(2,2)
A1 = np.array([[7,8,9,10]]).reshape(2,2)
X = np.array([[1,2,3,4]]).reshape(2,2)
np.kron(A,X)
A2 = np.kron(A1,X)
# array([[ 7, 14,  8, 16],
#        [21, 28, 24, 32],
#        [ 9, 18, 10, 20],
#        [27, 36, 30, 40]])
```

可以注意克羅內克積的表示方式以及 A2 是一個 4×4 的矩陣。

例 2 日報酬率之多變量波特曼托檢定

再試下列指令：

```
y1D = YrD[['NASDAQ','FTSE','N225','DOW','SP500']]
y1d = y1D-y1D.mean()
np.round(MQm(y1d,h1),2)
# array([[117.12, 175.89, 236.21, 298.76, 337.23, 425.03, 483.9 , 521.82, 550.1 , 577.18],
#        [ 0.  ,   0.  ,   0.  ,   0.  ,   0.  ,   0.  ,   0.  ,   0.  ,   0.  ,   0.  ]])
```

即上述五種指數之日報酬率存在領先－落後期的關係。

例 3 多變量常態分配的模擬資料

利用多變量常態分配的模擬資料如 6.1.1 節內的 xy 資料，我們亦執行多變量波特曼托檢定，即：

```
xy1 = xy-xy.mean()
np.round(MQm(xy1,h1),2)
# array([[ 3.81,  7.19, 17.9 , 21.48, 31.13, 38.26, 47.68, 54.32, 57.71, 69.44],
#        [ 0.92,  0.99, 0.91,  0.97,  0.94,  0.95,  0.92,  0.94,  0.98,  0.95]])
```

換言之，上述資料並不存在領先－落後期的關係。

例 4 M2 **年增率、通貨膨脹率與失業率之年增率**

利用 6.1.1 節內之 M2 年增率、通貨膨脹率與失業率之年增率資料，我們亦執行多變量波特曼托檢定，可得：

```
x = X-X.mean()
np.round(MQm(x,h1),2)
# array([[ 977.85, 1820.75, 2575.79, 3264.56, 3871.99, 4418.48, 4893.1 , 5321.11, 5709.9 , 6069.26],
#        [ 0.  ,   0.  ,   0.  ,   0.  ,   0.  ,   0.  ,   0.  ,   0.  ,   0.  ,
# 0.  ]])
```

其中 X 表示上述資料；換言之，上述檢定結果顯示出 M2 年增率、通貨膨脹率與失業率之年增率資料之間有顯著的領先－落後期的關係。

習題

(1) 根據（6-9）式，試以自設函數的方式表示。

(2) 續上題，試使用前述之 NASDAQ 與 TSM 之月報酬率資料檢視多變量波特曼托檢定結果。

(3) 續上題，利用 NASDAQ 與 TSM 之月報酬率資料，試以 OLS 估計因變數爲 NASDAQ 月報酬率而自變數分別爲落後 1 期之 NASDAQ 月報酬率與落後 1 期之 TSM 月報酬率的複迴歸式。結果爲何？

(4) 續上題，利用 NASDAQ 與 TSM 之月報酬率資料，試以 OLS 估計因變數爲 TSM 月報酬率而自變數分別爲落後 1 期之 NASDAQ 月報酬率與落後 1 期之 TSM 月報酬率的複迴歸式。結果爲何？

(5) 續上題，結論爲何？

(6) 利用上述 M2 年增率與通貨膨脹率月資料，試以 OLS 估計因變數爲 M2 年增率而自變數分別爲落後 12 期之 M2 年增率與落後 12 期之通貨膨脹率的複迴歸式。結果爲何？

6.2 VAR 模型

5.3.1 節強調單變量恆定過程可由 ARMA(p, q) 模型表示；同理，若是多變量恆定過程呢？當然就是向量（vector）ARMA（VARMA）模型。也就是說，AR 模型與 VAR 模型頗爲類似，即二者皆可以用以取代 ARMA 模型與 VARMA 模型估計。本節將介紹 VAR 模型，其可分成「縮減式（reduced form）」與「結構式（structural form）」VAR 模型介紹。

6.2.1 縮減式 VAR 模型

上述之 VARMA(p, q) 模型可以寫成：

$$\mathbf{y}_t = \boldsymbol{\mu} + \sum_{i=1}^{p} \boldsymbol{\Phi}_i \mathbf{y}_{t-i} + \sum_{i=1}^{q} \boldsymbol{\Theta}_j \boldsymbol{\varepsilon}_{t-j} + \boldsymbol{\varepsilon}_t, \boldsymbol{\varepsilon}_t \overset{IID}{\sim} \mathbf{N}(\mathbf{0}, \boldsymbol{\Sigma}_{\boldsymbol{\varepsilon}}) \tag{6-10}$$

其中 $\mathbf{y}_t$、$\boldsymbol{\mu}_t$ 與 $\boldsymbol{\varepsilon}_t$ 皆是 $N\times 1$ 向量，而 $\boldsymbol{\Phi}_i$ 與 $\boldsymbol{\Theta}_j$ 則是皆爲 $N\times N$ 矩陣。換言之，（6-10）式檢視 N 個內生變數，而共有 $\{\boldsymbol{\mu}, \boldsymbol{\Phi}_1, \cdots, \boldsymbol{\Phi}_p, \boldsymbol{\Theta}_1, \cdots, \boldsymbol{\Theta}_q, \boldsymbol{\Sigma}_{\boldsymbol{\varepsilon}}\}$ 未知參數。利用前述之落後操作式，（6-10）式亦可改寫成：

$$\boldsymbol{\Phi}_p(L)\mathbf{y}_t = \boldsymbol{\mu} + \boldsymbol{\Theta}_q(L)\boldsymbol{\varepsilon}_t, \boldsymbol{\varepsilon}_t \overset{IID}{\sim} \mathbf{N}(\mathbf{0}, \boldsymbol{\Sigma}_{\boldsymbol{\varepsilon}}) \tag{6-11}$$

其中

$$\boldsymbol{\Phi}_p(L) = \mathbf{I} - \boldsymbol{\Phi}_1 L - \boldsymbol{\Phi}_2 L^2 - \cdots - \boldsymbol{\Phi}_p L^p \tag{6-12}$$

與

$$\boldsymbol{\Theta}_q(L) = \mathbf{I} + \boldsymbol{\Theta}_1 L + \boldsymbol{\Theta}_2 L^2 + \cdots + \boldsymbol{\Theta}_q L^q \tag{6-13}$$

我們知道（6-12）式可用於判斷 VARMA(p, q) 模型是否安定，而（6-13）式則可用於決定 VMA 模型可否轉換爲 VAR 模型。底下，我們會介紹如何使用（6-12）或（6-13）式。

若 $q=0$，（6-10）式可改成熟悉的 VAR(p) 模型，即：

$$\mathbf{y}_t = \boldsymbol{\mu} + \sum_{i=1}^{p} \boldsymbol{\Phi}_i \mathbf{y}_{t-i} + \boldsymbol{\varepsilon}_t, \boldsymbol{\varepsilon}_t \overset{IID}{\sim} \mathbf{N}(\mathbf{0}, \boldsymbol{\Sigma}_{\boldsymbol{\varepsilon}}) \tag{6-14}$$

我們舉一個例子看看。令 $N = 3$ 以及 $p = 1$，根據（6-14）式可得：

$$\begin{cases} y_{1t} = \mu_1 + \phi_{1,11} y_{1t-1} + \phi_{1,12} y_{2t-1} + \phi_{1,13} y_{3t-1} + \varepsilon_{1t} \\ y_{2t} = \mu_1 + \phi_{1,21} y_{1t-1} + \phi_{1,22} y_{2t-1} + \phi_{1,23} y_{3t-1} + \varepsilon_{2t} \\ y_{3t} = \mu_1 + \phi_{1,31} y_{1t-1} + \phi_{1,32} y_{2t-1} + \phi_{1,33} y_{3t-1} + \varepsilon_{3t} \end{cases}$$

$$\Rightarrow \begin{bmatrix} y_{1t} \\ y_{2t} \\ y_{3t} \end{bmatrix} = \begin{bmatrix} \mu_1 \\ \mu_2 \\ \mu_3 \end{bmatrix} + \begin{bmatrix} \phi_{1,11} & \phi_{1,12} & \phi_{1,13} \\ \phi_{1,21} & \phi_{1,22} & \phi_{1,23} \\ \phi_{1,31} & \phi_{1,32} & \phi_{1,33} \end{bmatrix} \begin{bmatrix} y_{1t-1} \\ y_{2t-1} \\ y_{3t-1} \end{bmatrix} + \begin{bmatrix} \varepsilon_{1t} \\ \varepsilon_{2t} \\ \varepsilon_{3t} \end{bmatrix}$$

$$\Rightarrow \mathbf{y}_t = \boldsymbol{\mu} + \boldsymbol{\Phi}_1 \mathbf{y}_{t-1} + \boldsymbol{\varepsilon}_t$$

因此，VAR 模型是一種自變數皆相同的「聯立方程式體系」；不過，因自變數皆是因變數的落後項，故如（6-14）式就是一種縮減式的 VAR 模型[11]。

我們來看看如何估計縮減式的 VAR 模型。試下列指令：

```
NAS = yf.download("^IXIC", start="2020-01-01", end="2022-05-31")
nasp = NAS.Close
TSM = yf.download("TSM", start="2020-01-01", end="2022-05-31")
tsmp = TSM.Close
Two = pd.DataFrame({'NASDAQ':nasp,'TSM':tsmp})
yt = 100*np.log(Two/Two.shift(1)).dropna()
Date1 = pd.date_range(start="2020-01-02", periods=len(yt), freq='D') #
yt.index = Date1
```

即分別下載 NASDAQ 與 TSM 之日收盤價資料並將其轉換成日報酬率序列資料。接下來，我們將使用 VAR(2) 模型估計上述二個日報酬率序列資料所構成的體系，試下列指令：

[11] 就 t 期而言，VAR 模型如（6-14）式內的解釋變數皆爲已知，且無「內生變數」，故 VAR 模型的建立並不需要「財金理論知識」，故縮減式 VAR 模型只純粹檢視當期內生變數與其對應之落後期變數之間的動態線性關係。

```
from statsmodels.tsa.api import VAR
model1 = VAR(yt).fit(2)
model1.summary()
```

讀者可檢視上述 model1 之結果。上述結果係用 MLE 估計，可以參考《財時》；不過，因於 VAR 模型內，每條方程式皆有相同的解釋變數，故如《財時》所言，其實每條方程式可用 OLS 估計，於習題內我們要求讀者驗證看看。值得注意的是，VAR 或 AR 模型只是描述所觀察的恆定過程資料的動態調整持續過程，本身並無任何理論上的支撐，即嚴格地說，估計係數（或參數）並無理論上的根據，我們反而無法（或不須）詳細探索各估計係數的意義。

我們進一步叫出 model1 內之估計參數，並以矩陣的型態呈現，即：

```
coefs = model1.coefs
coefs.shape # (2, 2, 2)
PHIhat1 = coefs[0,:,:].reshape(2,2)
PHIhat2 = coefs[1,:,:].reshape(2,2)
tvalues = model1.tvalues
t1 = tvalues.iloc[1:3]
#                    NASDAQ          TSM
# L1.NASDAQ        -3.565948       -2.830168
# L1.TSM           -0.433620       -1.511321
t2 = tvalues.iloc[3:5]
#                    NASDAQ       TSM
# L2.NASDAQ         3.111898     1.986200
# L2.TSM           -1.421618    -0.816336
```

換言之，可得 $\hat{\mathbf{\Phi}}_1 = \begin{bmatrix} -0.1972 & -0.0176 \\ -0.2133 & -0.0837 \end{bmatrix}$ 與 $\hat{\mathbf{\Phi}}_2 = \begin{bmatrix} 0.1736 & -0.0575 \\ 0.1511 & -0.045 \end{bmatrix}$。我們可以看出 VAR 模型的參數並不少，可以注意如何叫出其內之估計參數。例如：可以檢視如何叫出檢定統計量 t 值，如 t1 與 t2 所示[12]。

[12] 可用 dir（model1）查詢。

上述將估計參數轉換成用矩陣型態表示，除了轉換成與（6-14）式一致外，我們還可以進一步檢視上述 model1 的結果是否安定？例如：根據《財時》，VAR(2) 模型安定與否取決於 $\mathbf{A} = \begin{bmatrix} \mathbf{\Phi}_1 & \mathbf{\Phi}_2 \\ \mathbf{I}_N & \mathbf{0}_N \end{bmatrix}$ 之根是否小於 1，其中 $\mathbf{I}_N$ 與 $\mathbf{0}_N$ 分別表示 $N \times N$ 之單位矩陣以及元素皆為 0 之 $N \times 1$ 向量。將 $\hat{\mathbf{\Phi}}_1$、$\hat{\mathbf{\Phi}}_2$ 與 $N = 2$ 代入，可得：

```
I2 = np.eye(2)
Zeros = np.zeros([2,2])
A1 = np.concatenate([PHIhat1,PHIhat2],axis=1)
A2 = np.concatenate([I2,Zeros],axis=1)
A = np.concatenate([A1,A2],axis=0)
A.shape # (4, 4)
# roots
1/eig(A)['values']
# array([-2.20796439,  3.54189288, -6.47453999, 22.65533038])
```

即 A 矩陣的根（或其絕對值皆大於 1），故 model1 是安定的。我們亦可以直接從 model1 內檢視：

```
model1.roots
# array([22.65533038, -6.47453999,  3.54189288, -2.20796439])
```

上述結果與 A 矩陣的根之倒數一致。最後，我們檢視上述 model1 內之殘差值序列，並將其繪製如圖 6-9 所示。

根據圖 6-9 的結果，我們發現相對於 NASDAQ 而言，似乎 TSM（日報酬率）的波動較大。我們進一步計算上述二殘差值序列的（樣本）共變異數與相關係數矩陣為：

```
e = model1.resid
e.shape # (605, 2)
np.cov(e,rowvar=0)
```

```
# array([[3.19057038, 2.94563797],
#         [2.94563797, 5.92986844]])
np.corrcoef(e,rowvar=0)
# array([[1.        , 0.67720893],
#         [0.67720893, 1.        ]])
```

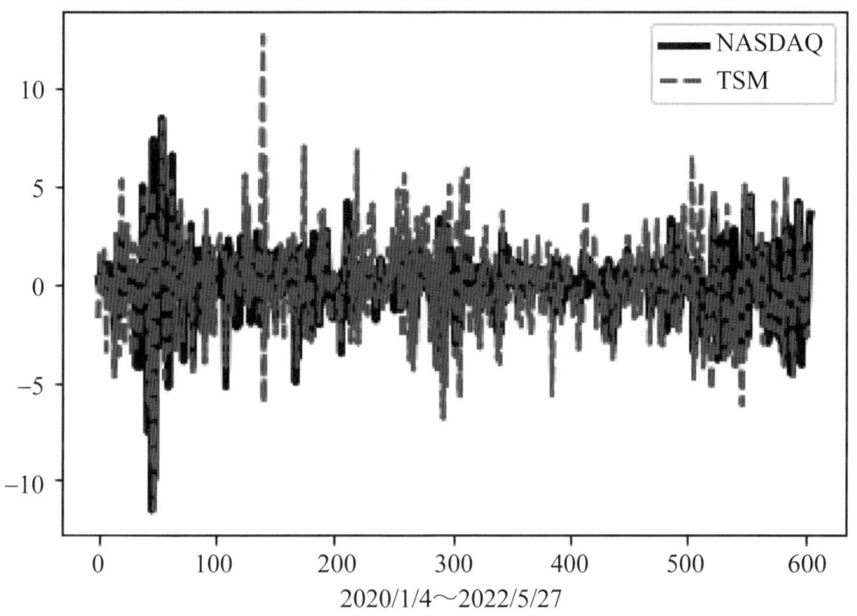

圖 6-9 NASDAQ 與 TSM 之殘差值的時間序列走勢

當然，上述結果亦可以直接從 model1 內叫出。我們除了發現 TSM 的變異數較大外，TSM 與 NASDAQ 之間的關係亦相當密切，即二者之殘差值之間的相關係數約為 67.72%。

上述例子內可看出 VAR 模型的特色，可以分述如下：

(1) 也許稱 VAR 模型是一個「聯立方程式」有些誤導，畢竟 VAR 模型只是將標的變數之觀察值以 AR 模型呈現，即標的變數的選擇並無一定。
(2) 由於各標的變數之間的「因果關係」難定，故理所當然從單變量 AR 模型轉至 VAR 模型。
(3) 從上述 NASDAQ 與 TSM 之日報酬率序列資料所構成的 VAR 模型可看出，VAR 模型只能抓到「落後期變數之間的因果關係」，但是卻無法掌握「同時期變數之間的因果關係」。

(4) 上述縮減式 VAR 模型是有缺失的，即其忽略同時期變數之間的關係，使得我們無法進一步深入檢視。

例 1 滾動樣本相關係數

利用前述之 NASDAQ 與 TSM 日報酬率資料，我們每隔 50 個交易日計算二者之間的樣本相關係數，而其結果則繪製如圖 6-10 所示。我們發現上述滾動的樣本相關係數並非爲固定數值，而且不易找出爲何相關程度隨時間有變？因此，欲解釋 VAR 模型的估計參數意義，應是不容易的。

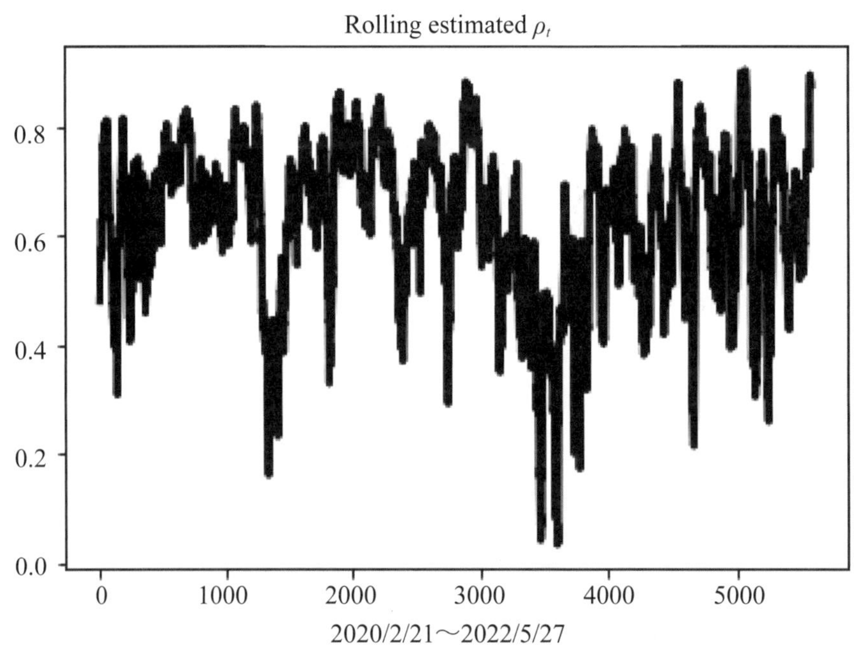

圖 6-10 NASDAQ 與 TSM 日報酬率之間的滾動樣本相關係數

例 2 適當落後期數的選擇

上述 NASDAQ 與 TSM 日報酬率資料是以 VAR(2) 模型估計，其中落後期數是任意取的。通常，我們可以透過「訊息準則（information criterion）」來幫忙選取適當的落後期數。例如：

```
model2 = VAR(yt).fit(maxlags=15, ic='aic')
```

即假定最大落後期數爲 15 期，而選取 AIC（Akaike information criterion）最小爲適當的落後期數；換言之，讀者可以檢視 model2 的落後期數爲何？

例 3 VAR 模型之預期

由於時間序列資料大多具有「持續性」，故使用 VAR 模型的最大優點是可以從事對未來的預期。例如：根據例 2 內的 model2 結果，我們可以進一步取得 NASDAQ 與 TSM 日報酬率之未來的預期，試下列指令：

```
lag_order = model2.k_ar # 9
f1 = model2.forecast(yt.values[-lag_order:], 5)
# array([[ 0.67984201,  0.0216136 ],
#        [-0.8075069 , -1.04014232],
#        [ 0.72253053,  0.96810802],
#        [-0.73346117, -0.38777995],
#        [ 0.62966549,  0.71273817]])
```

即 model2 的落後期數爲 9 期，我們進一步可以取得未來 5 日報酬率之預期值。

由於缺乏實際的資料，難以看出上述預期值的特性，故我們可以事先回測看看；換言之，根據上述 NASDAQ 與 TSM 日報酬率資料，我們保留最後的 20 個資料，重新以 VAR 模型估計，即：

```
yt1 = yt.iloc[0:len(yt)-20]
model2a = VAR(yt1).fit(maxlags=15, ic='aic')
lag_order1 = model2a.k_ar # 9
f2 = model2a.forecast(yt1.values[-lag_order1:], 20)
f2a = model2a.forecast_interval(yt1.values[-lag_order1:], 20, 0.05)
```

可以發現 model2a 的落後期數仍爲 9 期，注意上述 f2 與 f2a 所對應的指令。圖 6-11 繪製出根據 model2a 結果之未來 20 日的預期值以及所對應的 95% 預期區間；爲了比較起見，該圖內亦繪製出實際的 NASDAQ 與 TSM 日報酬率走勢。我們發現雖然 VAR 模型的預期值較爲平緩，不過實際日報酬率走勢大致皆落於上述之 95% 的預期區間內。

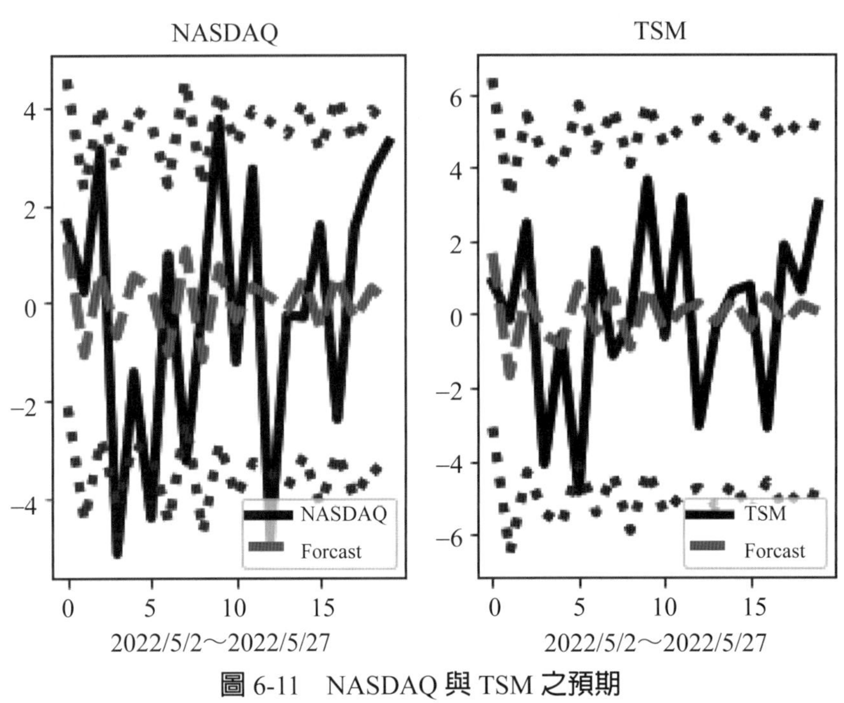

圖 6-11　NASDAQ 與 TSM 之預期

例 4 Granger 因果檢定

雖說 VAR 模型的估計參數的意義並不明顯，不過上述估計參數能顯著異於 0 卻有助於對因變數的「預期」。例如：就上述 model1 的 TSM 日報酬率方程式而言，我們發現落後 1 與 2 期的 NASDAQ 日報酬率的估計參數皆能顯著異於 0（顯著水準為 5%），隱含著 NASDAQ 日報酬率是 TSM 日報酬率的解釋變數，故欲預期後者，自然前者不能忽略。於此情況下，我們稱 NASDAQ 日報酬率是 TSM 日報酬率的「Granger 的因（Granger-cause）」；同理，就 model1 的 NASDAQ 日報酬率方程式而言，因落後 1 與 2 期的 TSM 日報酬率的估計參數皆不顯著異於 0（顯著水準為 5%），隱含著 TSM 日報酬率並不是 NASDAQ 日報酬率的解釋變數，故我們稱 TSM 日報酬率並不是 NASDAQ 日報酬率的「Granger 的因」。換言之，利用 VAR 模型，我們可以從事 Granger 的因果檢定（causality test）。試下列指令：

```
Causala = model1.test_causality('TSM','NASDAQ', kind='f',signif=0.05)
print(Causala)
# <statsmodels.tsa.vector_ar.hypothesis_test_results.CausalityTestResults object.
# H_0: NASDAQ does not Granger-cause TSM: reject at 5% significance level.
```

```
# Test statistic: 6.650, critical value: 3.003>, p-value: 0.001>
Causalb = model1.test_causality('NASDAQ','TSM', kind='f',signif=0.05)
print(Causalb)
# <statsmodels.tsa.vector_ar.hypothesis_test_results.CausalityTestResults object.
# H_0: TSM does not Granger-cause NASDAQ: fail to reject at 5% significance level.
# Test statistic: 1.066, critical value: 3.003>, p-value: 0.345>
```

讀者應能一目了然[13]。值得注意的是，Granger的因果關係只是強調存在所觀察資料的動態因果關係，並非「眞正的因果關係」。

習題

(1) 試用 OLS 估計上述 model1 內之每條方程式，結果爲何？

(2) 若 $\hat{\mathbf{\Phi}}_1 = \begin{bmatrix} 1.279 & -0.355 \\ 0.002 & 1.234 \end{bmatrix}$ 與 $\hat{\mathbf{\Phi}}_2 = \begin{bmatrix} -0.296 & 0.353 \\ 0.007 & -0.244 \end{bmatrix}$，則對應的估計 VAR(2) 模型是否安定？試解釋之。

(3) 試使用下列指令：

```
model2.plot_forecast(10)
```

結果爲何？

(4) 利用上述 model2，試從事 Granger 的因果檢定。

(5) 下載 Tesla、Apple、Google 與 TSM 等四種日收盤價並轉換成日報酬率資料（2010/6/30～2022/5/27）。試將上述四種日報酬率資料以 VAR 模型估計（最大落後期數爲 15 期，並以 AIC 最小爲依據），結果爲何？

(6) 續上題，該估計 VAR 模型是否安定？爲什麼？

(7) 續上題，試列出一些 Granger 因果檢定的結果。

---

[13] 我們稱 NASDAQ 日報酬率是 TSM 日報酬率的「Granger 的因」，就 model1 而言，相當於欲檢視：

$$\begin{cases} H_0 : \phi_{i,21} = 0 \\ H_a : \phi_{i,21} \neq 0 \end{cases}$$

其中 $i = 1, 2$。顯然，上述屬於聯合檢定，我們以 F 檢定檢視。F 檢定統計量約爲 6.65 而對應的 p 值約爲 0.001，故拒絕上述虛無假設（顯著水準爲 5%）。其餘可類推。

6.2.2 結構式 VAR 模型

考慮下列簡單的雙變量體系[14]：

$$y_t = a_{10} - a_{12}z_t + \gamma_{11}y_{t-1} + \gamma_{12}z_{t-1} + u_{yt} \tag{6-15}$$

與

$$z_t = a_{20} - a_{21}y_t + \gamma_{21}y_{t-1} + \gamma_{22}z_{t-1} + u_{zt} \tag{6-16}$$

（6-15）與（6-16）二式背後的假定為：(i) y_t 與 z_t 皆屬於恆定過程；(ii) u_{yt} 與 u_{zt} 皆屬於標準差分別為 σ_y 與 σ_z 的白噪音過程；(iii) u_{yt} 與 u_{zt} 屬於相互不干擾的白噪音過程。（6-15）與（6-16）二式可以寫成矩陣型態如：

$$\begin{bmatrix} 1 & a_{12} \\ a_{21} & 1 \end{bmatrix}\begin{bmatrix} y_t \\ z_t \end{bmatrix} = \begin{bmatrix} a_{10} \\ a_{20} \end{bmatrix} + \begin{bmatrix} \gamma_{11} & \gamma_{12} \\ \gamma_{21} & \gamma_{22} \end{bmatrix}\begin{bmatrix} y_{t-1} \\ z_{t-1} \end{bmatrix} + \begin{bmatrix} u_{yt} \\ u_{zt} \end{bmatrix} \tag{6-17}$$

或

$$\mathbf{A}\mathbf{x}_t = \mathbf{\Gamma}_0 + \mathbf{\Gamma}_1\mathbf{x}_{t-1} + \mathbf{u}_t \tag{6-18}$$

即比較（6-17）與（6-18）二式，可知後者式內參數係數的意義。

基本上，（6-18）與（6-14）二式皆屬於 VAR(p) 模型，其中 p = 1；不過，後者屬於縮減式 VAR 模型，而前者則屬於結構式 VAR 模型。我們可以看出二模型之不同。例如：u_{yt} 與 u_{zt} 可以表示純粹來自 z_t 與 y_t 的「（料想不到的）衝擊」；但是，從（6-15）與（6-16）二式內可看出，若 $a_{21} \neq 0$，隱含著 u_{yt} 對 z_t 有間接的「同時期」影響；同理，若 $a_{12} \neq 0$，隱含著 u_{zt} 對 y_t 亦有間接的同時期影響。換言之，若 $a_{21} \neq 0$ 與 $a_{12} \neq 0$，（6-15）與（6-16）二式之間會「糾纏不清，相互影響」，我們的確無法利用 OLS 估計上述二式。反觀，縮減式 VAR 模型，因 ε_{yt} 與 y_{t-1} 或 z_{t-1} 無關[15]，隱含著於縮減式 VAR 模型內，每條方程式彼此之間無關，故每條方程式可

[14] 即（6-15）與（6-16）式容易擴充至檢視多變量且落後期數為 $p > 1$ 的情況。

[15] 想像一個類似（6-18）式的縮減式 VAR(1) 模型，如（6-19）式。

用 OLS 估計。

還好，結構式 VAR 模型如（6-18）式可以轉換成縮減式 VAR 模型，即（6-18）式可改寫成：

$$\mathbf{x}_t = \mathbf{\Phi}_0 + \mathbf{\Phi}_1 \mathbf{x}_{t-1} + \boldsymbol{\varepsilon}_t \tag{6-19}$$

其中 $\mathbf{\Phi}_0 = \boldsymbol{\mu} = \mathbf{A}^{-1}\mathbf{\Gamma}_0$、$\mathbf{\Phi}_1 = \mathbf{A}^{-1}\mathbf{\Gamma}_1$ 與 $\boldsymbol{\varepsilon}_t = \mathbf{A}^{-1}\mathbf{u}_t$。（6-19）式內的每條方程式亦可寫成：

$$y_t = \mu_1 + \phi_{11} y_{t-1} + \phi_{12} z_{t-1} + \boldsymbol{\varepsilon}_{1t} \tag{6-20}$$

與

$$z_t = \mu_2 + \phi_{21} y_{t-1} + \phi_{22} z_{t-1} + \boldsymbol{\varepsilon}_{2t} \tag{6-21}$$

其中 μ_i 為 $\mathbf{\Phi}_0$ 內之第 i 個元素，而 ϕ_{ij} 為 $\mathbf{\Phi}_1$ 內之 i 列 j 行元素；另外，ε_{it} 為 $\boldsymbol{\varepsilon}_t$ 內之第 i 個元素。不過因 $\boldsymbol{\varepsilon}_t = \mathbf{A}^{-1}\boldsymbol{\mu}_t$，故 ε_{it} 內之元素可寫成[16]：

$$\varepsilon_{1t} = (u_{yt} - a_{12}u_{zt})/(1 - a_{12}a_{21}) \text{ 與 } \varepsilon_{2t} = (u_{zt} - a_{21}u_{yt})/(1 - a_{12}a_{21}) \tag{6-22}$$

由於 u_{yt} 與 u_{zt} 皆屬於不相干之白噪音過程，經過一些整理後可得：

$$\begin{aligned}\operatorname{cov}(\varepsilon_{1t}, \varepsilon_{2t}) &= E(\varepsilon_{1t}, \varepsilon_{2t}) = E\left[\left(u_{yt} - a_{12}u_{zt}\right)\left(u_{zt} - a_{21}u_{yt}\right)\right] / \left(1 - a_{12}a_{21}\right)^2 \\ &= -\left(a_{21}\sigma_y^2 + a_{12}\sigma_z^2\right) / \left(1 - a_{12}a_{21}\right)^2\end{aligned} \tag{6-23}$$

換言之，除非 $a_{12} = a_{21} = 0$，否則 $\operatorname{cov}(\varepsilon_{1t}, \varepsilon_{2t}) \neq 0$。我們進一步可得誤差項之共變異數矩陣為：

---

⑯ 因 $\mathbf{A} = \begin{bmatrix} 1 & b_{12} \\ b_{21} & 1 \end{bmatrix}$，可得 $\mathbf{A}^{-1} = \dfrac{\begin{bmatrix} 1 & -b_{12} \\ -b_{21} & 1 \end{bmatrix}}{\begin{vmatrix} 1 & b_{12} \\ b_{21} & 1 \end{vmatrix}} = \dfrac{1}{1 - b_{12}b_{21}} \begin{bmatrix} 1 & -b_{12} \\ -b_{21} & 1 \end{bmatrix}$。

$$\mathbf{\Sigma}_\varepsilon = \begin{bmatrix} \sigma_1^2 & \sigma_{12} \\ \sigma_{21} & \sigma_2^2 \end{bmatrix} \tag{6-24}$$

其中$\sigma_1^2 = \text{var}(\varepsilon_{1t})$、$\sigma_2^2 = \text{var}(\varepsilon_{2t})$與$\sigma_{12} = \text{cov}(\varepsilon_{1t}, \varepsilon_{2t})$。

我們重新整理。如前所述，（6-15）與（6-16）二式可稱爲結構式 VAR(1) 模型或爲「原始」模型；不過，因誤差項與解釋變數之間存在著相關，即 cov(y_t, u_{zt}) ≠ 0 或 cov(z_t, u_{yt}) ≠ 0，使得我們無法使用 OLS 分別估計（6-15）與（6-16）二式。反觀（6-20）與（6-21）二式則稱爲縮減式 VAR(1) 模型，因不存在上述「同時期相關」問題，故反而可以使用 OLS 分別估計（6-20）與（6-21）二式，那豈不是可以透過縮減式 VAR(1) 模型的估計結果「反推」出結構式 VAR(1) 模型嗎？

由（6-20）與（6-21）二式的 OLS 估計結果「反推」出（6-15）與（6-16）二式內的未知參數？這其實存在一些認定上的（identified）問題，原因就在於（6-20）與（6-21）二式內共有九個參數，即：

$$\mu_1、\mu_2、\phi_{11}、\phi_{12}、\phi_{21}、\phi_{21}、\sigma_1、\sigma_2 \text{與} \sigma_{12}$$

但是（6-15）與（6-16）二式內卻存在十個參數，即：

$$a_{12}、a_{21}、a_{10}、a_{20}、\gamma_{11}、\gamma_{12}、\gamma_{21}、\gamma_{22}、\sigma_y \text{與} \sigma_z$$

那後者如何用前者取代？換言之，就原始模型如（6-15）與（6-16）二式而言，其是屬於一種「不足認定（under-identified）」的 VAR 模型。

Sims（1980）曾提出一種「遞迴系統（recursive system）」型態以找出可認定的模型，即就（6-15）與（6-16）二式而言，例如：若令$a_{21} = 0$，隱含著y_t不會「同時期」影響z_t，但是z_t卻會「同時期」影響y_t，故（6-15）與（6-16）二式可改寫成：

$$\begin{aligned}
&\begin{bmatrix} 1 & a_{12} \\ 0 & 1 \end{bmatrix}\begin{bmatrix} y_t \\ z_t \end{bmatrix} = \begin{bmatrix} a_{10} \\ a_{20} \end{bmatrix} + \begin{bmatrix} \gamma_{11} & \gamma_{12} \\ \gamma_{21} & \gamma_{22} \end{bmatrix}\begin{bmatrix} y_{t-1} \\ z_{t-1} \end{bmatrix} + \begin{bmatrix} u_{yt} \\ u_{zt} \end{bmatrix} \\
&\Rightarrow \begin{bmatrix} y_t \\ z_t \end{bmatrix} = \begin{bmatrix} 1 & -a_{12} \\ 0 & 1 \end{bmatrix}\begin{bmatrix} a_{10} \\ a_{20} \end{bmatrix} + \begin{bmatrix} 1 & -a_{12} \\ 0 & 1 \end{bmatrix}\begin{bmatrix} \gamma_{11} & \gamma_{12} \\ \gamma_{21} & \gamma_{21} \end{bmatrix}\begin{bmatrix} y_{t-1} \\ z_{t-1} \end{bmatrix} + \begin{bmatrix} 1 & -a_{12} \\ 0 & 1 \end{bmatrix}\begin{bmatrix} u_{yt} \\ u_{zt} \end{bmatrix} \\
&\Rightarrow \begin{bmatrix} y_t \\ z_t \end{bmatrix} = \begin{bmatrix} a_{10} - a_{12}a_{20} \\ a_{20} \end{bmatrix} + \begin{bmatrix} \gamma_{11} - a_{12}\gamma_{21} & \gamma_{12} - a_{12}\gamma_{22} \\ \gamma_{21} & \gamma_{22} \end{bmatrix}\begin{bmatrix} y_{t-1} \\ z_{t-1} \end{bmatrix} + \begin{bmatrix} u_{yt} - a_{12}u_{zt} \\ u_{zt} \end{bmatrix}
\end{aligned} \tag{6-25}$$

我們再以 OLS 估計下列縮減式 VAR(1) 模型，即：

$$\begin{bmatrix} y_t \\ z_t \end{bmatrix} = \begin{bmatrix} \mu_1 \\ \mu_2 \end{bmatrix} + \begin{bmatrix} \phi_{11} & \phi_{12} \\ \phi_{21} & \phi_{22} \end{bmatrix} \begin{bmatrix} y_{t-1} \\ z_{t-1} \end{bmatrix} + \begin{bmatrix} \varepsilon_{1t} \\ \varepsilon_{2t} \end{bmatrix} \tag{6-26}$$

比較（6-25）與（6-26）二式，自然可以得到例如：$\phi_{11} = \gamma_{11} - a_{12}\gamma_{21}$ 結果，其餘的關係可類推。比較特別的是 $\varepsilon_{1t} = u_{yt} - a_{12}u_{zt}$ 與 $\varepsilon_{2t} = u_{zt}$，隱含著衝擊 u_{zt} 分別會影響到 ε_{1t} 與 ε_{2t}，但是衝擊 u_{yt} 只影響 ε_{1t} 卻不會影響至 ε_{2t}。

結構式 VAR 模型如（6-26）式，其實就是 Lütkepohl 與 Krätzig（2004）或 Lütkepohl（2005）等文獻內的「模型 -A（A-model）」。於 Python 內倒是可以直接估計。先試下列指令：

```
Two1 = pd.DataFrame({'TSM':tsmp,'NASDAQ':nasp})
yt1 = 100*np.log(Two1/Two1.shift(1)).dropna()
Date1 = pd.date_range(start="2020-01-02", periods=len(yt), freq='B') #
yt1.index = Date1
model2 = VAR(yt1).fit(1)
e2 = model2.resid
SIGMAhat2 = np.cov(e2,rowvar=0)
```

即仍使用前述的 NASDAQ 與 TSM 日報酬率資料，值得注意的是，此處 yt1 內 NASDAQ 與 TSM 日報酬率資料排列的順序與 6.2.1 節內的 yt 並不相同。

我們嘗試以結構式 VAR(1) 模型估計上述的模型 -A：

```
from statsmodels.tsa.vector_ar.svar_model import SVAR
A1 = np.array([[1,'E',0,1]]).reshape(2,2)
modelA = SVAR(yt1,svar_type='A',A=A1,freq='B').fit(maxlags=1, solver='bfgs')
```

即模組（statsmodels）內有結構式 VAR 模型的估計指令 SVAR(.)。可以注意上述 A1 的設定方式。顯然我們是使用 MLE 方法估計上述模型 -A[17]；換言之，modelA 附有相當多的估計結果，可試下列指令：

[17] MLE 方法可參考 Lütkepohl 與 Krätzig（2004）或 Lütkepohl（2005）等文獻。

```
dir(modelA)
```

即上述指令可查 modelA 內附有哪些結果。例如：

```
Ahat = modelA.A
# array([[ 1.      , -0.9231583],
#        [ 0.      ,  1.       ]])
modelA.coefs
# array([[[-0.09375052, -0.23131717],
#         [-0.02539972, -0.21819467]]])
```

可得 a_{12} 的估計值約為 –0.92（明顯顯著異於 0[18]），我們進一步可得 Γ_1 之估計值等結果。

有意思的是，前述我們說可以透過縮減式 VAR 模型的估計結果「反推」出結構式 VAR 模型的估計結果，而如今我們有辦法估計後者，豈不是可以據此「反修正」前者的估計結果嗎？即因 $\varepsilon_t = \mathbf{A}^{-1}\mathbf{u}_t$，可得：

```
Ahat_1 = inv(Ahat)
eA = modelA.resid
m,n = eA.shape
eA1 = np.zeros([m,n])
eA1[:,0] = eA[:,0]-Ahat_1[0,1]*eA[:,1]
eA1[:,1] = eA[:,1]
np.round(np.cov(eA1,rowvar=0),4)
# array([[1.7435, 0.    ],
#        [0.    , 5.9776]])
np.round(Ahat.dot(SIGMAhat).dot(Ahat.T),4)
# array([[1.7435, 0.    ],
#        [0.    , 5.9776]])
```

[18] 對應的估計標準誤約為 0.02。其實不容易從上述 modelA 內看出估計結果，筆者另有提供用 R 語言估計的結果，可檢視所附之 svar.R（程式碼）檔案。

即根據（6-24）與（6-25）二式，反而可以得出 $\boldsymbol{\Sigma}_{\varepsilon}$ 的估計矩陣是一個正交的（orthogonal）對角矩陣，即 σ_{12} 與 σ_{21} 的估計值皆爲 0。

因此上述結構式 VAR 模型之估計結果（如 modelA）可以轉換爲縮減式 VAR 模型之估計結果，不過後者的殘差值序列之間已不存在相關。於《財時》、Lütkepohl（2005）或 Enters（2015）等文獻內，強調上述轉換相當於對縮減式 VAR 模型內的估計共變異數矩陣，進行可列斯基拆解，不過我們發現此時縮減式 VAR 模型內的變數排列順序非常重要；換言之，試下列指令：

```
P = np.linalg.cholesky(SIGMAhat2).T
D = np.diag(np.diag(P))
W = P.dot(inv(D))
inv(W)
# array([[ 1.        , -0.9270484],
#        [ 0.        , 1.        ]])
```

可看出 W 的逆矩陣竟與上述的 A 矩陣的估計值頗爲接近；換言之，結構式 VAR 模型之估計的模型 -A（如上述之 modelA），相當於對縮減式 VAR 模型（如 model2）之估計的 $\boldsymbol{\Sigma}_{\varepsilon}$，進行可列斯基拆解，可注意二者皆使用 yt1 估計。因此，若對縮減式 VAR 模型內之估計的 $\boldsymbol{\Sigma}_{\varepsilon}$ 進行可列斯基拆解，不僅可以得到「正交的」估計 $\boldsymbol{\Sigma}_{\varepsilon}$，同時竟隱含著某一結構式 VAR 模型之模型 -A 型態。

根據 yt1，我們使用上述結構式模型 -A，相當於假定 NASDAQ 日報酬率會同時期影響 TSM 日報酬率，但是後者卻無法同時期影響前者。上述假定應符合直覺上的判斷，畢竟前者的市場規模較大。直覺而言，（6-25）式是一種「恰爲認定」的模型，另一方面該式亦可對應至「正交的」誤差項；因此，若用 OLS 方法估計（6-25）式內的每條方程式亦未嘗不可（習題），讀者可以試試。

例 1 正交衝擊反應函數

利用估計的縮減式 VAR 模型，我們可以進一步取得衝擊反應函數（impulse response function）；不過，通常縮減式 VAR 模型的誤差項存在著相關，故並不易找出例如：單獨 y_t 的誤差項衝擊下，y_t（或 z_t）的反應[19]。因此，正交衝擊反應函

[19] 衝擊反應函數是指 y_t（或 z_t）的誤差項變動（衝擊）下，y_t（或 z_t）會如何反應？可以參考《財時》。

數的計算可以彌補上述缺失。如前所述，透過模型 -A 之轉換，可將 model2 的估計 $\boldsymbol{\Sigma}_{\varepsilon}$ 轉換為正交的矩陣，故可以計算正交衝擊反應函數如：

```
irf1 = model2.irf(periods=10)
irf1.plot(impulse='NASDAQ',orth=True,figsize=(8,8))
```

該結果繪製如圖 6-12 所示。我們亦可以直接從 modelA 內計算如：

```
irf2 = modelA.irf(periods=10)
irf2.plot(impulse='NASDAQ',orth=False,figsize=(8,8))
```

我們可以看出圖 6-12 與 6-13 的結果並不相同[20]。我們可以知道前述二圖為何不同，原因就在於圖 6-12 係來自於縮減式 VAR(1) 模型，其忽略當期 TSM 的反應；而圖 6-13 係來自於結構式 VAR(1) 模型，其有包括於 NASDAQ 的衝擊之下，當期 TSM 的反應。如此，可看出縮減式 VAR 模型的缺失。

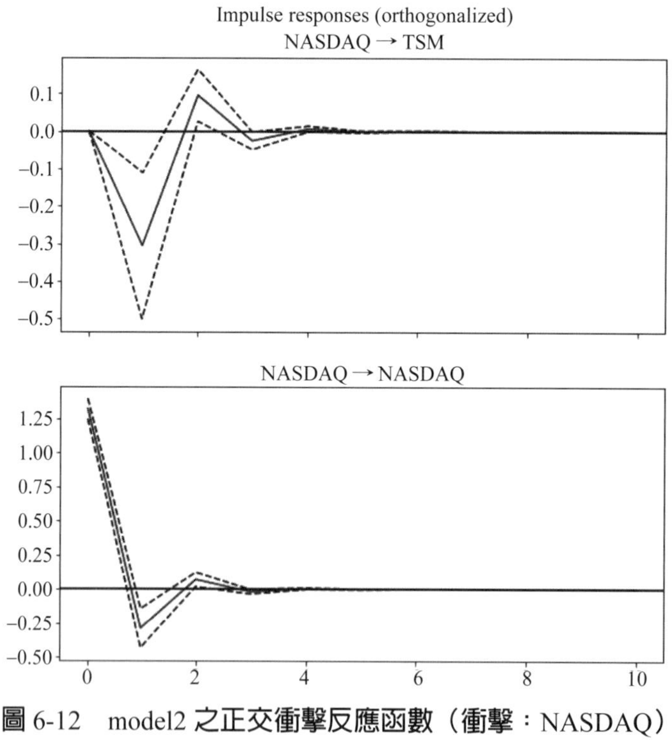

圖 6-12　model2 之正交衝擊反應函數（衝擊：NASDAQ）

[20] 若圖形不清楚，讀者可藉由所附檔案，重新繪圖。

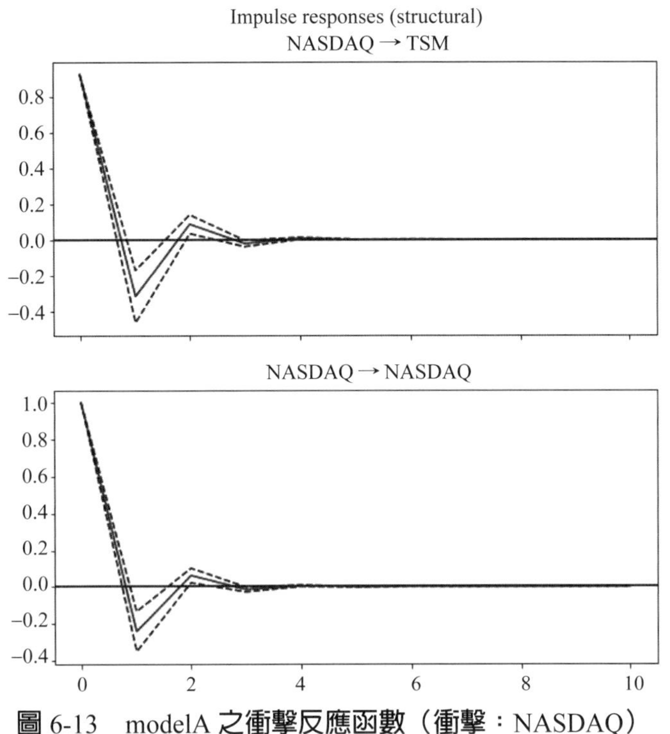

圖 6-13　modelA 之衝擊反應函數（衝擊：NASDAQ）

例 2　預測誤差之變異數拆解

根據《財時》，我們可以進一步計算 y_t 或 z_t 之向前 h 步預測誤差之變異數拆解，試下列指令：

```
fevd2 = model2.fevd(5)
fevd2.summary()
# FEVD for TSM
#        TSM       NASDAQ
# 0      1.000000  0.000000
# 1      0.985270  0.014730
# 2      0.983899  0.016101
# 3      0.983803  0.016197
# 4      0.983796  0.016204

# FEVD for NASDAQ
```

```
#       TSM        NASDAQ
# 0     0.462198   0.537802
# 1     0.467998   0.532002
# 2     0.468432   0.531568
# 3     0.468461   0.531539
# 4     0.468463   0.531537
```

即利用上述 model1 的預測誤差之變異數拆解，可知 NASDAQ 日報酬率無法解釋 TSM 日報酬率之預測誤差；但是，於 NASDAQ 日報酬率的預測誤差內，TSM 日報酬率卻能解釋約 46% 的比重。上述結果有些奇怪，我們倒是可以計算上述 modelA 的預測誤差之變異數拆解，不過因 Python 指令無法顯示，故我們以 R 語言的計算取代（見所附之 svar.R 檔案），可得：

```
# FEVD for TSM
#         TSM        NASDAQ
# [1,] 0.5398923   0.4601077
# [2,] 0.5141512   0.4858488
# [3,] 0.5122872   0.4877128
# [4,] 0.5121628   0.4878372
# [5,] 0.5121546   0.4878454
#
# FEVD for NASDAQ
#         TSM           NASDAQ
# [1,] 0.0000000000   1.0000000
# [2,] 0.0006091818   0.9993908
# [3,] 0.0006660967   0.9993339
# [4,] 0.0006700982   0.9993299
# [5,] 0.0006703625   0.9993296
```

可看出 NASDAQ 日報酬率可以解釋 TSM 日報酬率之預測誤差約 46% 比重，而後者卻無法解釋前者之預測誤差比重。如此亦可看出縮減式 VAR 模型與結構式 VAR 模型之不同。

例 3 模型 -B 與模型 -AB

除了模型 -A 之外，Lütkepohl 與 Krätzig（2004）或 Lütkepohl（2005）等文獻亦有考慮模型 -B 與模型 -AB，即就（6-18）式而言，模型 -B 與模型 -AB 分別可寫成：

$$\mathbf{x}_t = \mathbf{\Gamma}_0 + \mathbf{\Gamma}_1 \mathbf{x}_{t-1} + \mathbf{B}\mathbf{u}_t$$

與

$$\mathbf{A}\mathbf{x}_t = \mathbf{\Gamma}_0 + \mathbf{\Gamma}_1 \mathbf{x}_{t-1} + \mathbf{B}\mathbf{u}_t$$

而上述二模型亦可直接估計如：

```
modelB = SVAR(yt1,svar_type='B',B=A1,freq='B').fit(maxlags=1, solver='bfgs')
modelB.B
# array([[1.        , 0.92315826],
#        [0.        , 1.        ]])
modelAB = SVAR(yt1,svar_type='AB',A=A1,B=A1,freq='B').fit(maxlags=1, solver='bfgs')
modelAB.A
# array([[ 1.        , -0.36157915],
#        [ 0.        ,  1.        ]])
modelAB.B
# array([[1.        , 0.56157912],
#        [0.        , 1.        ]])
```

顯然上述模型 -B 與模型 -AB 無法用 OLS 估計每條方程式。

習題

(1) 結構式 VAR 模型與縮減式 VAR 模型有何不同？試解釋之。

(2) 試用 OLS 分別估計 modelA 內每條方程式，結果為何？

(3) 前述之 NASDAQ 與 TSM 日報酬率資料若用模型 -B 估計，轉換後之估計的 $\mathbf{\Sigma}_{\varepsilon}$ 是否是一個正交矩陣？

(4) 前述之 NASDAQ 與 TSM 日報酬率資料若用模型 -AB 估計，轉換後之估計的 $\mathbf{\Sigma}_{\varepsilon}$ 是否是一個正交矩陣？

(5) 試隨意檢視 modelA 內一些結果。

單變量 GARCH 模型

於尚未介紹之前，我們先檢視圖 7-1 與 7-2 內的結果，即圖 7-1 分別繪製 S&P 500 之日報酬率（以 r_t 表示）之時間走勢以及直方圖，而圖 7-2 則分別繪製出 r_t、r_t^2 與 $|r_t|$ 之估計的 ACF。換言之，從圖 7-1 與 7-2 內，我們可以注意到金融資產報酬率的特殊性，可以分述如下：

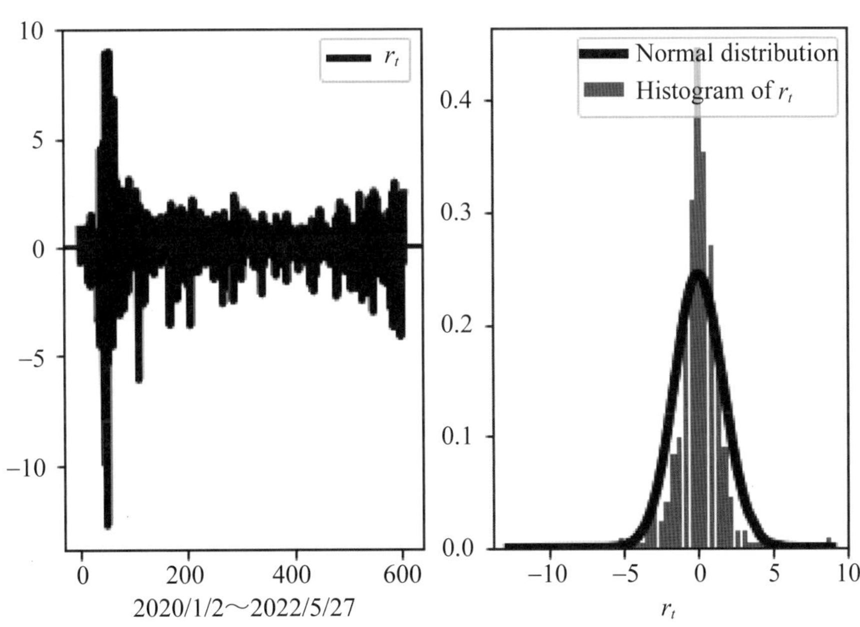

圖 7-1　r_t 之時間走勢與對應的直方圖，其中 r_t 表示 S&P 500 之日報酬率

(1) 就 CER 模型而言，也許許多資產如 S&P 500 之日報酬率的「長期」平均數與

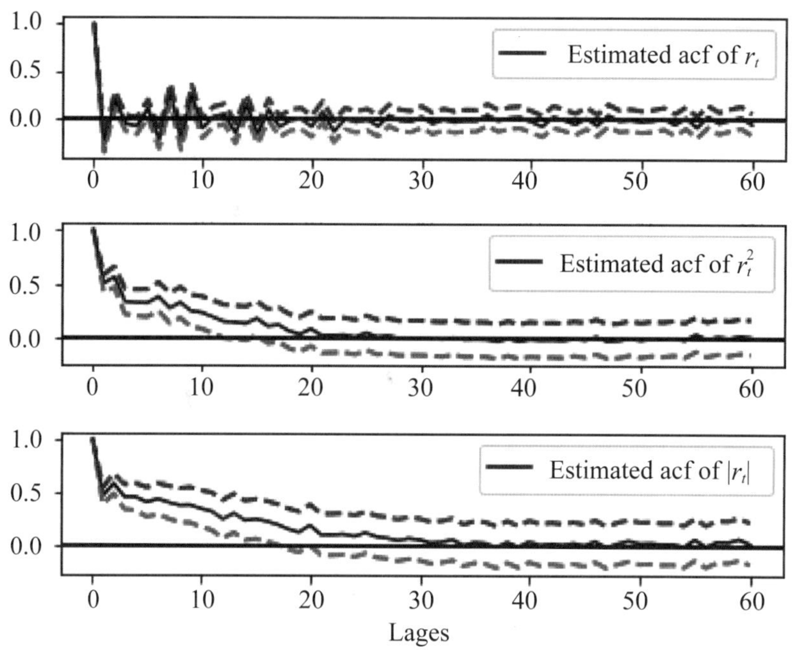

圖 7-2　r_t、r_t^2 與 $|r_t|$ 之估計的 ACF，其中 r_t 表示 S&P 500 之日報酬率

變異數是固定的，但是「短期」應該不是；也就是說，短期平均數與變異數會反轉回歸至長期平均數與變異數。例如：就圖 7-1 內的左圖而言，我們看到 r_t 似乎脫離不了 r_t 之長期平均數（圖內接近 0 之水平線[①]）的吸引，即 r_t 只要脫離上述水平線，不久就會反轉回歸。

(2) 至於長期變異數呢？於圖 7-1 與 7-2 內並看不出來，不過卻可從圖 7-1 內的左圖看出短期變異數的蹤影，即短期變異數可用「波動率」取代；也就是說，於圖 7-1 的左圖內，我們可以看到波動率群聚（volatility clustering）現象。波動率群聚現象是描述資產價格接受外力衝擊後的反應，其倒是有些類似「擲石子於湖中會餘波盪漾」。例如：圖 7-1 的左圖內可看到 2020 年期初 r_t 之波動幅度相當大且餘波盪漾[②]，至於其他期間則相對上較為平靜。

(3) 如前所述，相對於常態分配而言，資產報酬率擁有「高峰、腰瘦且厚尾」的特性，我們從圖 7-1 的右圖亦可看出類似的特性。

---

① 就上述期間之 S&P 500 日報酬率而言，其樣本平均數約為 0.04%，接近於 0。

② 例如：2020 年 3 月 16 日星期一（此稱為 2020 年黑色星期一）曾經發生國際金融恐慌的一場股災，即美國股票市場在三月分第三次觸發熔斷機制，跌幅超過同年 3 月 9 日股災和 3 月 12 日的黑色星期四，是 1987 年黑色星期一以來的最大跌幅，同日美國總統川普宣布，美國可能正在走向衰退。

(4) 雖說 r_t 之估計的 ACF 值並不顯著異於 0，但是 r_t 之平方或絕對值之估計的 ACF 值卻能顯著異於 0，如圖 7-2 所示。

面對上述金融資產報酬率的特殊性或獨特性，顯然 CER 模型的假定需要修正；或者說，我們需要一個能描述「短期」平均數與變異數在模型，而其中 CER 模型只是一個長期模型。於 CER 模型內，我們發現誤差項如 ε_t 或 $\boldsymbol{\varepsilon}_t$ 屬於 IID 的假定過於嚴苛，而從圖 7-2 內已經知道雖說資產報酬率與過去資產報酬率之間是無關的，但是資產報酬率平方與過去資產報酬率平方之間卻是有關的，隱含著資產報酬率之變異數（或波動率）與過去資產報酬率之變異數（或波動率）是有關的[③]；因此，我們需要一個能取代如 ε_t 或 $\boldsymbol{\varepsilon}_t$ 屬於 IID 的假定，而自我迴歸條件異質變異數（autoregressive conditional heteroscedasticity, ARCH）模型就是其中一個選項。本章與下一章將分別介紹單變量 ARCH 模型與多變量 ARCH 模型。

7.1 ARCH 模型

如前所述，我們需要一個能描述「短期」平均數與變異數的模型，其中「短期」可用「條件模型」表示，我們如何使用後者？例如：我們用（7-1）與（7-2）式取代（5-8）式，即：

$$y_t = \mu + u_t \tag{7-1}$$

與

$$u_t = \sigma_t \varepsilon_t \tag{7-2}$$

其中 y_t 表示恆定過程如報酬率序列，而 ε_t 則是一個 IID 如標準常態分配之隨機變數。令 $F_{t-1} = \{y_{t-i} \mid i = 1, 2, \cdots\}$ 表示 y_t 之過去的觀察值所提供的資訊；是故，（7-1）式隱含著可將 y_t 拆成由可以預期成分 μ 以及無法預期成分所構成，即其中 $\mu_t = E(y_t \mid F_{t-1})$ 表示於 F_{t-1} 的條件下對 y_t 之條件預期，其可表示 $\mathbf{y}_t$ 內可預期的成分[④]。因誤差

③ 因日報酬率之樣本平均數接近於 0，故根據變異數的公式，日報酬率平方之平均數相當於變異數。

④ 當然 μ 可以包括一些如平均數、確定趨勢、季節成分或甚至於 AR 模型（不包括誤差項）等。

項 u_t 不存在序列相關，故 u_t 爲 y_t 內無法預期的成分，通常我們稱爲「出乎意料外的衝擊（shock）」。

我們繼續檢視（7-2）式，其中 $\sigma_t^2 = \text{var}(u_t \mid F_{t-1})$ 表示 y_t 之條件變異數；或者，稱 σ_t 爲條件波動率（或簡稱爲波動率），其可主導例如：圖 7-1 內左圖的波動程度或波動率凝聚現象。換句話說，於 u_t 內加入 σ_t 項，可顯示出 u_t 雖然不存在序列相關，但是 u_t 卻存在波動相關。我們不難將（7-1）與（7-2）二式延伸或擴充至分析多變量的情況；或者說，於底下可看出如何模型化 σ_t 項是 ARCH 模型或多變量 ARCH 模型的特色，不過後者將於第 8 章介紹。

7.1.1 波動率群聚現象

顧名思義，波動率的觀念頗爲重要，即其不僅可當作隨時間變動的風險指標以提供給個別投資決策參考之外；另一方面，其亦可反映當前經濟循環現況。因此，波動率的估計或計算至爲重要。我們再次檢視圖 7-1 內的左圖，可發現短期波動率並非固定數值，反而出現有波動率群聚現象，隱含著不同期的波動是有關的。

波動率群聚現象是指「大波動伴隨大波動，小波動伴隨小波動」。我們不難瞭解爲何會出現上述現象。即股價受到外力衝擊時所引起的波動，並不會立即停止，總會持續一段時間；另一方面，因外力衝擊的強度不一，因此所引起的波動幅度自然就不同，是故我們可以於圖 7-1 內看到不同時期的波動強度未必相同，而其引起的漣漪的強度自然也不同。其實，波動率群聚現象亦可用日報酬率平方序列或日報酬率的絕對值之估計的 ACF 檢視或衡量。例如：圖 7-2 的中圖顯示出隨著落後期的提高，日對數報酬率平方序列的 ACF 估計值遞減的速度並不快，甚至於數周或數月後仍顯著異於 0。

現在，我們已經知道波動率群聚現象其實可用 ARCH 效果檢定（《財統》或參考例 1）。上述 ARCH 效果或波動率群聚現象最早出現於 Mandelbrot（1963）的檢視商品價格上，不過自從 Engle（1982）或 Bollerslev（1986）提出 ARCH/GARCH 模型後，波動率群聚現象已經容易於金融商品如股票、股票指數、匯率、利率或甚至於通貨膨脹率等檢視到。

我們可以進一步檢視如何模型化波動率群聚現象。考慮一個 AR(1) 模型如：

$$y_t = \rho y_{t-1} + u_t$$

其中 $u_t \sim N(0, \sigma^2)$。就圖 7-2 的上圖而言，報酬率的未來預期絕非可能，故 $\rho = 0$ 隱含著平均數與變異數分別爲 $E(y_t) = E(u_t) = 0$ 與 $Var(y_t) = \sigma^2$[⑤]，是故於 $t-1$ 期的資訊下 t 期的條件預期爲[⑥]：

$$E_{t-1}(y_t) = E_{t-1}(\rho y_{t-1} + u_t) = \rho E_{t-1}(y_{t-1}) + E_{t-1}(u_t) = \rho y_{t-1} = 0 \tag{7-3}$$

可記得 $\rho = 0$，故 $E_{t-1}(y_t) = 0$。

另一方面，圖 7-2 的中圖卻指出報酬率的平方存在自我相關，此隱含著波動率是可預期的。仍寫成 AR(1) 模型的型態，即其可寫成：

$$y_t^2 = \alpha_0 + \alpha_1 y_{t-1}^2 + v_t \tag{7-4}$$

其中 $v_t \sim N(0, \sigma_v^2)$ 而 α_0 與 α_1 爲二個參數。對（7-4）式取非條件期望値可得：

$$E\left(y_t^2\right) = E\left(\alpha_0 + \alpha_1 y_{t-1}^2 + v_t\right) = \alpha_0 + \alpha_1 E\left(y_{t-1}^2\right)$$

因 $E(y_t^2) = E(y_{t-1}^2) = \sigma^2$ 代入上式可得非條件變異數爲：

$$\sigma^2 = \frac{\alpha_0}{1-\alpha_1} \tag{7-5}$$

因此，非條件變異數 σ^2 爲正數値的條件爲 $\alpha_0 > 0$ 與 $|\alpha_1| < 1$。値得注意的是，若 $\alpha_1 = 1$，則非條件變異數並無法定義。

接下來，我們考慮條件變異數 σ_t^2。即利用（7-3）式，σ_t^2 可寫成：

$$\sigma_t^2 = E_{t-1}(y_t^2) - E_{t-1}(y_t)^2 = E_{t-1}(y_t^2) \tag{7-6}$$

因此，根據（7-4）式，σ_t^2 有另外一種表示方式，即：

$$\sigma_t^2 = E_{t-1}\left(\alpha_0 + \alpha_1 y_{t-1}^2 + v_t\right) = \alpha_0 + \alpha_1 y_{t-1}^2 \tag{7-7}$$

---

⑤ 即 $Var(y_t) = E(y_t^2) - E(y_t)^2 = E(y_t^2) = E(u_t^2) = \sigma^2$。

⑥ $E(y_t \mid F_{t-1})$ 可簡寫成 $E_{t-1}(y_t)$；同理，$\text{var}(y_t \mid F_{t-1}) = E_{t-1}\left\{\left[y_t - E_{t-1}(y_t)\right]^2\right\}$。

也就是說，根據（7-3）式，條件平均數與時間 t 無關，不過根據（7-7）式，條件變異數卻與 y_{t-1}^2 有關。因此，透過上述分析，我們竟然可以分別出非條件變異數 σ^2（或可稱為長期變異數）與條件變異數 σ_t^2（或可稱為短期變異數）的區別。

是故，波動率群聚現象可視為財金資料的獨特性。若仍以上述 AR(1) 模型來看，其背後竟隱含著條件常態分配為：

$$f(y_t \mid y_{t-1}) \sim N(0, \alpha_0 + \alpha_1 y_{t-1}^2) \tag{7-8}$$

（7-8）式指出若 y_{t-1} 值愈小，則條件變異數愈接近 α_0，隱含著下一期出現 y_t 值愈小的機率愈大；同理，若 y_{t-1} 值愈大，則條件變異數愈接近 $\alpha_0 + \alpha_1 y_{t-1}^2$，隱含著下一期出現 y_t 值愈大的機率愈大。

圖 7-2 的結果讓我們懷疑條件變異數並非為固定數值。根據《財統》或《歐選》，樣本波動率的計算可解釋成：於過去的事件下，日報酬率的條件標準差，即：

$$h_t = \left[Var\left(Y_t \mid Y_{t-1}, \cdots, Y_1\right) \right]^{\frac{1}{2}} \tag{7-9}$$

上述波動率的計算結果，可以參考圖 7-3。由於該圖是用滾動的波動率計算[⑦]，且從該圖內亦可看出波動率會隨時間改變，故我們觀察到的波動率其實屬於一種隨時間變動的波動率。

其實圖 7-3 內的結果亦透露出另外一種財金時間序列資料的獨特性：槓桿效果（leverage effect）。槓桿效果最早見於 Black（1976），其說明了負報酬率（壞消息）所對應的波動率較大，即負報酬率所帶來的波動高於正報酬率（好消息）所對應的波動（衝擊）。我們嘗試檢視看看。分別令 y_{t-h}、$y_{t-h}^+ = \max(y_{t-h}, 0)$ 與 $y_{t-h}^- = \max(-y_{t-h}, 0)$ 表示落後 h 期日對數報酬率，正日對數報酬率與負日對數報酬率，其中後二者可以分別表示好消息與壞消息所帶來的衝擊。表 7-1 分別列出根據前述 S&P 500 之日報酬率序列資料的計算結果，我們嘗試利用該表檢視上述槓桿效果。

根據表 7-1 的結果，首先我們發現到 y_{t-h} 與 y_t^2 之間的樣本相關係數皆為負數值，顯示出波動率（以 y_t^2 表示）的變動與（落後 h 期的）報酬率之間呈現負的相關，隱含著高與低波動率皆有可能會使股價下跌，不過前者下降的幅度較大而後者

⑦ 假定 1 年有 252 個交易日，圖 7-3 之右圖是每隔 252 個交易日計算一次日波動率。

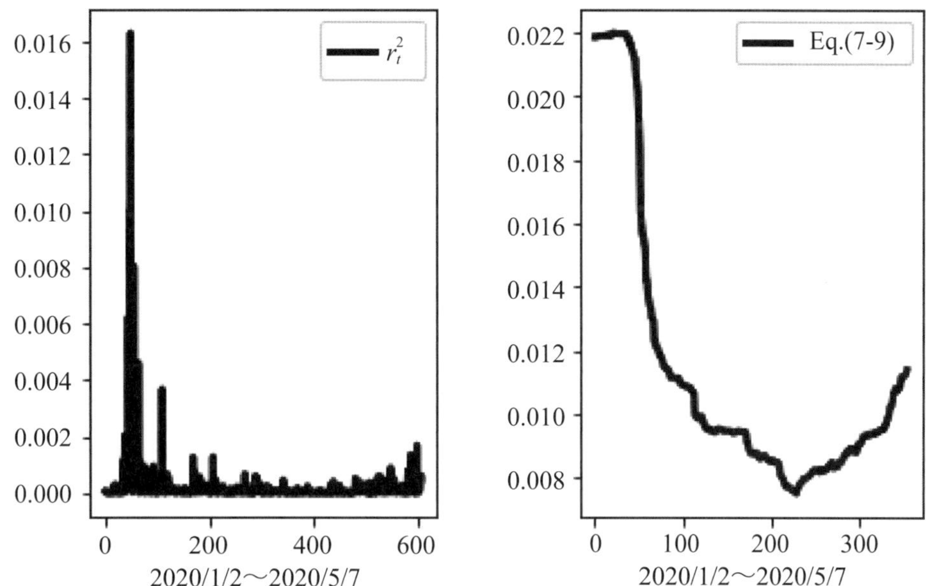

圖 7-3　日波動率之估計，其中 r_t 表示 S&P 500 之日報酬率而右圖表示滾動日波動率估計

下降的幅度則縮小或甚至於轉爲上升值。接下來，我們將報酬率拆成正與負數值二種情況，其中前者以 y_{t-h}^{+} 而後者則以 y_{t-h}^{-} 表示。從表內可以看出 y_{t-h}^{+} 與 y_t^2 之間的樣本相關係數普遍小於 y_{t-h}^{-} 與 y_t^2 之間的樣本相關係數，此說明了槓桿效果。直覺而言，因波動率的提高表示不確定的因素增加了，故會提高股價下跌的幅度。因此，表 7-1 內的結果與我們的預期一致。

表 7-1　y_{t-h}、y_{t-h}^{+} 以及 y_{t-h}^{-} 與 y_t^2 之間的樣本相關係數

h	0	1	2	3	4	5	6	7	8	9
$\hat{\rho}_{y_{t-h},y_t^2}$	-0.0584	-0.2205	-0.1358	-0.1479	-0.0953	-0.1784	-0.0149	-0.0762	-0.0474	-0.032
$\hat{\rho}_{y_{t-h}^{+},y_t^2}$	0.2623	0.1747	0.1525	0.1334	0.1735	0.0909	0.2274	0.1647	0.1624	0.1769
$\hat{\rho}_{y_{t-h}^{-},y_t^2}$	0.3078	0.4704	0.3277	0.3292	0.2858	0.3376	0.2139	0.2521	0.2076	0.1973

說明：$\hat{\rho}_{y_{t-h},y_t^2}$ 表示 y_{t-h} 與 y_t^2 之間的樣本相關係數，其餘可類推。

於前面的章節內，我們已經多次說明了實際市場資料並非屬於常態分配。其實，利用表 7-1 的方法，我們也可以間接證明前述 S&P 500 之日報酬率序列資料並非屬於常態分配，即以上述資料的平均數與變異數模擬出相同數量的常態分配觀察值，讀者可以嘗試檢視上述常態分配觀察值是否存在槓桿效果？

例 1 ARCH 檢定

上述波動率群聚現象其實可以稱爲 ARCH 效果，而後者則可以用 ARCH 檢定檢視。於 Python 內，我們可以直接執行 ARCH 檢定，即：

```
from statsmodels.stats.diagnostic import het_arch
Date1 = pd.date_range(start="2020-01-02", periods=len(spr), freq='D') #
spr.index = Date1
het_arch(spr,nlags=1)
# (151.53497376918523,
#   8.006855736308778e-35,
#   201.3953084920177,
#   1.1708651909771063e-39)
```

即就前述 S&P 500 之日報酬率資料（以 spr 表示）而言，我們用 ARCH(1) 檢定檢視（7-7）式，此時對應的虛無假設爲 $\alpha_1 = 0$。上述 ARCH(1) 檢定共有「卡方檢定統計量與對應的 p 值以及 F 檢定統計量與對應的 p 值」四種結果[8]。因此，從上述 ARCH(1) 的檢定結果可知 S&P 500 之日報酬率資料呈現出顯著的 ARCH 現象。讀者可以嘗試執行 ARCH(q) 的檢定，或者想像 ARCH(q) 的虛無假設爲何？

例 2 美元兌新臺幣匯率

圖 7-4 之上圖分別繪製出 2002/1/2～2020/9/18 期間之美元兌新臺幣匯率時間走勢（左圖）以及對應的日變動率走勢（右圖），可發現後者的波動幅度參差不齊；換言之，上述美元兌新臺幣匯率日變動率亦可能有波動率群聚現象或有 ARCH 效果。我們進一步計算上述日變動率平方與日變動率絕對值之估計的 ACF，其結果就繪製如圖 7-4 的下圖所示。我們亦可看出隨著落後期數的增加，上述估計的 ACF 消退的速度緩慢。最後，我們分別用 ARCH(1) 與 ARCH(4) 檢定檢視（可參考所附檔案），亦發現上述美元兌新臺幣匯率日變動率資料有顯著的 ARCH 效果，讀者可檢視看看。

---

[8] ARCH 檢定屬於 LM（Lagrange multiplier）檢定，而該檢定可用卡方或 F 檢定「處理」，可以參考《財統》。

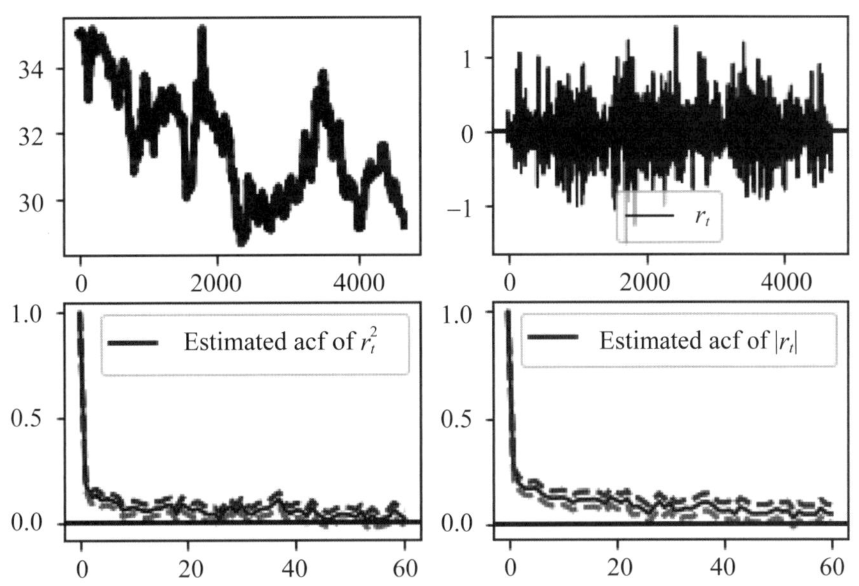

圖 7-4　左上圖為 2002/1/2～2020/9/18 期間之美元兌新臺幣匯率走勢，r_t 為對應之美元兌新臺幣匯率日變動率（資料來源：央行）

例 3　通貨膨脹率

利用第 5 章的通貨膨脹率資料，我們檢視該資料是否存在波動率群聚現象？檢視圖 7-5，可發現 π_t^2 與 $|\pi_t|$ 之估計的 ACF 遞減的速度緩慢，故其有可能存在 ARCH 現象。我們進一步用 ARCH(1) 與 ARCH(12) 檢定檢視，可得：

```
het_arch(pi,nlags=1) # (693.2913452863888, 8.601123554307932e-153, 9453.629344224611, 0.0)
het_arch(pi,nlags=12) # (707.2032428725523, 1.2656805048804498e-143, 1431.9655257833383, 0.0)
```

其中 pi 表示 π_t。顯然，上述 ARCH 檢定顯示出有顯著的 ARCH 效果。

習題

(1) 何謂波動率群聚現象？試解釋之。

(2) 續上題，我們可用何方式說明波動率群聚現象？

(3) 至主計總處下載 1978/1～2020/7 期間的月失業率資料，試檢視該月失業率資料之估計的 ACF，結果爲何？

(4) 究竟是月失業率抑或是月失業率的變動率有出現波動率群聚現象？試說明之。

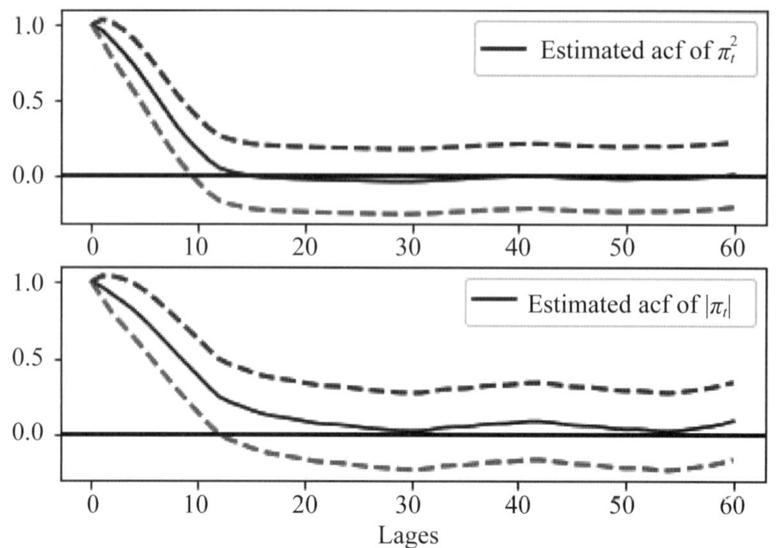

圖 7-5　π_t^2 與 $|\pi_t|$ 之估計的 ACF，其中 π_t 表示通貨膨脹率

(5) 我們如何執行 ARCH 檢定？試說明之。
(6) 何謂槓桿效果？其經濟意義爲何？提示：可上網查詢。
(7) 續上題，試利用常態分配的觀察值檢視是否存在槓桿效果？

7.1.2 ARCH 模型的估計

至目前爲止，我們所介紹的波動率估計是隨意的（如圖 7-3），我們當然需要進一步取得較一般化的方法，而該方法能夠適用於一般的財金資料，故本節將介紹 ARCH 模型。ARCH 模型的引入，相當於將模型化的方式由線性化模型轉換成非線性化模型。Engle（1982）是首位嘗試透過 ARCH 過程，以模型化英國通貨膨脹率月資料，其特色是將條件變異數轉換成內生變數。

Engle（1982）曾指出報酬率的平方或是條件變異數可以用下列的 ARCH 模型化，即：

$$\begin{cases} y_t = E_{t-1}(y_t) + u_t \\ u_t = \varepsilon_t \sigma_t \\ \sigma_t^2 = \alpha_0 + \alpha_1 u_{t-1}^2 + \cdots + \alpha_p u_{t-p}^2 \end{cases} \tag{7-10}$$

其中 $E_{t-1}(.)$ 仍表示使用 $t-1$ 的資訊所取得的條件預期，而 ε_t 則表示平均數與變異數分別爲 0 與 1 的 IID 隨機變數。於基本的 ARCH 模型內，ε_t 通常假定爲 IID 標準常態隨機變數。於（7-10）式內，$\sigma_t^2>0$ 的條件是 $\alpha_0>0$ 與 $\alpha_i\geq 0$（$i=1,\cdots,p$）。（7-10）式可以簡寫成 ARCH(p) 模型；另一方面，寫成（7-10）式的型態是便於導出與設定估計的概似函數或者單獨彰顯出條件變異數的特性。

（7-10）式內的 σ_t^2（方程式）亦可視爲一種 u_t^2 的 AR(p) 過程，即：

$$u_t^2=\alpha_0+\alpha_1 u_{t-1}^2+\cdots+\alpha_p u_{t-p}^2+v_t \tag{7-11}$$

其中 $v_t=u_t^2-\sigma_t^2$ 可稱爲平賭差異序列（martingale difference sequence, MDS），其具有 $E_{t-1}(v_t)=0$ 的特色。通常，我們假定 $E(u_t^2)<\infty$，隱含著對應的變異數不爲無限值。從《財時》可知，若 $\alpha_1+\cdots+\alpha_p<1$，則 u_t^2 屬於恆定隨機過程；另一方面，u_t^2 與 σ_t^2 的持續性可用 $\alpha_1+\cdots+\alpha_p$ 來衡量，而不是用非條件變異數衡量，其中後者爲 $Var(u_t)=E(u_t^2)=\alpha_0/(1-\alpha_1-\cdots-\alpha_p)$。

於《財統》或《歐選》內，我們已經知道可以使用 MLE 估計 ARCH 或 GARCH 模型，而於 Python 內，倒是可以直接使用模組（arch）內的指令，即：

```
from arch import arch_model
model1 = arch_model(spr,mean='Constant',p=1,vol='ARCH',dist='normal').fit()
model1.summary()
model1.params
# mu          0.158045
# omega       1.072341
# alpha[1]    0.678649
# Name: params, dtype: float64
```

其中 spr 爲 7.1.1 節內之 S&P 500 日報酬率觀察值序列。上述指令是 spr 以 ARCH(1) 模型估計，讀者可以檢視看看。上述估計結果可寫成：

$$\hat{y}_t=0.1580$$
$$(0.05)$$
$$\hat{\sigma}_t^2=1.0723+0.6786\hat{u}_{t-1}^2$$
$$(0.165)\quad(0.202)$$

其中 $\hat{y}_t$、$\hat{u}_t$ 與 $\hat{\sigma}_t^2$ 分別表示估計的 S&P 500 日報酬率、殘差值序列與估計的條件變異數，而小括號內之值爲對應的估計標準誤；換言之，於 ARCH 模型內，有平均數與變異數方程式之估計。利用上述估計結果，可得非條件變異數之估計值爲：

$$\hat{\sigma}^2 = \frac{\hat{\alpha}_0}{1-\hat{\alpha}_1} = \frac{1.0723}{1-0.6786} \approx 3.336$$

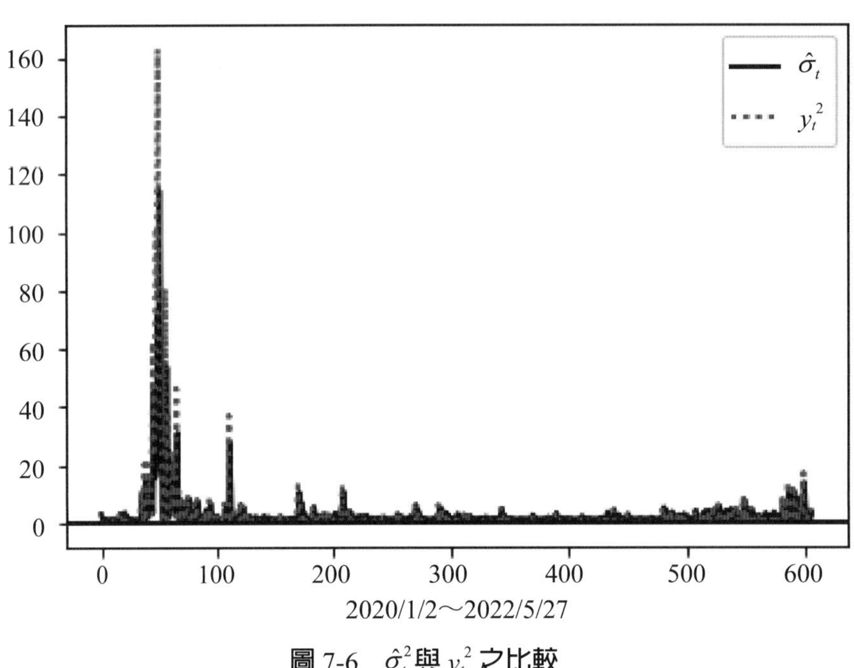

圖 7-6　$\hat{\sigma}_t^2$ 與 y_t^2 之比較

上述 ARCH(1) 模型之估計結果以 model1 表示，我們仍使用下列指令檢視：

```
dir(model1)
```

即可知 model1 內可以「抓出」的估計結果。例如：

```
sigma2t = model1.conditional_volatility**2
res1 = model1.resid
```

即 $\hat{\sigma}_t^2$ 與 $\hat{u}_t$ 分別用 sigma2t 與 res1 表示，二者皆可從 model1 內取得。$\hat{\sigma}_t^2$ 是用 ARCH(1) 模型估計所取得的估計結果，其可繪製如圖 7-6 所示；另外，爲了比較起

見，圖 7-6 內亦繪製出 y_t^2 的結果。y_t^2 可稱為已實現的波動率（realized volatility），即因 y_t^2 有群聚現象，故以 ARCH 模型估計；換言之，我們用 ARCH(1) 模型估計的目的，就是想抓到 y_t^2 的群聚現象。我們從圖 7-6 內可看出 $\hat{\sigma}_t^2$ 只能掌握部分的 y_t^2 結果，顯示出 ARCH(1) 模型仍有改善的空間。

事實上，利用上述的殘差值序列 res1，我們可以利用前述的 ARCH 檢定檢視，例如：

```
het_arch(res1,1)
het_arch(res1,12)
```

讀者應可發現上述 res1 內仍存有明顯的 ARCH 現象。

其實，上述 S&P 500 日報酬率觀察值以 ARCH(1) 模型估計的另外一個重要的目的是「未來波動率或條件變異數的預期」。試下列指令：

```
forecasts1 = model1.forecast(reindex=False)
forecasts1.mean
#                    h.1
# Date
# 2022-05-27  0.158045
forecasts1.variance
#                    h.1
# Date
# 2022-05-27  4.619034
```

上述指令是「向前 1 步預期（one-step ahead forecast）」，其可有條件平均數與條件變異數之預期結果。條件平均數的預期就是 $\hat{\mu}$，而條件變異數之預期的意義，我們可以驗證看看，即：

```
h1 = res1.iloc[-1:].item() # 1.81591834735365
alpha0 = model1.params.iloc[1] # 1.0723406082033269
alpha1 = model1.params.iloc[2] # 0.6786491089054318
f1 = alpha0+alpha1*h1**2 # 4.619034075152143
```

於 $p = 1$ 之下，根據（7-4）或（7-5）式，可得向前 1 步之條件變異數預期；同理，可得向前 2 步條件變異數之預期為：

```
f2 = alpha0+alpha1*f1 # 4.207043967309154
forecasts2 = model1.forecast(horizon=2,reindex=False)
forecasts2.variance
#                  h.1         h.2
# Date
# 2022-05-27   4.619034    4.207044
```

我們自然可以延伸至取得向前 n 步條件變異數之預期。

例 1　向前 n 步條件變異數之預期

如前所述，從上述向前 2 步之條件變異數預期的結果，自然可以知道向前 n 步條件變異數之預期的結果爲何？我們舉一個例子看看。利用上述 S&P 500 之日報酬率資料，我們保留最後 20 個觀察值資料以供判斷。圖 7-7 繪製出該結果，其中 y_t^2 亦是另外一種表示「已實現波動率」的方式，而反覆向前 1 步條件變異數預期是指估計 20 次，每次皆使用向前 1 步預期，讀者可想像如何取得圖 7-7 的結果（當然可以參考所附檔案）。我們發現向前 20 步條件變異數預期的結果較爲平滑，而反覆向前 1 步條件變異數預期的結果則呈現鋸齒狀，倒是與實際的結果一致。讀者可以猜猜哪一個預測誤差比較大？

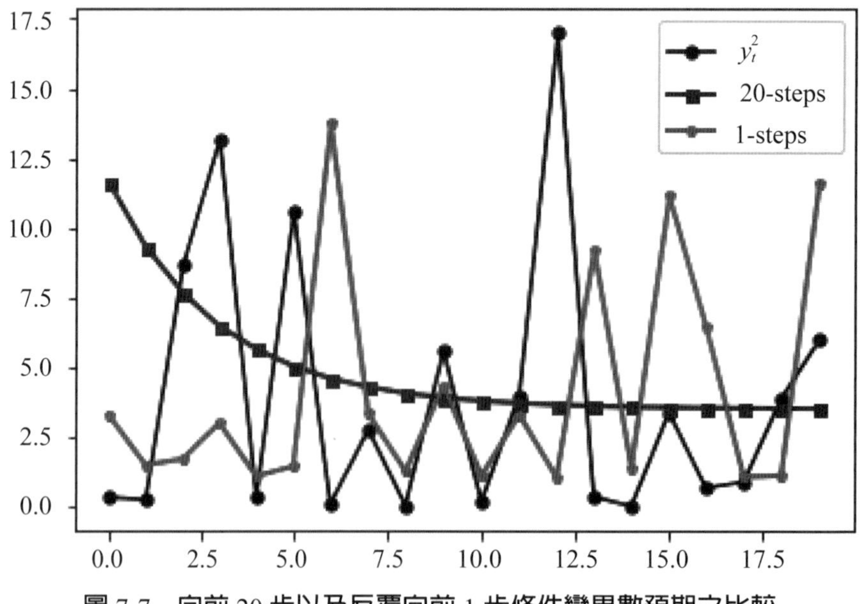

圖 7-7　向前 20 步以及反覆向前 1 步條件變異數預期之比較

例 2 AR-ARCH **模型**

（7-10）式應可擴充如下所示：

$$\begin{cases} y_t = \beta_0 + \beta_1 y_{t-1} + \cdots \beta_1 y_{t-p} + u_t \\ u_t = \varepsilon_t \sigma_t \\ \sigma_t^2 = \alpha_0 + \alpha_1 u_{t-1}^2 + \cdots + \alpha_p u_{t-q}^2 \end{cases} \tag{7-12}$$

故可寫成一個 AR(p)-ARCH(q) 模型[9]。試下列指令：

```
model2 = arch_model(spr,mean='AR',lags=1,p=4,vol='ARCH',dist='normal').fit()
model2.summary()
```

讀者可以檢視上述結果。圖 7-8 繪製出對應之 $\hat{\sigma}_t^2$ 與 y_t^2 比較結果，我們發現似乎 AR(1)-ARCH(4) 模型的估計結果較佳[10]。

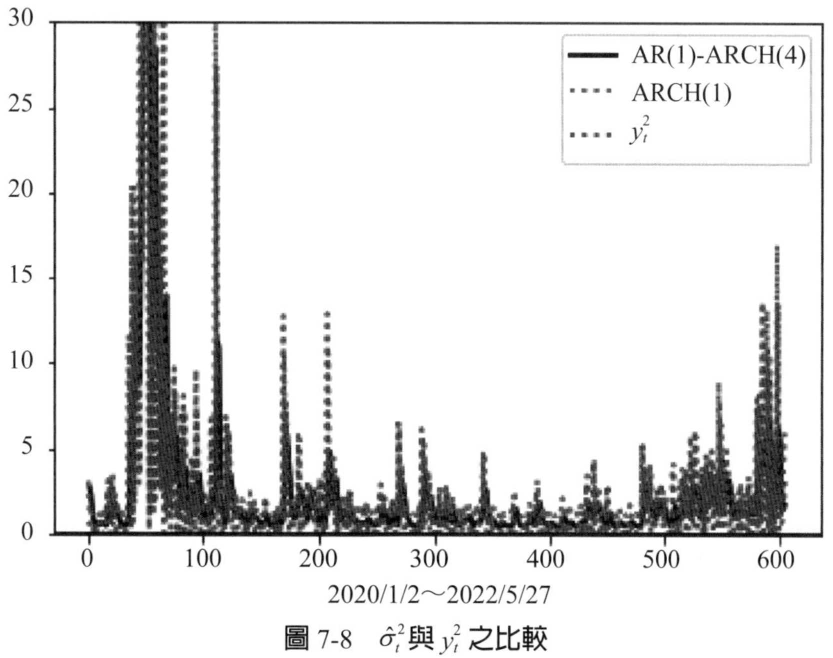

圖 7-8 $\hat{\sigma}_t^2$ **與** y_t^2 **之比較**

---

⑨ 即 y_t 與 y_{t-i} 以及 y_t^2 與 y_{t-j}^2 之間有關係，其中 $i, y \geq 1$。

⑩ 從圖 7-8 內並不容易看出結果，不過我們可以計算並比較上述二模型之 $\sum_{t=1}^{n}\left(\hat{\sigma}_t^2 - y_t^2\right)^2$ 之平均數高低。理所當然，上述「平均誤差平方」愈低愈佳。

例 3　準 MLE 方法

嚴格來講，上述之 ARCH 模型之估計是使用「準（quasi）」MLE 方法，原因就在於大部分（金融）資產報酬率並非屬於常態分配，而我們卻於 ARCH 模型內皆使用常態分配估計。以上述 model1 爲例，圖 7-9 繪製出對應之標準化殘差值（以 e_t 表示）之直方圖，可發現 e_t 並不屬於常態分配。我們改用 t 分配估計，即：

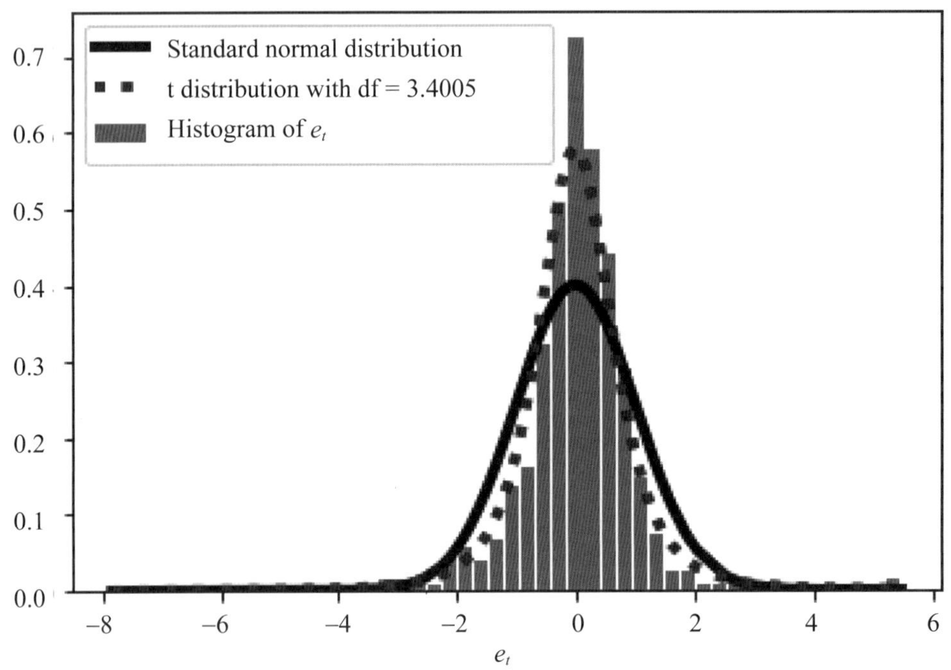

圖 7-9　model1 之標準化殘差值（以 e_t 表示）之分配

```
model1t = arch_model(spr,mean='Constant',p=1,vol='ARCH',dist='t').fit()
```

可得：

$$\hat{y}_t = 0.1541$$
$$(0.04)$$
$$\hat{\sigma}_t^2 = 1.1789 + 0.7715\hat{u}_{t-1}^2$$
$$(0.208) \quad (0.213)$$

以及圖 7-9 內的 t 分配之自由度（df）是根據 model1t 內的估計結果。我們發現上述 e_t 之分配較接近 t 分配，故 model1t 內的估計結果可信度較高。

例 4 ARCH(q) 模型的模擬

根據（7-4）式，我們不難自設函數以模擬 ARCH(q) 模型的走勢（可以參考所附檔案），圖 7-10 繪製出上述模擬結果。我們發現波動凝聚現象的強弱（程度），端視 α_1 值的大小而定，即 α_1 值愈大（小），則波動凝聚現象愈明顯（不明顯）！

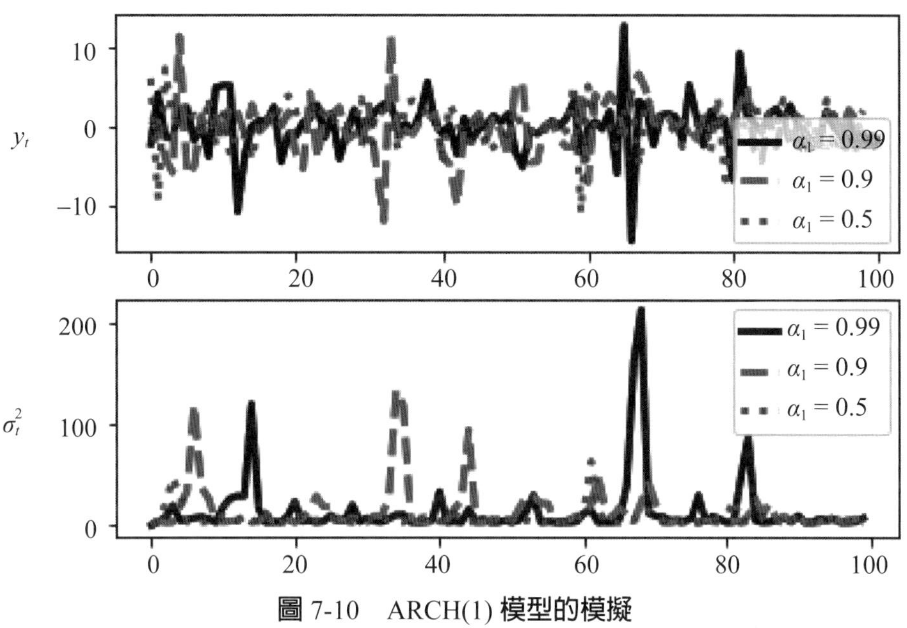

圖 7-10 ARCH(1) 模型的模擬

習題

(1) 試模擬出平均數與標準差分別為 0 與 1 的 t 分配觀察值，再以 t 分配之 ARCH(1) 模型估計上述觀察值，結果為何？是否存在波動率群聚現象？

(2) 直覺而言，準 MLE 方法的缺點為何？我們可以用何方法檢視上述缺失？

(3) 利用例 4 所附的 ARCH(q) 模型的模擬檔案，將其內的標準常態分配隨機變數改為標準 t 分配隨機變數，其中自由度為 3.4005。試模擬出一組樣本數為 1,000 的觀察值，再以 ARCH(1) 模型估計上述觀察值，結果為何？是否存在波動率群聚現象？

(4) 續上題，若重複 N 次，就有 N 組觀察值，試分別以 t 與常態分配之 ARCH(1) 模型估計，再分別找出 α_1 之估計值。

(5) 續上題，試繪製出 α_1 估計值之直方圖，結果為何？

(6) 續上題，何者直方圖的波動較大？為何會如此？

(7) 試敘述如何利用所估計的 ARCH 模型從事條件變異數之預期。

7.2 對稱型的 GARCH 模型

ARCH 模型與廣義的（generalized）ARCH 模型（簡稱爲 GARCH 模型）之間的關係，猶如 AR 模型與 ARMA 模型之間的關係。本節將介紹「基本型或稱爲對稱型」的 GARCH 模型，至於「對稱型」的 GARCH 模型與「非對稱型」的 GARCH 模型的區別，7.3 節自會說明。有關於對稱型 GARCH 模型的說明，本節將分二部分介紹。

7.2.1 GARCH 模型的特色

上述 ARCH(q) 模型有一個缺點：若 q 值過大，此時使用 ARCH 模型反而於模型的使用上「較無效率」（即需估計太多的參數值）或不符合模型「簡潔化」的要求。爲了避開這個問題，一個自然的選擇標的，是以條件變異數的遞延落後項取代，此有點類似過去我們曾使用過的 AR 模型；因此，Bollerslev（1986）更擴充（7-10）或（7-12）式內的 σ_t^2（方程式）而以類似於 ARMA(p, q) 過程取代，即：

$$\sigma_t^2 = \alpha_0 + \sum_{i=1}^{p} \alpha_i u_{t-i}^2 + \sum_{j=1}^{q} \beta_j \sigma_{t-j}^2 \qquad (7\text{-}13)$$

其中參數 $\alpha_i\,(i = 0, \cdots, p)$ 與 $\beta_j\,(j = 0, \cdots, q)$ 皆假定爲正數值以保證 σ_t^2 恆爲正數值[11]。因此，若（7-10）式內的 σ_t^2 以（7-13）式取代，則稱爲 GARCH(p, q) 模型。讀者應注意 p 與 q 指的是何遞延落後項[12]；是故，沿續（7-10）式，GARCH(1, 1) 模型可設爲：

$$\begin{aligned} y_t &= \mu + u_t \\ u_t &= \sigma_t \varepsilon_t, \varepsilon_t \overset{IID}{\sim} N(0,1) \\ \sigma_t^2 &= \alpha_0 + \alpha_1 u_{t-1}^2 + \beta_1 \sigma_{t-1}^2 \end{aligned} \qquad (7\text{-}14)$$

事實上，GARCH(p, q) 模型可視爲一種特殊的 ARCH(∞) 模型，或當 $q = 0$ 則 GARCH(p, q) 模型變成一種 ARCH(p) 模型。通常，就財金時間序列資料而言，一

---

[11] 正數值參數只是 σ_t^2 恆爲正數值的充分條件。更多一般化的條件可參考 Nelson（1991）以及 Conrad 與 Haag（2006）等文獻。

[12] 此處 p 與 q 是根據模組（arch）的設定方式。

種 GARCH(1, 1) 模型（即其於條件變異數方程式內只有三個參數）就足以產生相當不錯的（估計）配適度。例如：Hansen 與 Lunde（2004）曾實證指出其他波動率的競爭模型很難擊敗簡單的 GARCH(1, 1) 模型。

如同 ARCH 模型可寫成誤差項平方的 AR 模型，GARCH 模型亦可寫成誤差項平方的 ARMA 模型型態。考慮一種 GARCH(1, 1) 模型如（7-14）式，因 $E_{t-1}(u_t^2) = \sigma_t^2$，故（7-14）式之 σ_t^2 可以改寫成：

$$u_t^2 = \alpha_0 + (\alpha_1 + \beta_1)u_{t-1}^2 + v_t - \beta_1 v_{t-1} \tag{7-15}$$

其中 $v_t = u_t^2 - E_{t-1}(u_t^2)$ 為 MDS 之誤差項；換句話說，（7-15）式顯示出可將上述 GARCH(1, 1) 過程轉換成一種類似於 ARMA(1, 1) 過程。既然 GARCH(1, 1) 過程可有類似於 ARCH(1, 1) 過程的表示方式，則前者的許多特徵可由後者取得。例如：σ_t^2 的持續性除了可用 $\alpha_1 + \beta_1$ 估計外，其次 σ_t^2 亦符合恆定隨機過程的條件為 $\alpha_1 + \beta_1 < 1$；另一方面，u_t 的非條件變異數[13]可為 $E(u_t^2) = \alpha_0/(1 - \alpha_1 - \beta_1)$。

上述的推理可以繼續延伸。就一種 GARCH(p, q) 過程如（7-13）式而言，其 u_t^2 的過程就像 ARMA[max(p, q), q] 過程，其中恆定隨機過程的條件為：

$$\sum_{i=1}^{p}\alpha_i + \sum_{j=1}^{q}\beta_j < 1 \tag{7-16}$$

以及 u_t 的非條件變異數可為：

$$Var(u) = E(u_t^2) = \frac{\alpha_0}{1 - \left(\sum_{i=1}^{p}\alpha_i + \sum_{j=1}^{q}\beta_j\right)} \tag{7-17}$$

（7-17）式可視為 u_t 的「長期」的變異數；也就是說，既然條件變異數方程式可用類似於 ARMA 過程的型態表示，因此一種 GARCH(p, q) 過程若符合（7-16）式，隱含隨著時間經過，波動率應該會反轉回歸至「長期」的變異數。

仍以上述類似於 ARMA(1, 1) 過程為例。令 $\bar{\sigma}^2 = \alpha_0/(1 - \alpha_1 - \beta_1)$ 表示「長期」的變異數，其隱含著 $\alpha_0 = \bar{\sigma}^2(1 - \alpha_1 - \beta_1)$ 代入（7-15）式，整理後可得：

---

[13] 根據（7-14）式，u_t 的非條件變異數，其實就是 y_t 的非條件變異數。

$$\left(u_t^2-\bar{\sigma}^2\right)=\left(\alpha_1+\beta_1\right)\left(u_{t-1}^2-\bar{\sigma}^2\right)+v_t-\beta_1 v_{t-1}$$

反覆代入 k 次，可得：

$$\left(u_{t+k}^2-\bar{\sigma}^2\right)=\left(\alpha_1+\beta_1\right)^k\left(u_t^2-\bar{\sigma}^2\right)+\eta_{t+k}$$

其中 η_{t+k} 表示一種移動平均過程。因此，只要 $\alpha_1+\beta_1<1$，隨著 k 的提高，u_{t+k}^2 應會逐漸接近於 $\bar{\sigma}^2$，隱含著短期波動雖然較大，但是最終將會回歸於長期變異數 $\bar{\sigma}^2$。是故，GARCH 模型不僅可以解釋波動率群聚現象，同時該模型亦指出波動率具有向長期變異數反轉回歸的傾向。

如前所述，我們亦可以使用 MLE 方法估計 GARCH 模型內的參數，仍以前述 S&P 500 日報酬資料而以 GARCH(1, 1) 模型爲例，試下列指令：

```
def neglog(b,y):
    log1 = -np.mean(lnlt(b,y))
    return log1
def lnlt(b,y):
    b = abs(b)
    tc = len(y)
    u = y
    h = np.std(y)**2*np.ones(tc)
    for i in np.arange(1,tc,1):
        h[i] = b[0]+b[1]*u[i-1]**2+b[2]*h[i-1]
    loglt = -0.5*np.log(2*np.pi)-0.5*np.log(h)-0.5*u**2/h
    return loglt
y = spr - np.mean(spr)
T = len( y ) # 607
# Estimating the GARCH(1,1) model
start  = [0.05, 0.1, 0.9]
# re = optimize.fmin(lambda x: neglog(x, y), start, maxiter=1000)
# re # array([0.08600297, 0.25026978, 0.72014062])
# re1 = optimize.fmin_bfgs(lambda x: neglog(x, y), start, maxiter=1000)
```

```
# re1 # array([0.08602357, 0.25033739, 0.72008318])
re2 = optimize.minimize(lambda x: neglog(x, y), start, method='BFGS')
re2
```

上述指令是我們翻譯 Martin et al.（2012）所提供的 R 語言指令，讀者可檢視上述 re2 看看。

再試下列指令：

```
likelihood = re2.fun # 1.5604000083120453
likelihood*-T # -947.1628050454115
re2.x # array([0.08602357, 0.25033739, 0.72008318])
Hess_inv = re2.hess_inv/T
np.sqrt(Hess_inv[0,0]) # standard error of beta0,0.02267944411825321
np.sqrt(Hess_inv[1,1]) # standard error of beta1,0.04789566406991255
np.sqrt(Hess_inv[2,2]) # standard error of beta1,0.04417418021994833
```

即分別可得 GARCH(1, 1) 模型內參數估計值以及對應的估計標準誤。上述估計結果亦可以與使用模組（arch）內的指令比較，即：

```
modela = arch_model(y,mean='Zero',p=1,o=0,q=1,vol='GARCH',dist='normal').fit()
modela.summary()
modela.loglikelihood # -947.3993340109309
theta = modela.params
# omega         0.087033
# alpha[1]      0.250105
# beta[1]       0.718742
# Name: params, dtype: float64
sigma2hat = theta[0]/(1-theta[1]-theta[2]) # 2.793743693809021
```

換言之，上述 modela 的結果與我們用 BFGS 的估計結果差距不大[14]，即利用前者可得調整後的 S&P 500 日報酬資料（即 y）[15]之非條件變異數約爲 2.79。因二種方法差距不大，故底下我們皆使用模組（arch）內的函數指令估計。

例 1 概似比率檢定

概似比率（likelihood ratio, LR）檢定可用於檢視「不受限制（unrestricted）」與「受限制（restricted）」的情況，先試下列指令：

```
modelb = arch_model(y,mean='Zero',p=1,vol='ARCH',dist='normal').fit()
```

即 modelb 是上述 y 以 ARCH(1) 模型估計。就 GARCH(1, 1) 模型與 ARCH(1) 模型而言，後者不就是前者的「受限制」模型嗎？根據《財統》或《財時》，LR 檢定統計量可寫成：

$$-2\left[\log L\left(\hat{\theta}_{ARCH(1)}\right)-\log L\left(\hat{\theta}_{GARCH(1,1)}\right)\right]\sim\chi_1^2$$

即 LR 檢定統計量漸近於自由度爲 1 的卡方分配。就我們的例子而言，可得：

```
Lu = modela.loglikelihood # -947.3993340109309
Lr = modelb.loglikelihood # -1043.5445674183554
LR = -2*(Lr-Lu) # 192.29046681484897
1-chi.cdf(LR,1) # 0.0
```

將上述 ARCH(1) 與 GARCH(1, 1) 的（最大）概似值分別代入，可得 LR 檢定統計量約爲 192.29，其對應的 p 值則約爲 0；是故，S&P 500 日報酬率序列資料以 GARCH(1, 1) 模型化優於 ARCH(1) 模型。

---

[14] model1 內參數之估計標準誤係採用「穩健（robust）」的方式，故與我們的估計值稍有差異。

[15] 調整後的 S&P 500 日報酬資料是指 S&P 500 日報酬資料扣除掉其平均數。

例 2 σ_t^2 **的預期**

根據上述 modela 的結果可得：

$$\hat{\sigma}_t^2 = 0.087 + 0.2501\hat{u}_{t-1}^2 + 0.7187\hat{\sigma}_{t-1}^2$$

若欲計算 $\hat{\sigma}_{T+1}^2$ 值，根據上式可得：

$$\hat{\sigma}_{T+1}^2 = 0.087 + 0.2501\hat{u}_T^2 + 0.7187\hat{\sigma}_T^2$$

因 $\hat{\sigma}_T^2$ 值爲已知；另一方面，以 y_T 取代 $\hat{u}_T$ 值（y_T 亦爲已知數值），故可得 $\hat{\sigma}_{T+1}^2$ 值爲：

$$\hat{\sigma}_{T+1}^2 = 0.087 + 0.2501y_T^2 + 0.7187\hat{\sigma}_T^2$$

接下來，繼續計算 $\hat{\sigma}_{T+2}^2$ 值。若以 $\hat{\sigma}_{T+1}^2$ 取代 $E_T(y_{T+1}^2)$，則可得：

$$\hat{\sigma}_{T+2}^2 = 0.087 + 0.2501E_T(y_{T+1}^2) + 0.7187\hat{\sigma}_{T+1}^2 = 0.087 + (0.2501 + 0.7187)\hat{\sigma}_{T+1}^2$$

同理，$\hat{\sigma}_{T+3}^2$ 估計值可爲：

$$\hat{\sigma}_{T+3}^2 = 0.087 + (0.2501 + 0.7187)\hat{\sigma}_{T+2}^2$$

依此類推。上述結果可與下列 Python 指令比較，即：

```
sT = modela.conditional_volatility.iloc[len(y)-1] # 1.6327663054843258
eT = modela.resid.iloc[len(y)-1] # 2.4025366833426407
f1 = theta[0]+theta[1]*eT**2+theta[2]*sT**2 # 3.4467972015500203
f2 = theta[0]+(theta[1]+theta[2])*f1 # 3.4467972015500203
f3 = theta[0]+(theta[1]+theta[2])*f2 # 3.4067421182941593
```

或者：

```
forecastsa3 = modela.forecast(horizon=3,reindex=False)
forecastsa3.variance
#                   h.1        h.2        h.3
# Date
# 2022-05-27  3.446797  3.426453  3.406742
```

可得向前 1～3 步條件變異數之預期。

例 3 條件變異數與非條件變異數之估計

續例 2，根據 modela 的結果，可得條件變異數估計之向前 n 步之預期，其結果就繪製如圖 7-11 所示，其中水平線爲「長期」（波動率平方）$\bar{\sigma}_t^2$ 估計值。我們從圖 7-11 內可看出隨著 n 步的提高，波動率的預期值會接近於 $\bar{\sigma}_t$ 估計值，隱含著估計的 GARCH(1, 1) 模型屬於定態的過程，即使是波動率的預期值，最終仍會反轉回歸至「長期」波動率水準。

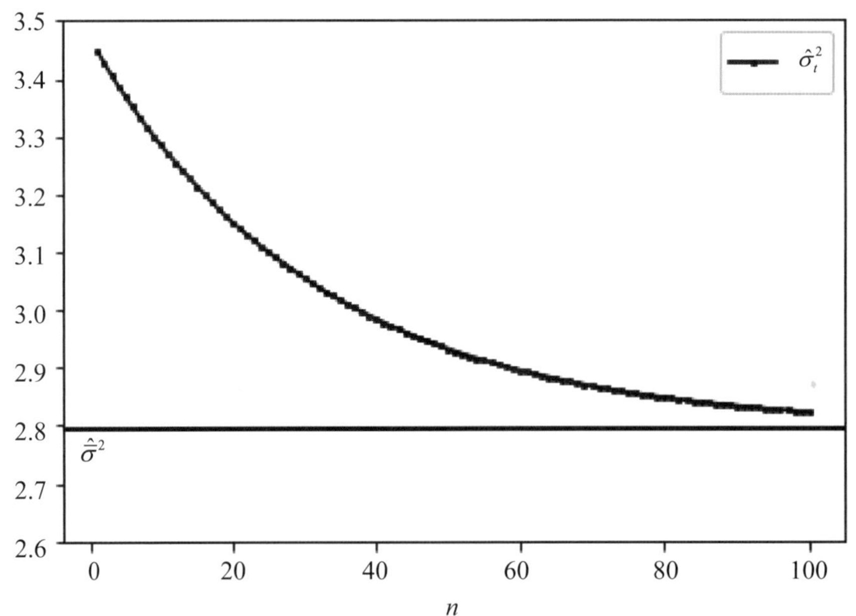

圖 7-11　條件變異數與非條件變異數之估計，其中前者為 $\hat{\sigma}_t^2$ 而後者為 $\hat{\bar{\sigma}}^2$

例 4 訊息衝擊曲線

我們可以進一步計算並繪製訊息衝擊曲線（news impact curve, NIC）。NIC 是描述外在衝擊 u_{t-1} 對 σ_t^2 的影響。就 GARCH(1, 1) 模型而言，NIC 的數學式可寫成 $\sigma_t^2 = \alpha_0 + \alpha_1 u_{t-1}^2 + \beta_1 \bar{\sigma}^2$，其中 $\bar{\sigma}^2 = \alpha_0/(1 - \alpha_1 - \beta_1)$；因此，將上述 modela 估計值代入，其結果則繪製如圖 7-12 所示。從圖 7-12 內可看出正面或反面的外在衝擊（即 $u_{t-1} > 0$ 或 $u_{t-1} < 0$）對 σ_t^2 的影響是對稱的，故 GARCH(1, 1) 模型是屬於一種對稱型的 GARCH 模型；或者說，GARCH(1, 1) 模型並沒有考慮到前述的槓桿效果。7.3 節我們將介紹非對稱型的 GARCH 模型。

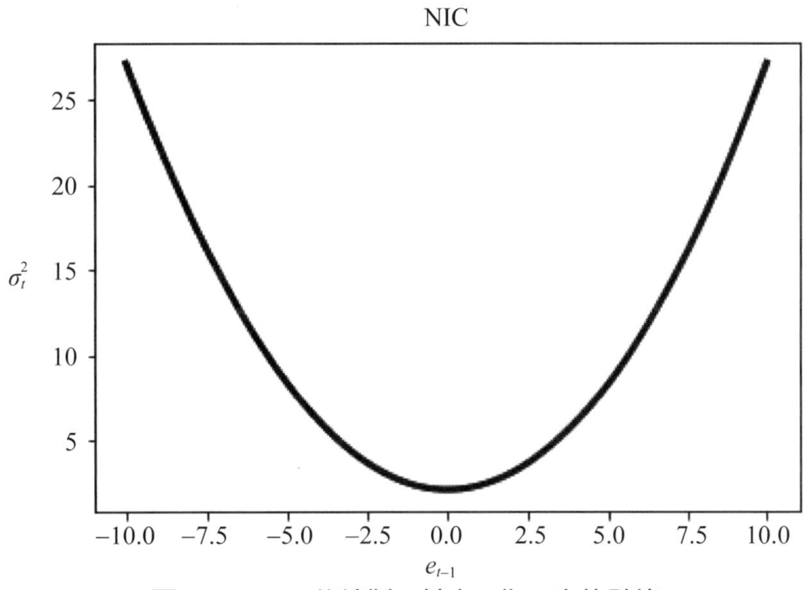

圖 7-12 NIC 的繪製，其中 e 為 u 之估計值

習題

(1) 其實 GARCH 模型不輸於 ARCH(12) 模型，試以上述 S&P 500 之日報酬率資料說明。

(2) 何謂 NIC？試解釋之。

(3) 下載 2000/1/1～2020/8/31 期間 TWI 之日收盤價時間序列資料，利用對應的日報酬率資料，試以 GARCH(1, 1) 模型估計，結果爲何？

(4) 續上題，若與前述之 modela 結果比較，何者波動率之估計之持續性較高？有何涵義？

(5) 利用第 5 章內 WTI 之月變動率資料，試以 AR-GARCH(1, 1) 模型估計，結果為何？有何特色？

(6) 續上題，殘差值是否接近常態分配？試改以 *t* 分配之 AR-GARCH(1, 1) 模型估計，結果為何？有何特色？

7.2.2 擴充的 GARCH 模型

如前所述，資產報酬率之模型化可分成條件平均數方程式與條件變異數方程式之估計二步驟，模組（arch）內的指令就是使用上述的步驟。舉例來看：令 y 與 x 分別為 TSM 與道瓊月報酬率，我們取 2000/2～2022/5 期間。試下列指令：

```
from arch.univariate import ARX
arx1 = ARX(y,lags=[1,2])
mod1 = arx1.fit()
mod1.summary()
from arch.univariate import GARCH
arx1.volatility = GARCH()
model1 = arx1.fit(disp='off')
model1.summary()
```

讀者可猜猜或檢視上述 mod1 與 model1 的估計結果；或者說，上述估計步驟是先估計於條件變異數固定下之條件平均數方程式，可得估計的 AR(2) 模型；然後，再於條件平均數方程式下估計條件變異數，可得 AR(2)-GARCH(1, 1) 模型。當然，就後者而言，其實是同時估計的，其亦可以使用下列指令：

```
model1a=arch_model(y,mean='AR',lags=[1,2],p=1,o=0,q=1,vol='GARCH',dist='normal').fit(disp='off')
model1a.summary()
```

讀者可以檢視 model1 與 model1a 的結果，應可發現完全相同；或者說，利用模組（arch）內的指令，亦可取得 AR(p) 模型的估計結果。

上述條件平均數方程式之估計亦可加入外生變數如：

```
arx2 = ARX(y,x,lags=[1, 2])
mod2 = arx2.fit()
```

```
mod2.summary()
arx2.volatility = GARCH()
model2 = arx2.fit(disp='off')
model2.summary()
```

就 TSM 之（月）報酬率方程式而言，道瓊（月）報酬率幾乎可視爲「外生變數」。由於 y_{t-2} 的估計係數並未顯著異於 0，故我們重新估計，即改用 AR(1)-GARCH(1, 1) 模型估計，即：

```
model3 = arch_model(y,x,mean='ARX',lags=[1],p=1,o=0,q=1,vol='GARCH',dist='normal').fit()
model3.summary()
```

上述估計結果整理後可寫成：

$$\begin{aligned}\hat{y}_t &= 0.2972 + 0.147 y_{t-1} + 0.9421 x_t \\ &\quad (0.346) \quad (0.057) \quad\ (0.135) \\ \hat{\sigma}_t^2 &= 0.8894 + 0.0337 \hat{u}_{t-1}^2 + 0.932 \hat{\sigma}_{t-1}^2 \\ &\quad (0.402) \quad (0.033) \quad\ (0.033)\end{aligned}$$

從上述估計結果可發現 TSM 月報酬率除了可用 AR(1)-GARCH(1, 1) 模型化之外；另外，道瓊之月報酬率亦會顯著地影響當期的 TSM 月報酬率。有意思的是，估計的 TSM 之月條件變異數具有較高的持續性，顯示出有較顯著的群聚現象。上述估計結果姑且稱爲「結果 1」。

是故，AR-GARCH 模型之平均數方程式的一般式可寫成：

$$y_t = \mu + \sum_{i=1}^{p} \phi_i y_{t-i} + \boldsymbol{\gamma}^T \mathbf{x}_t + u_t \tag{7-18}$$

其中 $\mathbf{x}_t = (x_{1t}, \cdots, x_{kt})$ 是一個 $k \times 1$ 之外生變數向量，而 $\boldsymbol{\gamma}$ 爲對應的 $k \times 1$ 之係數參數向量。於金融投資內，高風險通常與高報酬有關，因此預期報酬率與風險應該存在若干關係，其中風險的指標可用波動率表示。上述的想法來自於 Engle et al.（1987）的 GARCH-M 模型，即其可視爲 GARCH 模型的延伸。GARCH-M 模型相當於（7-18）式內額外再加入一個 $g(\sigma_t)$ 項。通常，$g(\sigma_t)$ 項可爲 σ_t^2、σ_t 或 $\log(\sigma_t^2)$。

可惜的是，Python 內之模組（arch）並沒有提供 GARCH-M 模型的估計，不過我們倒是可以利用 R 語言之程式套件（rugarch）內的指令估計，並且有下列的估計結果[16]：

$$\hat{y}_t = -4.0367 + 0.1463 y_{t-1} + 0.6613 x_t + 2.1766 \hat{\sigma}_t$$
$$(1.1755) \quad (0.0681) \quad (0.0558) \quad (0.4691)$$
$$\hat{\sigma}_t^2 = 0.429 + 0.023 \hat{u}_{t-1}^2 + 0.8493 \hat{\sigma}_{t-1}^2$$
$$(0.1479) \quad (0.0208) \quad (0.048)$$

其中小括號內之值爲對應的穩健標準誤之估計值。上述估計結果可稱爲「結果2」。

上述「結果 1」亦可寫成 ARX(1)-GARCH(1, 1) 模型，而「結果 2」則可寫成 ARX(1)-GARCH(1, 1)-M 模型的估計結果。比較上述二結果，可發現「結果 2」多包括了 GARCH-M 參數如ϑ，結果發現對應的估計值顯著異於 0，隱含著 TSM 的投資人屬於風險厭惡者[17]。其實，GARCH-M模型並不容易估計，讀者可以嘗試看看[18]。

例 1 IGARCH 模型

前述 GARCH(1, 1) 模型的估計有一個較爲明顯的特徵是 α_1 與 β_1 的估計值加總接近於 1。例如：於上述 model3 內，α_1 與 β_1 的估計值加總約爲 0.96。如前所述，波動率方程式若屬於恆定隨機過程的條件是 $\alpha_1 + \beta_1 < 1$；但是，當 $\alpha_1 + \beta_1 = 1$ 則隱含著波動率方程式存在一個單根，我們稱其爲整合的（integrated）GARCH（IGARCH）模型。若屬於 IGARCH 模型，我們如何估計？直覺而言，因 $\alpha_1 + \beta_1 = 1$ 隱含著 $\beta_1 = 1 - \alpha_1$，故 IGARCH 模型只需估計 α_0 與 α_1 二個參數。爲了避免上述二參數估計值產生負值，我們可以使用下列方法：

```
def neglogIx(b,y):
    log1 = -np.mean(lnltIx(b,y))
    return log1
```

---

[16] 見所附之 garchM.R 檔案。

[17] 即$\vartheta > 0$、$\vartheta = 0$與$\vartheta < 0$分別表示投資人爲風險厭惡者、風險中立者以及風險愛好者。

[18] 依筆者的經驗，前述之 ARX-GARCH-M 模型可能較易顯示出顯著的 GARCH-M 模型，即須選擇適當的外生變數。於所附的 garchM.R 檔案內，筆者有考慮一些情況，有興趣的讀者可檢視看看。

```
def lnltIx(par,y):
    # Transform - to keep them between 0 and 1:
    a0 = 1/(1+np.exp(-par[0]))
    a1 = 1/(1+np.exp(-par[1]))
    # b1 = 1/(1+np.exp(-par[2]))
    t1 = len(y)
    u = y
    h = np.std(y)**2*np.ones(t1)
    for i in np.arange(1,t1,1):
        h[i] = a0 + a1*u[i-1]**2 + (1-a1)*h[i-1]
        loglt = -0.5*np.log(2*np.pi)-0.5*np.log(h)-0.5*(u**2/h)
    return loglt
```

我們利用下列的 TSM 日收盤價估計：

```
Y = Six['TSM'] # 1999/12/31~2022/5/27
yr = 100*np.log(Y/Y.shift(1)).dropna()
yr1 = yr - yr.mean()
```

其中 Six 包括含 TSM 等之六種日收盤價。再試下列指令：

```
start = [np.exp(0.05),np.exp(1)]
re2Ix = optimize.minimize(lambda x: neglogIx(x, yr1), start, method='BFGS')
re2Ix
theta2 = re2Ix.x # array([-3.80262353, -2.81845835])
Hess_inv = re2Ix.hess_inv/len(yr1)
np.sqrt(Hess_inv[0,0]) # 0.24176126946423127
np.sqrt(Hess_inv[1,1]) # 0.11754487657131442
a0 = (1/(1+np.exp(-theta2[0]))) # 0.021825191257479403
a1 = (1/(1+np.exp(-theta2[1]))) # 0.056334833779981705
b = np.array([a0,a1])
```

可得上述二個參數估計值（未轉換前）分別約爲 –3.8026（0.2418）與 –2.8185（0.1175）（二者皆顯著異於 0）轉換後分別爲 0.0218 與 0.0563；因此，β_1 的估計值約爲 0.9417。

例 2　條件變異數之估計

續例 1，上述 IGARCH 模型的估計結果可寫成：

$$\hat{\sigma}_t^2 = 0.0218 + 0.0563\hat{u}_{t-1} + 0.9417\hat{\sigma}_{t-1}^2 \tag{7-19}$$

即（7-19）式頗類似於指數加權移動平均（exponentially weighted moving average, EWMA）模型的架構（可參考例 3），其可用於條件變異數之預期。仍利用上述 yr1 資料，我們取前 5 年 yr1 之樣本變異數當作 $\hat{\sigma}_t^2$ 的期初值而 $\hat{u}_{t-1}$ 值可用對應的 yr1 值取代，圖 7-13 繪製出根據（7-19）式所得到的條件變異數之預期（姑且稱爲 IGARCH 之預期）。爲了比較起見，該圖亦繪製出「已實現波動率」（用 yr1 的平方值表示）以及 yr1 的滾動樣本變異數（即移動變異數）。我們發現雖然 IGARCH 之預期大致仍優於滾動樣本變異數預期值，不過前者仍無法掌握較大衝擊所帶來的條件變異數的波動[19]。

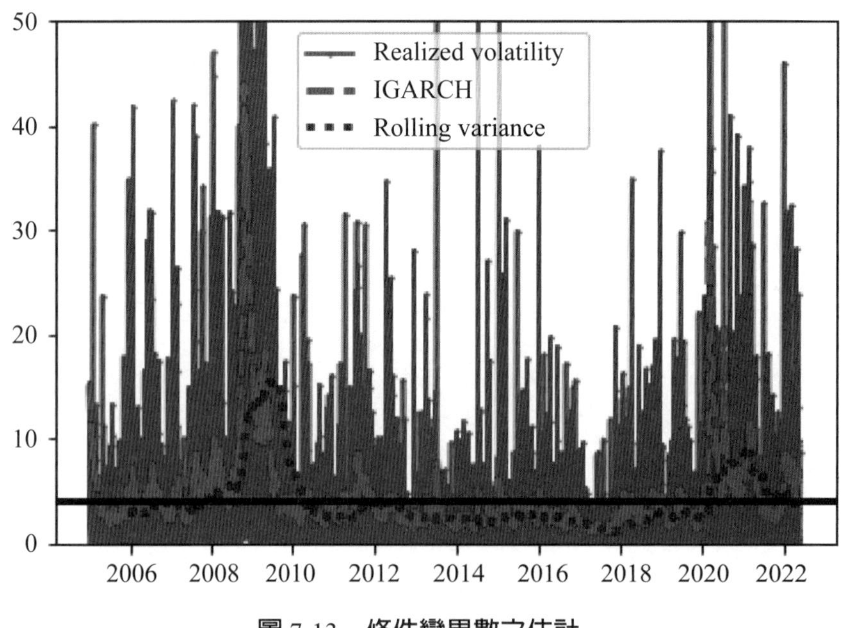

圖 7-13　條件變異數之估計

[19] 如前所述，若圖形不清楚，讀者可利用所附檔案重新繪製圖 7-13。

例 3 EWMA 方法

於圖 7-13 內，我們是以日對數報酬率平方以作為短期波動的實際值，圖內的其中水平直線為 yr1 平方值之平均數，其值約為 4.06%。如前所述，上述數值可當作 TSM 之長期變異數的估計值，從圖內可看出長期變異數的估計值的確不適合用於估計短期波動。其次，利用簡單的移動平均樣本變異數似乎也無法反映出波動率凝聚現象，究其原因，是簡單的移動平均視每個觀察值的權數皆一樣。若有考慮可用的資訊，今天所提供的資訊當然比例如前一個月的資訊重要得多了；因此，我們可以考慮將簡單的移動平均改為加權的移動平均。不過，我們可以先看簡單的移動平均變異數的表示方式：

$$\hat{\sigma}_t^2 = \frac{1}{ne}\sum_{i=1}^{ne}(r_{t-i}-\mu_t)^2 \approx \frac{1}{ne}\sum_{i=1}^{ne} r_{t-i}^2 \qquad (7\text{-}20)$$

其中 ne 表示估計的長度，如於圖 7-13 內，我們使用 $ne = 250$。若使用高頻率資料（如週或日資料以下），μ_t 會相當接近於 0，因此 μ_t 值可以省略，故變異數的估計接近於資產報酬率平方之平均數。

如前所述，（7-20）式的缺點是例如視每個觀察值的權數皆一樣；因此，一個可行的改進方式就是使用 EWMA 方法。EWMA 方法最早是由 JP Morgan 於 1993 年所建議採用[20]，其係修改（7-20）式內的權數而強調權數值可依指數型態遞減，即：

$$\hat{\sigma}_t^2 = \frac{1-\lambda}{\lambda(1-\lambda^{ne})}\sum_{i=1}^{ne}\lambda^i r_{t-i}^2 \qquad (7\text{-}21)$$

其中 $0 < \lambda < 1$，表示權數介於 0 與 1 之間。從（7-21）式內可看出，離 t 期愈遠（近），其權數值就愈小（大）。（7-21）式寫成較複雜的型態是為了要滿足所有的權數值之加總為 1 的要求；換言之，若將（7-21）式展開整理後（利用等比級數的公式），我們可將（7-21）式改寫成合乎直覺的方式：

$$\hat{\sigma}_t^2 = (1-\lambda)r_{t-1}^2 + \lambda\hat{\sigma}_{t-1}^2 \qquad (7\text{-}22)$$

由（7-22）式可看出第 t 期波動率的預期是前一期實際與預期的加權平均值！讀者

[20] JP Morgan 稱其所使用的財務模型為 RiskMetrics，EWMA 方法係包括於其內。

可試著再改變（7-22）式的型態而成爲：第 t 期波動率的預期是前一期實際與波動率的預測誤差的加權平均值。有了預測誤差當然要修正，是故第 t 期波動率的預期竟是一連串修正預測誤差所構成（習題）。

於實際的應用上，JP Morgan 也建議只使用 $\lambda = 0.94$ 或 $\lambda = 0.96$。讀者可以練習使用 EWMA 方法，其結果應類似於圖 7-13 內之 IGARCH 預期；不過，雖說 EWMA 方法不失簡單易懂，但從圖中仍可看出使用 EWMA 方法估計動態（即隨時間改變）波動率仍有不足或有低估的現象，此只有留待以後再與較複雜的模型比較。

例 4　VaR 之預期

於《財統》內，我們曾介紹風險值（Value of Risk, VaR）的觀念與計算方法；不過，《財統》所介紹的屬於非條件型的 VaR 預期。利用 GARCH 模型，我們可以取得條件型的 VaR 預期，而該預期之取得取決於條件平均數與條件波動率之估計結果，即[21]：

$$VaR_{t+1|t} = -\mu_{t+1|t} - \sigma_{t+1|t} q_{\alpha} \tag{7-23}$$

其中 q_{α} 表示標準化殘差值（所估計的 GARCH 模型）之第 α（個）分位數；換言之，就（7-23）式而言，$\mu_{t+1|t}$ 與 $\sigma_{t+1|t}$ 可以透過向前一步之預期取得。仍使用例 1 內的 yr 資料，我們使用 t 分配之含常數項之 GARCH(1, 1) 模型估計：

```
am = arch_model(yr, vol="Garch", p=1, o=0, q=1, dist="t")
model = am.fit(disp="off", last_obs="2021-12-31")
```

即只估計到 2021/12/31 爲止，2022/1/1 之後使用反覆的方式逐一取得向前一步之 $\mu_{t+1|t}$ 與 $\sigma_{t+1|t}$ 預期，即：

```
yr1 = yr.loc['2000/01/03':'2021/12/31']
n1 = len(yr1)
yr2 = yr.loc['2022/01/01':'2022/05/31']
```

---

[21] $VaR_{t+1|t} = E_t(VaR_{t+1})$，依此類推。

```
n2 = len(yr2)
q1 = np.zeros(n2)
q2 = np.zeros(n2)
muhat = np.zeros(n2)
sigmahat = np.zeros(n2)
VaR1 = np.zeros(n2)
VaR2 = np.zeros(n2)
for i in range(n2):
    am = arch_model(yr[0:n1+i], vol="Garch", p=1, o=0, q=1, dist="t")
    model = am.fit(disp="off")
    s = vscale(model.params[-1:],1)
    q1[i] = t.ppf(0.01, loc=0,scale=s,df=model.params[-1:])
    q2[i] = t.ppf(0.05, loc=0,scale=s,df=model.params[-1:])
    forecasts = model.forecast(reindex=False)
    muhat[i] = forecasts.mean.iloc[0]
    sigmahat[i] = np.sqrt(forecasts.variance.iloc[0])
    VaR1[i] = -muhat[i]-sigmahat[i]*q1[i]
    VaR2[i] = -muhat[i]-sigmahat[i]*q2[i]
```

上述指令考慮二種條件風險值（1% 與 5%）之計算。從圖 7-14 內可看出實際觀察值只有少數有超過上述二種條件風險值。

例 5 使用 forecast(.) 指令

續例 4，以模組（arch）內的 forecast(.) 指令取代，容易取得上述的向前一步預期如：

```
am = arch_model(yr, vol="Garch", p=1, o=0, q=1, dist="t")
model = am.fit(disp="off", last_obs="2021-12-31")
model.summary()
forecasts = model.forecast(start="2022-1-1", reindex=False)
cond_mean = forecasts.mean["2022":]
cond_var = forecasts.variance["2022":]
```

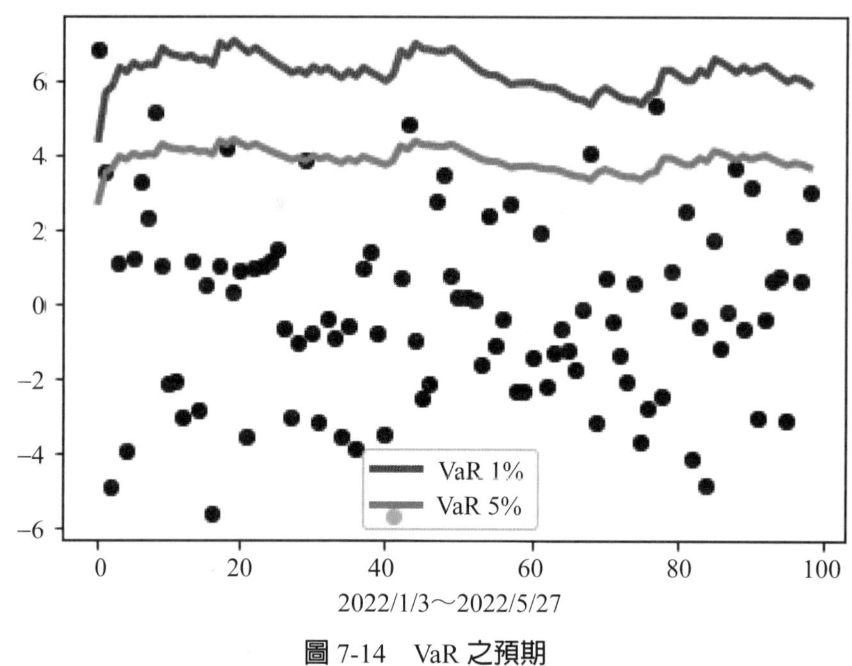

圖 7-14　VaR 之預期

不過用上述方式所取得的 cond_mean 與 cond_var 結果並不相同於以反覆方式所取得之 muhat 與 sigmahat 結果，其中後者應較符合我們的直覺。

習題

(1) 我們如何避免 GARCH 模型的估計參數爲負值？試舉一例說明。

(2) 根據 EWMA 方法，試證明第 t 期條件波動率的預期是一連串修正預測誤差所構成。

(3) 根據圖 7-13 的條件，試比較 EWMA 方法與 IGARCH 模型之條件波動率的預期。

(4) 利用 2000/2～2022/5 期間 FTSE 與 Dow 的月報酬率資料，視前者爲內生變數而後者爲外生變數，試以 AR(2)-GARCH(1, 1) 模型估計，結果爲何？

(5) 續上題，改以 ARX(1)-GARCH(1, 1) 模型估計，結果爲何？

(6) 續上題，試自設函數改以 ARX(1)-GARCH(1, 1)-M 模型估計，其中期初值可用 ARX(1)-GARCH(1, 1) 模型之估計參數，至於 σ_t 之期初參數則令爲 1，結果爲何？

(7) 續上題，將 FTSE 改用 TSM 取代，其餘不變，結果爲何？

(8) 利用模組（arch）內的指令容易模擬出觀察值，試舉一例說明。

7.3 非對稱型的 GARCH 模型

如前所述，前述所檢視的 GARCH 模型屬於對稱型的模型，而與之對應的則是非對稱型的 GARCH 模型，二模型之差異在於後者有考慮到槓桿效果。於尚未介紹之前，我們先利用 Engle 與 Ng（1993）的「符號偏誤檢定（sign bias test）」重新檢視槓桿效果，故上述檢定可視爲表 7-1 的進一步延伸。考慮一種恆定隨機過程如 y_t，令 $s_t = y_t - E(y)$。使用 s_t，我們可以將 s_t 分成低於與高於等於對應平均數二種狀態，即 $I_{1t} = s_t < 0$ 與 $I_{2t} = s_t \geq 0$ 分別表示狀態 1 與 2，其中 I_{1t} 與 I_{2t} 皆是一種指標函數（indicator function），即其皆使用 1 或 0 表示。考慮下列的複迴歸模型：

$$h_t = c_0 + c_1 I_{1t-1} + c_2 I_{1t-1} s_{t-1} + c_3 I_{2t-1} s_{t-1} + u_t \tag{7-24}$$

其中參數 c_0 與 c_1 分別表示狀態 2 與狀態 1 對 h_t 的影響程度，而 c_2 與 c_3 則表示「負向符號偏誤（negative sign bias）」與「正向符號偏誤（positive sign bias）」對 h_t 的影響程度。我們舉一個實際的例子說明。透過該例子不難瞭解後二者所隱含的意義。

利用 2000/1/3～2022/7/29 期間之 TSM 日報酬率序列資料並令其爲 y_t 以及 $h_t = y_t^2$。利用 OLS，可得（7-24）式的估計結果爲：

$$\begin{aligned}\hat{h}_t = \underset{(0.471)}{2.9353} - \underset{(0.701)}{0.7294} I_{1t-1} + \underset{(0.199)}{2.8737} I_{1t-1} s_{t-1} + \underset{(0.181)}{1.8247} I_{2t-1} s_{t-1}\end{aligned}$$

即我們可發現除了 c_1 的估計值之外，其餘參數估計值倒是皆能顯著異於 0。我們可以進一步檢定：H_0：$c_2 = c_3$ 與 H_0：$c_1 = c_2 = c_3$ 二種假定，其對應的 F 檢定統計量分別約爲 15.24 [0.00] 與 106.33 [0.00]（中括號內之值爲對應的 p 值），是故皆拒絕上述虛無假設。

上述估計結果隱含著狀態 1 對 h_t 無影響力，反倒是狀態 2 對於 h_t 有顯著的影響力；不過，若伴隨著 y_t 低於對應平均數的力道，狀態 1 對於 h_t 的影響力卻較大，即相對於正報酬率對 h_t 的衝擊而言，因 $\partial\hat{h}_t / \partial(I_{1t-1}s_{t-1}) > \partial\hat{h}_t / \partial(I_{2t-1}s_{t-1})$ 隱含著負報酬率對 h_t 的衝擊較大。換言之，利用符號偏誤檢定，我們竟然事先已經偵測出 y_t 存在著槓桿效果；可惜的是，上述對稱型 GARCH 模型並無法得到上述結果，因此有必要進一步檢視非對稱型 GARCH 模型。

爲了能解釋上述槓桿效果，Engle（1990）與 Sentana（1995）曾提出下列的非對稱型 GARCH 模型，即：

$$\sigma_t^2 = \alpha_0 + \alpha_1(u_{t-1} + \gamma)^2 + \beta_1\sigma_{t-1}^2 \quad (7\text{-}26)$$

其中參數 $\gamma < 0$。若與（7-14）式比較，（7-25）式只不過於外在衝擊項 u_{t-1} 內再加進一個負值項 γ 以加深負面外在衝擊對 σ_t^2 的影響力道。舉一個例子說明。根據（7-14）式可得對應的非條件變異數爲 $\bar{\sigma}^2 = \alpha_0/(1 - \alpha_1 - \beta_1)$，不過（7-25）式的非條件變異數卻爲 $\tilde{\sigma}^2 = (\tilde{\alpha}_0 + \tilde{\alpha}_1\gamma^2)/(1-\tilde{\alpha}_1 - \tilde{\beta}_1)$；換言之，令 $\alpha_0 = 10^{-5}$、$\alpha_1 = 0.2$ 與 $\beta_1 = 0.7$，則 $\bar{\sigma}^2 = \alpha_0/(1 - \alpha_1 - \beta_1) = 0.0001$。令 $\tilde{\alpha}_0 = \alpha_0$、$\tilde{\beta}_1 = \beta_1$ 與 $\gamma = -5.8\times10^{-3}$，爲了達到 $\bar{\sigma} = \tilde{\sigma}$ 目標，$\tilde{\alpha}_1$ 值需調整爲 0.15。圖 7-15 繪製出上述二種假定的 NIC，即根據（7-14）式可得對稱的 NIC，但是利用（7-25）式，其對應的 NIC 卻是不對稱的型態；值得注意的是，圖內二種型態的 NIC 卻有相同的非條件變異數。

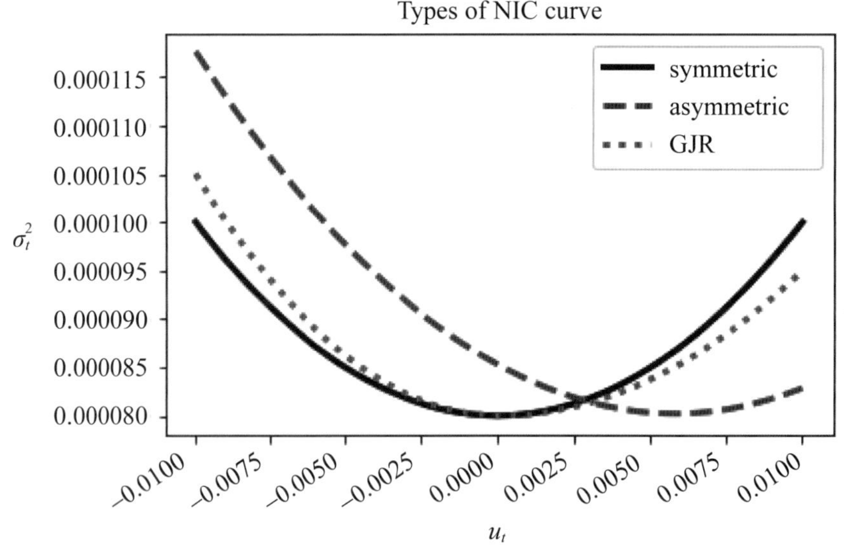

圖 7-15　對稱型與非對稱型 GARCH(1, 1) 模型之 NIC

雖說如此，（7-25）式卻有一個嚴重的缺點，那就是（7-25）式或圖 7-15 內的非對稱之 NIC 的最低波動率並非出現於 $u_{t-1} = 0$ 而是於 $u_{t-1} = -\gamma$ 處，隱含著價格輕微上升（即報酬率大於 0）所產生的波動有可能小於價格不變（即報酬率等於 0）所產生的波動。因此，爲了避免產生上述違反直覺的現象，底下我們介紹三種常見的非對稱型的 GARCH 模型，其分別爲 Nelson（1991）的 EGARCH 模型、Glosten et al.（1993）的 GJRGARCH 模型以及 Ding et al.（1993）的不對稱指數（asymmetric power）ARCH（APARCH）模型[22]。上述三種模型的 NIC 型態，可以參考圖 7-15 的 GJRGARCH 模型，即其餘二者的型態類似（可以參考圖 7-16）。我們從圖 7-15 內可看出 GJRGARCH 模型的 NIC 的最低點仍落於 $\varepsilon_{t-1}=0$ 處，即其不像（7-25）式的非對稱模型的 NIC，後者倒有點像整條線的移動。

GJRGARCH 模型

若 y_t 屬於 GJRGARCH 模型，則其對應的 GJRGARCH(1, 1) 模型可寫成：

$$\begin{cases} y_t = u_t \\ u_t = \sigma_t \varepsilon_t \\ \sigma_t^2 = \alpha_0 + \left(\alpha_1 u_{t-1}^2 + \gamma_1 \mathbf{I}_{u_{t-1}<0} u_{t-1}^2\right) + \beta_1 \sigma_{t-1}^2 \end{cases} \tag{7-26}$$

其中 ε_t 爲平均數與變異數分別爲 0 與 1 之 IID 隨機變數，而 $\mathbf{I}_{u_{t-1}<0}$ 是一個指標函數隱含著：若 $u_{t-1}<0$ 則 $\mathbf{I}_{u_{t-1}<0}=1$；相反地，若 $u_{t-1}\geq 0$ 則 $\mathbf{I}_{u_{t-1}<0}=0$。爲了保證 σ_t 爲正數值，（7-26）式內參數值如 α_0、α_1、β_1 與 γ_1 亦皆爲正數值。當然，我們不難將（7-26）式擴充至更一般化或是 GJRGARCH(p, q) 模型的情況[23]。

就（7-26）式而言，若 $\gamma_1=0$，則 GJRGARCH(1, 1) 模型可轉變成 GARCH(1, 1) 模型。我們進一步檢視（7-26）式內的條件變異數方程式，其可改寫成：

$$\sigma_t^2 = \alpha_0 + \alpha_1 u_{t-1}^2 + \gamma_1 \mathbf{I}_{u_{t-1}<0} u_{t-1}^2 + \beta_1 \sigma_{t-1}^2 \tag{7-27}$$

$$= \alpha_0 + \alpha_1 u_{t-1}^2 + \gamma_1 Max\left(0, -u_{t-1}\right)^2 + \beta_1 \sigma_{t-1}^2 \tag{7-28}$$

$$= \alpha_0 + \alpha_+ \mathbf{I}_{u_{t-1}\geq 0} u_{t-1}^2 + \alpha_- \mathbf{I}_{u_{t-1}<0} u_{t-1}^2 + \beta_1 \sigma_{t-1}^2 \tag{7-29}$$

其中 $\alpha_+=\alpha_1$ 與 $\alpha_-=\alpha_1+\gamma_1$。因此，GJRGARCH(1, 1) 模型的條件變異數可有（7-27）～（7-29）式的表示方式；或者說，從（7-29）式內可看出「負衝擊」所帶來的效果較大。根據 Ling 與 McAleer（2003）等文獻，GJRGARCH(1, 1) 模型的非條件變異

---

[22] GJRGARCH 與 APARCH 模型分別可視爲 Hentschel（1995）之一般化 GARCH 模型的一個特例，可參考 R 之程式套件（rugarch）的使用手冊。

[23] 根據模組（arch），可參考 Sheppard（2021），GARCH 模型的一般式可寫成：

$$\sigma_t^\lambda = \omega + \sum_{i=1}^{p} \alpha_i \left|\varepsilon_{t-i}\right|^\lambda + \sum_{j=1}^{o} \gamma_j \left|\varepsilon_{t-j}\right|^\lambda \mathbf{I}_{\varepsilon_{t-j}<0} + \sum_{k=1}^{q} \beta_k \sigma_{t-k}^\lambda$$

是故若與（7-26）式比較，相當於 $\lambda=2$ 與 $o=1$；另一方面，ω 與 ε 分別用 α_0 與 u 表示。

數可為$\bar{\sigma}^2 = \dfrac{\alpha_0}{1-\alpha_1-\beta_1-0.5\gamma_1}$。上述非條件變異數亦可從直覺判斷[24]。

於模組（arch）內，GJRGARCH 模型的估計指令頗為簡易，試下列指令：

```
modelG = arch_model(y, p=1, o=1, q=1, dist='Normal').fit(disp="off")
```

即上述 TSM 日報酬率資料以 GJRGARCH(1, 1) 模型估計，可得：

$$\begin{gathered}\hat{y}_t = 0.0485 \\ (0.0026) \\ \hat{\sigma}_t^2 = 0.0338 + 0.0284\hat{u}_{t-1}^2 + 0.0372\mathbf{I}_{\hat{u}_{t-1}<0}\hat{u}_{t-1}^2 + 0.9469\hat{\sigma}_{t-1}^2 \\ (0.013) \quad (0.0093) \quad (0.0114) \qquad\qquad (0.0117)\end{gathered}$$

可看出上述估計參數皆顯著異於 0：換言之，於上述 TSM 日報酬率資料內，我們發現存在有顯著的槓桿現象。

EGARCH 模型

EGARCH 模型是由 Nelson（1991）所提出，其特色是有下列的衝擊項：

$$g(\varepsilon_t) = \begin{cases}(\theta+\gamma)\varepsilon_t - \gamma E\left(\left|\varepsilon_t\right|\right), \varepsilon_t \geq 0 \\ (\theta-\gamma)\varepsilon_t - \gamma E\left(\left|\varepsilon_t\right|\right), \varepsilon_t < 0\end{cases} \tag{7-30}$$

其中若 ε_t 屬於 IID 之常態分配隨機變數，則$E(|\varepsilon_t|) = \sqrt{2/\pi}$，至於 ε_t 若屬於 IID 之 t 分配隨機變數，則可參考 Tsay（2010）。

檢視模組（arch），EGARCH 模型的一般式可寫成：

$$\begin{cases} y_t = u_t \\ u_t / \sigma_t = \varepsilon_t \\ \log\sigma_t^2 = \alpha_0 + \sum_{i=1}^{p}\alpha_i\left(\left|\varepsilon_{t-i}\right| - \sqrt{2/\pi}\right) + \sum_{j=1}^{o}\gamma_j\varepsilon_{t-j} + \sum_{k=1}^{q}\beta_k\log\sigma_{t-k}^2 \end{cases} \tag{7-31}$$

---

[24] 直覺而言，於長期$\sigma_t^2 = \sigma_{t-1}^2 = \bar{\sigma}^2$而$E(u_{t-1}^2) = \bar{\sigma}^2$為固定數值，而因$u = \bar{\sigma}\varepsilon$故若 ε 屬於對稱分配，則$\mathbf{I}_{u_{t-1}<0}$會接近於 0.5，代入（7-26）或（7-29）式內，可得非條件變異數$\bar{\sigma}^2$。

比較（7-30）與（7-31）二式，可知（7-31）式內的 ε_t 屬於常態分配；值得注意的是，此時 ε_t 是誤差項 u_t 之「標準化」的結果。我們只檢視 EGARCH(1, 1) 模型的情況，其對應條件變異數可寫成[25]：

$$\log\sigma_t^2 = \alpha_0 + \alpha_1\left(\left|\varepsilon_{t-1}\right| - \sqrt{2/\pi}\right) + \gamma_1\varepsilon_{t-1} + \beta_1\log\sigma_{t-1}^2 \tag{7-32}$$

可以注意的是，條件變異數以對數的型態如（7-32）式呈現，就是避免條件變異數爲負數值。

雖說 EGARCH 模型頗爲複雜，但是使用模組（arch），仍是簡易的操作，例如：

```
modelE = arch_model(y,p=1,o=1,q=1,vol='EGARCH',dist='normal').fit()
modelE.summary()
parmE = modelE.params
```

即上述 TSM 日報酬率資料以 EGARCH(1, 1) 模型估計，可得：

$$\hat{y}_t = 0.0484$$
$$(0.0253)$$
$$\log\hat{\sigma}_t^2 = 0.0152 + 0.101\left(\left|\hat{\varepsilon}_{t-1}\right| - \sqrt{2/\pi}\right) - 0.032\hat{\varepsilon}_{t-1}^2 + 0.9923\log\hat{\sigma}_{t-1}^2$$
$$(0.0043)\ (0.0182) \qquad\qquad (0.0088) \quad (0.0023)$$

可看出上述估計參數皆顯著異於 0。從上述估計結果可看出，若 $\hat{\varepsilon}_{t-1} < 0$，可發現其對於條件變異數的影響大於 $\hat{\varepsilon}_{t-1} \geq 0$ 的影響；換言之，其仍存在有顯著的槓桿現象。

根據 Galanos（2022b）可知，EGARCH 模型的「持續性」估計值爲 $\hat{P} = \sum_{j=1}^{p}\hat{\beta}_j$ 以及對數非條件變異數估計值爲 $\bar{\sigma}_1^2 = \hat{\alpha}_1/(1-\hat{P})$；另一方面，非條件變異數估計值則爲 $\bar{\sigma}^2 = \exp(\bar{\sigma}_1^2)$。故：

---

[25] 可以注意於 R 語言之程式套件（rugarch）內，（7-32）式寫成：
$$\log\sigma_t^2 = \alpha_0 + \alpha_1^*\varepsilon_{t-1} + \gamma_1^*\left(\left|\varepsilon_{t-1}\right| - E\left|\varepsilon_{t-1}\right|\right) + \beta_1\log\sigma_{t-1}^2$$
即 α_1 與 γ_1 互換。

```
parmE = modelE.params
sigma2E = parmE[1]/(1-parmE[4])
np.exp(sigma2E) # 7.285060837974683
```

故上述 EGARCH(1, 1) 模型的持續性估計值約爲 0.9923，而非條件變異數估計值則約爲 7.26%。我們進一步計算對應的 NIC 爲：

```
sig = np.sqrt(np.exp(sigma2E))
ENIC = np.exp(parmE[1]+parmE[2]*(np.abs(u/sig)-np.sqrt(2/np.pi))+
              parmE[3]*u/sig+parmE[4]*sigma2E)
```

其中 u 爲自設的衝擊變數（可以參考所附檔案）。

APARCH 模型

Ding et al.（1993）曾提出 APARCH 模型，其強調參數 $\delta = 2$ 並非唯一選擇，以 APARCH(1, 1) 模型爲例，可寫成：

$$\begin{cases} y_t = u_t \\ u_t = \sigma_t \varepsilon_t \\ \sigma_t^{\delta} = \alpha_0 + \alpha_1 \left(\left| u_{t-1} \right| + \gamma_1 \mathbf{I}_{[o \geq 1]} u_{t-1} \right) + \beta_1 \sigma_{t-1}^{\delta} \end{cases} \tag{7-33}$$

其中 $\mathbf{I}_{[o \geq 1]}$ 相當於 $\mathbf{I}_{u_{t-1}<0}$；因此，（7-33）式類似於（7-26）式，不過前者的參數值 δ 卻是未知數。

利用模組（arch），亦不難估計，試下列指令：

```
modelA = arch_model(y,p=1,o=1,q=1,vol='APARCH',dist='Normal').fit(disp="off")
modelA.summary()
```

即上述 TSM 日報酬率資料以 APARCH(1, 1) 模型估計，可得：

$$\hat{y}_t = 0.0465$$
$$(0.0258)$$

$$\hat{\sigma}_t^{\hat{\delta}} = \underset{(0.0096)}{0.0251} + \underset{(0.0102)}{0.0512}\left(\left|\hat{u}_{t-1}\right| - \underset{(0.1)}{0.2693}\mathbf{I}_{\hat{u}_{t-1}<0}\hat{u}_{t-1}\right)^{\hat{\delta}} + \underset{(0.0107)}{0.9488}\hat{\sigma}_{t-1}^{\hat{\delta}}$$

其中 $\hat{\delta} = 1.4799$（0.211）。從上述估計結果可看出各估計參數皆顯著異於 0。其次，若 $\hat{u}_{t-1} < 0$，可發現其對於條件變異數的影響大於 $\hat{u}_{t-1} \geq 0$的影響；換言之，其仍存在有顯著的槓桿現象。有意思的是，根據上述 APARCH(1, 1) 模型的估計結果，參數 δ 的估計值約爲 1.5，顯示出 δ 值並非只有 2 或 1 的可能。

根據 Galanos（2022b），APARCH 模型的持續性參數爲 $P = \sum_{j=1}^{q}\beta_j + \sum_{i=1}^{p}\alpha_i k_i$，其中 $k_i = E(|z| - \gamma_i z)^{\delta}$ 而 z 爲標準化殘差值；因此，APARCH 模型的非條件變異數可以寫成 $\bar{\sigma}^2 = \left(\dfrac{\alpha}{1-P}\right)^{2/\delta}$。於例 1 與 2 內，我們會說明如何估計上述參數以及 APARCH(1, 1) 模型的 NIC。圖 7-16 繪製出上述三種非對稱 GARCH(1, 1) 模型的 NIC，爲了比較起見，該圖亦繪製出對稱 GARCH(1, 1) 模型的 NIC。我們發現前三者於 $u_t > 0$ 的衝擊之下，條件變異數的反應皆不如對稱型條件變異數的反應，如此可看出槓桿效果[26]。

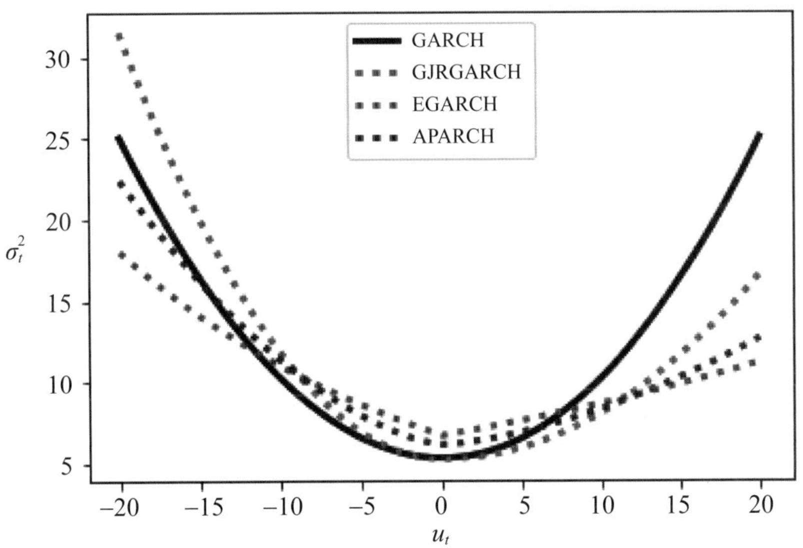

圖 7-16　**非對稱** GARCH(1, 1) **模型之** NIC

[26] 若使用 R 語言之程式套件（rugarch）內的指令估計上述三種非對稱型 GARCH 模型，其結果稍有不同，可參考 garchM.R。

例 1 期望值之計算

於 Python 內，我們可以計算積分值，先試下列指令：

```
import scipy.integrate as integrate
p_inf = float('inf')
```

使用模組（scipy）內的積分指令以及定義「無窮大」值，再試下列指令：

```
integrate.quad(lambda x: norm.pdf(x,loc=0,scale=1), -p_inf, 2)
# (0.977249868051821, 3.901177861740434e-09)
integrate.quad(lambda x: x*norm.pdf(x,loc=0,scale=1), -p_inf, p_inf)
# (0.0, 0.0)
integrate.quad(lambda x: x**2*norm.pdf(x,loc=0,scale=1), -p_inf, 1)
# (0.5993740215493997, 2.5425643698406327e-10)
```

即相當於可得$\int_{-\infty}^{2} f(x)dx \approx 0.9772$、$\int_{-\infty}^{\infty} xf(x)dx = 0$或$\int_{-\infty}^{1} x^2 f(x)dx \approx 0.5994$，其中$f(x)$爲標準常態分配的 PDF。因此，若使用上述$f(x)$，APARCH(1, 1) 模型內的 k_1 估計值可爲：

```
parmA = modelA.params
e = modelA.resid
z = e/np.std(e)
kappa = integrate.quad(lambda z: (np.abs(z)-parmA[3]*z)**parmA[5]*norm.pdf(z,loc=0,scale=1),
                       -p_inf, p_inf)[0] # 0.8782236580929055
```

故 k_1 的估計值約爲 0.88。

例 2 APARCH(1, 1) 模型的估計 NIC

續例 1，根據上述定義可得：

```
Phat = parmA[4]+parmA[2]*kappa
sigma2A = (parmA[1]/(1-Phat))**(2/parmA[5])
sigA = np.sqrt(sigma2A)
hAnic1 = parmA[1]+parmA[2]*(np.abs(u)-parmA[3]*u)**(parmA[5]) + parmA[4]*sigA**(parmA[5])
hAnic = hAnic1**(2/parmA[5])
```

讀者可嘗試繪製出上述的 hAnic。

例 3 $|y_t|^\delta$ 之估計的 ACF

Ding et al.（1993）曾指出大多數的財金對數報酬率時間序列資料如 y_t，其 $|y_t|$ 的自我相關係數反而較顯著；換言之，之前我們以 y_t^2 的自我相關係數來衡量波動率群聚現象有可能會失眞。其實，上述現象亦可稱爲泰勒效果（Taylor effect），畢竟 Taylor（1986）是最早發現 $|y_t|$ 的自我相關係數普遍大於對應之 y_t^2 的自我相關係數。令 y_t 表示前述的 TWI 日對數報酬率序列資料，表 7-2 列出更一般化的 $|y_t|^\delta$ 的自我相關係數估計值。從表 7-2 內可發現於不同的 h 之下，自我相關係數估計值最大值大致落於 $\delta = 1$ 附近，反而 $\delta = 2$ 的自我相關係數估計值未必最大。因此，$\delta = 2$ 的確並非是唯一的選擇。

表 7-2 $|y_t|^\delta$ 之估計的 ACF，其中 y_t 為除去平均數的 TSM 日報酬率資料

	1	2	3	4	5	10	15	20	30
0.1	0.18	0.2	0.16	0.17	0.17	0.17	0.14	0.15	0.15
0.5	0.24	0.26	0.23	0.23	0.24	0.24	0.2	0.21	0.21
0.8	0.27	0.28	0.25	0.25	0.26	0.25	0.22	0.23	0.23
0.9	0.27	0.28	0.25	0.26	0.27	0.26	0.22	0.24	0.23
1	0.27	0.28	0.25	0.26	0.27	0.25	0.22	0.24	0.22
1.1	0.27	0.28	0.25	0.25	0.26	0.25	0.21	0.24	0.22
1.2	0.27	0.27	0.25	0.25	0.26	0.24	0.21	0.24	0.22
1.5	0.26	0.25	0.22	0.23	0.23	0.21	0.19	0.23	0.19
2	0.21	0.19	0.16	0.17	0.17	0.15	0.13	0.2	0.14
3	0.11	0.08	0.06	0.08	0.07	0.06	0.05	0.17	0.06

說明：第 1 列與第 1 行分別表示 h 值與 δ 值，其中 h 值表示落後期數。

例 4 TARCH 模型

續例 3，若參數值 δ 爲已知數值，則仍可以使用 Python 之模組（arch）內的函數指令估計，即其使用 TARCH（ZARCH）函數指令；因此，仍使用上述 TSM 日報酬率資料，並假定 ε_t 爲 IID 標準常態分配隨機變數。我們考慮 TARCH(1, 1) 模型並令 $\delta = 1$，試下列指令：

```
modelA2 = arch_model(y,p=1,o=1,q=1,power=1,vol='GARCH',dist='Normal').fit(disp="off")
modelA2.summary()
```

讀者可檢視其估計結果，應可發現 TARCH(1, 1) 模型除了令 δ 值之外，亦有四個參數類似 APARCH(1, 1) 模型；換言之，TARCH(1, 1) 模型之參數估計值分別約爲（按照 α_0、α_1、β_1 與 γ 順序）0.0260（0.0099）、0.0334（0.0108）、0.9470（0.0127）與 0.0392（0.0103），其中小括號內之值仍爲對應的穩健標準誤估計值。我們仿造 APARCH 模型以估計對應的 NIC，其結果則繪製如圖 7-17 所示。我們發現上述 TARCH(1, 1) 模型之估計 NIC 顯示出對應的槓桿效果較小。

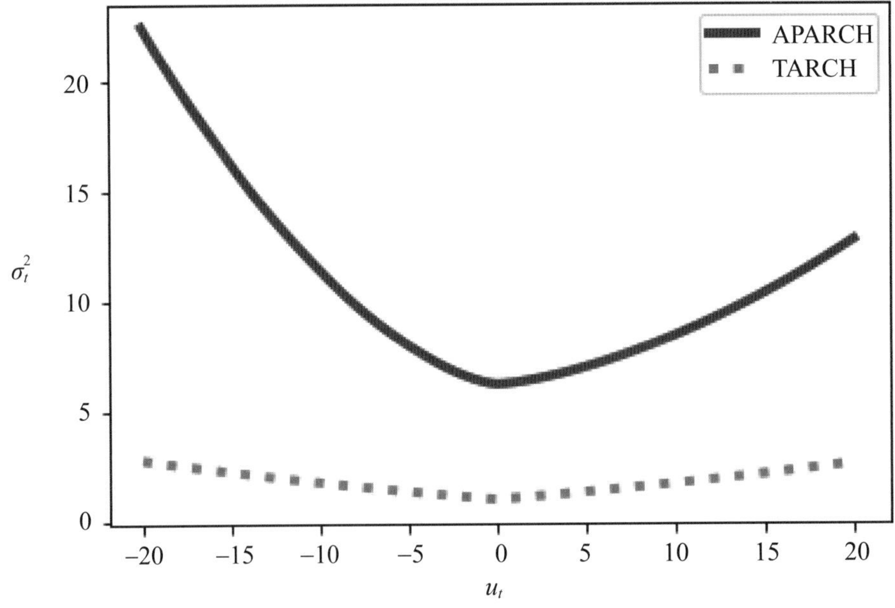

圖 7-17　APARCH 模型與 TARCH 模型之估計的 NIC

習題

(1) 何謂 NIC？試解釋之。

(2) 續上題，我們如何計算與繪製 NIC？

(3) 利用第 5 章內的 WTI 月價格資料轉換成月變動率資料後，試分別以 AR(1, 14)-GARCH(1, 1) 模型以及 AR(1, 14)-GJRGARCH(1, 1) 模型估計，結果爲何？

(4) 續上題，以 AR(1, 14)-EGARCH(1, 1) 模型估計，結果爲何？試繪製出上述三種模型之估計的 NIC。

(5) 續上題，有何涵義？

(6) 於模組（arch）內，有考慮何種機率分配？試解釋之。

Chapter 8

多變量 GARCH 模型

於前面的章節內，我們假定多變量時間序列 $\mathbf{y}_t$ 的誤差項 $\mathbf{u}_t$ 屬於 IID 之平均數與共變異數矩陣分別為 $\mathbf{0}$ 與 $\mathbf{\Sigma_u}$ 之常態分配，其中 $\mathbf{\Sigma_u}$ 為一個正定矩陣。例如：於前述的 VAR 模型內，我們背後係假定 $\mathbf{\Sigma_u}$ 為與時間無關；或者說，令 $\mathbf{F}_{t-1} = \{\mathbf{y}_{t-i} \mid i = 1, 2, \cdots\}$ 表示過去的觀察值所提供的資訊，而 VAR 模型假定 $E(\mathbf{u}_t \mid \mathbf{F}_{t-1}) = \mathbf{0}$ 與 $E(\mathbf{u}_t\mathbf{u}_t^T \mid \mathbf{F}_{t-1}) = \mathbf{\Sigma_u} > 0$，其中後者卻是一個常數矩陣。但是於第 7 章內，我們已經知道許多財金時間序列資料擁有條件異質變異的特性，是故上述 $\mathbf{\Sigma_u}$ 的假定可改為 $\mathbf{\Sigma}_t = \text{cov}(\mathbf{u}_t \mid \mathbf{F}_{t-1})$，即條件異質變異隱含著 $\mathbf{\Sigma}_t$ 與時間有關；或者說，$\mathbf{\Sigma}_t^{1/2}$ 可稱為 $\mathbf{y}_t$ 的波動率矩陣（volatility matrix）。

上述波動率矩陣的應用頗廣[①]，但是如何模型化 $\mathbf{\Sigma}_t$ 卻遇到二個困難點，其一是維度的提升，即若 $\mathbf{y}_t$ 的維度為 k，$\mathbf{\Sigma}_t$ 內卻有 $k(k+1)/2$ 的元素需估計或處理[②]；換言之，若 $k = 30$，則 $\mathbf{\Sigma}_t$ 內有 465 個未知參數，即 $\mathbf{\Sigma}_t$ 的維度隨 k 數大幅提升。另外一個難處是於不同的時間下，$\mathbf{\Sigma}_t$ 必須維持為一個正定的矩陣。

如同單變量的情況，我們可將多變量時間序列 $\mathbf{y}_t$ 拆成可預期與無法預期二成分，即：

$$\mathbf{y}_t = \boldsymbol{\mu}_t + \mathbf{u}_t \tag{8-1}$$

其中 $\boldsymbol{\mu}_t = E(\mathbf{y}_t \mid \mathbf{F}_{t-1})$ 表示於 $\mathbf{F}_{t-1}$ 的條件下對 $\mathbf{y}_t$ 之條件預期，其可表示 $\mathbf{y}_t$ 內可預期的成分。因誤差項 $\mathbf{u}_t$ 不存在序列相關，故 $\mathbf{u}_t$ 為 $\mathbf{y}_t$ 內無法預期的成分，通常我們稱為

---

① 例如：於資產分配或風險管理等的應用。

② 即 $\mathbf{\Sigma}_t$ 內有 k 個變異數與 $k(k-1)/2$ 個共變異數需估計。

「出乎意料外的衝擊」。$\mathbf{u}_t$ 可再寫成：

$$\mathbf{u}_t = \boldsymbol{\Sigma}_t^{1/2} \boldsymbol{\varepsilon}_t \tag{8-2}$$

其中 $\boldsymbol{\varepsilon}_t$ 爲平均數與變異數分別爲 $\mathbf{0}$ 與 $\mathbf{I}_k$ 之 IID 序列 ③，而就所有的（時間）t 而言 $\boldsymbol{\Sigma}_t^{1/2}$ 必須是半正定矩陣。是故，多變量波動或 GARCH 模型所描述的不僅是不同資產之波動率並非固定不變，同時不同資產波動率之間亦存在著相關，因此上述模型的估計稍嫌困難。

文獻上檢視多變量波動或 GARCH 模型並不算少 ④，而本章只介紹多變量 GARCH 模型的代表模型，即 Engle（2002）的「動態條件相關（dynamic conditional correlation, DCC）」模型。上述 DCC 模型的特色是使用一種簡單的方式「聯結」多種第 7 章的單變量 GARCH 模型；換言之，上述 DCC 模型可以同時使用多種單變量 GARCH 模型。或者說，於 DCC 模型內，我們可以見識到 Python 或 R 語言於處理多變量波動或 GARCH 模型的威力。可惜的是，於 Python 內，多變量波動或多變量 GARCH 模型的操作仍較少見，故本章仍使用 R 語言當作輔助。我們看看。

8.1 多變量相關之檢視

如前所述，多變量變數的維度變大，於處理上相當不方便，還好透過 Python 的操作，上述不方便倒也能克服。本節將檢視多變量變數之間的相關係數或共變異數估計。檢視下列指令：

```
six = ["^IXIC",'^GSPC','^FTSE','^DJI','^N225','^TWII']
Six = yf.download(six, start="2000-01-01", end="2022-05-31")['Adj Close']
Six.columns = ['Nas','SP500','FTSE','Dow','N225','TWI']
YrD = 100*np.log(Six/Six.shift(1)).dropna()
SixM = Six.resample('1M').last().dropna()
YrM = 100*np.log(SixM/SixM.shift(1)).dropna()
```

③ 即 $E(\boldsymbol{\varepsilon}_t) = \mathbf{0}$ 與 $\text{cov}(\boldsymbol{\varepsilon}_t) = \mathbf{I}_k$。

④ 有關於多變量 GARCH 模型的文獻，可以參考 Tsay（2014）或 Galanos（2022a）等或上述所列之文獻。本章許多 Python 函數指令係翻譯 R 語言之程式套件（MTS）內之指令。

上述指令的特色是下載上述指數的調整後收盤價；另外，我們將上述日資料轉換成月資料是以每月最後一日爲基準。接下來，我們將上述日與月報酬率標準化，即：

```
YD = (YrD-YrD.mean())/YrD.std()
YM = (YrM-YrM.mean())/YrM.std()
```

再試下列的自設函數：

```
def Corryx(YD,h1):
    y1 = YD[h1:]
    # y1.shape # (4382, 6)
    y2 = YD.shift(h1)[h1:]
    # y2.shape # (4382, 6)
    y2.columns = y1.columns+['_h']
    y12 = pd.concat([y1,y2],axis=1)
    R = y12.corr()
    return R
```

我們檢視 Corryx(.) 函數的意思，試下列指令：

```
YD1 = YD[['Nas','SP500','FTSE']]
np.round(Corryx(YD1,3),4)
#           Nas     SP500    FTSE     Nas_h    SP500_h   FTSE_h
# Nas       1.0000  0.5510   0.9682   0.0259   -0.0090   0.0253
# SP500     0.5510  1.0000   0.5500   -0.0105  -0.0345   -0.0061
# FTSE      0.9682  0.5500   1.0000   0.0230   -0.0117   0.0204
# Nas_h     0.0259  -0.0105  0.0230   1.0000   0.5501    0.9681
# SP500_h -0.0090   -0.0345  -0.0117  0.5501   1.0000    0.5498
# FTSE_h    0.0253  -0.0061  0.0204   0.9681   0.5498    1.0000
```

因此，上述 Corryx(.) 函數是計算 YD1 與其落後 h 期之間的相關係數；換言之，從上述結果可知當期日報酬率如 Nas、SP500 與 FTSE 指數等彼此是有相關的，但是卻與落後 h 期的日報酬率無關。

再試下列指令：

```
np.round(Corryx(YD1**2,3),4)
#             Nas     SP500    FTSE     Nas_h    SP500_h   FTSE_h
# Nas       1.0000   0.5359   0.9707   0.3204   0.2812    0.3236
# SP500     0.5359   1.0000   0.5322   0.3080   0.3053    0.3198
# FTSE      0.9707   0.5322   1.0000   0.3195   0.3003    0.3342
# Nas_h     0.3204   0.3080   0.3195   1.0000   0.5359    0.9707
# SP500_h   0.2812   0.3053   0.3003   0.5359   1.0000    0.5321
# FTSE_h    0.3236   0.3198   0.3342   0.9707   0.5321    1.0000
```

即若日報酬率平方可當作變異數的估計值，則上述結果不僅隱含著同時期不同資產之間的（共）變異數（或波動率）有關，同時亦與落後期的（共）變異數（或波動率）有關。換言之，前述 YD 之共變異數與其落後期之共變異數矩陣（或相關係數矩陣）可透過下列函數列出上述矩陣之「下半部」，即：

```
def half(CoX):
    CoX1 = CoX.to_numpy()
    k = CoX1.shape[1]
    CoXh = np.diag(np.ones(k))
    for i in range(k):
        for j in range(k):
        if i > j:
            CoXh[i,j] = CoX1[i,j]
    return pd.DataFrame(CoXh,index=CoX.index,columns=CoX.columns)
CoX = Corryx(YD**2,3)
np.round(half(CoX),1)
#          Nas  SP500  FTSE  Dow  N225  ...  SP500_h  FTSE_h  Dow_h  N225_h  TWI_h
# Nas      1.0   0.0   0.0   0.0   0.0  ...    0.0     0.0     0.0    0.0     0.0
# SP500    0.5   1.0   0.0   0.0   0.0  ...    0.0     0.0     0.0    0.0     0.0
# FTSE     1.0   0.5   1.0   0.0   0.0  ...    0.0     0.0     0.0    0.0     0.0
# Dow      0.8   0.4   0.8   1.0   0.0  ...    0.0     0.0     0.0    0.0     0.0
# N225     0.2   0.3   0.2   0.2   1.0  ...    0.0     0.0     0.0    0.0     0.0
```

```
# TWI      0.2  0.2   0.2   0.2   0.3   ...   0.0   0.0   0.0   0.0   0.0
# Nas_h    0.3  0.3   0.3   0.3   0.2   ...   0.0   0.0   0.0   0.0   0.0
# SP500_h  0.3  0.3   0.3   0.2   0.2   ...   1.0   0.0   0.0   0.0   0.0
# FTSE_h   0.3  0.3   0.3   0.3   0.2   ...   0.5   1.0   0.0   0.0   0.0
# Dow_h    0.2  0.2   0.3   0.3   0.1   ...   0.4   0.8   1.0   0.0   0.0
# N225_h   0.2  0.2   0.2   0.2   0.3   ...   0.3   0.2   0.2   1.0   0.0
# TWI_h    0.1  0.1   0.1   0.2   0.1   ...   0.2   0.2   0.2   0.3   1.0
# [12 rows x 12 columns]
```

是故，檢視多變量變數之間的關係，尤其是此時多變量變數的個數相當多時，我們於處理上的確相當麻煩，還好可以透過矩陣與Python的操作以降低負擔（習題）。雖說如此，我們還是以「成對」的方式檢視較爲方便，試下列指令：

```
yM = YM['Nas'];xM = YM['FTSE']
yD = YD['Nas'];xD = YD['FTSE']
h = np.arange(1,100,1)
NasM = ACFyx(yM**2,yM**2,h)
FM = ACFyx(xM**2,xM**2,h)
NasD = ACFyx(yD**2,yD**2,h)
FD = ACFyx(xD**2,xD**2,h)
```

其中 ACFyx(.) 函數可參考第 6 章。若仍以報酬率的平方當作變異數的估計值，圖 8-1 分別繪製出 NAS 與 FTSE 之日與月變異數之自我相關係數估計，我們發現低頻率如日變異數估計值存在明顯大於 0 的自我相關，但是高頻率如月變異數估計值則否。

再試下列指令：

```
YM1 = ACFyx(yM**2,xM**2,h)
XM1 = ACFyx(xM**2,yM**2,h)
YD1 = ACFyx(yD**2,xD**2,h)
XD1 = ACFyx(xD**2,yD**2,h)
```

圖 8-2 繪製出上述結果。我們亦發現 NAS 之當期日變異數與落後 h 期的 FTSE 日變異數存在明顯的相關（圖 8-2 左下圖）；同理，FTSE 之當期日變異數與落後 h 期的 Nas 日變異數亦存在明顯的相關（圖 8-2 右下圖）。類似於圖 8-1，我們於圖

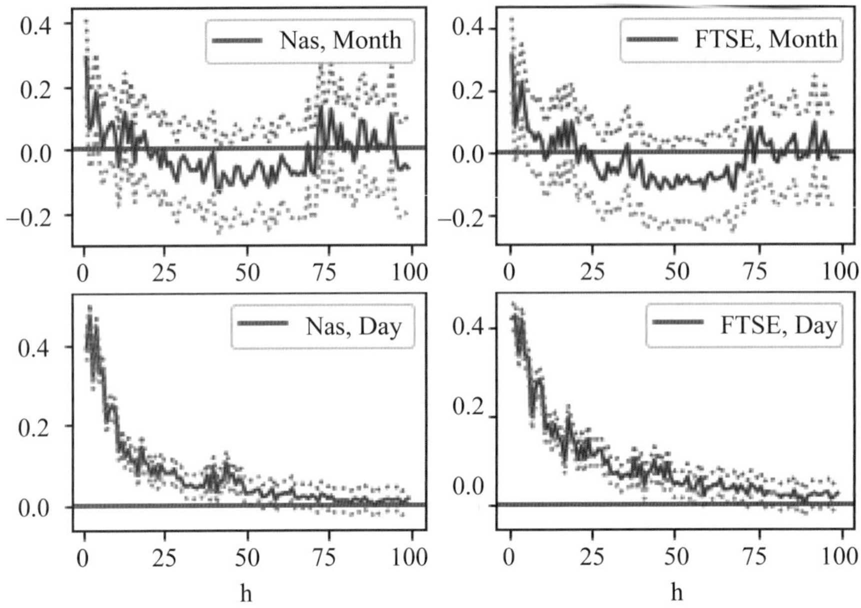

圖 8-1　NAS 與 FTSE 之日與月變異數之 h 期自我相關係數估計

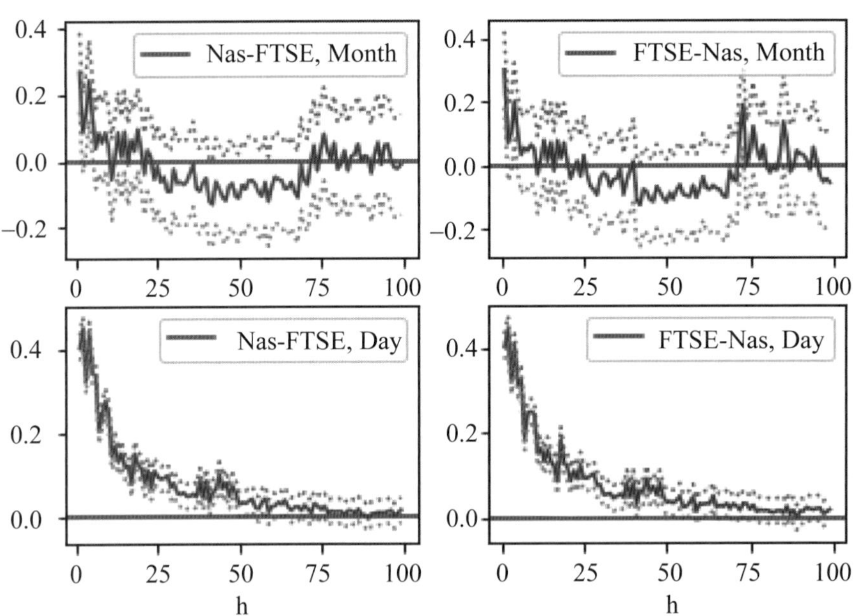

圖 8-2　NAS 與 FTSE 之日與月共變異數估計，其中 Nas-FTSE 表示當期 Nas 變異數與落後 h 期變異數之相關係數估計，其餘可類推

8-2 內亦發現上述當期與落後 h 期之月共變異數程度並不明顯。讀者可以檢視其他指數的情況。

因此，我們從圖 8-1 與 8-2 內發現不同資產報酬率之間除了當期之外，其與落後期的報酬率之間並無明顯的相關；但是變異數（或波動率）就不同了，我們發現不同資產（或市場）之間的波動率之「波及與反饋」的關係相當明顯，此尤其表現於低頻率如日資料上。

例 1 週資料

我們檢視週報酬率資料的情況，試下列指令：

```
SixW = Six.resample('1W').last().dropna()
YrW = 100*np.log(SixW/SixW.shift(1)).dropna()
YW = (YrW-YrW.mean())/YrW.std()
yW = YW['Nas'];xW = YW['FTSE']
YW1 = ACFyx(yW**2,xW**2,h)
XW1 = ACFyx(xW**2,yW**2,h)
NasW = ACFyx(yW**2,yW**2,h)
FW = ACFyx(xW**2,xW**2,h)
```

圖 8-3 繪製出上述結果。我們發現使用週資料，於 h 期不大下，不同資產的波動率於當期以及落後期之間仍存在著相關，即於週資料內，不同資產（或市場）波動率之「波及與反饋」的關係依舊存在。

例 2 $\mathbf{\Sigma}^{1/2}$ 之估計

如前所述，$\mathbf{\Sigma}_t^{1/2}$ 必須是一個半正定矩陣，故若 $\mathbf{\Sigma}_t^{1/2}$ 之維度較大，我們並不容易找到或設定。通常，我們可以藉由實際之多變量報酬率的共變異數矩陣找到 $\mathbf{\Sigma}_t^{1/2}$。例如：

```
from numpy.linalg import cholesky
mu = YrM.mean()
Sigma2 = YrM.cov()
```

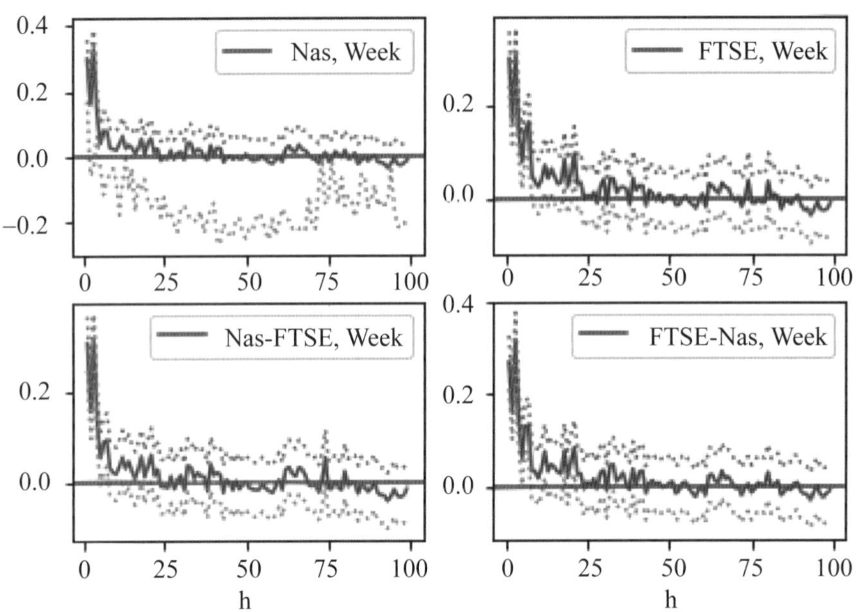

圖 8-3　NAS 與 FTSE 之週自我相關變異數（上圖）與週共變異數（下圖）估計，其中 Nas-FTSE 表示當期 Nas 變異數與落後 h 期變異數之相關係數估計，其餘可類推

```
Sigma = cholesky(Sigma2)
Sigma.shape # (6, 6)
V = pd.DataFrame(Sigma.dot(Sigma.T),index=Sigma2.index,columns=Sigma2.columns)
V
```

即利用前述之 6 檔指數月報酬率資料之資訊取得對應的樣本共變異數矩陣，再透過可列斯基拆解取得對應的 $\boldsymbol{\Sigma}_t^{1/2}$ 之估計值。讀者可檢視上述之 Sigma2 與 V 完全相同。

例 3　多變量常態分配的模擬

若假定 $\boldsymbol{\Sigma}_t^{1/2}$ 與時間無關，我們倒是可以利用前述之 6 檔指數月報酬率資料之資訊以模擬出多變量常態分配的觀察值，即：

```
from scipy.stats import multivariate_normal as mvn
nT,k = YrM.shape # (268, 6)
Ik = np.eye(k)
np.random.seed(3333)
```

```
mu1 = np.array([mu])
XY = np.ones([nT,1]).dot(mu1) + mvn.rvs(mean=np.zeros(k),cov=Ik,size=nT).dot(Sigma)
XY.shape # # (268, 6)
```

讀者可檢視看看。

習題

(1) 利用上述 YrD 之資料，試以 GARCH(1, 1)-t 模型化 YrD 內每一個日報酬率序列資料並繪製出對應的條件波動率時間走勢。
(2) 續上題，試計算條件波動率的相關係數矩陣。
(3) 續上題，類似於圖 8-3，試分別繪製出 Nas 與 FTSE 條件波動率之自我相關係數與二者之當期與落後期的相關係數走勢。
(4) 利用 1.2.1 節內習題 (6) 的 S&P 500 指數成分股日報酬率資料，試計算上述成分股日報酬率之間的相關係數並將其存檔。
(5) 利用 1.2.1 節內習題 (8) 的臺灣 ETF 日報酬率資料，試計算上述 ETF 日報酬率之間的相關係數並將其存檔。
(6) 續上題，令 0050.TW 與 0051.TW 的日標準化報酬率分別用 y_t 與 x_t 表示，試分別繪製出 y_t^2 與 x_{t-h}^2 以及 x_t^2 與 y_{t-h}^2 之估計相關係數走勢。

8.2 多變量條件異質變異檢定

8.1 節只提供「目測」的方式檢視，我們當然須進一步以統計檢定的方式繼續檢視。考慮 k 維度時間序列 $\mathbf{y}_t$。我們考慮二種檢視出現條件異質變異的統計檢定方法。第一種方法係傳統 LB 檢定的延伸。根據 Li（2004），（8-1）與（8-2）二式之加總落後 l 期標準化殘差值平方自我相關可定義爲：

$$\tilde{R}_l = \sum_{t=l+1}^{n}\left(\hat{\mathbf{u}}_t^T\hat{\boldsymbol{\Sigma}}_t^{-1}\hat{\mathbf{u}}_t - \tilde{\mathbf{u}}\right)\left(\hat{\mathbf{u}}_{t-l}^T\hat{\boldsymbol{\Sigma}}_{t-l}^{-1}\hat{\mathbf{u}}_{t-l} - \tilde{\mathbf{u}}\right) / \sum_{t=l+1}^{n}\left(\hat{\mathbf{u}}_t^T\hat{\boldsymbol{\Sigma}}_t^{-1}\hat{\mathbf{u}}_t - \tilde{\mathbf{u}}\right)^2 \tag{8-3}$$

其中 $\tilde{\mathbf{u}} = (1/n)\sum_{t=1}^{n}\hat{\mathbf{u}}_t^T\hat{\boldsymbol{\Sigma}}_t^{-1}\hat{\mathbf{u}}_t, l = 1,2,\cdots,m$，以及 $\hat{\mathbf{u}}_t$ 與 $\hat{\boldsymbol{\Sigma}}_t$ 分別表示 $\mathbf{u}_t$ 與 $\boldsymbol{\Sigma}_t$ 的估計值。若模

型如（8-1）與（8-2）二式無誤設的話[5]，當樣本數 n 變大，$\tilde{\mathbf{u}}$ 之漸近式為：

$$\tilde{\mathbf{u}} = (1/n)\sum_{t=1}^{n} \hat{\mathbf{u}}_t^T \hat{\boldsymbol{\Sigma}}_t^{-1} \hat{\mathbf{u}}_t \to E\left(\hat{\mathbf{u}}_t^T \hat{\boldsymbol{\Sigma}}_t^{-1} \hat{\mathbf{u}}_t\right) = E\left(\boldsymbol{\varepsilon}_t^T \boldsymbol{\varepsilon}_t\right) = \mathbf{k} \tag{8-4}$$

是故，只要 n 夠大，（8-3）式可改寫成：

$$\tilde{R}_l = \sum_{t=l+1}^{n} \left(\hat{\mathbf{u}}_t^T \hat{\boldsymbol{\Sigma}}_t^{-1} \hat{\mathbf{u}}_t - \mathbf{k}\right)\left(\hat{\mathbf{u}}_{t-l}^T \hat{\boldsymbol{\Sigma}}_{t-l}^{-1} \hat{\mathbf{u}}_{t-l} - \mathbf{k}\right) / \sum_{t=l+1}^{n} \left(\hat{\mathbf{u}}_t^T \hat{\boldsymbol{\Sigma}}_t^{-1} \hat{\mathbf{u}}_t - \mathbf{k}\right)^2 \tag{8-5}$$

（8-5）式可再寫成：

$$Q^*(m) = n(n+2)\sum_{l=1}^{m} \tilde{R}_l^2 / (n-l) \sim \chi_m^2 \tag{8-6}$$

即（8-6）式即為傳統 LB 檢定用於檢視虛無假設為不存在相關的檢定統計量。

第二種方法是排序檢定（rank test），如 Dufour 與 Roy（1985, 1986）之檢定方法[6]。令 $\mathbf{e}_t = \hat{\mathbf{u}}_t^T \hat{\boldsymbol{\Sigma}}_t^{-1} \hat{\mathbf{u}}_t - \mathbf{k}$ 以及 $\mathbf{R}_t$ 為 $\mathbf{e}_t$ 之排序，則（8-5）式可改寫成：

$$\tilde{\rho}_l = \sum_{t=l+1}^{n} \left(\mathbf{R}_t - \bar{\mathbf{R}}\right)\left(\mathbf{R}_{t-l} - \bar{\mathbf{R}}\right) / \sum_{t=l+1}^{n} \left(\mathbf{R}_t - \bar{\mathbf{R}}\right)^2 \tag{8-7}$$

其中 $\bar{\mathbf{R}} = \sum_{t=1}^{n} \mathbf{R}_t / n = (n+1)/2$。根據 Dufour 與 Roy（1985, 1986），上述排序檢定方法之檢定統計量可寫成：

$$Q_R(m) = \sum_{i=1}^{m} \frac{\left[\tilde{\rho}_i - E\left(\tilde{\rho}_i\right)\right]^2}{\mathrm{var}(\tilde{\rho}_l)} \sim \chi_m^2 \tag{8-8}$$

其中

---

[5] 即 $\mathbf{y}_t$ 是由 k 維度且具有遍歷（ergodic）性質之恆定向量隨機過程如（8-1）～（8-2）式所產生。

[6] 可以參考例 1。

$$E(\tilde{\rho}_l) = -(n-l)/[n(n-1)]$$

與

$$\text{var}(\tilde{\rho}_l) = \frac{5n^4 - (5l+9)n^3 + 9(l-2)n^2 + 2l(5l+8)n + 16l^2}{5(n-1)^2 n^2 (n+1)}$$

Tsay（2014）曾指出因財金資料易出現極端值而建議使用 $Q^*(m)$ 之「穩健版」，可稱為 $Q_k^*(m)$[7]；換言之，Tsay（2014）曾使用模擬的方式發現：

(1) $Q^*(m)$ 適合用於 $\mathbf{u}_t$ 屬於多變量常態分配的情況。

(2) 若 $\mathbf{u}_t$ 屬於多變量 t 分配，$Q^*(m)$ 的「表現」並不理想。

(3) $Q_k^*(m)$ 與 $Q_R(m)$ 皆較適合用於 $\mathbf{u}_t$ 屬於多變量常態與多變量 t 分配的情況。

我們嘗試使用上述三種檢定方式，先試下列指令：

```
np.random.seed(1234)
zt = norm.rvs(0,1,size=2000).reshape([500,4])
at = pd.DataFrame(zt)
# sigma to scale
def vscale(df,sigma):
    return sigma*np.sqrt((df-2)/df)
s = vscale(3,1) # 0.5773502691896257
np.random.seed(258)
zt1 = t.rvs(loc=0,scale=s,df=3,size=2000).reshape([500,4])
at1 = pd.DataFrame(zt1)
```

即我們模擬出二個 500×4 個觀察值而分別以 at 與 at1 表示，其中前者屬於常態分配而後者則屬於自由度為 3 的 t 分配，上述二者的平均數與變異數皆為 0 與 1。

令落後期為 10，我們計算 $Q^*(m)$、$Q_k^*(m)$ 與 $Q_R(m)$ 分別為：

```
np.round(MLB(at),2) # array([10.22,  0.42])
np.round(MLB(at1),2) # array([6.98, 0.73])
```

[7] 即剔除上 5% 的觀察值再重新計算 $Q^*(m)$。

```
np.round(Mrobust(at),2) # array([169.72,  0.28])
np.round(Mrobust(at1),2) # array([175.77,  0.19])
np.round(MRT(at),2) # array([7.62, 0.67])
np.round(MRT(at1),2) # array([19.04,  0.04])
```

讀者可以參考所附檔案得知上述每個函數的意義或設定方式。例如：MLB（at）表示於落後期為 $m = 10$ 之下，$Q^*(m)$ 約為 10.22 而對應的 p 值則約為 0.42。其餘可類推。我們發現 $Q^*(m)$ 與 $Q_k^*(m)$ 皆能「正確地」顯示出 at 與 at1 不存在相關的事實，但是於顯著水準為 5% 之下，$Q_R(m)$ 卻無法「正確地」顯示。雖說如此，上述只計算某一結果，我們可以進一步檢視多種情況，其結果就繪製如圖 8-4 所示。我們發現其實上述三種檢定方法各有優劣；換言之，於顯著水準為 5% 之下，從圖 8-4 內可看出三種檢定方法皆有可能會拒絕虛無假設不存在相關的可能。不過，圖 8-4 的結果倒提醒我們應多考慮檢視多種 m 值的情況。

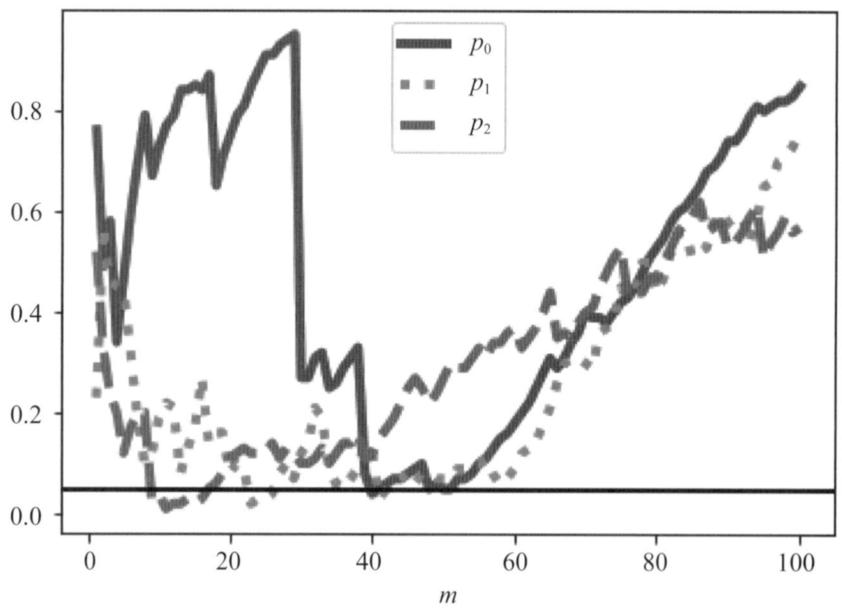

圖 8-4　t 分配模擬資料之檢定統計量所對應的 p 值，其中 p_0、p_1 與 p_2 分別表示 $Q^*(m)$、$Q_k^*(m)$ 與 $Q_R(m)$ 之 p 值，其中水平直線可對應至顯著水準 5%

表 8-1　y1 與 y2 的排序

	y1	y2	Rank of y1	Rank of y2
0	7	14	6	10
1	10	11	9	7
2	4	4	4	4
3	0	0	1	1
4	5	12	5	8
5	9	8	8	6
6	8	2	7	2
7	11	6	10	5
8	3	3	3	3
9	1	13	2	9

說明：Rank of y1 表示 y1 的排序，其餘類推。

例 1 資料的排序

從事上述排序檢定如 $Q_R(m)$ 的計算，首先必須先將資料由小到大排序。例如：檢視表 8-1 內的 y1 與 y2 的排序分別可得 Rank of y1 與 Rank of y2，讀者可以檢視所附檔案得知如何於 Python 內操作。

例 2 六種指數之日與月報酬率

利用前述的六種指數之日與月報酬率資料（即 YrD 與 YrM），圖 8-5 分別繪製出上述資料之於不同 m 值下三種檢定統計量所對應的 p 值。我們發現 $Q_k^*(m)$ 相對上較不穩定，原因就在於 YrM 內每種指數只有 268 個資料，因此我們幾乎可以認定若多變量的變數較多且樣本數較少，上述 $Q_k^*(m)$ 的計算較不穩定；換言之，於習題內，我們建議降低 YrM 內指數個數，重新再計算圖 8-5 內左圖的結果，其結果為何？另外，圖 8-5 內右圖的結果顯示出 YrD 存在異質變異的情況。

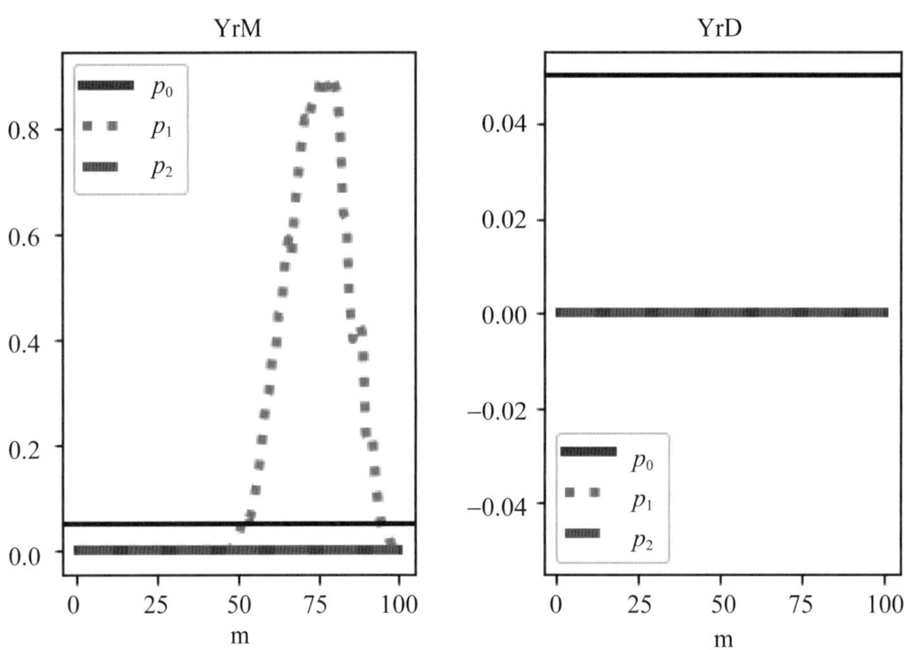

圖 8-5 YrM 與 YrD 資料之三種檢定統計量所對應的 p 值，其中 p_0、p_1 與 p_2 分別表示 $Q^*(m)$、$Q_k^*(m)$ 與 $Q_R(m)$ 之 p 值，其中水平直線可對應至顯著水準 5%

例 3 臺灣 ETF 資料

於 1.2.1 節的習題內，我們曾下載 2019/3/20～2022/7/31 期間 107 檔臺灣 ETF 的調整後收盤價資料，轉換成日報酬率資料後每檔共有 820 個資料。我們嘗試使用前述之三種檢定方法檢視上述 ETF 日報酬率資料，其結果就繪製如圖 8-6 所示。我們發現於不同 m 值下，三種檢定統計量所對應的 p 值皆接近於 0，隱含著存在異質變異的情況。

例 4 「0050.TW」與「0051.TW」日報酬率資料

續上題，我們只取「0050.TW」與「0051.TW」二檔日報酬率資料，仍使用上述三種檢定方法檢視，其結果就繪製如圖 8-7 所示。出乎意料之外，於不同的 m 值之下，$Q^*(m)$ 之 p 值竟然皆接近於 1，而 $Q_k^*(m)$ 與 $Q_R(m)$ 之 p 值竟皆接近於 0。我們再檢視看看：

```
MLB(X) # (0.691141835807352, 0.9999691707531306)
Mrobust(X) # (172.51397321735433, 0.0)
```

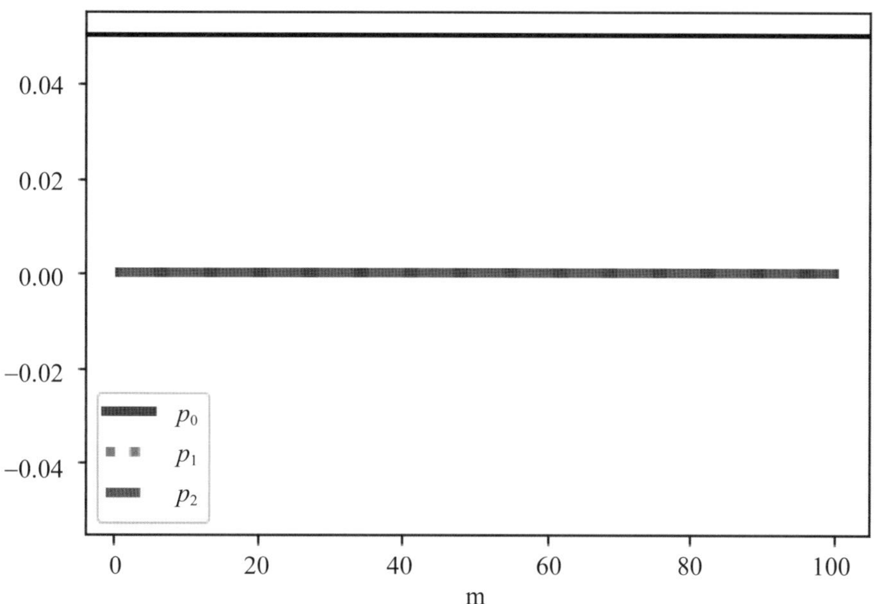

圖 8-6 臺灣 ETF 日報酬率資料之三種檢定統計量所對應的 p 值，其中 p_0、p_1 與 p_2 分別表示 $Q^*(m)$、$Q_k^*(m)$ 與 $Q_R(m)$ 之 p 值，其中水平直線可對應至顯著水準 5%

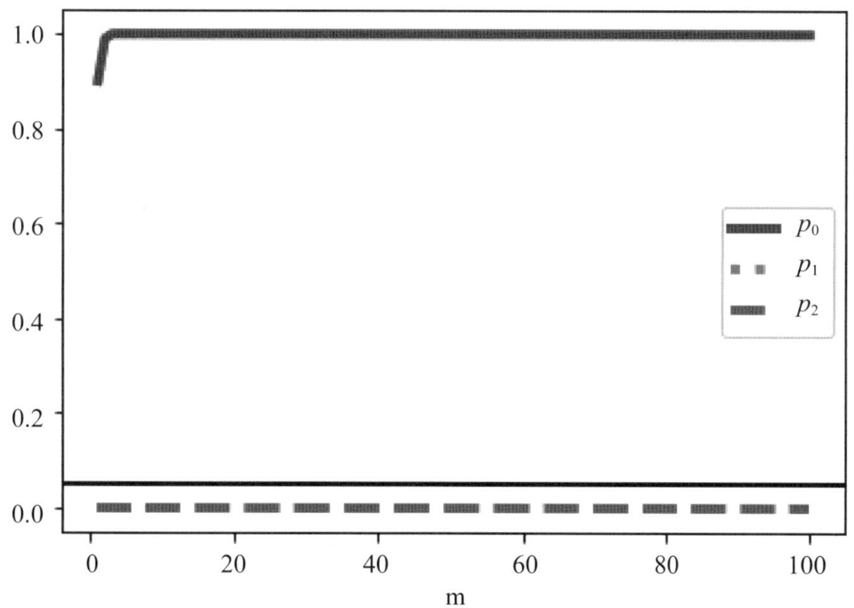

圖 8-7 「0050.TW」與「0051.TW」日報酬率資料之三種檢定統計量所對應的 p 值，其中 p_0、p_1 與 p_2 分別表示 $Q^*(m)$、$Q_k^*(m)$ 與 $Q_R(m)$ 之 p 值，其中水平直線可對應至顯著水準 5%

```
MRT(X) # (105.33949756594531, 0.0)
```

隱含著三種檢定方法最好同時使用。

例 5 **再談 EWMA 估計**

多變量如 $\mathbf{y}_t$ 亦可以使用 EWMA 估計，試下列指令：

```
def EWMAvol(rtn,lambda1 = 0.96):
    nT,k = rtn.shape
    x = rtn-np.mean(rtn,axis=0) # subtract sample means
    h1 = 1-lambda1
    Sigt = np.cov(x,rowvar=0)
    V1 = Sigt.reshape(1,k**2)
    m = np.arange(1,nT,1)
    for t in m:
        xx = x[t-1,:]
        for i in range(k):
        Sigt[i,:] = h1*xx*xx[i]+lambda1*Sigt[i,:]
        V1 = np.concatenate([V1,Sigt.reshape(1,k**2)])
    return V1
```

我們試試上述函數指令如：

```
x = X.to_numpy()
EWMAvol(x).shape # (820, 4)
```

即上述 EWMAvol(.) 函數需使用矩陣型態的輸入值。值得注意的是，上述 EWMAvol(.) 函數的內建 λ 值爲 0.96。

例 6 **YrM1 的 EWMA 估計**

取前述 YrM 內之 NASDAQ、SP500 與 TWI 月報酬率資料並稱之爲 YrM1，我們先計算後者之共變異數矩陣如：

```
YrM1 = YrM[['Nas','SP500','TWI']]
YrM1.cov()
#            Nas        SP500       TWI
# Nas      0.001815   0.001340   0.001404
# SP500    0.001340   0.001558   0.001262
# TWI      0.001404   0.001262   0.003678
```

可以注意上述共變異數矩陣內元素之位置，接著使用下列指令：

```
yrm1 = YrM1.to_numpy()
ewma = EWMAvol(yrm1,lambda1=0.9)
ewma.shape # (268, 9)
```

利用上述結果可以繪製出如圖 8-8 所示。圖 8-8 的結果隱含著 NASDAQ、SP500 與 TWI 月報酬率之樣本變異數與共變異數並非爲固定數值。讀者可以思索圖 8-8 的結果如何繪製。

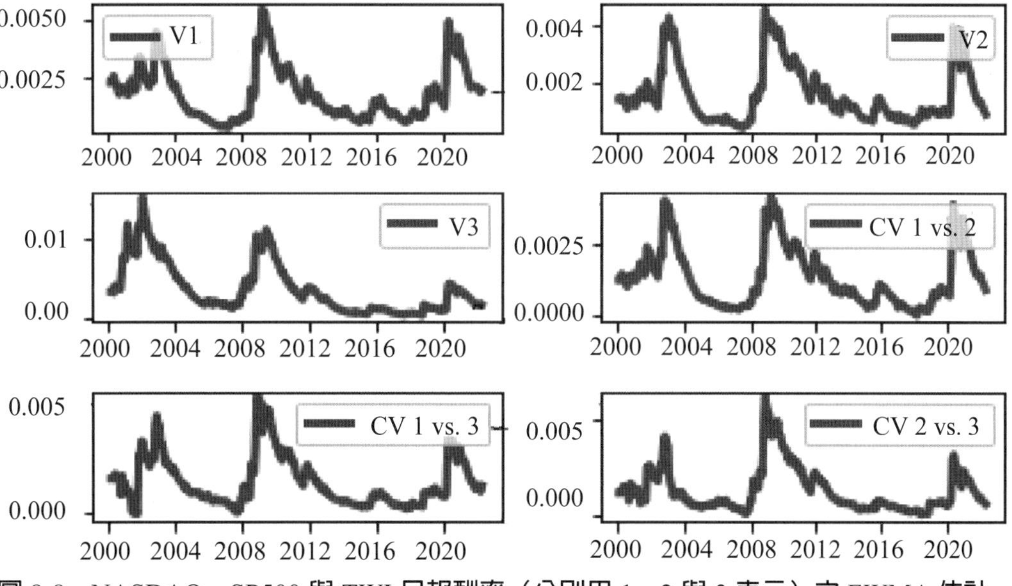

圖 8-8　NASDAQ、SP500 與 TWI 月報酬率（分別用 1、2 與 3 表示）之 EWMA 估計，其中 V 與 CV 分別表示估計之變異數與共變異數

習題

(1) 利用上述三種檢定方法檢視 YrM1，結果爲何？

(2) 上網查詢道瓊指數的 30 檔成分股名稱後，試下載 2010/3/20～2022/7/31 期間上述成分股之調整後收盤價資料後，並轉爲日報酬率資料。試利用本節所介紹的三種檢定方法檢視上述日報酬率資料，結果爲何？

(3) 續上題，試使用 VAR(1) 模型估計上述 30 檔成分股日報酬率資料，再利用上述三種檢定方法檢視估計之 VAR(1) 模型的殘差值矩陣資料，結果爲何？

(4) 利用 4.3.1 節例 5 的台灣 50 與 100 成分股日報酬率資料，試利用上述檢定方法檢視上述日報酬率資料，結果爲何？

(5) 其實，$Q^*(m)$ 亦接近於多變量波特曼托檢定統計量如（6-9）式所示，試舉一例說明。

(6) 上述檢定方法亦可以合併成用一個函數表示，試舉一例說明。

8.3 DCC-GARCH 模型

本節將分成二部分說明。第一部分是簡單介紹 Engle（2002）的 DCC-GARCH 模型並使用 Python 估計；第二部分則是利用 R 語言之程式套件（rmgarch）內的函數指令以估計 DCC-GARCH 模型。

8.3.1 DCC 模型

我們重新檢視（8-1）與（8-2）式，可以分述如下：

(1) 於 t 期，$\mathbf{y}_t$ 是一個 $k \times 1$ 的日報酬率向量，即 $\mathbf{y}_t$ 內包括 k 種資產報酬率。

(2) $\mathbf{u}_t$ 爲 $\mathbf{y}_t$ 除去平均數後之誤差項向量，其具有 $E(\mathbf{u}_t) = \mathbf{0}$ 與 $\text{var}(\mathbf{u}_t) = \mathbf{\Sigma}_t$ 的特徵；換言之，$\mathbf{\Sigma}_t$ 可稱爲 $\mathbf{u}_t$ 之條件變異數，其中 $\mathbf{\Sigma}_t$ 是一個 $k \times k$ 之半正定矩陣。

(3) $\mathbf{\Sigma}_t^{1/2}$ 亦是一個 $k \times k$ 之半正定矩陣。通常，$\mathbf{\Sigma}_t$ 可透過可列斯基拆解取得 $\mathbf{\Sigma}_t^{1/2}$。

(4) $\boldsymbol{\varepsilon}_t$ 具有 $E(\boldsymbol{\varepsilon}_t) = \mathbf{0}$ 與 $\text{var}(\boldsymbol{\varepsilon}_t) = \mathbf{I}_k$ 的特色。通常假定 $\boldsymbol{\varepsilon}_t$ 屬於 IID 之多變量常態分配或多變量 t 分配。

(5) 於 t 期，$\mathbf{u}_t$ 之條件標準差可用 $\mathbf{D}_t$ 表示，即 $\mathbf{D}_t$ 爲一個 $k \times k$ 的對角矩陣。

(6) 於 t 期，$\mathbf{u}_t$ 之條件相關矩陣可用 $\mathbf{R}_t$ 表示，即 $\mathbf{R}_t$ 亦爲一個 $k \times k$ 矩陣。

因此，若假定或認定 $\mathbf{\Sigma}_t$ 並非屬於一個固定數値矩陣，而是一個會隨時間 t 改變的矩陣，經過適當的轉換，可將 $\mathbf{\Sigma}_t$ 轉成用 $\mathbf{R}_t$ 表示，此即爲 DCC 模型的精隨。

如前所述，上述 $\mathbf{D}_t$ 是一個 $k \times k$ 的對角矩陣，可寫成：

$$\mathbf{D}_t = \begin{bmatrix} \sqrt{h_{1t}} & 0 & \cdots & 0 \\ 0 & \sqrt{h_{2t}} & \cdots & 0 \\ \vdots & \vdots & \ddots & \vdots \\ 0 & 0 & \cdots & \sqrt{h_{kt}} \end{bmatrix} \tag{8-9}$$

其中

$$h_{it} = \alpha_{i0} + \sum_{q=1}^{Q_i} \alpha_{iq} u_{i,t-q}^2 + \sum_{p=1}^{P_i} \beta_{ip} h_{i,t-p}, i = 1, 2, \cdots, k \tag{8-10}$$

即 $h_{it} = \sigma_{i\,t}^2$ 表示 t 期第 i 種資產的條件變異數。是故，$\mathbf{D}_t$ 內之元素可以透過第 7 章的 GARCH 模型取得；或者說，理論上我們可以透過（8-10）式檢視 DCC-GARCH(Q, P) 模型，不過通常 DCC-GARCH(1, 1) 模型（簡寫爲 DCC 模型）已足夠了。換句話說，本節將只檢視最簡單的 DCC 模型[8]。

我們已經知道 $\mathbf{R}_t$ 表示 $\boldsymbol{\varepsilon}_t$ 之條件相關係數矩陣，其可寫成：

$$\mathbf{R}_t = \begin{bmatrix} 1 & \rho_{12,t} & \rho_{13,t} & \cdots & \rho_{1k,t} \\ \rho_{12,t} & 1 & \rho_{23,t} & \cdots & \rho_{2k,t} \\ \rho_{13,t} & \rho_{23,t} & 1 & \ddots & \vdots \\ \vdots & \vdots & \ddots & \ddots & \rho_{k-1,k,t} \\ \rho_{1k,t} & \rho_{2k,t} & \cdots & \rho_{k-1,k,t} & 1 \end{bmatrix}$$

因 $\boldsymbol{\Sigma}_t$ 爲共變異數矩陣，而該矩陣內之元素可寫成：

$$[\boldsymbol{\Sigma}_t]_{ij} = \sqrt{h_{it} h_{jt}} \rho_{ij,t} \tag{8-11}$$

其中 $\rho_{ii,\,t} = 1$。（8-11）式寫成矩陣型態可爲：

$$\boldsymbol{\Sigma}_t = \mathbf{D}_t \mathbf{R}_t \mathbf{D}_t \tag{8-12}$$

是故，若假定 $\boldsymbol{\varepsilon}_t$ 屬於 IID 之多變量常態分配，則根據（8-12）式可知：

---

[8] 就（8-10）式而言，其實我們有多種方式可以選擇，於底下自然可以看出。其實，完整的 DCC-GARCH 模型可寫成 DCC(M, N)-GARCH(Q, P) 模型，而本節的 DCC 模型相當於 DCC(1, 1)-GARCH(1, 1) 模型。

$$\boldsymbol{\varepsilon}_t = \mathbf{D}_t^{-1}\mathbf{u}_t \sim N(\mathbf{0}, \mathbf{R}_t) \tag{8-13}$$

換言之，若假定 $\boldsymbol{\varepsilon}_t$ 屬於 IID 之多變量常態分配，（8-2）式的另外一種表示方式就是（8-13）式，隱含著 $\boldsymbol{\Sigma}_t^{1/2}$ 須爲一個半正定矩陣，此相當於要求 $\mathbf{R}_t^{1/2}$ 或 $\mathbf{R}_t$ 亦是一個半正定矩陣；當然，由於是相關係數矩陣，後者內元素之絕對值需小於 1。

根據（8-9）式，不難計算出對應的逆矩陣 $\mathbf{D}_t^{-1}$，故透過（8-12）式可得：

$$\mathbf{R}_t = \mathbf{D}_t^{-1}\,\boldsymbol{\Sigma}_t\,\mathbf{D}_t^{-1} \tag{8-14}$$

面對（8-14）式，Engle（2002）提出下列的 DCC 模型以估計 $\mathbf{R}_t$：

$$\mathbf{Q}_t = (1-\alpha-\beta)\bar{\mathbf{Q}} + \alpha\boldsymbol{\eta}_{t-1}\boldsymbol{\eta}_{t-1}^T + \beta\mathbf{Q}_{t-1} \tag{8-15}$$

與

$$\mathbf{R}_t = \mathbf{Q}_t^{*-1}\mathbf{Q}_t\mathbf{Q}_t^{*-1} \tag{8-16}$$

有關於（8-15）與（8-16）二式的意義可以分述如下：

(1) 顧名思義，DCC 模型如（8-15）～（8-16）二式就是欲估計條件相關係數矩陣 $\mathbf{R}_t$，後者的特色是條件相關係數矩陣會隨時間改變[⑨]。

(2) 上述估計過程可以分成二個步驟達成，即第一個步驟係使用單變量 GARCH 模型，如（8-10）式估計 $\boldsymbol{\eta}_t = (\eta_{it}, \cdots, \eta_{kt})^T$，其中 $\eta_{it} = u_{it} / \sqrt{h_{it}}$ 而後者對應的對角矩陣爲 $\mathbf{D}_t^*$；第二個步驟爲透過（8-15）式內之 $\mathbf{Q}_t$ 以估計（8-16）式內之 $\mathbf{R}_t$，其中 $\bar{\mathbf{Q}} = \frac{1}{n}\sum_{t=1}^{n}\boldsymbol{\eta}_t\boldsymbol{\eta}_t^T$ 爲 $\boldsymbol{\eta}_t$ 之平均之非條件共變異數而 n 爲樣本個數。

(3)（8-15）式內之 α 與 β 爲二個欲估計之參數，其具有 $\alpha > 0$、$\beta > 0$ 與 $\alpha + \beta < 1$ 的條件。

(4) 上述（8-15）式可以延伸而寫成：

$$\mathbf{Q}_t = \left(1-\sum_{m=1}^{M}\alpha_m - \sum_{j=1}^{N}\beta_j\right)\bar{\mathbf{Q}} + \sum_{m=1}^{M}\alpha_m\boldsymbol{\eta}_{t-1}\boldsymbol{\eta}_{t-1}^T + \sum_{j=1}^{N}\beta_j\mathbf{Q}_{t-1} \tag{8-17}$$

---

⑨ 畢竟 $\mathbf{R}_t$ 較 $\boldsymbol{\Sigma}_t$ 容易估計。

即 DCC 模型的一般式可寫成 DCC(M, N)-GARCH 模型。

於底下，我們利用並修改 Orskaug（2009）所提供的 Python 指令[⑩]估計 DCC 模型，先試下列指令：

```
runfile('C:\\all3\\FinComp\\ch8\\DCC_loss.py', wdir='C:\\all3\\FinComp\\ch8')
runfile('C:\\all3\\FinComp\\ch8\\DCC.py', wdir='C:\\all3\\FinComp\\ch8')
```

即讀者可以先檢視所附的 DCC_loss.py 與 DCC.py 的檔案，該二檔案取自 Orskaug（2009）。接下來，我們看如何叫出：

```
import DCC as dcc
import DCC_loss as Dl
```

即上述二檔案分別簡稱爲 dcc 與 Dl。底下是我們自設的函數：

```
def dccPre(YrD,mean='Constant',dist='normal'):
    nT,k = YrD.shape
    cV = np.zeros([nT,k])
    params = np.zeros([k,4])
    cols = YrD.columns
    for i in range(k):
        model = arch_model(YrD[cols[i]],mean='Constant',
                           p=1,o=0,q=1,vol='GARCH').fit(disp="off")
        cV[:,i] = model.conditional_volatility
        params[i,:] = model.params
    return params,cV
```

如前所述，DCC 模型之估計可以分成二步驟，上述 dccPre(.) 函數可以提供第一個步驟之估計。例如：

---

⑩ 可於 “GitHub - Topaceminem/DCC-GARCH: DCC GARCH modeling in Python” 處下載。

```
three = ["^IXIC","^FTSE","^TWII"]
Three = yf.download(three, start="2020-01-01", end="2022-05-31")['Close']
Three.columns = ['NASDAQ','FTSE','TWI']
yt1 = 100*np.log(Three/Three.shift(1)).dropna()
yt1.to_excel('C:\\all3\\FinComp\\ch8\\NasFTSETWI.xlsx')
Garchparams = dccPre(yt1,mean='Constant',dist='normal')[0]
np.round(Garchparams,2)
# array([[-0.01,  0.07,  0.17,  0.8 ],
#        [ 0.06,  0.15,  0.2 ,  0.75],
#        [ 0.11,  0.15,  0.21,  0.67]])
```

以 NASDAQ 之日報酬率爲例，若假定條件分配屬於常態分配，則含常數項之 GARCH(1, 1) 模型的估計結果爲 $\hat{\mu}$（即 μ 之估計值）約爲 –0.01，而對應之條件變異數如（8-10）式之估計爲：

$$\hat{h}_{it} = 0.07 + 0.17\hat{u}_{i,t-1}^2 + 0.8\hat{h}_{i,t-1}$$

其中 i 表示 NASDAQ 之日報酬率，其餘可類推。

η_t 之估計可爲：

```
cV = dccPre(yt1,mean='Constant',dist='normal')[1]
cVdf = pd.DataFrame(cV,columns=yt1.columns,index=yt1.index)
epsilon = yt1/cVdf
```

即上述 epsilon 爲 η_t 的估計矩陣。根據（8-13）式[11]，我們估計（8-15）式內的參數值爲：

---

[11] 根據 Orskaug（2009），若 $\boldsymbol{\varepsilon}_t$ 屬於平均數向量與共變異數矩陣分別爲 $\mathbf{0}$ 與 $\mathbf{R}_t$ 的多變量常態分配，其對應的對數概似函數可簡寫成：

$$\log\left[L_2(\boldsymbol{\theta})\right] = -\frac{1}{2}\sum_{t=1}^{n}\left[\log\left(\left|\mathbf{R}\right|\right) + \boldsymbol{\varepsilon}_t^T\mathbf{R}_t^{-1}\boldsymbol{\varepsilon}_t\right]$$

其中 $\boldsymbol{\theta} = (\alpha, \beta)$。

```
epsilon1 = np.array([epsilon['NASDAQ'],epsilon['FTSE'],epsilon['TWI']])
dcc_model1 = dcc.DCC()
dcc_model1.set_loss(Dl.dcc_loss_gen())
dcc_model1.fit(epsilon1)
bhat = dcc_model1.get_ab() # array([0.01462754, 0.96158262])
```

換言之，α 與 β 的估計值分別約爲 0.01 與 0.96。是故，透過（8-16）式可得：

```
Rhat = Dl.R_gen(epsilon1,bhat)
Rhat1 = np.array([Rhat])
Rhat1.shape # (1, 514, 3, 3)
```

値得注意的是，上述 $\mathbf{R}_t$ 之估計陣列爲 Rhat1，其維度爲 (1,514,3,3)。圖 8-9 的左圖分別繪製出上述 Rhat1 內的結果；換言之，圖 8-9 的左圖分別繪製出上述三種指數日報酬率之「成對」的估計條件相關係數走勢，我們發現上述三種估計的條件相關係數走勢並非固定不變。例如：NAS 與 TWI 日報酬率之間的非條件相關係數估計值約爲 0.75，但是圖內顯示出上述二者之間的條件相關係數估計值之最大値、最小值與平均數分別約爲 0.5、0.17 與 0.33，顯然後者小於前者。讀者可以嘗試計算其他「成對」的情況。

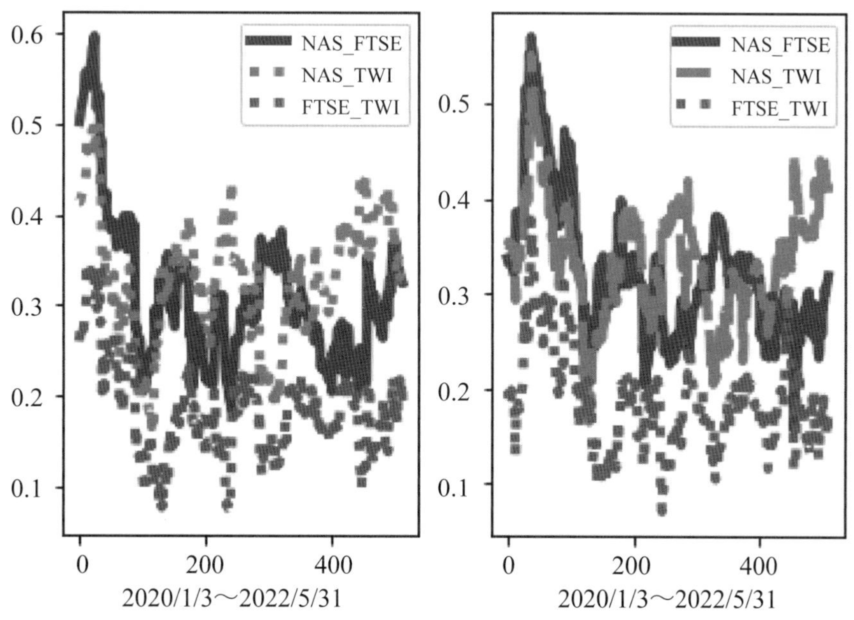

圖 8-9　三種指數日報酬率之「成對」的估計條件相關係數走勢，其中左圖使用 Python 而右圖使用 R 語言估計

例 1 原油價格與 S&P 500 的收盤價

利用第 5 章內的月原油價格資料（1986/1～2022/5），合併同時期的 S&P 500 的月收盤價資料，圖 8-10 分別繪製出上述二者對數月收盤價時間走勢以及月變動率（報酬率）之間的散布圖。雖然上述價格走勢頗爲類似，但是月變動率之間的相關程度並不大，即月原油價格與月收盤價變動率之間的非條件相關係數估計值約爲 3%。

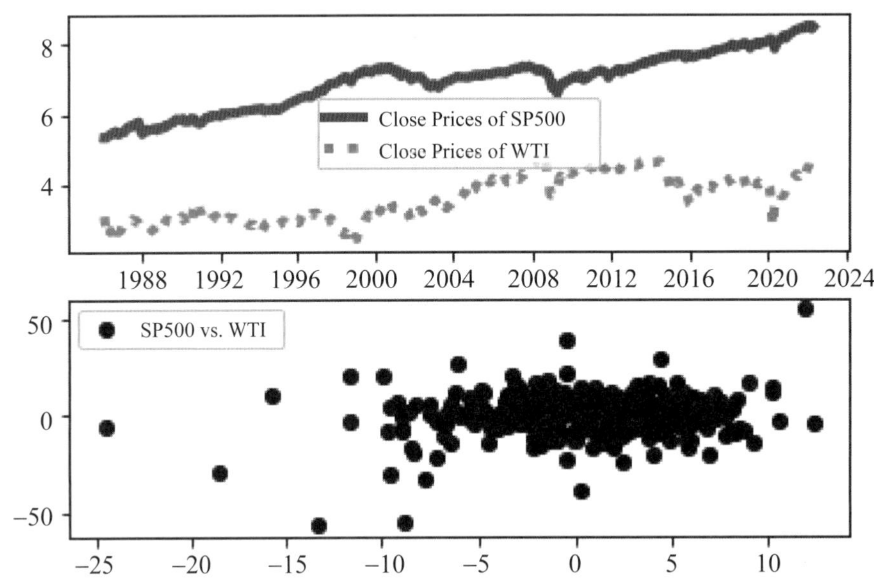

圖 8-10 月原油價格與 S&P 500 月收盤價（對數值）的時間走勢（上圖）以及上述二者月報酬率之間的散布圖

例 2 原油價格月變動率與 S&P 500 的月收盤價變動率

續例 1，有些時候，DCC 模型的估計標的未必只存在有變異數或共變異數相關，因此可以先透過使用 VAR 模型過濾。例如：

```
model1 = VAR(two).fit(maxlags=15, ic='aic')
model1.summary()
et = model1.resid
```

其中 two 爲原油價格月變動率與 S&P 500（簡稱 SP500）的月收盤價變動率資料之合併。上述指令是指 two 內資料欲使用 VAR 模型估計，其中落後期數的選定係根據 AIC（最小）爲準（於最大落後期數爲 15 之下），結果上述 model1 內的落後期數爲 2（月）。我們利用 model1 內的殘差值 et 而以 DCC 模型估計。於多變量常態分配的假定下，使用上述 Python 指令，（8-15）式內 α 與 β 的估計值分別約爲 0 與 0.55，我們進一步估計對應的條件相關係數估計值，發現竟皆約接近於 0。不過，若使用 R 語言估計（詳見 8.3.2 節），上述 α 與 β 的估計值分別約爲 0.01 與 0.96，而圖 8-11 則分別繪製出後者對應的條件相關係數估計值走勢。我們發現雖然上述條件相關係數估計值平均數約爲 0.01，不過從圖 8-11 內可看出上述條件相關係數估計值的走勢具有較大的波動，特別是自 2020 年後上述條件相關係數估計值走勢竟有向下走的趨勢。表 8-2 分別列出上述條件相關係數估計值的基本敘述統計量，可發現上述條件相關係數估計最大值與最小值分別約爲 0.08 與 –0.07，隱含著波動似乎有擴大的可能。

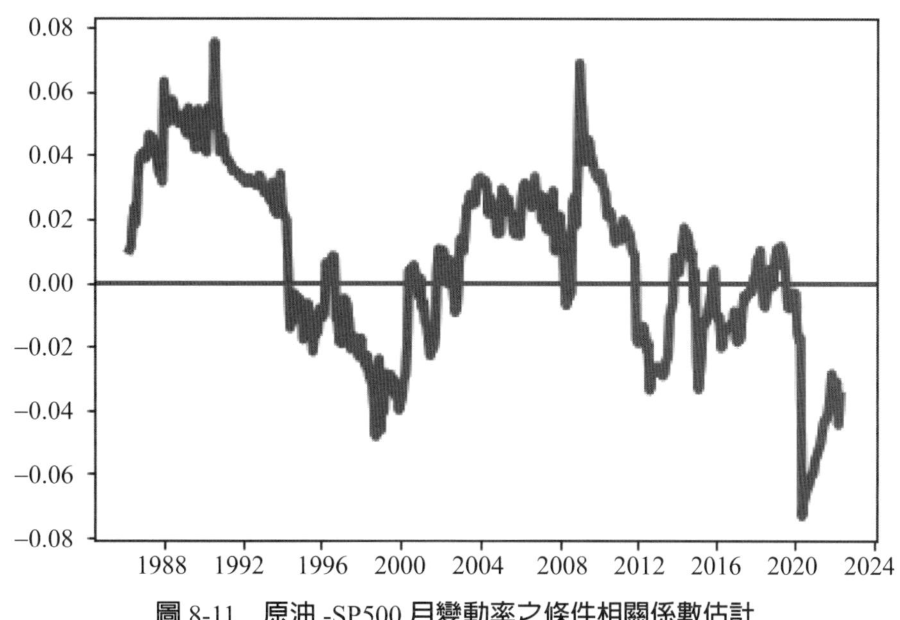

圖 8-11　原油 -SP500 月變動率之條件相關係數估計

表 8-2　原油 -SP500 月變動率之條件相關係數估計

	count	mean	std	min	25%	50%	75%	max
CR	434	0.01	0.03	-0.07	-0.01	0.01	0.03	0.08

說明：CR 表示條件相關係數估計。第 2～9 欄分別表示樣本數、平均數、標準差、最小值、第 25 個百分位數、第 50 個百分位數、第 75 個百分位數與最大值。

例 3　美元兌新臺幣月變動率與 TWI 月收盤價變動率

類似例 1～2，我們改合併美元兌新臺幣月變動率與 TWI 月收盤價變動率資料（1997/9～2022/4），可得上述二種，月變動率之非條件相關係數估計值約爲 –0.28，隱含著美元價位上升，TWI 月收盤價反而會下跌。我們仍先以 VAR(1) 模型估計並取得對應的殘差值資料。上述殘差值資料亦使用 DCC 模型估計，可得 α 與 β 的估計值分別約爲 0 與 0.81，隱含著條件相關的持續力道強勁，圖 8-12 繪製出上述結果；或者說，從圖 8-12 內可發現條件相關係數估計值變化並不大，顯示出不同時間並不改變美元價位與 TWI 收盤價之間的關係。

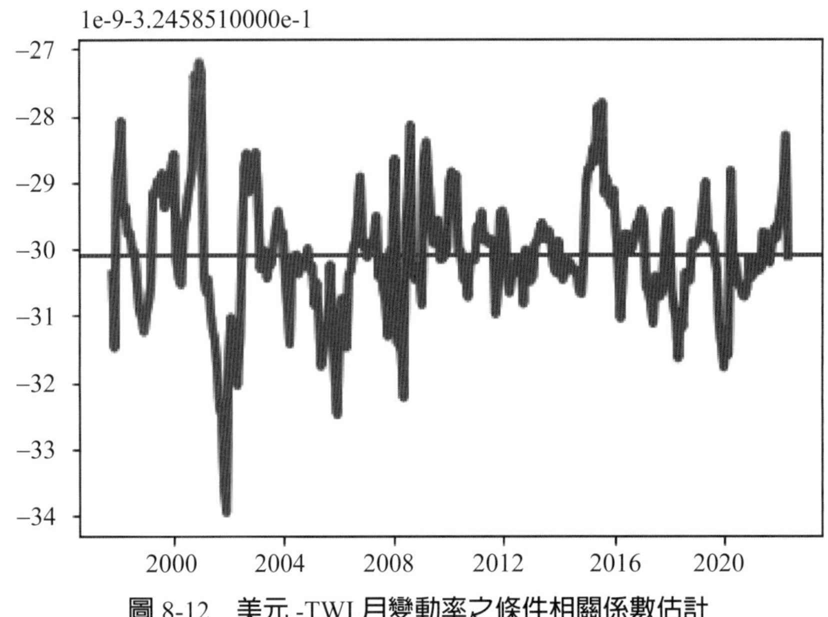

圖 8-12　美元 -TWI 月變動率之條件相關係數估計

8.3.2 使用 R 語言

於 8.3.1 節內，我們係使用 Orskaug（2009）所提供的 Python 指令以估計 DCC 模型，不過上述指令會面臨多變量標的變數維度過大難以估計的困擾；因此，本節將改用 R 語言之程式套件（rmgarch）內所提供的指令估計。換句話說，就 DCC 模型的估計而言，程式套件（rmgarch）的確提供了不錯的估計方法。我們先利用前述合併 NASDAQ，FTSE 與 TWI 之日報酬率資料如 yt1 說明如何操作。

試下列的 R 語言指令（可以參考所附的 ch8.R 檔案）：

```
library(rmgarch)
NasFTSETWI <- read_excel("C:\\all3\\FinComp\\ch8\\NasFTSETWI.xlsx")
yt1 = NasFTSETWI[,2:4]
specx1 = ugarchspec(mean.model = list(armaOrder = c(0,0),include.mean = TRUE),
                    variance.model = list(garchOrder = c(1,1), model = "sGARCH",
                    variance.targeting=FALSE), distribution.model = "norm")
spec1 = dccspec(uspec = multispec( list(specx1, specx1, specx1) ),
                dccOrder = c(1,1),  distribution = "mvnorm")
fit1 = dccfit(spec1, data = yt1, fit.control = list(eval.se=T))
fit1
```

我們可以看出 DCC 模型的估計的確分成二個步驟（階段），即先設定單變量 GARCH 模型如上述之 specx1，接著再設定 DCC 模型如上述之 spec1。我們發現程式套件（rmgarch）的確提供較有彈性的設定方式。例如：

```
specx1a = ugarchspec(mean.model = list(armaOrder = c(0,0),include.mean = TRUE),
                     variance.model = list(garchOrder = c(1,1), model = "apARCH",
                     variance.targeting=FALSE), distribution.model = "norm")
specx1b = ugarchspec(mean.model = list(armaOrder = c(0,0),include.mean = TRUE),
                     variance.model = list(garchOrder = c(1,1), model = "gjrGARCH",
                     variance.targeting=FALSE), distribution.model = "std")
spec1a = dccspec(uspec = multispec( list(specx1, specx1a, specx1b) ),
                 dccOrder = c(1,1),  distribution = "mvnorm")
fit1a = dccfit(spec1a, data = yt1, fit.control = list(eval.se=T))
fit1a
```

讀者可以比較上述 fit1 與 fit1a 結果或其設定的差異。

我們來看看如何叫出 fit1 內的結果。試下列指令：

```
coef(fit1)
coef(fit1)[13]
# [Joint]dcca1
#  0.01583425
coef(fit1)[14]
```

```
# [Joint]dccb1
#    0.946693
```

即 DCC 模型內的 α 與 β 估計值分別約爲 0.02 與 0.95，而二者對應的估計標準誤則約爲 0.01 與 0.02（後二者可檢視 fit1 的結果得知），故 α 與 β 估計值皆顯著異於 0（於顯著水準爲 5% 之下）。

我們繼續叫出條件相關係數的估計值：

```
rc1R = rcor(fit1,type='R')
rc1Q = rcor(fit1,type='Q')
dim(rc1R) # 3   3 514
dim(yt1) # 514 3
rc1Ra = t(rc1R[1,,])
rc1Rb = t(rc1R[2,,])
rc1Rc = t(rc1R[3,,])
threedf = data.frame(
            x = rc1Ra[,2],
            y = rc1Ra[,3],
            z = rc1Rb[,3]
)
write_xlsx(threedf,"C:\\all3\\FinComp\\ch8\\threedf.xlsx")
```

即圖 8-9 內的右圖係根據上述結果繪製。檢視圖 8-9，可發現左右二圖稍有差異。

接著，我們分別檢視由 NASDAQ、SP500、FTSE、Dow、N225 與 TWI 等六種指數合併之日報酬率資料與月報酬率資料（2000/1/1～2022/5/31），而分別用 YrD 與 YrM 表示。試下列指令：

```
spec2 = dccspec(uspec = multispec(replicate(6, specx1)),dccOrder = c(1,1),distribution = "mvnorm")
fit4 = dccfit(spec2, data = YrM, fit.control = list(eval.se=T))
fit4
spec3 = dccspec(uspec = multispec(replicate(6, specx1)),dccOrder = c(1,1),distribution = "mvt")
fit5 = dccfit(spec3, data = YrD, fit.control = list(eval.se=T))
fit5
```

可以注意的是，上述二者皆使用 specx1 的設定方式，其中 YrM 係使用多變量常態分配，而 YrD 則使用多變量 *t* 分配。我們分析上述 fit4 的結果，fit5 的結果可類推。試下列指令：

```
coef(fit4)
coef(fit4)[25]
# [Joint]dcca1
#   0.04830815
coef(fit4)[26]
# [Joint]dccb1
#   0.8986142
rc4R = rcor(fit4,type='R')
dim(rc4R) # 6   6 268
rc4Ra = t(rc4R[1,,])
rc4Rb = t(rc4R[2,,])
rc4Rc = t(rc4R[3,,])
rc4Rd = t(rc4R[4,,])
rc4Re = t(rc4R[5,,])
rc4Rf = t(rc4R[6,,])
sixM = data.frame(rc4Ra)
write_xlsx(sixM,"C:\\all3\\FinComp\\ch8\\sixM.xlsx")
```

圖 8-13 分別繪製出 NASDAQ 與其他五種指數月報酬率之間的條件相關係數估計值走勢，讀者自然可以進一步補進圖 8-13 所遺缺的部分。例如：若欲檢視 TWI 與其他四種指數月報酬率之間的條件相關係數估計值走勢，該如何做？

最後，我們檢視更高維度的情況。試下列指令：

```
ETFdr1 <- read_excel("C:\\all3\\FinComp\\ch8\\ETFdr.xlsx")
dim(ETFdr1) # 820 108
# try
ETFdr1[,1]
ETFdr = ETFdr1[,2:31]
dim(ETFdr) # 820 30
```

```
specx1d = ugarchspec(mean.model = list(armaOrder = c(0,0)),
                     variance.model = list(garchOrder = c(1,1), model = "sGARCH",
                     variance.targeting=TRUE), distribution.model = "norm")
spec4 = dccspec(uspec = multispec(replicate(30, specx1d)),dccOrder = c(1,1),distribution = "mvnorm")
fit6 = dccfit(spec4, data = ETFdr, fit.control = list(eval.se=T))
fit6
coef(fit6)
coef(fit6)[91]
# [Joint]dcca1
#  0.003702365
coef(fit6)[92]
# [Joint]dccb1
#   0.9495927
rc6R = rcor(fit6,type='R')
dim(rc4R) # 30  30 820
rc6Ra = t(rc6R[1,,])
ETF30 = data.frame(rc6Ra)
write_xlsx(ETF30,"C:\\all3\\FinComp\\ch8\\ETF30.xlsx")
```

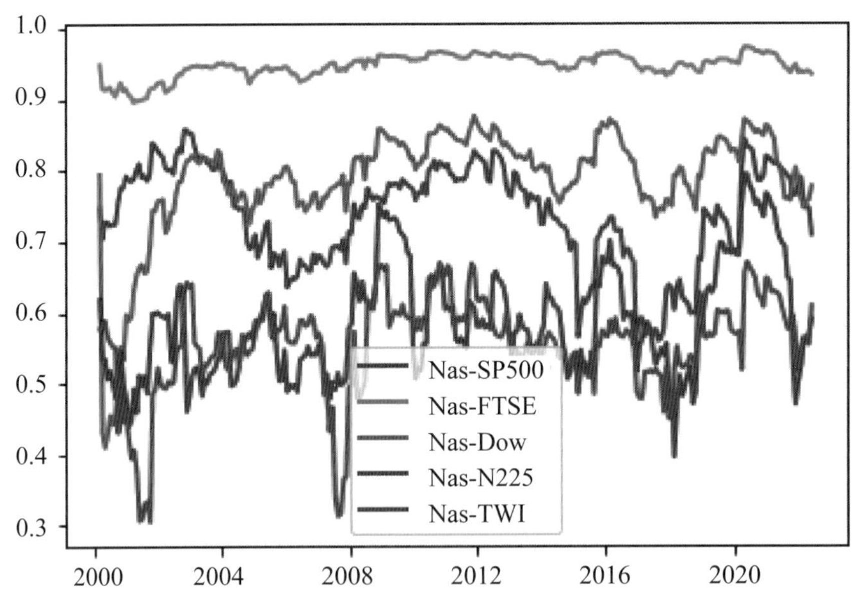

圖 8-13　NASDAQ 與其他五種指數月報酬率之間的條件相關係數估計值走勢

即我們取前述的臺灣 ETF 的 30 檔日報酬率資料而以 DCC 模型估計，可發現 α 的估計值接近於 0，而 β 的估計值約爲 0.95。圖 8-14 只繪製出 0050.TW 日報酬率與其他 29 種 ETF 日報酬率之間的條件相關係數估計值走勢。讀者可以練習看看。

從上述例子可看出多變量 DCC-GARCH 模型的複雜性，還好我們可以使用程式套件（rmgarch）。

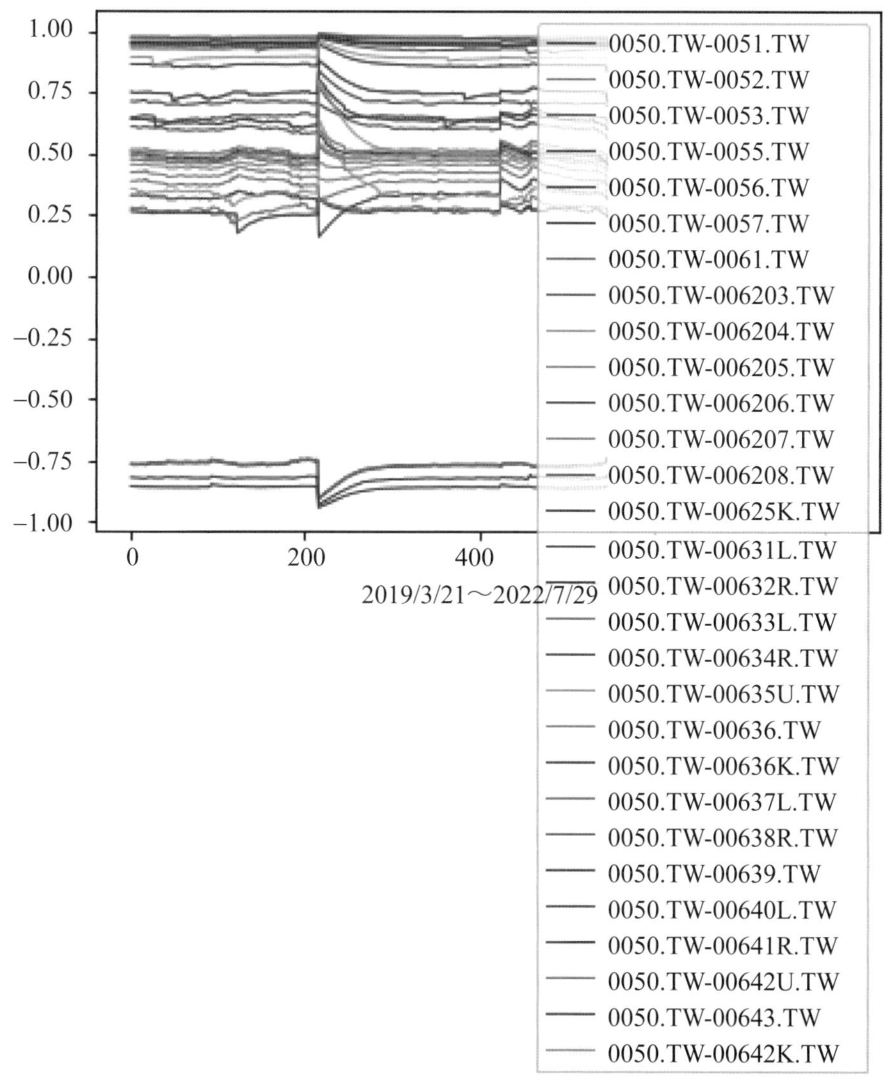

圖 8-14　0050.TW 日報酬率與其他 29 種 ETF 日報酬率之間的條件相關係數估計值走勢

資產組合理論

於前面的章節內，我們已經知道多種風險性資產之間不僅預期的平均報酬率有相關（VAR 模型），同時預期的風險亦存在關聯（MGARCH 模型），尤其是後者之間的相關程度更不容我們忽視。既然不同資產之間的風險存在相關，豈不是隱含著存在有些風險是無法避免嗎？我們已經知道上述無法避免的風險可稱爲系統性風險[①]；或者說，有些非系統性風險（unsystematic risk）[②]是可以透過資產組合的方式避免，故我們反而需要重新定義「風險」，畢竟「風險」可以不需要包括非系統性風險。有了正確的「風險」定義，才可以幫（風險性）資產「定價」！

圖 1-4 的「效率前緣線」的繪製的確讓人印象深刻，因爲它描述的是將期初財富投資至二種風險性資產，竟然可以達到「於預期報酬率下資產組合風險最小以及於資產組合風險下預期報酬最大」的結果，我們當然希望將其擴充至包括 n 種風險性資產與無風險性資產上；換言之，本章的重點是介紹馬可維茲資產組合理論（Markowitz portfolio theory）。利用本章的結果，第 10 章將介紹資產定價理論。

9.1 一些準備

我們先幫讀者學習馬可維茲資產組合理論「熱身」。本節分成二部分：其一是說明系統性風險的存在並且以直覺的方式介紹「效率前緣線」。另外一部分則簡單介紹投資人的偏好。

① 系統性風險亦可稱爲市場風險或無法透過資產組合避開的風險等。

② 非系統性風險亦可稱爲個別風險、非市場風險或可以透過資產組合避開的風險等。

9.1.1 系統性風險

使用 Python，我們可以從 Yahoo 下載許多資料，使得資產組合理論的檢視變得相當簡易，我們試試。

系統性風險

我們可以輕易地說明系統性風險的存在，試下列指令：

```
sp500 = pd.read_excel('E:\\all3\\FinComp\\ch9\\sp500.xlsx')
sp = sp500['Symbol']
sp1 = sp.tolist()
dat = yf.download(sp1, start="2019-03-20", end="2022-07-31")
DataS = dat['Adj Close']
RtS = 100*np.log(DataS/DataS.shift(1))
del RtS['BF.B']
del RtS['BRK.B']
RtS.to_excel('E:\\all3\\FinComp\\ch9\\sp500r.xlsx')
nT,k = RtS.shape # (849, 502)
sp2 = RtS.columns
Pvk = np.zeros(k)
for i in range(k):
    r = RtS[sp2[0:i+1]].dropna()
    X = (1/(i+1))*np.sum(r,axis=1)
    Pvk[i] = np.var(X)
```

上述指令係以 S&P 500 指數內的第 1 檔成分股為主，然後逐一加進其餘的 n 檔成分股（$n = 1, 2, \cdots, 502$）所構成的資產組合，其中每檔成分股的權數皆為 $1/n$。接著，我們計算上述資產組合的日報酬率變異數並另之為 σ_P^2。其次，若加入資產組合的成分股順序係隨機抽取，對應的資產組合的日報酬率變異數則以 $\sigma(1)_P^2$ 與 $\sigma(2)_P^2$ 表示；換言之，後二者係隨機抽取成分股所構成資產組合的日報酬率變異數，當然每成分股的權數仍為 $1/n$。圖 9-1 的左圖繪製出上述資產組合之變異數；換言之，若變異數可以當作風險的指標，則圖 9-1 的左圖隱含著隨著資產組合的擴大，對應的變異數遞減的速度變得相當緩慢，也就是說即使 n 趨向於無窮大，有些風險仍然無法避免掉。

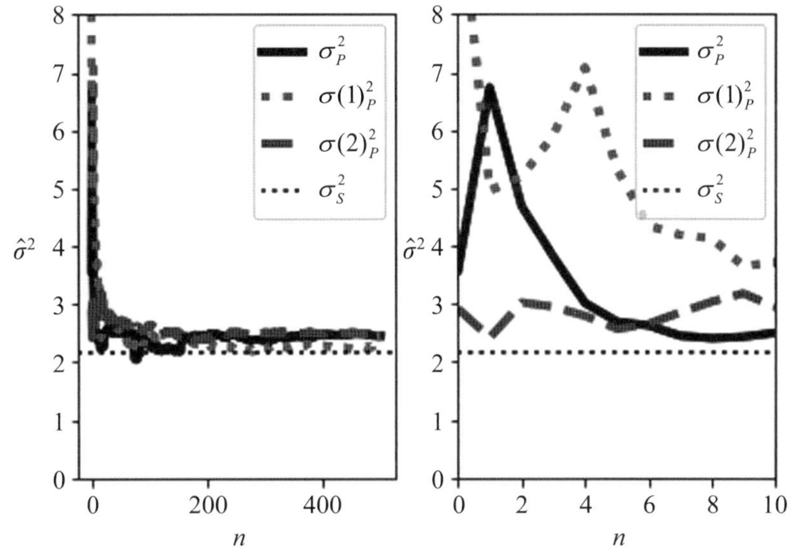

圖 9-1 系統性風險的存在，其中 σ_P^2、$\sigma(1)_P^2$ 與 $\sigma(2)_P^2$ 分別表示資產組合的估計（日）變異數，而 σ_S^2 則表示 S&P500 的樣本（日）變異數（單位：%）；另一方面，右圖只是左圖的部分放大

事實上，圖 9-1 的結果頗有意思，可以分述如下：

(1) 若挑選相同指數內的成分股當作資產組合標的，就圖 9-1 內的 σ_P^2 而言，利用前面 5 檔股票（其分別爲 AAPL、MSFT、AMZN、TSLA 與 GOOGL）分別可以構成四種資產組合，對應的估計變異數皆大於 3（%）；反觀，$\sigma(1)_P^2$ 與 $\sigma(2)_P^2$ 的情況，其內股票的排列是隨機挑選的（可以參考所附檔案）。於圖 9-1 的右圖內，可發現 $\sigma(2)_P^2$ 的情況反而較占優勢，此隱含著資產組合標的未必要選擇「名列前茅」的股票。
(2) 即使是「名列前茅」的股票所構成的資產組合仍難避免系統性風險。
(3) 圖 9-1 顯示出 S&P 500 指數就是一個大型的資產組合，因爲其估計的變異數接近 S&P 500 指數內 502 檔股票所構成之資產組合，其中後者每檔股票的權數爲 1/502。
(4) 利用例如：美國 ETF 可省下自行設計之資產組合；換言之，類似於圖 9-1 的繪製，圖 9-2 繪製出 1 至 100 檔上述 ETF 所構成之資產組合的估計日報酬率變異數的走勢[3]，可發現大部分皆低於同時期之 S&P 500 與道瓊的估計日變異數。

---

[3] 於 Yahoo 內亦可下載上述 ETF 的資料。由於下載的時間不一，讀者未必會取得與圖內一致的結果，讀者可以先查詢「代號」後再下載。

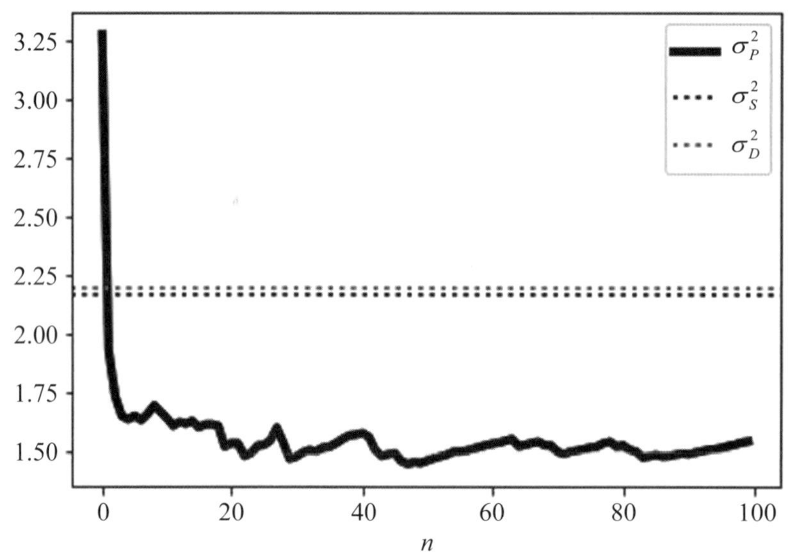

圖 9-2　系統性風險的存在，其中 σ_P^2、σ_S^2 與 σ_D^2 分別表示 ETF 之資產組合、S&P 500 與道瓊的樣本變異數（單位：%）

二種風險性資產的資產組合

我們延續 1.3 節的情況。現在我們已經知道可以將 r_i 與 r_j（第 i 與 j 風險性資產的報酬率）視爲隨機變數，並且分別令 μ_i、μ_j、σ_i 與 σ_j 表示對應的預期平均數與標準差；另一方面，令 ρ_{ij} 與 σ_{ij} 分別表示 r_i 與 r_j 的共變異數與相關係數，而二者之間的關係可寫成 $\sigma_{ij} = \rho_{ij}\sigma_i\sigma_j$。利用上述觀念，可得只有二種風險性資產所構成的資產組合之預期報酬率 μ_P 與預期風險 σ_P 分別爲：

$$\mu_P = w_1\mu_1 + w_2\mu_2$$

與

$$\sigma_P = \sqrt{w_1^2\sigma_1^2 + w_2^2\sigma_2^2 + 2w_1w_2\rho_{12}\sigma_1\sigma_2} \qquad (9\text{-}1)$$

其中 w_i 表示投資於第 i 種風險性資產的權數；不過，因只有考慮二種風險性資產，故 $w_1 + w_2 = 1$。

（9-1）式說明了我們可以使用標準差當作預期風險指標，同時從該式竟然可以看出 ρ_{12} 扮演著重要角色。例如：圖 9-3 分別繪製出於不同 ρ_{12} 値下，二種風險性資產所構成資產組合的「效率前緣線」。我們發現不同 ρ_{12} 值所對應的「效率前緣線」竟然截然不同；尤其是 ρ_{12} 值分別爲 1 與 –1，對應的「效率前緣線」竟然不是凸向西北角的曲線，反而是一條直線④。有意思的是，圖 9-3 顯示出若 ρ_{12} 值小於等於 0，對應的「效率前緣線」愈凸向西北角，隱含著愈可降低資產組合的風險。我們常聽到「不要將所有的雞蛋放置於同一個籃子內」，指的就是分散投資以降低風險。圖 9-3 內的結果倒也與上述的觀念一致。

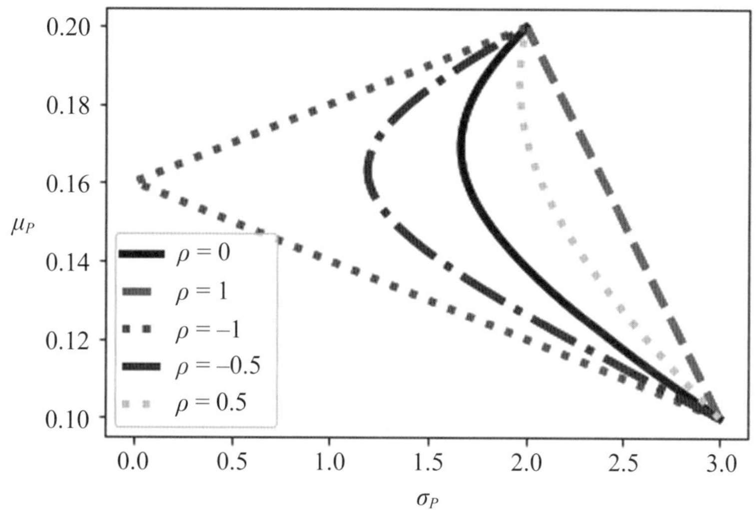

圖 9-3 二種風險性資產所構成資產組合的效率前緣線，其中 ρ 為 ρ_{12} 的簡寫

三種風險性資產的資產組合

現在考慮由三種風險性資產所構成的資產組合，其對應的預期平均數與變異數可寫成：

$$\begin{aligned}\mu_P &= \sum_{i=1}^{3} w_i \mu_i \\ &= (\mu_1 - \mu_3)w_1 + (\mu_2 - \mu_3)w_2 + \mu_3\end{aligned}$$

與

④ 直覺而言，於 ρ_{12} 值爲 –1 之下，雖然對應的「效率前緣線」爲二條直線相交，不過因「上方直線」優於「下方直線」（相同的預期風險下，當然取預期報酬最大的部分），故後者我們不考慮。

$$\sigma_P^2 = w_1^2\sigma_1^2 + w_2^2\sigma_2^2 + w_3^2\sigma_3^2 + 2w_1w_2\rho_{12}\sigma_1\sigma_2 + 2w_1w_3\rho_{13}\sigma_1\sigma_3 + 2w_3w_2\rho_{23}\sigma_2\sigma_3 \quad (9\text{-}2)$$

其中 $w_3 = 1 - w_1 - w_2$。類似圖 9-3 的繪製，圖 9-4 繪製出三種風險性資產所構成之資產組合的「效率前緣線」，其中 Two 係取自圖 9-3 而 Three 則假定（9-2）式內的相關係數皆為 0、–0.5 或 –1。我們發現三種風險性資產所構成之資產組合的「效率前緣線」未必包含二種風險性資產所構成之資產組合的「效率前緣線」。

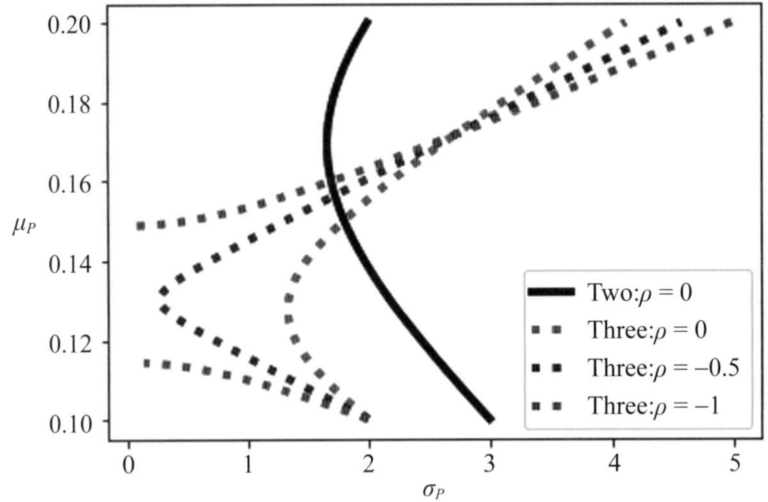

圖 9-4　三種風險性資產所構成之資產組合的效率前緣線

嚴格來說，圖 9-4 的繪製未必合理，因為其未必符合 $0 \le w_i \le 1$ 的要求；也就是說，於不允許「放空」的條件下，圖 9-4 的結果是不存在的（讀者可以檢視所附檔案）。我們另舉一個例子說明。利用前述之道瓊指數內成分股的資料，我們挑選 APPL、MSFT 與 NKE 3 檔股票，然後以上述 3 檔股票報酬率的樣本統計量取代對應的母體參數，圖 9-5 分別繪製出於沒有「放空」（上圖）與有「放空」（下圖）策略下，對應的「效率前緣線」。我們發現後者雖然可以提高預期報酬，但是對應的預期風險亦會增加；或者說，檢視圖 9-5 的下圖，可發現橫軸的座標擴大了。因此，是否應採取放空策略，值得投資人三思。

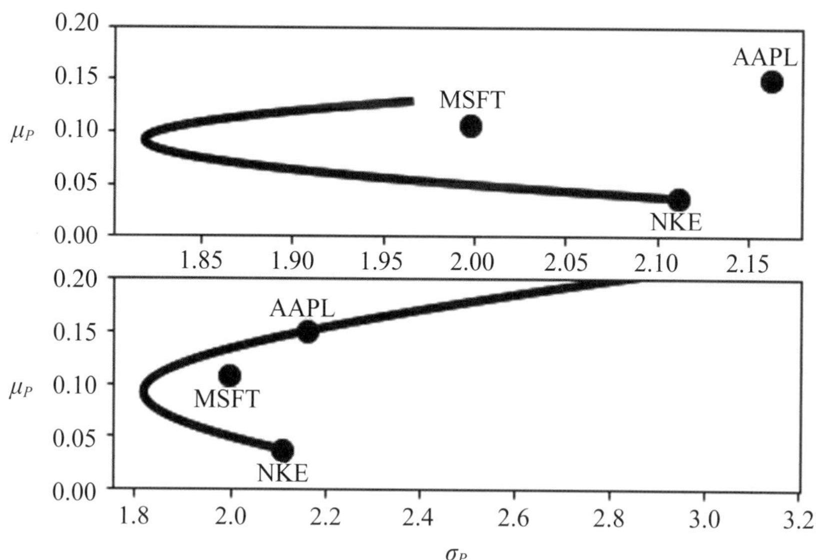

圖 9-5　AAPL、MSFT 與 NKE 所構成的資產組合，其中上圖沒有使用而下圖有使用放空策略

例 1　股票報酬率之間存在正相關

前述論及到爲了降低風險，資產組合內應挑選負相關的標的資產，我們發現相同指數內的股票報酬率之間，大多呈現正相關，故應避免挑選。例如：挑選道瓊指數內之成分股 UNH，我們分別計算 UNH 的日報酬率以及其他道瓊指數成分股日報酬率之間的相關係數，圖 9-6 繪製出上述計算結果（2019/3/20～2022/7/31）；同時，爲了比較起見，若以 AMGN 取代 UNH 以及以道瓊指數取代上述 UNH，圖 9-6 亦繪製出上述取代的計算結果。我們的確發現相同指數成分股之間大致維持正的相關；有意思的是，道瓊指數與其成分股之間的相關程度皆較大。

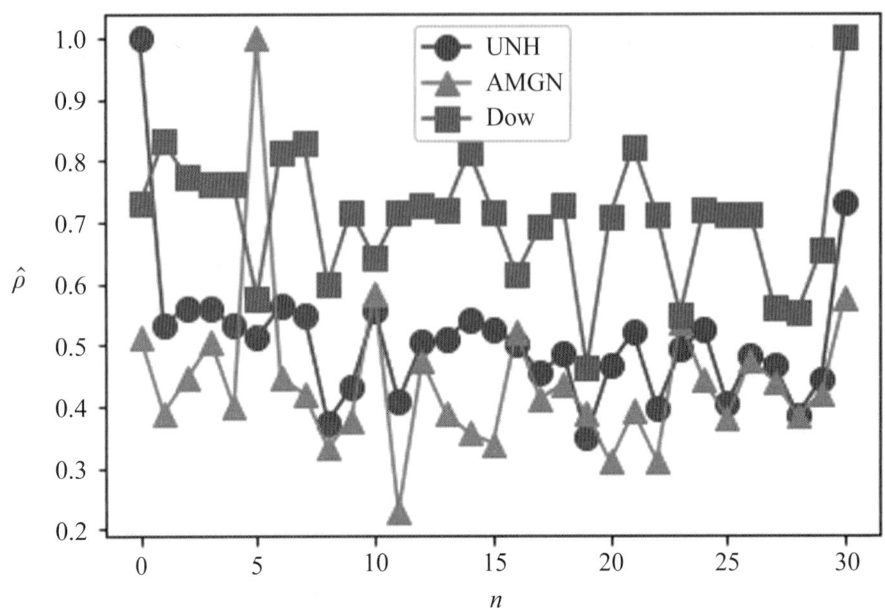

圖 9-6　道瓊指數與其成分股以及成分股之間的估計相關係數

例 2　簡單線性迴歸式

考慮一個簡單的線性迴歸式如：

$$y = \alpha + \beta x + u \tag{9-3}$$

我們可以用例如道瓊指數之成分股與道瓊指數的報酬率分別表示（9-3）式內的 y 與 x，則對應的參數 β 可以表示（於其他情況不變下），上述成分股對（道瓊）指數價格變動的反應程度。例如：

```
Dow = pd.read_excel('C:\\all3\\FinComp\\ch9\\Dow.xlsx')
Stocks = Dow['Symbol']
Stocks1 = Stocks.tolist()
Dat = yf.download(Stocks1, start="2019-03-20", end="2022-07-31")
Data = Dat['Adj Close']
Rt = 100*np.log(Data/Data.shift(1)).dropna()
Rt.to_excel('C:\\all3\\FinComp\\ch9\\DowRt.xlsx')
Rt.shape # (847, 30)
```

即可於網路上取得道瓊指數之成分股代號，進一步下載上述成分股資料。接著，我們自行設計 OLS 函數如：

```
def OLS(Rt,Rmt):
    nT,k = Rt.shape
    cols = Rt.columns
    res = np.zeros([nT,k])
    beta = np.zeros(k)
    R2 = np.zeros(k)
    for i in range(k):
        dat = pd.DataFrame({'y':Rmt,'x':Rt[cols[i]]})
        re = ols('y~x',dat).fit()
        res[:,i] = re.resid
        beta[i] = re.params[1]
        R2[i] = re.rsquared
    return res,beta,R2
```

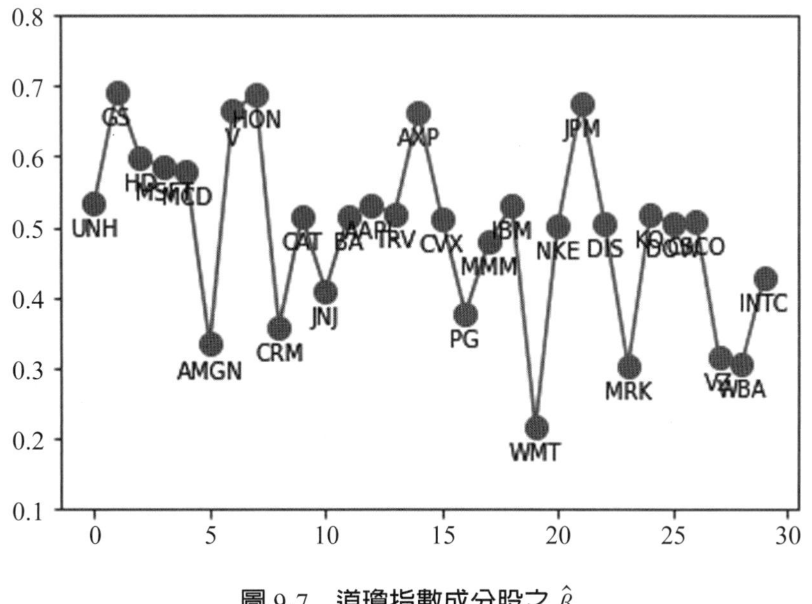

圖 9-7　道瓊指數成分股之 $\hat{\beta}$

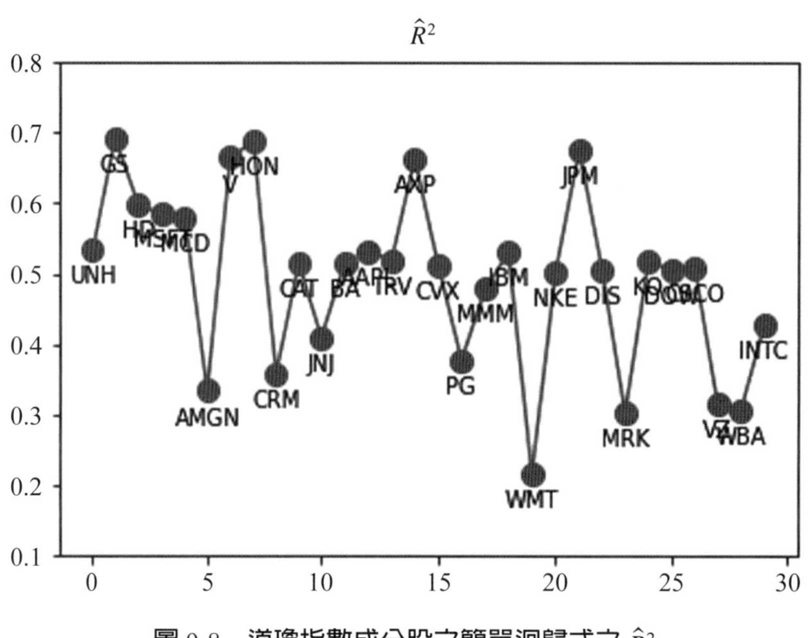

圖 9-8　道瓊指數成分股之簡單迴歸式之 $\hat{R}^2$

自然可以取得如圖 9-7 與 9-8 內的資訊。讀者可以嘗試解釋上述二圖內結果的意義。

例 3　債券之 ETF

我們亦可在網路上查詢美國之債券 ETF 代號如：

```
BE = pd.read_excel('C:\\all3\\FinComp\\ch9\\BondsETF.xlsx')
X = BE['Symbol']
etfB = X.tolist()
BEtf = yf.download(etfB, start="2019-03-20", end="2022-07-31")
XAD = BEtf['Adj Close']
xr1 = 100*np.log(XAD/XAD.shift(1)).dropna() # Bonds ETF
xr1.to_excel('C:\\all3\\FinComp\\ch9\\BETFr.xlsx')
xr2 = pd.read_excel('C:\\all3\\FinComp\\ch9\\BETFr.xlsx')
xr2.index = xr2['Date']
del xr2['Date']
```

讀者可檢視上述 BondsETF.xlsx 檔案得知有哪些債券 ETF。接著，我們將上述債券 ETF 的日報酬率資料轉存。

例 4 債券 ETF 與 ETF

續例 3，我們打算計算上述債券 ETF 與前述之（美國）100 檔 ETF 之間的相關係數，試下列指令：

```
xr2.shape # (331, 25)
yr1.shape # ETF, (848, 100)
yr2 = yr1.loc['2021-04-08':]
yr2.shape # (331, 100)
```

即我們共取得 25 檔債券 ETF 的日報酬率資料，調整前述 100 檔 ETF 之日報酬率資料後，圖 9-9 逐一繪製出單一債券 ETF 與 100 檔 ETF 之間的樣本相關係數。我們發現上述樣本相關係數大多接近於 0，隱含著二種 ETF 可形成另外一種 ETF。

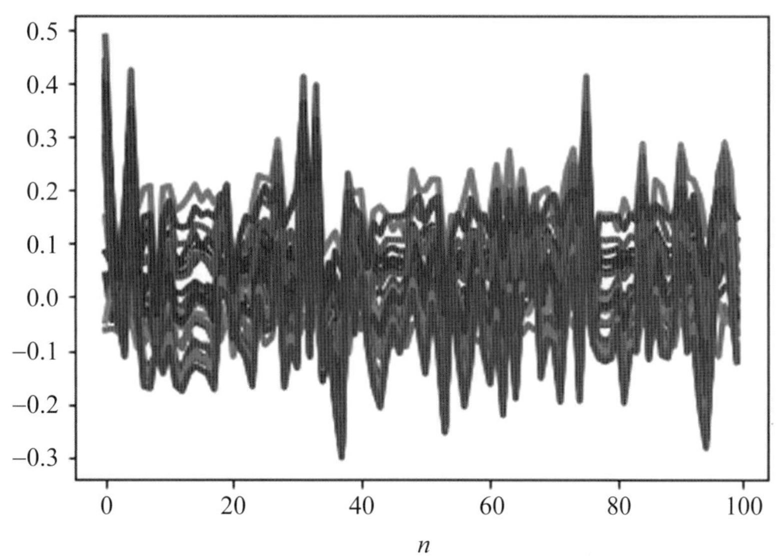

圖 9-9 單一債券 ETF 日報酬率與 ETF 日報酬率之間的估計相關係數

習題

(1) 於 4.3.1 節內，我們曾下載台灣 50 與 100 成分股資料，其中後者屬於中型股。利用上述資料，試找出台灣 50 與 100 成分股的日報酬率資料。

(2) 續上題，直覺而言，上述二成分股的風險爲何？試分別繪製出對應的日報酬率之樣本變異數走勢。

(3) 續上題，利用簡單線性迴歸式如（9-3）式，上述二成分股的估計 β 值爲何？

(4) 利用第 8 章內的臺灣 ETF 資料，試計算上述 ETF 與 TWI 之簡單線性迴歸式 β 與 R^2 值，結果爲何？

(5) 續上題，利用前面 55 檔 ETF 日報酬率資料，試逐一計算由 ETF 所構成權數爲 $1/n$ 的資產組合，其中 $n = 2, 3, \cdots$。試分別繪製出對應的資產組合的變異數走勢，同時亦與 TWI 日報酬率之變異數比較。

9.1.2 投資人的偏好

我們複習一些有關於投資人偏好的議題：

效用分析

嚴謹的效用分析有下列六個假定[5]：

(1) 人們有偏好。換句話說，若有 A 與 B 二種選擇，人們至少可以說出喜歡 A 優於 B、A 與 B 無差異或是喜歡 B 優於 A，我們進一步用效用函數表示如 $U(A) > U(B)$、$U(A) = U(B)$ 或 $U(A) < U(B)$。

(2) 人們的偏好具有遞移性。換言之，喜歡 A 大於 B 與喜歡 B 大於 C，自然喜歡 A 大於 C。

(3) 相同效用具有相同的滿意程度，即 $U(A) = U(B)$，若 $U(A) > U(C)$，隱含著 $U(B) > U(C)$。

(4) 風險上的決策亦可利用效用函數。例如：若 $U(A) > U(B)$ 且 $U(B) > U(C)$，則存在一種牽涉到 A 與 C 的可能，使得：

$$[1 - P(C)]U(A) + P(C)U(C) = U(B)$$

其中 $P(C)$ 表示 C 出現的機率而 $P(A) = 1 - P(C)$。

(5) 排序。若投資人早有偏好排序，則額外再加入無關的投資計畫並不影響原先的

---

[5] 例如：可參考 Markowitz（1959）等文獻。

排序，例如：若 $U(A) > U(B)$ 而 C（計畫）與 A 和 B（計畫）無關，則：$[U(A) + U(C)] > [U(B) + U(C)]$。

(6) 人們（投資人）的風險決策依據是使用預期效用（expected utility）極大化。例如：預期效用可寫成：

$$E(U) = \sum_{i=1}^{n} P_i(O_i)U(O_i) \tag{9-4}$$

其中 $U(Q_i)$ 是結果 Q_i 的一種正數值效用函數。（9-4）式表示風險計畫有 n 種結果（可能）。

其實，上述六種假定頗符合直覺判斷或符合邏輯與實際。例如：我們從（消費）蘋果得到正數值的邊際效用，隱含著我們喜歡蘋果。正數值但是邊際效用遞減卻是我們從實際環境中所觀察到的現象；也就是說：

$$U(Q_1) > U(Q_2) > U(Q_3)$$

其實也是「稀鬆平常，不足爲奇」，其中 Q_i 表示（消費）i 個蘋果的數量。

財富與報酬率的效用函數

通常我們比較少分析特定商品如雞肉、蘋果或可樂等消費的效用，原因就在於個人的偏好並不相同，但是若是檢視財富的效用則較無異議。由於「效用」係指「偏好的順序」而我們用數字表示只是方便計算而已，其實數字本身並無多大意義；換言之，一種效用函數 $U(W)$，如圖 9-10 內的左圖所示，可以透過適當的線性轉換如：

$$W_T = W_0(1 + r) \tag{9-5}$$

其中 W_0 與 r 分別表示期初財富與報酬率，將 $U(W)$ 轉換成用 $U(r)$（圖 9-10 內的右圖）表示並不影響其偏好的順序。例如：檢視表 9-1 內的結果，我們發現證券 A 與 B 投資所產生的效用是一樣的[6]。因此，效用函數可以透過適當的線性轉換。

---

[6] 也許有讀者會認爲投資 B 可得 100（元）有較高的報酬，但是買 10 張 A 仍可得到相同的結果。

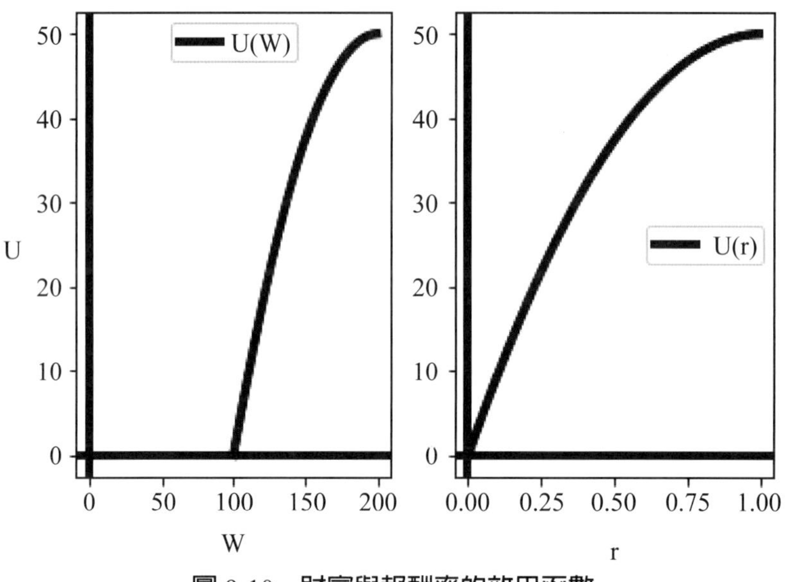

圖 9-10　財富與報酬率的效用函數

表 9-1　一個例子

S	B_Price	E_Price	Return (%)
A	20	30	50
B	200	300	50

說明：第 1～4 欄分別表示證券名稱、期初每股價格、期末每股價格與報酬率。

投資人的偏好

考慮表 9-2 的結果[⑦]。就讀者而言，有 A、B 與 C 證券或計畫可供選擇，讀者會選擇哪一個？由於表內 A、B 與 C 證券或計畫的期望值皆爲 3%，故反而標準差的選擇決定投資人的偏好。考慮下列三位投資人的效用函數爲：

$$\begin{cases} U_1(r) = 100r - 50r^2 \\ U_2(r) = 100r + 50r^2 \\ U_3(r) = 100r \end{cases} \tag{9-6}$$

⑦ 以表 9-2 內 C 證券或計畫爲例，明顯對應的期望值與標準差分別爲 1 與 0，其餘期望值與標準差的計算可類推。

表 9-2　投資人的偏好

r	P_A	P_B	P_C
-0.03	0.5	0	0
0	0	0.5	0
0.03	0	0	1
0.06	0	0.5	0
0.09	0.5	0	0
E	0.03	0.03	0.03
Sigma	0.06	0.03	0

說明：E 與 Sigma 分別表示期望值與標準差。r 表示報酬率而 P_A、P_B 與 P_C 分別表示 A、B 與 C 內不同結果的機率。

表 9-3　將 r 轉換成效用

r	P_A	P_B	P_C	U1	U2	U3
-0.03	0.5	0	0	-0.0345	-0.0255	-0.03
0	0	0.5	0	0	0	0
0.03	0	0	1	0.0255	0.0345	0.03
0.06	0	0.5	0	0.042	0.078	0.06
0.09	0.5	0	0	0.0495	0.1305	0.09

說明：第 1～4 欄與表 9-2 相同，第 5～7 欄分別表示第 1～3 位投資人的效用。

表 9-4　計算投資人的預期效用

	I_1	I_2	I_3
A	2.775	3.225	3
B	2.91	3.09	3
C	2.955	3.045	3

說明：第 2～4 欄分別表示投資人的預期效用。

透過上述投資人的效用函數，我們可以將表 9-2 內的報酬率 r，轉換成以效用表示，其結果與對應的預期效用就列表如表 9-3 與 9-4 所示。例如：透過（9-4）式，可計算第 1 位投資人（其對應的效用函數爲 $U_1(.)$）的預期效用爲：

$$
\begin{aligned}
E\left[U_1\left(r_A\right)\right] &= \sum_{i=1}^{2} P_i U_1(r_{A,i}) = 0.5U(0.03) + 0.5U(0.09) \\
&= 0.5\left[100(-0.03) - 50(-0.03)^2\right] + 0.5\left[100(0.09) - 50(0.09)^2\right] \\
&= 2.775
\end{aligned}
$$

其餘表 9-4 內的預期效用值的計算可類推。我們可看出預期效用值的用處，即就表 9-4 內的結果而言，我們發現第 1 位投資人會挑選 C（計畫）而第 2 位投資人會挑選 B（計畫）；至於第 3 位投資人，則認爲 A、B 與 C（計畫）無差異。

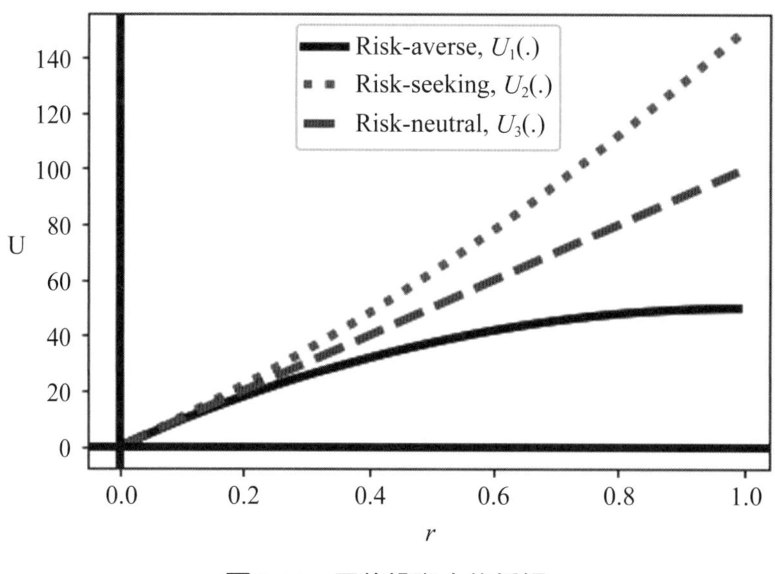

圖 9-11　三位投資人的偏好

圖 9-11 分別繪製出上述三位投資人的效用函數形狀，我們發現上述效用函數形狀並不相同；也就是說，偏好不同，效用函數形狀就不同，自然決策就不同。我們重新檢視（9-6）式與表 9-4 的結果。就第 1 位投資人的偏好而言，我們發現其顯然存在邊際效用遞減的現象[8]，我們就將屬於該類的投資人稱爲「風險厭惡的（risk-adverse）」投資人，是故就表 9-2 的決策而言，自然會挑選風險最低的 C（計畫）。與風險厭惡的投資人對應的是「風險愛好的（risk-seeking）」投資人，而從圖 9-11 內可看出該類投資人竟然具有邊際效用遞增的特徵，是故竟然會挑選風險最高的 A（計畫）。最後，我們檢視「風險中立（risk neutral）」的投資人，其不

⑧ 即 $\partial U / \partial r > 0$ 而 $\partial^2 U / \partial r^2 < 0$。

僅具有固定的邊際效用，而在其效用函數內竟然找不到風險。

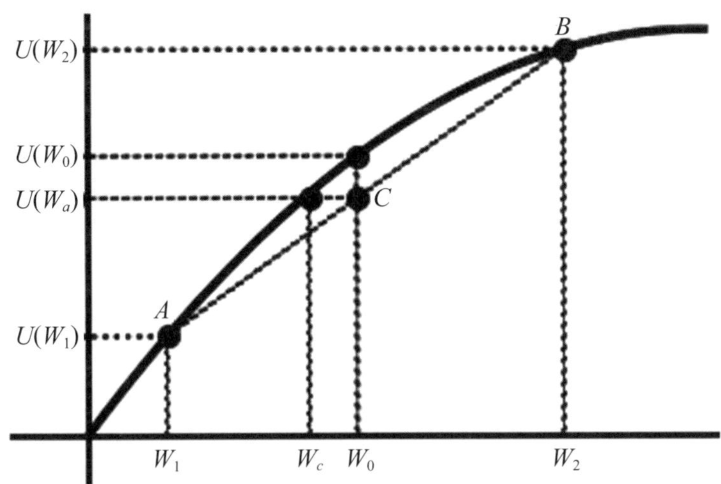

圖 9-12　風險厭惡投資人的特徵

風險厭惡投資人的特徵

前述風險厭惡投資人不僅具有財富邊際報酬遞減，使得其效用函數凸向西北角如圖 9-12 所示之外，其偏好亦具有認爲風險性投資效用低於無風險投資效用的特徵。例如：考慮一個公平的「計畫」，該計畫各有 50% 的可能性會提高或降低投資人的財富，即 $W_1 = W_0 - \tilde{z}$ 與 $W_2 = W_0 + \tilde{z}$，其中 W_0 與 $\tilde{z}$ 分別表示期初財富與計畫所帶來的財富增減幅度。是故，若投資人採取上述計畫的預期效用可爲：

$$U(W_a) = E[U(W)] = 0.5U(W_1) + 0.5U(W_2)$$

於圖 9-12 內，上述預期效用恰處於 C 點，其對應的效用爲 $U(W_a)$，其中 $W_0 = 0.5(W_1 + W_2)$。理所當然，可看出圖 9-12 內的風險厭惡投資人，並不喜歡上述的公平投資機會，因 $U(W_0) > U(W_a)$。

更有甚者，上述風險厭惡投資人會要求「風險貼水（risk premium）」金額使得計畫的財富增加的幅度超過財富縮小的幅度，即計畫的預期財富爲 W_C；換言之，風險厭惡投資人不喜歡「公平的計畫」而偏向於喜歡財富增加的幅度超過財富縮小的幅度的計畫（或是財富增加的機率大於財富縮小的機率的計畫）。或者說，上述風險貼水的幅度相當於 $W_0 - W_C$ 而該幅度亦可稱爲「確定等值（certainty equivalent, CE）」，即風險厭惡投資人接受上述計畫會損失效用爲 $U(W_0)-U(W_a)$，其相當於 W_0-W_C 的財富。因此，上述 CE 亦可解釋成投資人必須額外多得到 W_0-W_C 的財富才會接受上述公平的計畫。

從上述的描述風險厭惡投資人特徵內，應可看出上述投資人較合乎我們的直覺判斷；換言之，風險愛好或風險中立的投資人應屬於例外或較少數。

例 1 二次式效用函數

Markowitz（1959）曾建議使用二次式效用函數（quadratic utility function）如：

$$U(W)=a+bW-cW^2 \tag{9-7}$$

我們可以進一步取得預期效用爲[9]：

$$\begin{aligned} E\left[U(W)\right] &= a+bE(W)-c\left\{\left[E(W)\right]^2+\sigma_W^2\right\} \\ &= a+bE(W)-c\left[E(W)\right]^2-c\sigma_W^2 \end{aligned} \tag{9-8}$$

其中 σ_W^2 爲 W 的變異數。（9-7）與（9-8）二式的涵義爲：

(1) 從（9-8）式內可看出效用函數分別爲預期財富 $E(W)$ 與財富風險 σ_W 的函數，因此假定二次式效用函數相當於存在二個未知的參數：$E(W)$ 與 σ_W。
(2) 透過（9-5）式可將（9-7）與（9-8）二式內的財富改成用報酬率 r 表示。
(3) 於預期報酬與風險的空間內，二次式效用函數如（9-7）式，可與資產組合的預期報酬與風險搭配以選擇出最適投資機會。

例 2 風險厭惡投資人的無異曲線

考慮風險厭惡投資人的效用函數如 $U=f(W)$。於 $E(W)$ 附近，上述效用函數之泰勒（Taylor）之二次估計式可寫成：

$$U(W)\approx f\left[E(W)\right]+f'\left[E(W)\right]\left[W-E(W)\right]+\frac{f''\left[E(W)\right]}{2}\left[W-E(W)\right]^2 \tag{9-9}$$

---

[9] 根據變異數公式，可知 $E(W^2)=[E(W)]^2+\sigma_W^2$。

我們仍進一步計算（9-9）式的預期效用爲：

$$
\begin{aligned}
E\left[U(W)\right] &\approx f\left[E(W)\right]+f'\left[E(W)\right]E\left[W-E(W)\right]+\frac{f''\left[E(W)\right]}{2}E\left[W-E(W)\right]^2 \\
&= f\left[E(W)\right]+\frac{f''\left[E(W)\right]}{2}\sigma_W^2
\end{aligned}
\quad (9\text{-}10)
$$

（9-10）式隱含著效用函數亦可用二次式效用函數表示，其中 $E(W)$ 與 σ_W 仍是未知參數。考慮一個簡單的二次式效用函數：

$$U(r)=\mu_r-0.5A\sigma_r^2 \quad (9\text{-}11)$$

其中 $\mu_r=E(r)$ 與 $A=-f''(.)$。顯然參數 A 可用於衡量投資人的風險厭惡程度[10]。例如：圖 9-13 分別繪製出 U_1 與 U_2 的無異曲線，其中前者的 A 值爲 1 而後者的 A 值爲 0.5，二者的 μ_r 則皆相同。檢視例如 U_1 與 U_2 線上黑點斜率，顯然前者大於後者，隱含著前者的風險厭惡程度大於後者。

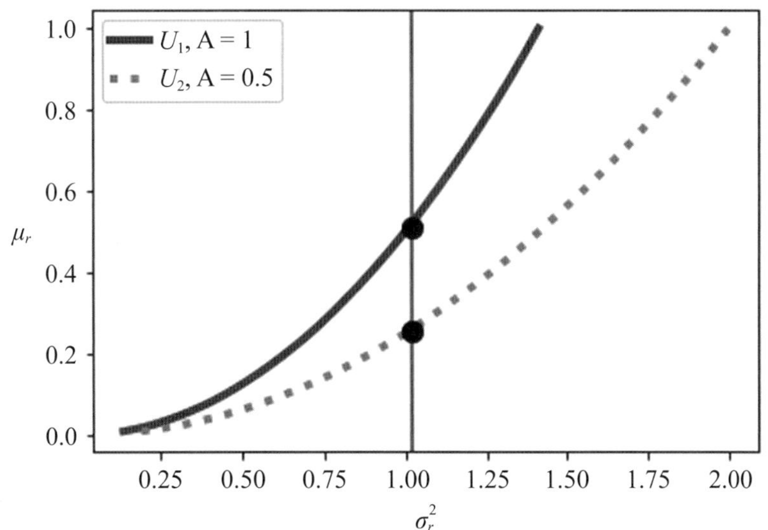

圖 9-13 不同偏好之無異曲線

---

[10] 可以參考《財數》。

例 3　最適資產組合

前面章節所繪製的「效率前緣線」並未考慮到投資人的偏好，我們當然可以加入投資人的偏好以找出最適的資產組合。例如：圖 9-14 繪製出上述結果。於 9.2 或 9.3 節內，我們會進一步檢視。

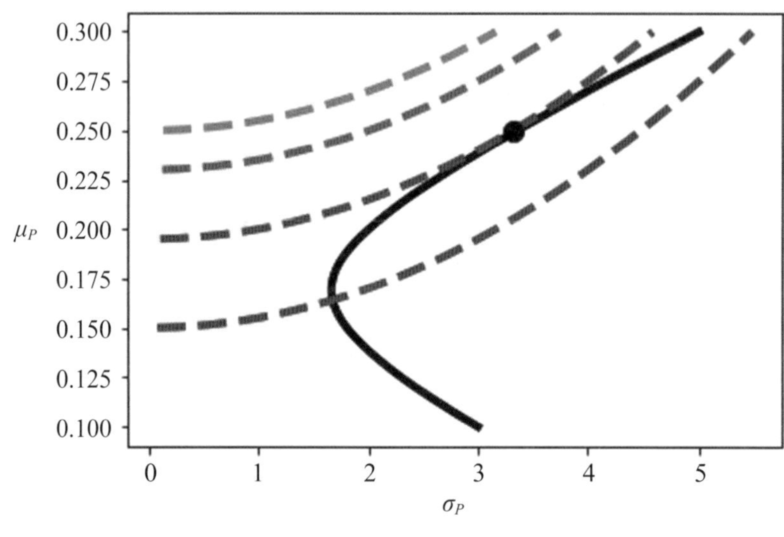

圖 9-14　最適資產組合

習題

(1) 試分析風險愛好者的效用函數。

(2) 假定 $U = \log(W)$，試繪製出該效用函數。令 $W_0 = 1{,}000$，試繪製出 W_0 所對應的切線。

(3) 續上題，W_0 爲期初財富。存在有一個公平的計畫 A，即財富增減各爲 200 且增減機率皆爲 50%，試計算 CE。

(4) 續上題，若效用函數改爲 $U = W^2$，此時投資人的偏好爲何？就 A 計畫而言，對應的 CE 值爲何？

(5) 續上題，若效用函數改爲 $U = W$，此時投資人的偏好爲何？就 A 計畫而言，對應的 CE 值爲何？

9.2 有效的資產組合

若 r_P 表示包括 n 種資產的資產組合，則上述資產組合的預期報酬與變異數分別可寫成：

$$E(r_P)=\sum_{i=1}^{n} w_i E(r_i) \tag{9-12}$$

與

$$\sigma_P^2=\sum_{i=1}^{n}\sum_{j=1}^{n} w_i w_j \sigma_{ij}=\sum_{i=1}^{n} w_i^2\sigma_i^2+\sum_{i=1}^{n}\sum_{\substack{j=1\\ i\neq j}}^{n} w_i w_j \sigma_{ij} \tag{9-13}$$

其中 w_i 為投資於第 i 種資產的權數以及 $\sigma_{ii}=\sigma_i^2$。（9-13）式可以分成變異數與共變異數二部分檢視：

$$\mathbf{\Sigma}=\begin{bmatrix} w_1w_1\sigma_{11} & w_1w_2\sigma_{12} & \cdots & w_1w_n\sigma_{1n} \\ w_2w_1\sigma_{21} & w_2w_2\sigma_{22} & \cdots & w_2w_n\sigma_{2n} \\ \vdots & \vdots & \ddots & \vdots \\ w_nw_1\sigma_{n1} & w_2w_n\sigma_{n2} & \cdots & w_nw_n\sigma_{nn} \end{bmatrix} \tag{9-14}$$

其中矩陣 $\mathbf{\Sigma}$ 之對角線元素表示變異數與非對角線元素表示共變異數；是故，檢視（9-12）～（9-14）式，我們發現欲計算的未知參數的確相當龐大，我們需要適度的簡化。

投資機會集合

前面章節所繪製的「效率前緣線」一詞其實有些誤用，畢竟我們並未眞正地檢視 n 種資產；換言之，例如：圖 9-15 繪製出所檢視之資產組合所形成的投資「機會集合（opportunity set）」，隱含著於該集合之「界線」內是屬於可達到的範圍。那我們如何檢視上述投資機會集合界線屬於有效呢？直覺而言，我們有二種方式可以判斷：

(1) 於相同風險下，計算預期報酬最大。

(2) 於相同的預期報酬下，計算風險最小。

換言之，上述判斷方式可檢視圖 9-15 內的垂直與水平虛線，顯然上述投資機會集合界線的下半部是無效的，即上述投資機會集合界線形狀不像子彈頭，反而只有凸向西北角的曲線。

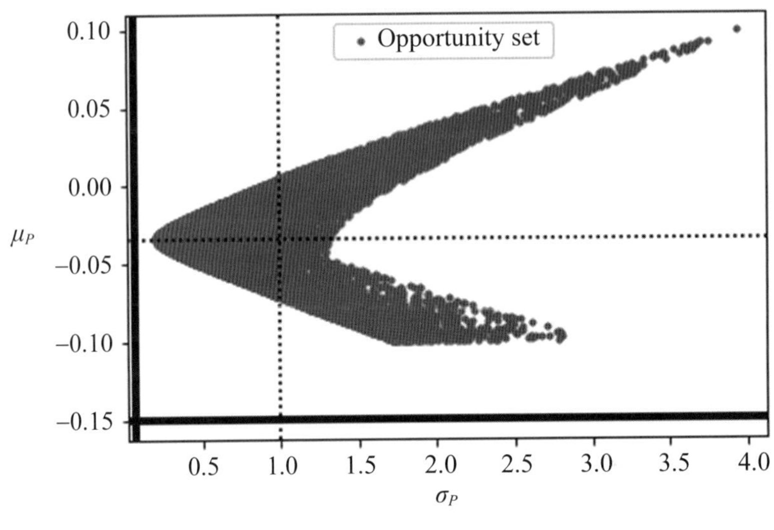

圖 9-15　投資機會集合

有效的投資機會集合界線

我們如何找出有效的投資機會集合界線？我們利用簡單的二種風險資產所構成的資產組合說明，9.3 節自然會介紹多資產的情況。首先，我們可以先找出資產組合的最小變異數（minimum variance portfolio, MVP）的位置。即極小化下列資產組合：

$$\min_{w_1} L = w_1^2\sigma_1^2 + (1-w_1)^2\sigma_2^2 + 2w_1(1-w_1)\sigma_{12} \qquad (9\text{-}15)$$

而第一階條件為：

$$\frac{\partial L}{\partial w_1} = 2w_1\sigma_1^2 - 2(1-w_1)\sigma_2^2 + 2(1-2w_1)\sigma_{12} = 0$$

整理後可得：

$$w_1 = \frac{\sigma_2^2 - \sigma_{12}}{\sigma_1^2 + \sigma_2^2 - 2\sigma_{12}} \qquad (9\text{-}16)$$

換言之，圖 9-16 內的 MVP 點，就是根據（9-16）式所繪製而得。

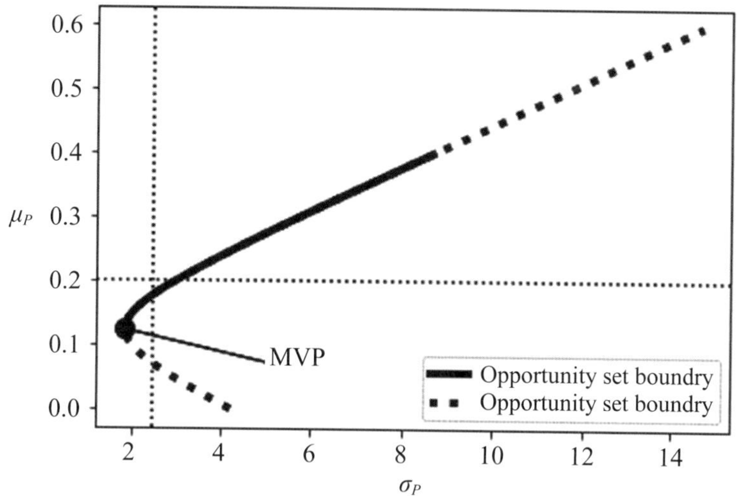

圖 9-16 有效的投資機會集合界線之導出

接下來，我們檢視「於相同的預期報酬下，計算風險最小」，不就是於固定的預期報酬條件下，計算風險最小嗎？是故極小化過程如（9-15）式可改爲：

$$\min_{w_1} L = w_1^2\sigma_1^2 + (1-w_1)^2\sigma_2^2 + 2w_1(1-w_1)\sigma_{12} + \lambda\left[\mu_0 - w_1\mu_1 - (1-w_1)\mu_2\right] \quad (9\text{-}17)$$

其中 λ 表示拉氏乘數（Lagrangian multiplier）而 μ_0 爲固定數值[11]。（9-17）式的第一階條件爲：

$$\frac{\partial L}{\partial w_1} = 2w_1\sigma_1^2 - 2(1-w_1)\sigma_2^2 + 2(1-2w_1)\sigma_{12} - \lambda\mu_1 + \lambda\mu_2 = 0 \quad (9\text{-}18a)$$

與

$$\frac{\partial L}{\partial \lambda} = \mu_0 - w_1\mu_1 - (1-w_1)\mu_2 = 0 \quad (9\text{-}18b)$$

---

[11] 即 L 可稱爲拉氏函數。於限制條件下計算極值的方法，可參考《財統》或《財數》。

其實，我們從（9-18b）式內就可得出：

$$w_1 = \frac{\mu_2 - \mu_0}{\mu_2 - \mu_1} \tag{9-19}$$

即並不需要使用（9-18a）式。將不同大於 MVP 的 μ_0 值代入（9-19）式，自然可以繪製出有效的投資機會集合界線，如圖 9-16 內的粗黑實線所示。

n 種風險資產的情況

透過上述分析，我們可以想像導出 n 種風險資產所構成資產組合的效率前緣線的極小化過程可寫成：

$$\begin{aligned} &\min_{w_1,\cdots,w_n} L = w_1^2\sigma_1^2 + w_1^2\sigma_2^2 + \cdots + 2w_1w_2\sigma_{12} + \cdots \\ &s.t. \sum_{i=1}^{n} w_i\mu_i = \mu_0 \\ &s.t. \sum_{i=1}^{n} w_i = 1 \\ &s.t. \ \forall w_i > 0 \end{aligned} \tag{9-20}$$

（9-20）式的特色為：

(1) 於不同 μ_0 條件下，計算極小化 L。

(2) 除了 (1) 之限制條件外，必須額外再考慮所有的權數加總必須恆等於 1 的限制條件，即 $\sum_{i=1}^{n} w_i = 1$。

(3) 除了 (1) 與 (2) 之限制條件外，若不允許「放空」，則必須限制每一個權數值大於 0，即 $\forall w_i > 0$。

是故，欲導出效率前緣線似乎不是一件簡單的事。

最適資產組合（不考慮無風險性資產）

有了效率前緣線的導出，可以進一步找出最適資產組合（optimal portfolio），其是指效率前緣線與最大效用之無異曲線相切處。例如：檢視圖 9-17 內的 B 點，其可表示風險厭惡投資人於追求最大效用下，所選擇的最適資產組合。

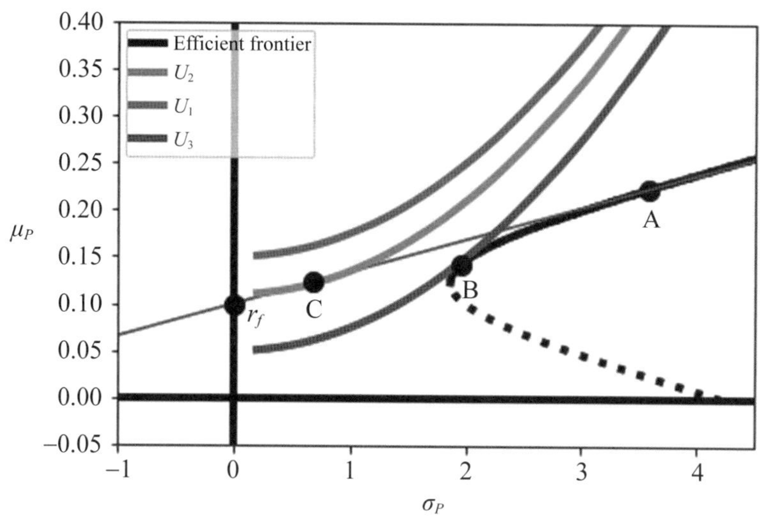

圖 9-17 **最適資產組合**

最適資產組合（有考慮無風險性資產）

至目前爲止，我們只討論風險性資產的情況，隱含著每種檢視的資產之變異數皆大於 0，即 $\sigma_i^2 > 0$。假定存在無風險性資產，隱含著存在借貸（borrowing and lending）的可能；更有甚者，顧名思義，無風險性資產的變異數與風險性資產之間的共變異數皆爲 0，即 $\sigma_{rf}^2 = \sigma_{rf,i}^2 = 0$，其中 r_f 表示無風險性資產的利率。我們發現投資人的最適資產組合可能會改變。例如：檢視圖 9-17 內的 C 點，即該投資人會將財富的 r_fC 比重投資於無風險性資產，而將財富的 AC 比重投資於風險性資產（參考例 1），如此反而效用更高，即 $U(C) > U(B)$。換言之，此時投資人的決策可分開成二部分：第一是決定最適的風險性資產之配置，如圖 9-17 的 A 點；第二是由偏好來決定無風險性與風險性資產的配置，如圖 9-17 的 C 點所示。

例 1 線性組合

考慮下列指令：

```
rf = 0.1
sigma = np.arange(0,6,0.001)
sa = sigma[4000] # 0.4
Shape1 = (0.2-rf)/sa
```

```
L2 = 0.2 + Shape1*(sigma-sa)
C = (3/4)*np.array([0,rf])+(1/4)*np.array([sa,0.2])
# array([1.  , 0.125])
D = (-1/4)*np.array([0,rf])+(5/4)*np.array([sa,0.2])
# array([5.  , 0.225])
```

換言之，根據上述指令 A 與 r_f 點的座標分別爲（0.4, 0.2）與（0.1, 0），如圖 9-18 所示。若投資於 A 點（風險性資產）的比重爲 3/4 而投資於 r_f 點（無風險性資產）的比重爲 1/4，其結果爲圖內的 C 點；同理，若投資於 r_f 點（無風險性資產）的比重爲 −1/4（貸款），則可投資於風險性資產的比重爲 5/4，如圖 9-18 內的 D 點所示。因此，圖 9-18 內的垂直虛線之左右側分別表示投資人的貸出與借入。

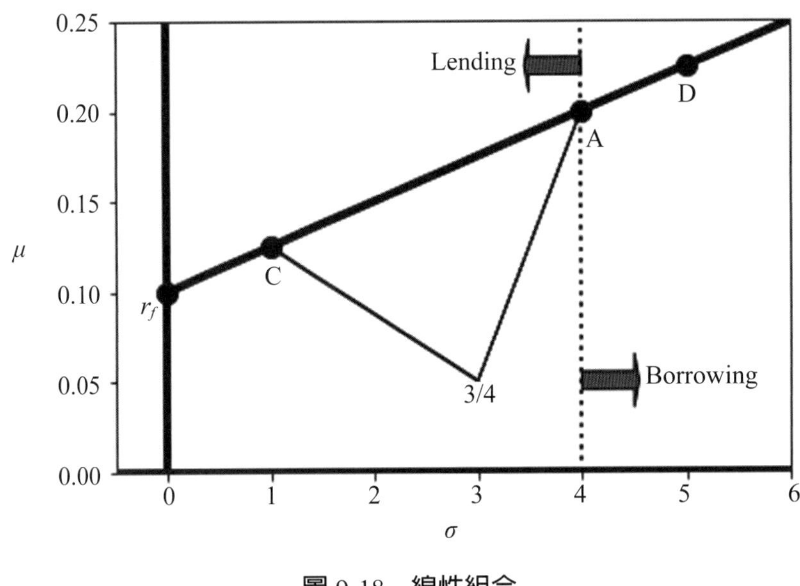

圖 9-18　線性組合

例 2　資本市場線

續例 1，圖 9-18 內的 $\overline{r_f A}$ 可寫成：

$$E(r_P) = (1 - w)r_f + wE(r_A) \tag{9-21}$$

與

$$\sigma_P^2 = (1-w)^2\sigma_{r_f}^2 + w^2\sigma_A^2 + 2w(1-w)\sigma_{A,r_f} = w^2\sigma_A^2 \quad (9\text{-}22)$$

因 $\sigma_{rf}^2 = \sigma_{A,rf}^2 = 0$，故從（9-22）式內可得 $\sigma_P = w\sigma_A \Rightarrow w = \sigma_P / \sigma_A$，代入（9-21）式內，整理後可得：

$$E\left(r_P\right) = r_f + \left[\frac{E(r_A) - r_f}{\sigma_A}\right]\sigma_P \quad (9\text{-}23)$$

（9-23）式可稱爲資本市場線（capital market line, CML）。

我們發現圖 9-18 內的直線的另外一種表示方式就是 CML。例如：

```
m = (0.2-rf)/sa
rf+m*C[0] # 0.125
rf+m*D[0] # 0.225
CML = rf+m*sigma
```

讀者可以對照看看。圖 9-19 的右圖繪製出 CML 而左圖則取自圖 9-18，我們發現上述二圖內的直線完全相同[12]。因此，CML 存在二種涵義：

(1) 線上一點可以表示無風險性資產與風險性資產的（加權）組合，如圖 9-18 所示。
(2) 根據 CML 如（9-23）式，包括無風險性資產與風險性資產的資產組合報酬率是由無風險利率加上「風險貼水」所構成。
(3) 根據 CML 如（9-23）式，隱含著風險愈大，資產組合的報酬率愈高。例如：可比較圖 9-18 內的 C 點與 D 點。

[12] 其實 CML 只是圖 9-18 內二點（即點 A 與點 r_f），利用「點斜式」所繪製而得，其中「點」是指點 r_f，而圖 9-17 內的切線則利用點 A，二者的斜率皆是利用點 A 與點 r_f 計算。

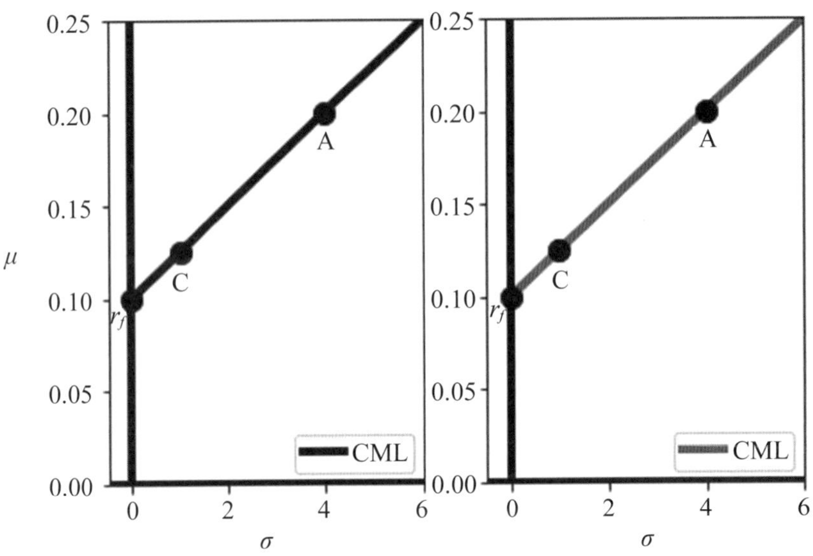

圖 9-19　CML 的繪製，其中左圖取自圖 9-18 而右圖則根據（9-23）式

例 3　最適資產組合

圖 9-20 與 9-21 分別繪製出不同風險厭惡程度投資人的最適資產組合決策，二圖的特色皆是先利用 r_f 找出風險性資產組合配置（即點 A）（參考例 4），然後再配置無風險性資產與風險性資產的組合（即點 C）。再一次說明可「分離」最適資產組合決策。

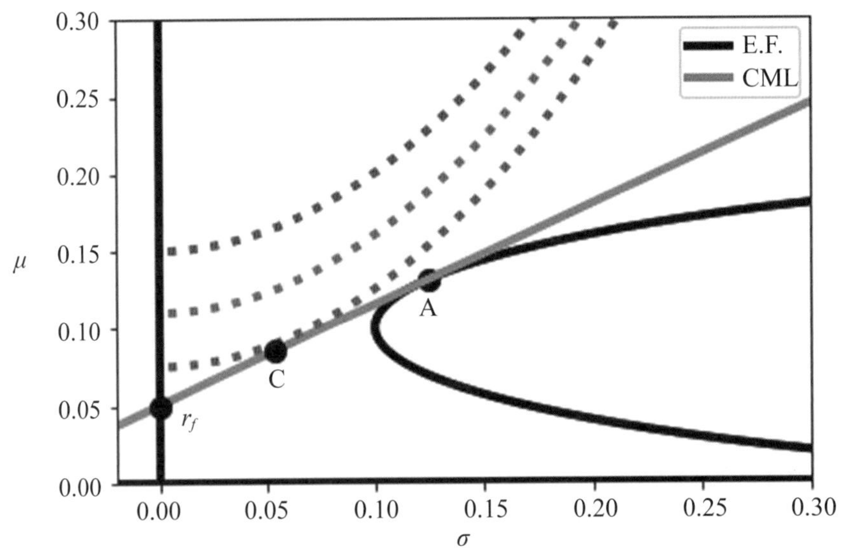

圖 9-20　最適資產組合，其中 E.F. 是指效率前緣線

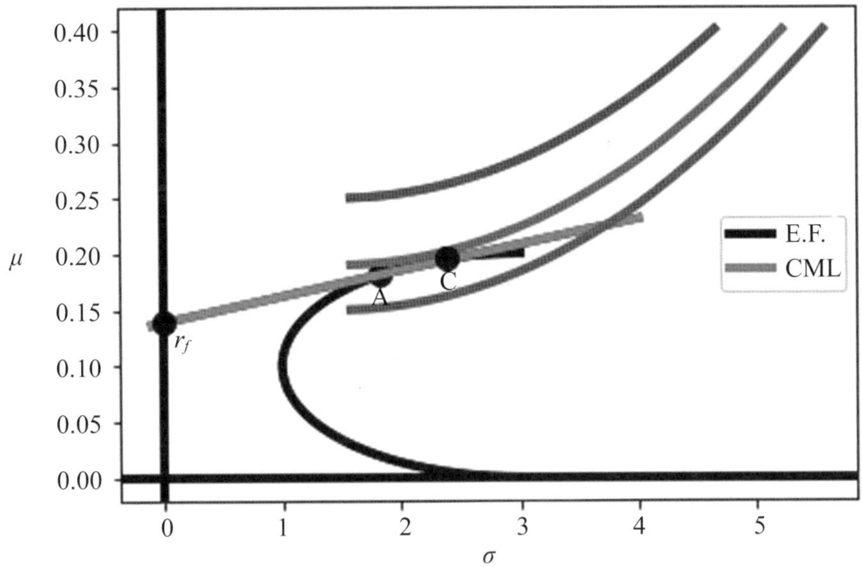

圖 9-21 **最適資產組合，其中 E.F. 是指效率前緣線**

例 4 夏普比率

考慮上述 CML 的斜率值，即根據（9-23）式，可知上述斜率值爲：

$$\frac{E(r_A)-r_f}{\sigma_A}$$

其可表示每單位風險的「超額報酬」或是「風險貼水」。檢視圖 9-22，可以發現 CML 的斜率值相當於計算圖內黑點與點 r_f 之間的斜率值，而從圖內可看出根據切線黑點 A 所計算的斜率值最大（即點 A_1 與 A_2 屬於無效的），而該斜率值就稱爲夏普比率（Sharpe's ratio）。

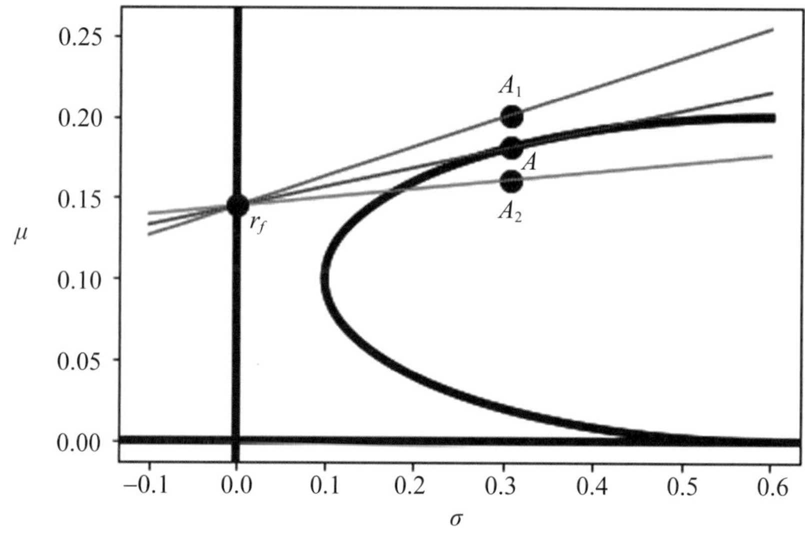

圖 9-22　夏普比率

表 9-5　一個例子

Sigma	Mu	w_1	w_2	w_3	w_4
1.44	0.05	0.36	0.18	0.36	0.09
1.7	0.09	0.27	0.05	0.37	0.31
1.51	0.08	0.22	0.28	0.25	0.24
1.91	0.08	0.38	0.27	0.03	0.32
1.48	0.07	0.09	0.56	0.1	0.25
1.99	0.1	0.29	0.23	0.06	0.42
1.72	0.09	0.21	0.34	0.11	0.34

說明：w_i 表示第 i 種資產的權數。

習題

(1) 何謂 CML？試解釋之。

(2) 我們如何取得 CML？

(3) 爲何我們不易繪製出效率前緣線？

(4) 試解釋表 9-5 如何編製。

(5) 檢視表 9-5，我們如何叫出最大 Mu 值一列之資訊。

(6) 續上題，我們如何叫出最小 Sigma 值一列之資訊。

(7) 續上題，若 Sigma 與 Mu 分別表示資產組合的預期風險與預期報酬率，試繪製出對應的效率前緣線。
(8) 續上題，若無風險利率爲 0.01，計算 MVP 與夏普比率所對應的權數。
(9) 續上題，試繪製出 CML。

9.3 用矩陣型態表示

於 9.1 與 9.2 節內我們有介紹「有效的資產組合」的觀念，說明了二種以上資產報酬率組合的形狀與相關係數有關；另一方面，我們也發現除了相關係數等於 1 之外，任意二種資產之資產組合於風險－報酬的平面座標下呈現出「子彈頭」的形狀。該形狀隱含著「於相同的風險下報酬最大以及於相同的報酬下風險最小」；一個理性的投資人應該會選哪個？答案就是於相同的風險下報酬最大！爲何？（繪圖就知）（效率前緣線）。

換言之，於 9.2 節內我們並沒有導出「於相同的報酬下風險最小」的資產組合，該資產組合我們稱爲效率前緣線；不過，我們卻用樣本資訊指出應該存在效率前緣線的資產組合。因此，於本節我們試著以矩陣觀念導出「母體」之效率前緣線的資產組合。

首先，我們可以比較代數與矩陣操作的差異，讀者應可以看出後者的使用的確較占優勢。假想現在我們有三種資產報酬率 r_1、r_2 與 r_3；三種資產報酬率的分配與彼此之間的關係可爲：

$$r_i \overset{IID}{\sim} (\mu_i, \sigma_i^2)$$
$$\sigma_{ij} = Cov(r_i, r_j)$$

換言之，我們假定三種資產報酬率母體之分配分別屬於 IID，其母體平均數依序分別爲 μ_1、μ_2 與 μ_3 以及變異數分別爲 σ_1^2、σ_2^2 與 σ_3^2；至於任意二種資產之間的母體共變異數，則以 σ_{12}、σ_{13} 與 σ_{23} 表示。

其次若 w_1、w_2 與 w_3 分別表示投資人投資於第 1、2 以及 3 種資產的比重，我們需提醒讀者注意若投資人將其全部財富只投資於上述三種資產，則三種比重需符合下列條件：$w_1 + w_2 + w_3 = 1$。因此，投資於三種資產所構成的資產組合報酬率可爲：

$$r_P = w_1 r_1 + w_2 r_2 + w_3 r_3 \tag{9-24}$$

若從事前的觀點來看，我們仍應提醒讀者注意，上述四種報酬率皆爲隨機變數。是故，我們可以分別計算於某個特定的比重權數 w_i 下，資產組合 P 之母體平均數與變異數，因其爲未知數，故二者亦可稱爲預期報酬與預期變異數，其分別爲：

$$\mu_P = \sum_{i=1}^{3} w_i E(r_i) = \sum_{i=1}^{3} w_i \mu_i \tag{9-25}$$

與

$$\sigma_P^2 = E\left[\left(r_P - \mu_P\right)^2\right] = \sum_{i=1}^{3} w_i^2 \sigma_i^2 + 2\sum_{i=1}^{3}\sum_{\substack{j=1 \\ i \neq j}}^{3} w_i w_j \sigma_{ij} \tag{9-26}$$

因此，若投資人決定某個比重權數 w_i 後，其會面對三個未知的母體平均數以及六個未知的變異數與共變異數[13]；另一方面，此時再用代數表示已稍繁雜，故我們可以矩陣取代。亦即若令 $\mathbf{w}$、$\mathbf{r}$ 與 $\boldsymbol{\mu}$ 皆爲一個 3×1 向量，$\boldsymbol{\Sigma}$ 爲一個 3×3 矩陣，則（9-24）～（9-26）式可改寫成以向量－矩陣表示爲：

$$R_P = \mathbf{w}^T \mathbf{r} = \begin{bmatrix} w_1 & w_2 & w_3 \end{bmatrix} \begin{bmatrix} r_1 \\ r_2 \\ r_3 \end{bmatrix} \tag{9-27}$$

$$\mu_P = E\left(\mathbf{w}^T \mathbf{r}\right) = \mathbf{w}^T E\left(\mathbf{r}\right) = \mathbf{w}^T \boldsymbol{\mu} \tag{9-28}$$

與

$$\sigma_P^2 = E\left[\left(r_P - \mu_P\right)^2\right] = \mathbf{w}^T \boldsymbol{\Sigma} \mathbf{w} \tag{9-29}$$

其中

[13] 我們可以利用 $(a+b+c)^2 = a^2 + b^2 + c^2 + 2ab + 2ac + 2bc$ 導出（9-26）式。

$$\boldsymbol{\mu}=\begin{bmatrix}\mu_1\\ \mu_2\\ \mu_3\end{bmatrix} \text{與 } \boldsymbol{\Sigma}=\begin{bmatrix}\sigma_1^2 & \sigma_{12} & \sigma_{13}\\ \sigma_{21} & \sigma_2^2 & \sigma_{23}\\ \sigma_{31} & \sigma_{32} & \sigma_3^2\end{bmatrix}\text{。}$$

接下來，我們也可將投資比重權數限制式 $w_1 + w_2 + w_3 = 1$ 改寫成：

$$\mathbf{w}^T\mathbf{I}_3=\begin{bmatrix}w_1 & w_2 & w_3\end{bmatrix}\begin{bmatrix}1\\ 1\\ 1\end{bmatrix}=1 \tag{9-30}$$

其中 $\mathbf{I}_3$ 是一個 3×1 向量，其內之元素皆為 1。因此，若比較（9-24)～(9-26）式與（9-27)～(9-30）式的差異，前者是以代數方式表示，而後者則以矩陣形式表示，可以發現若分析多種資產以上，例如：$n = 20$ 種資產的資產組合的情況，自然以後者的表示方式比較簡易[14]！

面對（9-24)～(9-26）式，我們可以利用「於限制下計算極值」的方法，找出「有效的」資產組合，如（9-20）式所示，只是後者用矩陣型態表示呢？

$$\begin{aligned}&\min_{\mathbf{w}} \sigma_P^2=\mathbf{w}^T\boldsymbol{\Sigma}\mathbf{w}\\ &s.t.\ \mathbf{w}^T\mathbf{I}_3=1\end{aligned} \tag{9-31}$$

類似（9-18）式，極小化之第一階條件為：

$$\begin{aligned}&2\boldsymbol{\Sigma}\mathbf{w}+\lambda\mathbf{I}_3=\mathbf{0}\\ &\mathbf{w}^T\mathbf{I}_3=1\end{aligned} \tag{9-32}$$

其中 $\mathbf{0}$ 表示 3×1 向量，其內之元素皆為 0。我們也可以再將（9-32）式寫成矩陣的形式如：

$$\begin{bmatrix}2\boldsymbol{\Sigma} & \mathbf{I}_3\\ \mathbf{I}_3 & \mathbf{0}\end{bmatrix}\begin{bmatrix}\mathbf{w}\\ \lambda\end{bmatrix}=\begin{bmatrix}\mathbf{0}\\ 1\end{bmatrix}\Rightarrow \mathbf{A}_{\mathbf{w}}\mathbf{x}=\mathbf{b} \tag{9-33}$$

---

⑭ 例如：(9-27)～(9-30）式可擴充延伸至分析 n 種資產，即將式內的“3”改為 n。

因此，我們可以得出（9-33）式內 **x** 的解爲：

$$\mathbf{x} = \mathbf{A}_{\mathbf{w}}^{-1}\mathbf{b} \tag{9-34}$$

如此來看，反而我們使用矩陣操作較爲簡易輕鬆。

我們重新檢視例如：圖 9-21 內的「效率前緣線」，應該會發現除了（9-31）式之外，尚存在另外一種計算極值的方式，即：

$$\begin{aligned} &\max_{\mathbf{w}} \mu_P = \mathbf{w}^T\boldsymbol{\mu} \\ &s.t.\ \sigma_P^2 = \mathbf{w}^T\boldsymbol{\Sigma}\mathbf{w} = \sigma_{P0}^2 \\ &s.t.\ \mathbf{w}^T\mathbf{I}_3 = 1 \end{aligned} \tag{9-35}$$

其中 σ_{P0}^2 是一個固定數值。換句話說，我們亦可以「於固定的風險下計算預期報酬最大」；或者說，（9-35）式與「於固定的預期報酬下計算風險最小」頗有異曲同工，一體二面的味道。因此，（9-31）式可再改寫成：

$$\begin{aligned} &\min_{\mathbf{w}} \sigma_P^2 = \mathbf{w}^T\boldsymbol{\Sigma}\mathbf{w} \\ &s.t.\ \mu_P = \mathbf{w}^T\boldsymbol{\mu} = \mu_{P0} \\ &s.t.\ \mathbf{w}^T\mathbf{I}_3 = 1 \end{aligned} \tag{9-36}$$

其中 μ_{P0} 與 σ_{P0}^2 爲投資人事先決定欲達到的水準（爲已知之數値）。比較（9-31）與（9-36）二式，可以發現後者比前者多了一條限制式，其是表示投資人於從事投資組合之前，事先決定好欲達到的預期平均報酬水準爲 μ_{P0}，然後再計算風險最小的投資比重；類似的情況，讀者也可以解釋（9-35）式的情況。

既然（9-31）與（9-36）二式頗爲類似，我們可以按照類似的「求解」方式，先計算（9-36）式的「拉氏函數」，其可寫成：

$$L(\mathbf{w}, \lambda_1, \lambda_2) = \mathbf{w}^T\boldsymbol{\Sigma}\mathbf{w} + \lambda_1(\mathbf{w}^T\boldsymbol{\mu} - \mu_{P0}) + \lambda_2(\mathbf{w}^T\mathbf{I}_3 - 1) \tag{9-37}$$

是故，極小化之第一階條件可爲：

$$\frac{\partial L}{\partial \mathbf{w}} = 2\mathbf{\Sigma w} - \lambda_1 \boldsymbol{\mu} - \lambda_2 \mathbf{I}_3 = \mathbf{0}$$
$$\frac{\partial L}{\partial \lambda_1} = \mathbf{w}^T \boldsymbol{\mu} - \mu_{P0} = 0 \qquad (9\text{-}38)$$
$$\frac{\partial L}{\partial \lambda_2} = \mathbf{w}^T \mathbf{I}_3 - 1 = 0$$

類似地，上述第一階條件亦可以矩陣形式表示：

$$\begin{bmatrix} 2\mathbf{\Sigma} & \boldsymbol{\mu} & \mathbf{I}_3 \\ \boldsymbol{\mu}^T & 0 & 0 \\ \mathbf{I}_3^T & 0 & 0 \end{bmatrix} \begin{bmatrix} \mathbf{w} \\ \lambda_1 \\ \lambda_2 \end{bmatrix} = \begin{bmatrix} \mathbf{0} \\ \mu_{P0} \\ 1 \end{bmatrix} \Rightarrow \mathbf{A}_{\mathbf{w}} \cdot \mathbf{x}^* = \mathbf{b}^* \qquad (9\text{-}39)$$

同理，利用（9-39）式可得：

$$\mathbf{x}^* = \mathbf{A}_{\mathbf{w}}^{-1} \cdot \mathbf{b}^* \qquad (9\text{-}40)$$

我們舉一個例子說明。試下列指令：

```
Four = pd.read_excel('C:\\all3\\FinComp\\ch4\\Tai50100ACr.xlsx')
Four.index = Four['Date']
del Four['Date']
cols = Four.columns
np.random.seed(333)
x = np.random.choice(cols,4,replace=False)
# array(['2049.TW', '2227.TW', '2324.TW', '3653.TW'], dtype=object)
Xr = Four[x]
```

利用第 4 章內台灣 50 與中型 100 日報酬率資料，我們任意抽取 4 檔股票以形成一個資產組合，該 4 檔股票之日報酬率資料稱為 Xr。

利用上述 Xr，我們取得（9-40）式結果為：

```
muhat = np.array([Xr.mean()]).T
muhat.shape # (4, 1)
```

```
sigma = Xr.cov()
sigma.shape # (4, 4)
ones = np.ones(4)
ones.shape # (4,)
ones1 = np.ones([4,1])
A1 = np.concatenate([2*sigma,muhat,ones1],axis=1)
A1.shape # (4, 6)
#
mua = Xr.mean().tolist()
s2 = [0.0,0.0]
mua.extend(s2)
mub = np.array([mua])
mub.shape # (1, 6)
#
A2 = np.concatenate([A1,mub],axis=0)
#
onea = ones.tolist()
onea.extend(s2)
oneb = np.array([onea])
oneb.shape # (1, 6)
#
A = np.concatenate([A2,oneb],axis=0)
A.shape # (6, 6)
np.round(A,1)
# array([[12.9,  2.6,  2.1,  7. ,  0. ,  1. ],
#        [ 2.6,  4. ,  1. ,  2.7,  0. ,  1. ],
#        [ 2.1,  1. ,  2.5,  2.2,  0.1,  1. ],
#        [ 7. ,  2.7,  2.2, 22.5,  0.2,  1. ],
#        [ 0. ,  0. ,  0.1,  0.2,  0. ,  0. ],
#        [ 1. ,  1. ,  1. ,  1. ,  0. ,  0. ]])
```

即取得 $\mathbf{A}_{\mathbf{w}^*}$ 資訊並令之爲 A。讀者可以逐一檢視如何取得 A。假定 μ_{P0} = 0.004，可得：

```
mu0 = 0.004
b1 = np.zeros(4).tolist()
b1.extend([mu0,1])
b = np.array([b1]).T
b.shape # (6, 1)
x1 = inv(A).dot(b)
w1 = x1[0:4]
w1.shape # (4, 1)
MU1 = w1.T.dot(muhat) # array([[0.004]])
SIGMA1 = np.sqrt(w1.T.dot(sigma).dot(w1)) # array([[1.18823311]])
```

即可得於 μ_{P0} = 0.004 的限制下，對應的 μ_P 與 σ_P 的估計值分別約爲 0.004 與 1.188。讀者可以進一步檢視權數向量 w1 內之值。

表 9-6　一個效率前緣線估計的例子

w1	w2	w3	w4	MU	SIGMA
0.4244	1.0043	0.2745	-0.7032	-0.1	2.4649
0.4241	1.0039	0.2748	-0.7027	-0.0999	2.4635
---	---	---	---	---	---
-0.4923	-0.3488	1.1139	0.7273	0.1997	2.6083
-0.4926	-0.3493	1.1141	0.7278	0.1998	2.6098
-0.493	-0.3497	1.1144	0.7283	0.1999	2.6112
-0.4933	-0.3502	1.1147	0.7288	0.2	2.6126

說明：第 1～6 欄分別表示四種資產的權數、預設的 μ_{P0} 值與估計的 σ_P 值。

是故，我們事先預設 μ_{P0} 值即可得到效率前緣線如：

```
muhat0 = np.arange(-0.1,0.2,0.0001)
n = len(muhat0)
SIGMA = np.zeros(n)
```

```
w = np.zeros([4,n])
for i in range(n):
    mu0 = muhat0[i].item()
    b1 = np.zeros(4).tolist()
    b1.extend([mu0,1])
    b = np.array([b1]).T
    x1 = inv(A).dot(b)
    w1 = x1[0:4]
    w[:,i] = w1.T
    SIGMA[i] = np.sqrt(w1.T.dot(sigma).dot(w1))
```

表 9-6 列出上述結果以及圖 9-23 繪製出對應的效率前緣線（即點 MVP以上之虛線），其中 MVP 所對應的四種資產之權數分別約為 –0.0185、0.3505、0.6800 與 –0.0120，而其對應的 μ_P 與 σ_P 的估計值則分別約為 0.048 與 1.0046（可以參考所附檔案）。或者說，檢視表 9-6 的結果可發現根據（9-37）或（9-40）式計算，有可能權數為負數值。

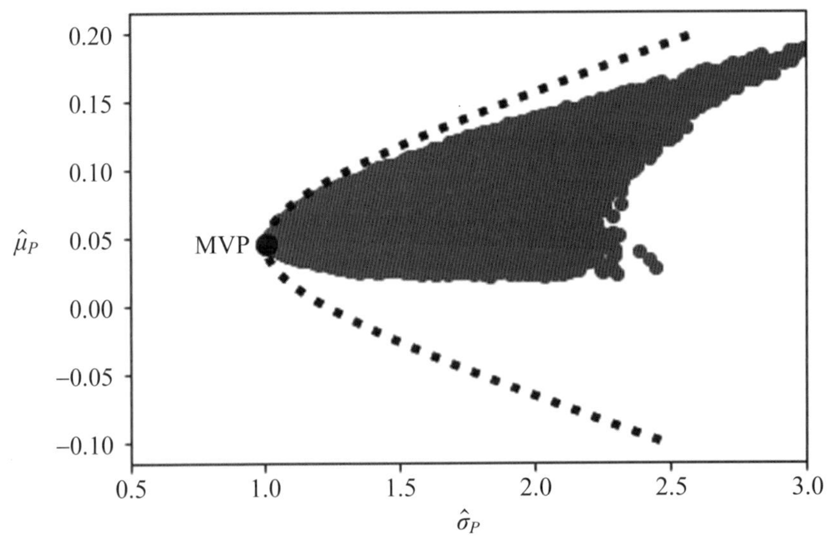

圖 9-23　效率前緣線的導出，其中「點圖」係令 $w_i > 0$

利用 3.2 節例 5 的方法，圖 9-23 亦繪製出 $w_i > 0$（$i = 1, 2, 3, 4$）的「點圖」，我們發現後者包含於根據（9-37）式所得到的效率前緣線內。換言之，後者所包括的範圍明顯小於前者。利用上述之「點圖」的結果（其乃根據 50,000 種權數向量所繪製而成），其中 MVP 所對應的四種資產之權數分別約爲 0.0066、0.3569、0.6345 與 0.0019，而其對應的 μ_P 與 σ_P 的估計值則分別約爲 0.0457 與 1.0086。我們發現上述二種 MVP 值其實相當接近，只不過用「點圖」所得到的權數皆爲正數值。

例 1 CML 的導出

假定無風險利率爲 0.01，我們可以進一步導出圖 9-23 所對應的 CML，其結果則繪製如圖 9-24 所示。我們可以比較圖 9-24 內 A 與 B 點的資訊，就前者而言，若根據 w_i（$i = 1, 2, 3, 4$）、σ_P 與 μ_P 估計值的順序，則分別約爲 –0.3856、–0.1913、1.0161、0.5607、2.1181 與 0.1648；至於後者，則分別約爲 0.0044、0.0006、0.5586、0.4364、1.7565 與 0.1243。顯然，圖 9-24 內左圖之 A 點所對應的部分權數仍爲負數值，而右圖之 B 點所對應的權數值則皆介於 0 與 1 之間。圖 9-24 的結果隱含著即使不放空下，我們仍可找出 CML。

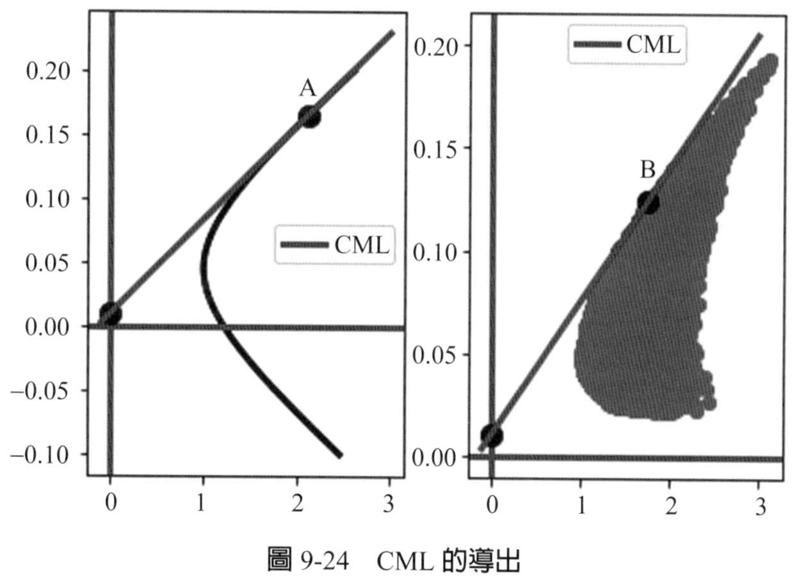

圖 9-24 CML 的導出

例 2 二次規劃

事實上，欲求解（9-20）或（9-36）式，於數學上其乃屬於二次規劃（quadratic programming）問題，我們可以透過 R 語言的程式套件所提供的指令求解。有關於二次規劃的介紹或應用，可參考 R 語言之程式套件（quadprog）其內的參考文獻。

至於最適資產組合的應用，則可參考 Ruppert（2011）或 Lu 與 Chambers（2021）等書。於所附的檔案內（ch9.R），我們有使用程式套件（tseries）內的指令計算，可惜的是，上述二次規劃的求解於有些情況下，無法找出最適的結果。還好，我們可以用繪製「點圖」的方式取代。

例 3 $\mathbf{A}_{w^\cdot}$ 的計算

以自設函數方式計算（9-39）式內的 $\mathbf{A}_{w^\cdot}$，即：

```
def EFA(Xr):
    n = Xr.shape[1]
    muhat = np.array([Xr.mean()]).T
    sigma = Xr.cov()
    ones = np.ones(n)
    ones1 = np.ones([n,1])
    A1 = np.concatenate([2*sigma,muhat,ones1],axis=1)
    mua = Xr.mean().tolist()
    s2 = [0.0,0.0]
    mua.extend(s2)
    mub = np.array([mua])
    A2 = np.concatenate([A1,mub],axis=0)
    onea = ones.tolist()
    onea.extend(s2)
    oneb = np.array([onea])
    A = np.concatenate([A2,oneb],axis=0)
    return A
Ahat = np.round(EFA(Xr),1)
```

讀者可試試。

例 4 EF

續例 3，試以自設函數的方式求解（9-39）或（9-40）式，試下列指令：

```
def EF(Xr,Mu0):
    k = Xr.shape[1]
    n = len(muhat0)
    A = EFA(Xr)
    sigma = Xr.cov()
    SIGMA = np.zeros(n)
    w = np.zeros([k,n])
    for i in range(n):
        mu0 = muhat0[i].item()
        b1 = np.zeros(k).tolist()
        b1.extend([mu0,1])
        b = np.array([b1]).T
        x1 = inv(A).dot(b)
        w1 = x1[0:k]
        w[:,i] = w1.T
        SIGMA[i] = np.sqrt(w1.T.dot(sigma).dot(w1))
    df1 = pd.DataFrame(w)
    df2 = pd.DataFrame([muhat0,SIGMA])
    df3 = pd.concat([df1.T,df2.T],axis=1)
    return df3
```

上述函數的應用爲：

```
muhat0 = np.arange(-0.1,0.2,0.0001)
Df = EF(Xr,muhat0)
cols = ['w1','w2','w3','w4','Mu','Sigma']
Df.columns = cols
```

習題

(1) 隨機抽取本節之台灣 50 與中型 100 檔股票內 6 檔股票以構成一種資產組合，試計算對應的 $\mathbf{A}_{\mathbf{w}^*}$。

(2) 續上題，試繪製出效率前緣線，此時 MVP 與其對應的權數爲何？

(3) 續上題，若仍假定無風險利率爲 1%，試導出 CML。此時風險性資產的最適組合之權數爲何？

(4) 續上題，若使用權數皆大於 0 與小於 1，於 300,000 種權數下，對應的效率前緣線之「點圖」爲何？此時 MVP 與其對應的權數爲何？

(5) 續上題，若仍假定無風險利率爲 1%，試導出 CML。此時風險性資產的最適組合之權數爲何？

(6) 續上題，若抽取 20 檔股票所構成的資產組合呢，結果爲何？

Chapter 10

資本資產定價模型

第 9 章所介紹的馬可維茲資產組合理論是一種「預期報酬率」與「風險」的二參數模型。一個有意思的問題是：當所有投資人的決策皆使用馬可維茲資產組合的二參數模型，其會對股市有何影響？回答上述疑問的文獻，大致可稱爲資本資產定價模型（capital asset pricing model, CAPM）。事實上，CAPM 又可稱爲證券市場線（security market line, SML）或是直接稱爲資本市場理論（capital market theory）。

資本市場理論是建立於馬可維茲資產組合理論上，而後者的假定爲：

(1) 基本上，第 9 章所介紹的資產組合理論是屬於一種比較靜態或單期模型，其中投資人比較在意單期期末之資本資產。換言之，投資人（屬於風險厭惡的投資人）極大化單期預期報酬效用。

(2) 投資人的資產組合決策是根據期末資產（或財富）報酬（率）的預期平均數與預期標準差。

(3) 期末資產（或財富）報酬（率）的預期平均數與預期標準差皆爲有限值，而且可以利用樣本資料估計。

(4) 所有的資本資產皆可以無限地分割，隱含著任何股票股份皆可買賣；另一方面，所有的租稅或交易成本皆不存在。

根據上述假定，投資人偏愛馬可維茲之有效的資產組合。

資本市場理論延續以及擴充上述假定，可有下列的額外假定：

(5) 存在一種可供借貸的無風險利率。

(6) 所有的資本（包括人力資本）可在市場交易。

(7) 資本市場屬於完全競爭市場，隱含著投資人可取得任何資訊、不存在保證金等交易成本以及投資人可以借貸任何資金或放空無任何限制。

(8) 所有的投資人具有同質的預期（homogeneous expectations），隱含著於單期之下，投資人對於資本（或證券）報酬率的平均數、變異數或共變異數等之事前預期皆一致[①]。

根據上述 (1)～(8) 假定，本章底下介紹 CAPM。

10.1 CAPM

根據 Sharpe（1964），CAPM 可說是來自 CML 的觀念，可以參考圖 10-1。CML 有二個重要的特徵：市場資產組合（market portfolio）觀念的建立與分離定理（separation theorem）。本節第一部分將說明上述二特徵。本節第二部分將說明如何導出 CAPM。

10.1.1 CML

第 9 章曾經介紹 CML，本節我們重新說明 CML 觀念，我們強調的是從「市場均衡」的角度檢視。

市場資產組合

想像資本市場處於均衡的狀態。根據上述假定 (8)，所有投資人具有同質的預期，則所有投資人的資產組合之加總，豈不是可以形成一個市場資產組合，而此時市場的供需相等；換言之，加總所有投資人的資產組合後，可得每種可交易資產的市場權數量爲：

w_i = 第 i 種可交易資產的市場總價值 / 所有可交易資產的市場總價值　　（10-1）

其中如圖 10-1 內左右二圖內的 A 點所對應的風險爲 σ_m，表示市場資產組合的風險。因達到市場均衡，隱含著無風險利率 r_f 亦爲借貸市場的均衡利率。

可惜的是，根據（10-1）的所有風險性資產所建構的市場資產組合卻是不易觀察到或根本不存在，原因是風險性資產應包括所有的商品、股票、外匯、債券或是房地產等。因此，通常我們是使用股價指數（如 TWI 或 S&P 500 等）取代上述市場資產組合。

---

① 類似上述 (1)～(8) 的簡單假定於經濟理論內應該已經司空見慣了，即我們可以先想像於一個極簡單的經濟環境內，CAPM 是否存在？若與市場資料不一致，再修正上述假定。

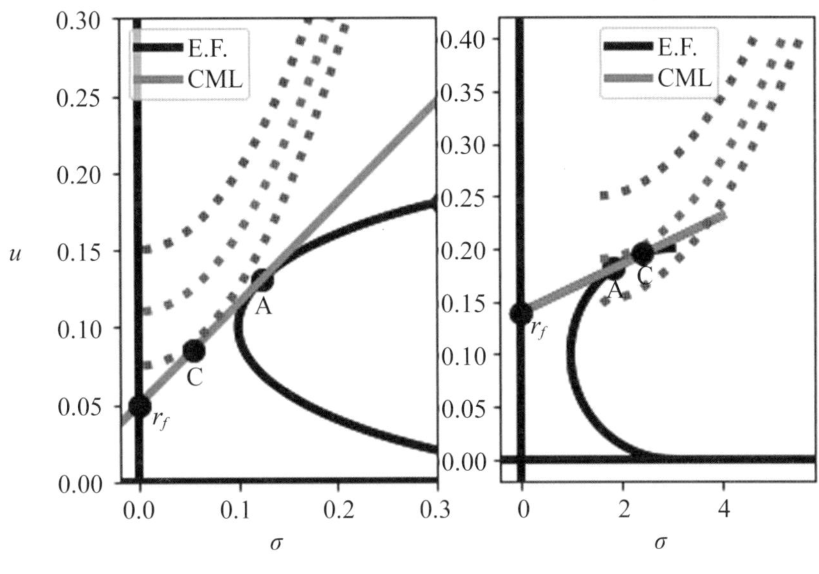

圖 10-1　CML 的導出（取自圖 9-20 與 9-21）

分離定理

上述假定 (5)～(7) 隱含著所有的投資人所面對的效率前緣線是一條直線，如圖 10-1 內的 CML 所示；其次，假定 (8) 亦隱含著所有的投資人看到的效率前緣線皆相同，不過由於投資人的效用函數並不相同，導致所選取的資產組合未必一致。例如：於 r_f 下，從圖 10-1 內可看出投資人因偏好不同所選擇出的最適組合就不同，如圖內的 C 點所示；另一方面，圖 10-1 內左右二圖的 C 點所對應的投資人的借貸未必相同。雖說如此，圖 10-1 的結果卻提醒我們存在一個重要的現象：最終，投資人只關心市場資產組合如 A 點與 r_f 點所構成的線性組合。上述現象可稱爲「雙基金定理（two-funds theorem）」或稱爲「分離定理」。

上述分離定理的特色可以分述如下：

(1) 分離定理係建立於前述之八個假定內。假定存在 n 種風險性資產與一種無風險性資產。效率前緣線的建構與投資人的偏好無關；換言之，效率前緣線的建構可以分成二部分：(i) 建構 n 種風險性資產的「效率前緣線」(ii) r_f 與 (i) 內之「效率前緣線」的切點（如圖 10-1 內的 A 點）所形成的線性組合亦可構成另外一條效率前緣線，我們稱爲 CML。也就是說，CML 的建構與投資人的偏好無關。

(2) 分離定理隱含著所有的投資人（無論是膽小或是風險厭惡程度較輕者），於他們的資產組合內皆會擁有相同權數比重的風險性資產（即投資人所面對的圖

10-1 內的 A 點皆相同[②]）；另外，上述投資人可以透過借貸行爲以達到最適資產組合（如圖 10-1 內的 C 點）。

(3) 假定不存在分離定理，則資產組合管理豈不是要幫不同的投資人「量身訂做」符合偏好的資產組合嗎？換言之，風險厭惡程度較輕者與風險厭惡程度較重者的資產組合有可能並不相同。與之對照的是，分離定理隱含著所有的投資人皆擁有相同的風險性資產組合，不同的只是融資方式的差異。

(4) 分離定理隱含著「投資決策」與「融資決策」可以分開決定。例如：先決定圖 10-1 內的 A 點，然後再決定 C 點。

CML

根據上述假定 (8)，所有的投資人面對相同的 CML，而該 CML 可寫成：

$$E(r_P) = r_f + \left[\frac{E(r_m) - r_f}{\sigma_m}\right]\sigma_P \tag{10-2}$$

其中 $E(r_m)$ 與 σ_m 分別表示市場風險性資產組合之預期報酬與預期風險。因此，透過（10-2）式我們可以解釋圖 10-1 內的 C 點，即左圖的 C 點隱含著例如：投資人可能有 40% 的資金投資於無風險性資產而 60% 的資金投資於風險性資產。至於右圖的 C 點則隱含著例如：投資人有可能借 20% 的資金而全數投資於風險性資產上。

例 1 TWI 與 S&P 500 的夏普比率

我們已經知道 CML 的斜率值可稱爲夏普比率，而夏普比率可解釋成「每單位風險的貼水」。我們嘗試計算 TWI 與 S&P 500 的「風險貼水」。試下列指令：

```
TWO = yf.download(['^GSPC','^TWII'], start="2019-03-20", end="2022-07-31")
two = TWO['Adj Close']
Yr = 100*np.log(two/two.shift(1)).dropna()
Yr.columns = ['SP500','TWI']
YrV = Yr.var()
np.sqrt(YrV)
```

② 圖 10-1 內的左與右圖的無風險利率並不相同；換言之，若無風險利率相同，上述二圖的 A 點應會相同。

```
# SP500    1.494069
# TWI      1.108201
# dtype: float64
YrM = Yr.mean()
# SP500    0.038248
# TWI      0.036744
# dtype: float64
```

即上述期間就日報酬率而言，S&P 500 的標準差高於 TWI 的標準差，隱含著前者的波動較大；但是，S&P 500 的平均報酬亦約略高於 TWI 的平均報酬。我們進一步檢視美與臺的無風險利率。我們取臺灣之一個月期銀行存款牌告利率與一個月期美國國庫券利率當作二國的無風險利率③，就 2022/7/31 而言，可得：

```
rfd = 0.73/(252) # 0.0028968253968253968
2.22/(252) # 0.00880952380952381
rff = 0.009
rf = np.array([rfd,rff])
S = (YrM-rf)/np.sqrt(YrV)
S
# SP500    0.023661
# TWI      0.025035
# dtype: float64
```

其中 rfd 與 rff 分別表示臺灣與美國的無風險利率。值得注意的是，我們是計算日報酬率（單位爲 %），不過因利率皆用年利率表示，故需轉換成日利率，上述是假定一年有 252 個交易日，因此可計算出臺灣的風險貼水較高；換言之，於上述期間內，臺灣的 CML 的斜率值較大。

③ 臺灣之一個月期銀行存款牌告利率可參考央行或例 2，而一個月期美國國庫券利率則可參考所附之 OneMonthrates.xlsx 檔案。

例 2 使用臺灣央行與 Fama-French 資料

使用央行與Fama-French所提供的利率資料[④]，其中前者仍使用一個月期銀行存款牌告利率而後者則取自 Fama-French 的資料，其亦使用一個月期美國國庫券利率（不過已轉換成月利率），圖 10-2 分別繪製出 S&P 500 與 TWI 之超額月報酬率的時間走勢[⑤]，我們可看出似乎前者表現較佳，即：

```
Sha = twomr-Rff
Sha.mean()
# SP500    0.244881
# TWI      0.108926
# dtype: float64
Sha.std()
# SP500    4.468408
# TWI      6.147358
# dtype: float64
```

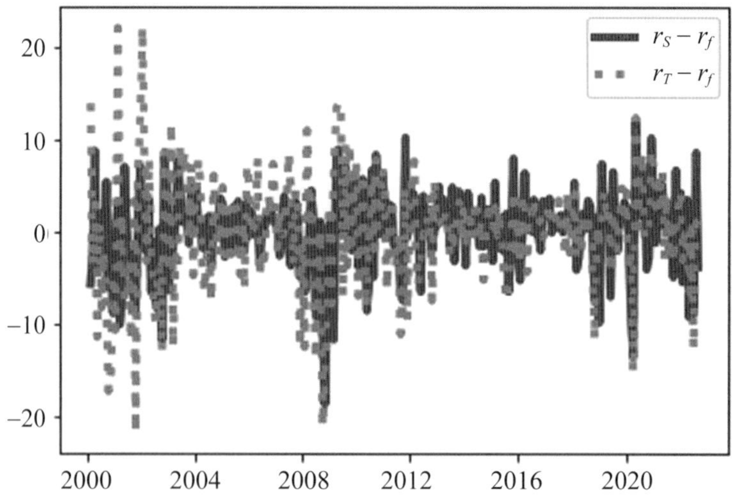

圖 10-2　S&P 500（r_S）**與** TWI **月報酬率**（r_T）**減無風險利率**（2000/1～2022/8）

④ 可參考 https://mba.tuck.dartmouth.edu/pages/faculty/ken.french/data_library.html 網站。

⑤ 例如：TWI 之超額月利率爲 TWI 之月利率減對應的無風險利率，其餘類推。可以參考所附檔案得知如何計算。

其中 twomr 與 Rff 分別表示二種指數之月報酬率與對應之無風險利率資料。我們發現上述月超額報酬率的（樣本）平均數與標準差之計算結果顯示出 S&P 500 不僅平均報酬較高，同時波動也較低。

例 3 夏普比率之月移動平均估計

續例 2，再檢視（10-2）式，可知夏普比率的計算是分別使用市場資產組合的預期平均數與預期風險，而後二者可以用樣本的平均數與標準差估計。利用例 2 內的資料，圖 10-3 分別繪製出 $n = 24, 36, 48, 60$ 個月的（月）移動平均估計的夏普比率時間走勢。乍看之下，似乎 S&P 500 的夏普比率估計值大於 TWI 的夏普比率估計值，不過若仔細推敲則未必如此。例如：就 $n = 48$ 個月的移動平均估計值而言，圖 10-3 內各共有 213 的夏普比率估計觀察值，其中 S&P 500 的樣本平均數與標準差分別約爲 0.12 與 0.15，而 TWI 則約爲 0.08 與 0.09，明顯前者的平均數與標準差皆較大，圖 10-4 分別繪製出二指數之對應的估計夏普比率之直方圖，即雖說 S&P 500 的平均夏普比率估計值較高，但是其直方圖波動幅度亦較大，隱含著估計值較爲分歧；反觀，TWI 之估計的直方圖相對上較爲集中，故夏普比率估計值較具代表性。

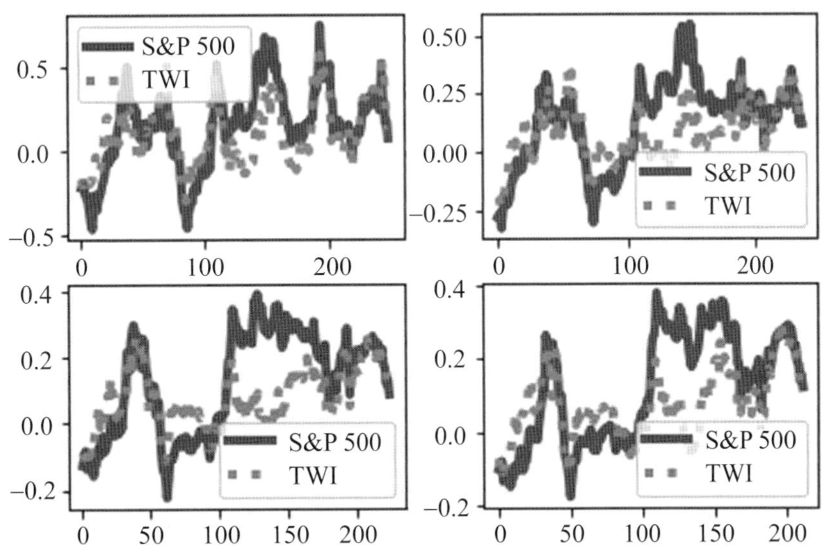

圖 10-3 夏普比率之月移動平均估計，其中左上圖、右上圖、左下圖與右下圖分別使用 24、36、48 與 60 個月計算

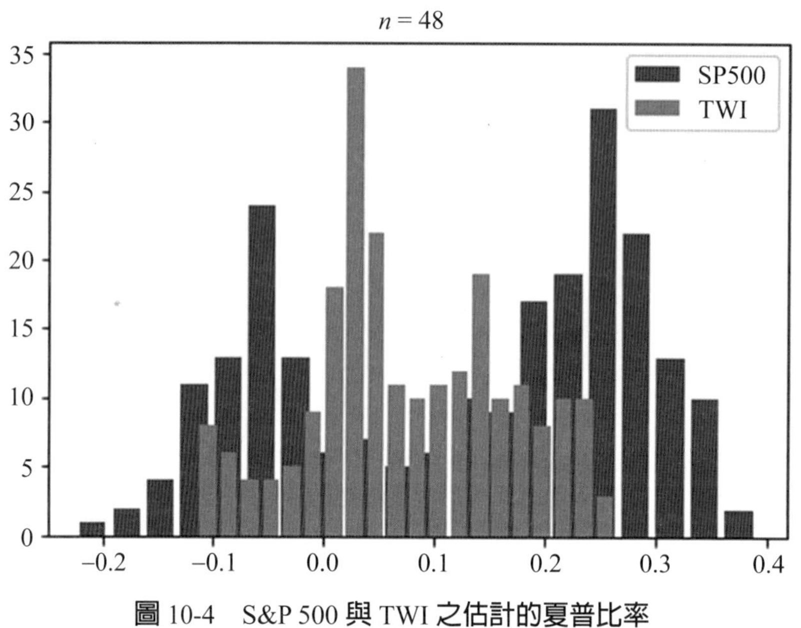

圖 10-4　S&P 500 與 TWI 之估計的夏普比率

例 4 臺灣日無風險利率資料

上述 Fama-French 亦有提供日利率等資料，不過臺灣卻欠缺日利率資料；換言之，由於央行只提供月利率資料，因此若欲取得日無風險利率資料，我們必須做一些假定。我們假定每個月的月初至月末的日利率皆維持於所公告的月利率上；換言之，利用前述的央行公告的一個月期銀行存款牌告利率，試下列指令：

```
Omr1 = Omr.resample('D').last()
Omr1.head(2)
# 1961-07-31    5.4
# 1961-08-01    None
# Freq: D, Name: Unnamed: 3, dtype: object
Omr1.tail(2)
# 2022-08-30   None
# 2022-08-31   0.73
# Freq: D, Name: Unnamed: 3, dtype: object
```

其中 Omr 表示一個月期銀行存款牌告利率資料。我們發現無法使用 resample 指令。

嘗試下列指令：

```
Df1 = pd.DataFrame(Omr/252)
Df1.rename(columns={'Unnamed: 3':'rf'},inplace=True)
start_date = Df1.index.min() - pd.DateOffset(day=1)
end_date = Df1.index.max() + pd.DateOffset(day=31)
dates = pd.date_range(start_date, end_date, freq='D')
dates.name = 'date'
df1 = Df1.reindex(dates, method='ffill')
df1.iloc[31:70]
```

讀者可檢視看看。

例 5 估計日夏普比率

續例 4，利用上述 df1 內之日無風險利率資料，同時下載 Fama-French 的日資料，我們亦計算 2000/1/4～2022/8/30 期間之 S&P 500 與 TWI 之移動的估計日夏普比率。例如：圖 10-5 繪製出每隔 $n = 252$ 的結果，我們發現上述二估計結果差距不大。讀者可以檢視其他的情況。

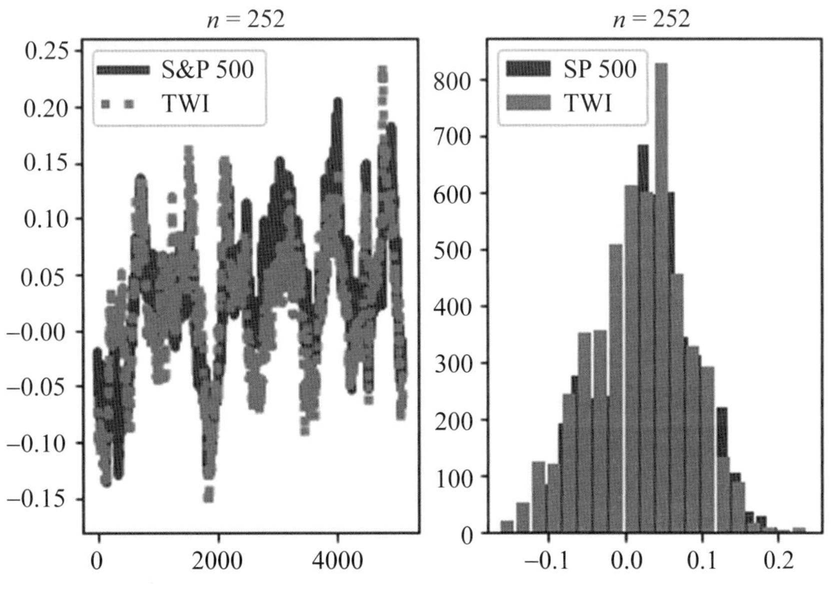

圖 10-5 S&P 500 與 TWI 之估計的日夏普比率

10.1.2 SML

考慮一個由市場資產組合與第 i 種風險性資產所構成的資產組合 P，即：

$$r_P = w_i r_i + (1 - w_i) r_m \qquad (10\text{-}3)$$

其中 w_i 爲投資於第 i 種風險性資產比重（權數），而 r_i 與 r_m 則分別表示第 i 種風險性資產與市場資產組合的報酬率。我們可以進一步計算資產組合 P 的預期報酬（率）與風險，其分別可寫成：

$$\mu_P = w_i \mu_i + (1 - w_i)\mu_m \qquad (10\text{-}4)$$

與

$$\sigma_P = \sqrt{w_i^2\sigma_i^2 + (1 - w_i)^2\sigma_m^2 + 2w_i(1 - w_i)\sigma_{im}} \qquad (10\text{-}5)$$

其中 $\mu_i = E(r_j)$、$\mu_m = E(r_m)$、σ_i、σ_m 與 σ_{im} 分別表示第 i 種風險性資產的預期報酬、第 i 種風險性資產的預期風險、市場資產組合的預期報酬、市場資產組合的預期風險以及第 i 種風險性資產與市場資產組合的共變異數。於 σ 與 μ 的空間內，當 w_i 有變動，上述資產組合 P 所對應的軌跡可繪製如圖 10-6 內的虛線所示。

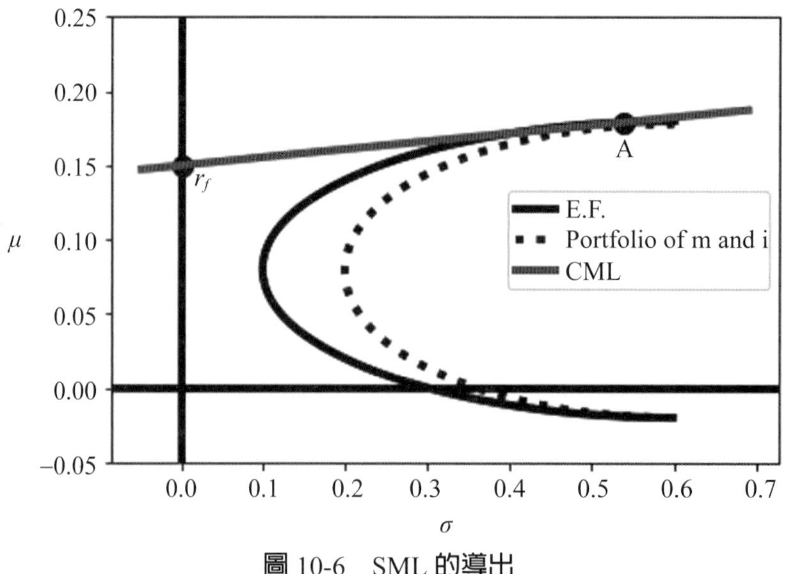

圖 10-6　SML 的導出

圖 10-6 內的切線資產組合（tangency portfolio）如 A 點（可對應至 $w_i = 0$）的斜率恰爲 CML 的斜率值，我們可以進一步看出上述斜率值有另外的表示方式，即於（10-4）式內可知：

$$\frac{d\mu_P}{dw_i} = \mu_i - \mu_m$$

與

$$\frac{d\sigma_P}{dw_i} = \frac{1}{2}\sigma_P^{-1}\left[2w_i\sigma_i^2 - 2(1-w_i)\sigma_m^2 + 2(1-w_i)\sigma_{im}\right]$$

故可得：

$$\frac{d\mu_P}{d\sigma_P} = \frac{d\mu_P / dw_i}{d\sigma_P / dw_i} = \frac{(\mu_i - \mu_m)\sigma_P}{w_i\sigma_i^2 - \sigma_m^2 + w_i\sigma_m^2 + \sigma_{im} - 2w_i\sigma_{im}}$$

而於 $w_i = 0$ 之下，可知：

$$\left.\frac{d\mu_P}{d\sigma_P}\right|_{w_i=0} = \frac{(\mu_i - \mu_m)\sigma_m}{\sigma_{im} - \sigma_m^2} \qquad (10\text{-}6)$$

換句話說，圖 10-6 內的 A 點的切線斜率值可有（10-6）式的表示方式。比較（10-2）與（10-6）二式可得：

$$\begin{aligned} &\frac{(\mu_i - \mu_m)\sigma_m}{\sigma_{im} - \sigma_m^2} = \frac{\mu_m - r_f}{\sigma_m} \\ &\Rightarrow \mu_i - r_f = \frac{\sigma_{im}}{\sigma_m^2}\left(\mu_m - r_f\right) = \beta_i\left(\mu_m - r_f\right) \end{aligned} \qquad (10\text{-}7)$$

其中 $\beta_i = \frac{\sigma_{im}}{\sigma_m^2}$。（10-7）式可稱爲證券市場線（security market line, SML）。

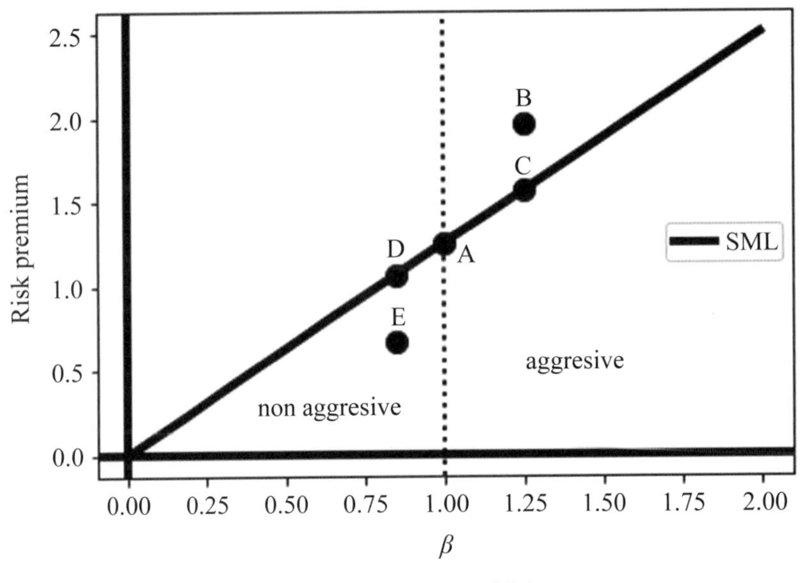

圖 10-7　SML 的繪製

SML 具有下列的特色：

(1) 事實上，根據簡單線性迴歸式如：

$$e_i = \alpha_i + \beta_i e_m + \varepsilon_i \tag{10-8}$$

其中 e_i 與 e_m 分別表示第 i 種風險性資產與市場資產組合的超額報酬率。根據《財統》或《統計》等，（10-8）式之 β_i 的 OLS 的估計式可寫成：

$$\hat{\beta}_i = \frac{\sum_{j=1}^{n}\left(e_{ji} - \overline{e}_i\right)\left(e_{jm} - \overline{e}_m\right)}{\sum_{j=1}^{n}\left(e_{jm} - \overline{e}_m\right)^2} = \frac{\hat{\sigma}_{im}}{\hat{\sigma}_m^2} \tag{10-9}$$

因此，我們可用 OLS 的估計式，如 $\hat{\beta}_i$ 估計 SML 內的 β_i；換言之，CAPM 內的 SML 是可以用樣本資料估計。

(2) 雖說如此，SML 還是與簡單線性迴歸式如（10-8）式有差別，即後者視 e_m 與 β_i 分別爲獨立變數與斜率值，但是 SML 如（10-7）式內的 β 視爲獨立變數而將 $\mu_m - r_f$ 視爲斜率值。如此，反而不同的 μ_j 值有不同對應的 β_j 值。

(3) 因此，SML 與 CML 是有差別的，即 SML 描述第 i 種風險性資產的超額報酬與

β 之間是一條直線，其中該直線的斜率值爲市場資產組合的超額報酬；也就是說，CML 只應用於無風險性資產與有效資產組合之間的配置，但是 SML 卻可應用於取得所有的風險性資產的超額報酬。

(4) 圖 10-7 繪製出一條 SML，而根據（10-7）式可知第 i 種風險性資產的風險貼水恰爲 β_i 與市場資產組合的超額報酬的乘積，因此 β_i 可用於衡量第 i 種風險性資產的「風險性」與對應的「風險貼水」。例如：若第 j 種風險性資產的估計 $\hat{\beta}_j = 1.25$，根據（10-8）式可知：若市場資產組合的超額報酬波動 1%，則第 j 種風險性資產的必要報酬率會上升 1.25%，隱含著第 j 種風險性資產的波動程度大於市場資產組合的波動，因爲根據（10-7）式可知 $\beta_m = 1$；同理，若 $\hat{\beta}_k = 0.85$，隱含著第 k 種風險性資產的波動小於市場資產組合的波動。是故，可以透過 β_i 將風險性資產分類成「過於活躍（aggressive）」、「中性」與「缺乏活躍（non aggressive）」三類，即：

$$\beta_i > 1 \Rightarrow \text{過於活躍}$$
$$\beta_i = 1 \Rightarrow \text{中性}$$
$$\beta_i < 1 \Rightarrow \text{缺乏活躍}$$

當然若 $\beta_i = 1$，表示風險性資產的波動類似於市場資產組合的波動，屬於「中性」的資產，其餘可類推。

(5) 根據 CAPM，所有的風險性資產應位於 SML 線上，如圖 10-7 內的 A、D 與 C 點所示，隱含著「資本市場的均衡」；或者說，考慮圖 10-7 內的 B 點，該點並未處於 SML 線上，而是位於 SML 的上方，隱含著相對上 B 點所對應的風險性資產風險貼水過高，自然會吸引投資人購買，使得該資產的價格上升與風險貼水下降，故 D 點會往 C 點移動；同理，圖 10-7 內的 E 點處於「市場失衡」的情況，市場的力量會迫使 E 點往 D點移動。

(6) 値得注意的是，SML 如（10-7）式並未提供報酬率之變異數的資訊，即其只提供預期報酬率的資訊；換言之，（10-7）式並不是一個機率模型而（10-8）式才是一個機率模型。或者說，我們需要一種特性線（characteristic line）而該特性線是一種報酬率產生過程（return-generation process），即其不僅能提供預期報酬率，同時亦能提供報酬率的機率模型。若存在特性線，於一定的假定下，可得（可以參考例 1）：

$$\sigma_j^2 = \beta_j^2 \sigma_m^2 + \sigma_{j\varepsilon}^2 \qquad (10\text{-}10)$$

其中 $\sigma_{ij} = \beta_i \beta_j \sigma_m^2 (i \neq j)$ 與 $\sigma_{mj} = \beta_j \sigma_m^2$。從（10-10）式內可知第 j 種風險性資產的風險是由 $\beta_j^2 \sigma_m^2$ 與 $\sigma_{j\varepsilon}^2$ 所構成，其中前者稱爲系統性風險而後者則爲非系統性風險（或個別風險）。因此，透過 CAPM，我們亦可以計算（或估計）系統性風險與非系統性風險。

是故，CAPM 提出一個「貝他（beta）」（即 β_j）觀念藉以衡量第 j 種風險性資產的系統性風險。

如前所述，市場資產組合於實際上未必可觀察到，故通常我們以股價指數取代。我們舉一個例子說明。考慮 2019/3/20～2022/8/30 期間 S&P 500 指數與其 501 檔成分股之調整後日報酬率資料。利用（10-8）式，我們以 OLS 估計上述成分股之 β 值與迴歸式內的判定係數 R^2，其結果則繪製如圖 10-8 或列表如表 10-1 所示。上述估計結果的特色可以分述如下：

表 10-1　S&P 500 成分股之估計的 β 與 R^2 值之敘述統計量

	count	mean	std	min	25%	50%	75%	max
betahat	501	1.0298	0.2994	0.2487	0.8315	1.023	1.2066	2.1382
R2hat	501	0.4099	0.1311	0.0197	0.3279	0.4123	0.4999	0.7311

說明：**betahat** 與 **R2hat** 分別爲估計的 β 與 R^2 值。第 2～9 欄分別表示個數、平均數、標準差、最小值、第 25 個百分位數、中位數、第 75 個百分位數與最大值。

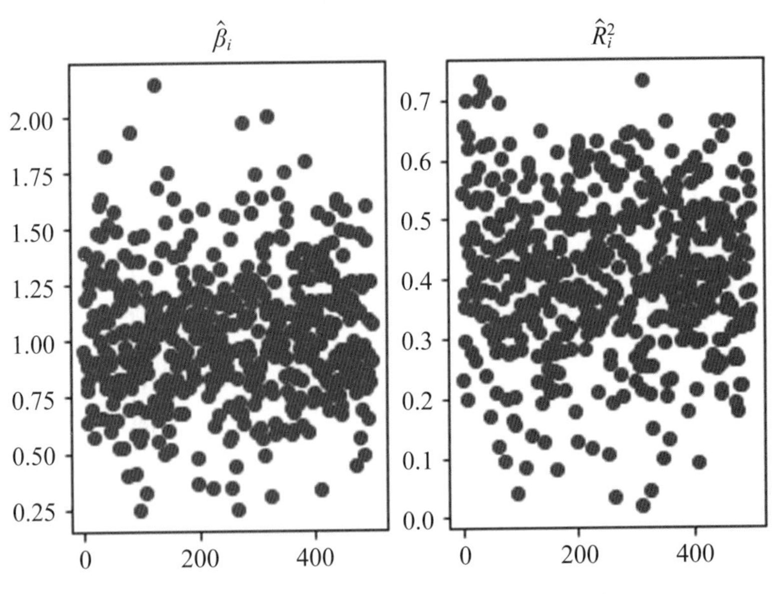

圖 10-8　S&P 500 成分股之估計的 β 與 R^2 值

(1) 從表 10-1 內或圖 10-8 內可看出 S&P 500 成分股之估計的 β 值與 R^2 皆大於 0。

(2) 估計的 β 值大致介於 0.2487 與 2.1382 之間，根據 CAPM，隱含著可將 S&P 500 成分股分成過於活躍、接近中性以及缺乏活躍三個部分。

(3) 我們不難找出估計的 β 值之最小值與最大值所對應的成分股代號分別爲 "CLX" 與 "CZR"，圖 10-9 分別繪製出上述二成分股之日報酬率的直方圖，我們發現後者的波動程度遠大於前者，隱含著後者屬於過於活躍的成分股而前者則屬於缺乏活躍的成分股。

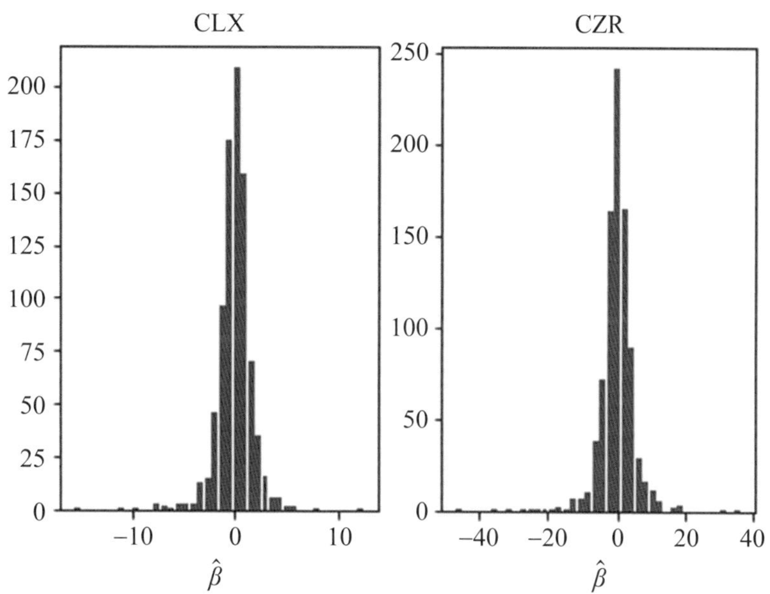

圖 10-9 "CLX" 與 "CZR" 之日報酬率的直方圖

(4) 我們進一步計算每檔成分股之超額日報酬率的樣本標準差，圖 10-10 繪製出上述標準差與對應的估計的 β 值之間的散布圖，我們發現上述二者存在正的關係，隱含著後者可用於估計前者。

(5) 影響股價的因素可說是「包羅萬象，琳瑯滿目」，故應該使用高維度資料（high-dimensional data）來分析股價或報酬率，不過上述高維度資料分析顯然需要特殊的統計技巧。還好存在一種稱爲「維度降低技巧（dimension reduction techniques）」，可將高維度資料轉換至低維度資料，著名的可有 PCA（第 3 章）與因素分析（factor analysis）方法等。顧名思義，因素分析是將股價（或報酬率）的影響因素縮小成若干的基本因子或者稱爲風險因子（risk factors）。例如：（10-8）式就是一種單因子模型，而我們從表 10-1 或圖 10-8 右圖內可看出上述單因子模型的配適度（用估計的 R^2 表示）的結果並不差（即最小值、中位數與最大值分別約爲 0.0197、0.4123 與 0.7311），隱含著風險因子，如 S&P 500 指數是一種主要的影響因子[6]。

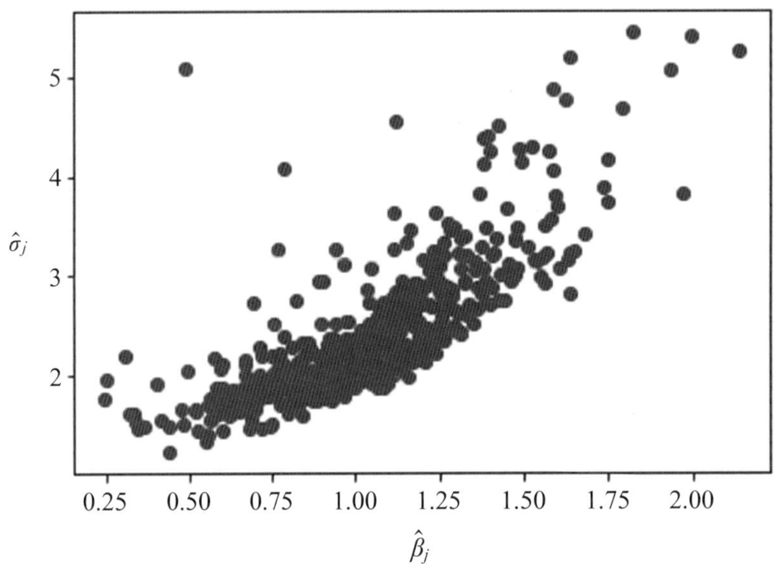

圖 10-10 $\hat{\sigma}_j$ 與 $\hat{\beta}_j$ 之間的散布圖，其中前者為成分股超額日報酬率之樣本標準差

例 1 單指數模型

單指數模型（single-index model）是一種最簡單且最著名的報酬（率）產生過程，其不僅可以解釋經濟因素如何產生投資人的報酬，同時亦可以估計股票的系統性風險。馬可維茲曾於 1959 年說明報酬（率）產生過程，如（10-8）式爲一種單指數模型，而 Sharpe（1964）將上述單指數模型稱爲單因子模型（one-factor model or single-factor model）。Treynor（1965）更將（10-8）式稱爲「特性線」，開啟了古典資產組合管理的 “Markowitz-Sharpe-Treynor” 特性線分析。

畢竟透過恆定性的假定，我們是使用時間序列資料估計如圖 10-8 等結果，故重寫（10-8）式爲：

$$e_{it} = \alpha_i + \beta_i e_{mt} + \varepsilon_{it} \tag{10-11}$$

⑥ 例如：若股價的影響因子有 100 個而每個影響因子的影響比重皆相同，則單一因子的解釋能力只有 1%。

如前所述，特性線如（10-8）或（10-11）式，說穿了只是一種簡單的線性迴歸模型，其基本的假定爲：

(1) 誤差項之平均數爲 0，即 $E(\varepsilon_{it}) = 0$，隱含著條件預期爲 $E(e_{it} \mid e_{mt}) = \alpha_i + \beta_i e_{mt}$；換言之，於 $t = k$ 期下 r_{mk} 爲已知，則第 i 種資產的條件預期爲 $\alpha_i + \beta_i e_{mk}$。

(2) ε_{it} 的變異數，寫成 $\sigma_{\varepsilon i}^2$，爲固定數值，即上述迴歸模型屬於變異數同質（homoscedastic）模型。

(3) 誤差項與 e_{mt} 無關，即 $E(\varepsilon_{it}, e_{mt}) = 0$。

(4) 誤差項不存在序列相關，即 $E(\varepsilon_{it}, \varepsilon_{is}) = 0(t \neq s)$。

(5) 不同誤差項之間不存在相關，即 $E(\varepsilon_{it}, \varepsilon_{jt}) = 0(i \neq j)$。

我們知道若滿足上述條件，則 α_i 與 β_i 之 OLS 估計式具有不偏以及最小變異數的特性（《財時》）。

利用前述假定，讀者可以嘗試證明（10-10）式以及 $\sigma_{ij} = \beta_i \beta_j \sigma_m^2\ (i \neq j)$ 與 $\sigma_{mj} = \beta_j \sigma_m^2$ 的結果。換句話說，上述特性線分析說明了如何透過（10-11）式將風險拆成系統性風險與非系統性風險二部分。

例 2 台灣 50 與中型 100 指數成分股

類似前述 S&P 500 成分股之估計，我們嘗試估計台灣 50（2019/3/20～2022/8/30）與臺灣中型 100 指數（2021/4/8～2022/8/30）的估計 β 與 R^2 值，其結果則繪製如圖 10-11 或列表如表 10-2 所示。我們發現中型 100 指數的估計 β 值大致高於台灣 50 的估計 β 值，但是對應的估計 R^2 值卻較低。其實，上述結果頗符合我們的預期，即小型股的波動相對上較大。

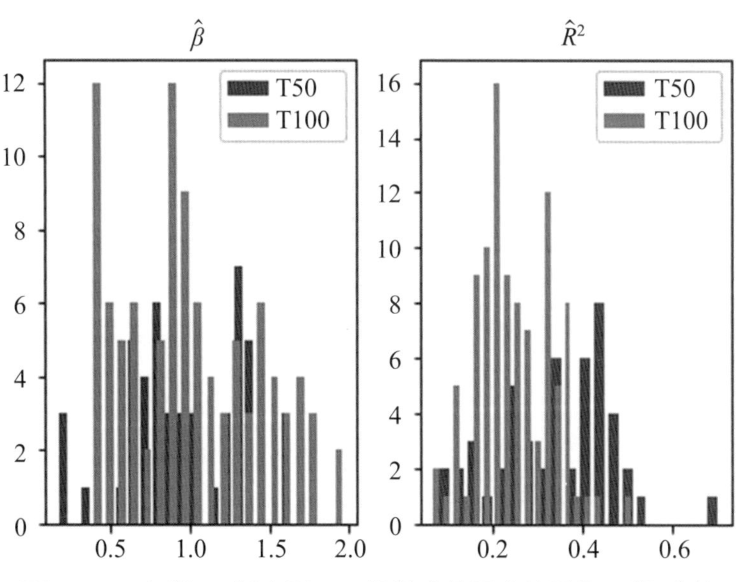

圖 10-11 台灣 50 與中型 100 指數成分股之估計的 β 與 R^2 值

表 10-2　台灣 50 與中型 100 指數之估計 β 與 R^2 值的敘述統計量

	count	mean	std	min	25%	50%	75%	max
betahat	50	0.9471	0.3756	0.1604	0.7025	0.8918	1.309	1.6381
R2hat	50	0.3412	0.1306	0.0782	0.2483	0.3494	0.4339	0.705
betahat	100	1.0044	0.4271	0.3756	0.6304	0.9475	1.3346	1.9747
R2hat	100	0.2507	0.0836	0.0652	0.1957	0.2346	0.3196	0.5142

說明：betahat 與 R2hat 分別為估計的 β 與 R^2 值。第 2～9 欄分別表示樣本數、平均數、標準差、最小值、第 25 個百分位數、中位數、第 75 個百分位數與最大值。

例 3　單一股票的 SML 之估計

續例 2，我們不難取得單一股票的 SML 之估計。例如：圖 10-12 分別繪製出 “1101.TW” 與 “1102.TW” 的 SML 估計，其中前者的 β 的估計值約為 0.61 而後者的估計值則約為 0.39。讀者可以思考如何取得圖 10-12 的結果。

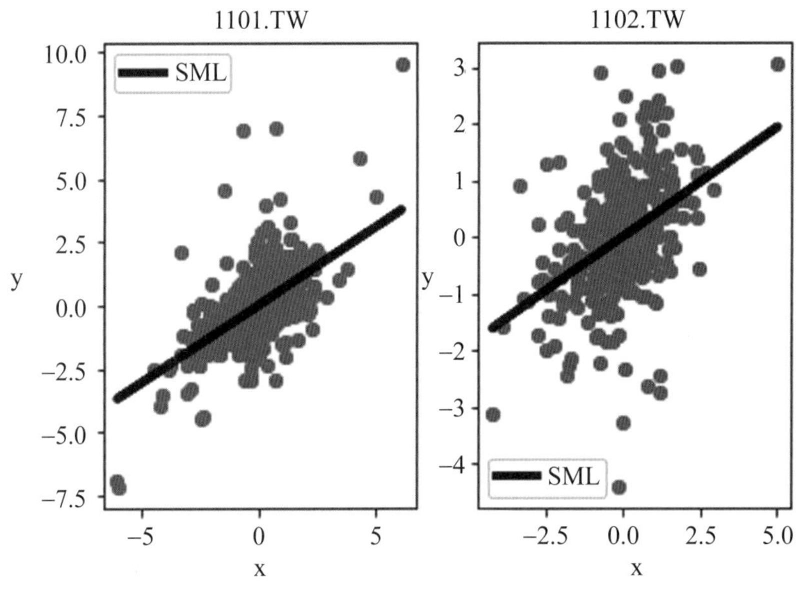

圖 10-12　“1101.TW” 與 “1102.TW” 的 SML 估計

習題

(1)　何謂 CML 與 SML？試解釋之。

(2) 試利用本節的 S&P 500 成分股的估計資料，試分別繪製出各成分股的估計 SML。
(3) 試找出 S&P 500 成分股內市場權數前 6 大的估計 β 與 R^2。
(4) 續上題，試分別繪製出對應的估計 SML 與實際的樣本資料。
(5) 試繪製出（10-7）式的估計結果，結果爲何？
(6) 何謂單指數模型？

10.2 CAPM 的檢定

現在我們用統計檢定的方式來檢視 10.1.2 節內的 CAPM 估計。重新檢視（10-7）與（10-11）二式。我們可將（10-11）式內的 e_{it} 與 e_{mt} 分別視爲第 i 種風險性資產的超額報酬（率）與市場資產組合超額報酬（率），然後用 OLS 估計含常數項的簡單線性迴歸式[⑦]。

爲了檢視上述估計結果，我們自設一個 OLS(.) 函數如：

```
def OLS(Df,colsr):
    k = len(colsr)
    betahat = np.zeros([k,2])
    pvalues = np.zeros([k,2])
    R2hat = np.zeros(k)
    Res = pd.DataFrame([],index=Df.index)
    Exr = pd.DataFrame([],index=Df.index)
    ExM = Df['Indep']-Df['rf']
    for i in range(k):
        EXr = Df[colsr[i]]-Df['rf']
        Exr = pd.concat([Exr,EXr],axis=1)
        Dat = pd.DataFrame({'y':EXr,'x':ExM}).dropna()
        model = ols('y~x',Dat).fit()
        betahat[i,:] = model.params
        R2hat[i] = model.rsquared_adj
```

⑦ 該迴歸式應包括常數項，畢竟例如：（10-9）式與前述 R^2 的估計是根據含常數項之簡單線性迴歸式所估計而得。

```
        Res = pd.concat([Res,model.resid],axis=1)
        pvalues[i,:] = model.pvalues
    return betahat,R2hat,Res,pvalues,Exr
```

即透過上述函數，我們可以分別取得（10-11）式內二個參數估計值、R^2 估計值、迴歸式之殘差值序列、參數之 t 檢定統計量的 p 值以及每一風險性資產之超額報酬率。我們來看如何使用上述函數，試下列指令：

```
colsr = RtS1.columns
k = len(colsr)
Df = pd.concat([spr,RF['rf'],RtS1],axis=1)
Model = OLS(Df,colsr)
betahat = Model[0][:,1]
alphahat = Model[0][:,0]
R2hat = Model[1]
Res = Model[2]
pvalues = Model[3]
Exr = Model[4]
```

其中 spr、Rf 與 RtS1 分別表示 S&P 500 日報酬率、無風險利率以及 S&P 500 成分股之日報酬率，可以注意此時所選取的樣本期間為 2016/3/16～2022/8/30（可以參考所附檔案）。

圖 10-13 繪製出 S&P 500 成分股之個別迴歸式之估計的 α_i 與 β_i 所對應的 t 檢定統計量 p 值，其中左圖內的水平虛線可對應至顯著水準為 5%。重新檢視（10-11）式，因 e_i 與 e_m 分別表示第 i 種成分股之超額報酬率與市場資產組合（以 S&P 500 取代）之超額報酬率，故 α_i 的估計值應接近於 0，即我們可以用下列的 t 檢定統計量檢視：

$$t_\alpha = \frac{\hat{\alpha}_i}{s_{\alpha_i}} \text{ 與 } t_\beta = \frac{\hat{\beta}_i}{s_{\beta_i}}$$

其中 $\hat{\alpha}_i$、$\hat{\beta}_i$、s_{α_i} 與 s_{β_i} 分別表示上述二參數的估計值與對應的標準誤；換言之，圖 10-13 內的左右圖分別繪製出上述 t 檢定統計量所對應的 p 值。從圖 10-13 內我們可以看出每一成分股的估計 β_i 值皆顯著異於 0（右圖），而 α_i 的估計值則約有 15 檔成分股顯著異於 0（左圖）；因此，根據（10-11）式，圖 10-13 的結果顯示大部分的成分股可以「正確地」估計到 β_i 值。

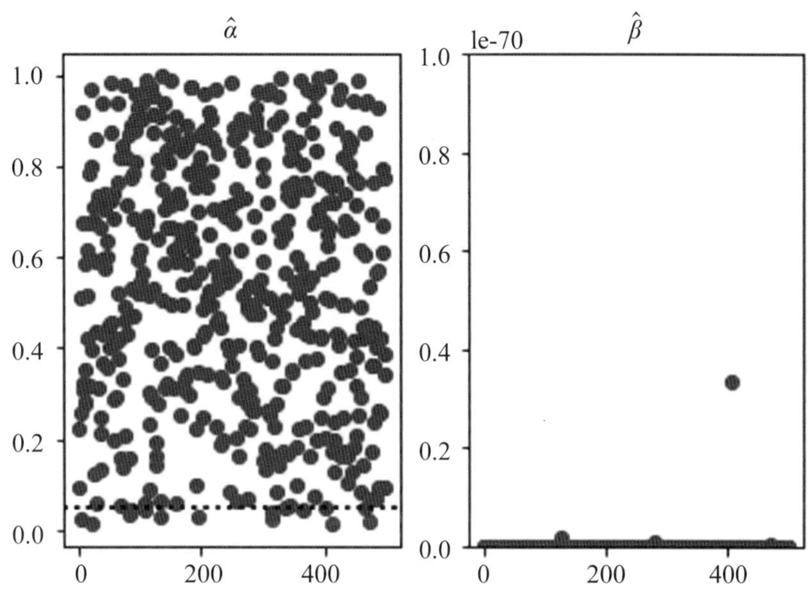

圖 10-13　S&P 500 **成分股之** α_i **與** β_i **的** t **檢定統計量所對應的** p **值**

乍看之下，透過圖 10-13 的結果似乎顯示 CAPM 的檢定頗爲簡易，不過若仔細推敲，可能不是那麼簡單，即：

(1) 如前所述，（10-8）或（10-11）式內的殘差值標準差可以表示成分股之非系統性風險估計值，而各成分股之間的非系統性風險估計值之間應該是無關的；但是圖 10-14 上圖的結果卻顯示出上述非系統性風險估計值之間的相關係數估計值卻有可能顯著異於 0[8]；另一方面，圖 10-14 下圖繪製出根據（10-10）式左右側所計算的「總風險」之估計值，我們亦發現二者之估計值之間有差異。是故，圖 10-14 的結果隱含著單因子模型如 CAPM 仍欠缺重要的解釋變數。

[8] 延續圖 10-13，圖 10-14 的上圖計算成分股之間的非系統性風險估計之間的樣本相關係數，其中水平虛線係假定上述樣本相關係數屬於 $N(0, 1/n)$ 所繪製出的 95% 信賴區間。

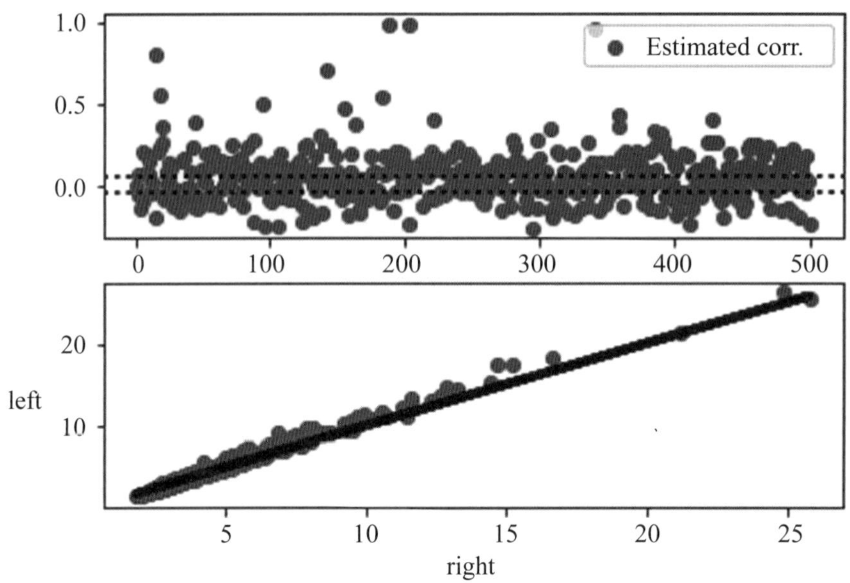

圖 10-14　非系統性風險之間的相關係數估計（上圖）與總風險的估計（下圖），其中下圖分別計算出（10-10）式的左側（left）與右側（right）

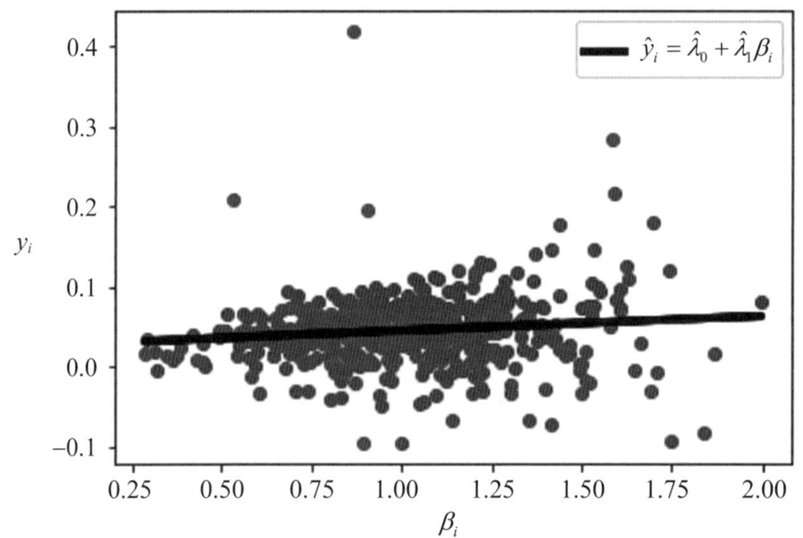

圖 10-15　$\hat{y}_i = \hat{\lambda}_0 + \hat{\lambda}_1 \beta_i$，其中 $y_i = \overline{e}_i$ 表示第 i 種成分股之超額報酬率的樣本平均數

(2) 考慮（10-7）式，我們將對應的迴歸式寫成：

$$y_i = \lambda_0 + \lambda_1 \beta_i + u_i \tag{10-12}$$

其中 $y_i = \overline{e}_i$ 表示第 i 種成分股之超額報酬率的樣本平均數。（10-12）式的特色是將估計的 β_i 值視為解釋變數而視 $y_i = \overline{e}_i$ 為被解釋變數；換言之，（10-12）式係模仿（10-7）式所得到的迴歸式，因此若 CAPM 的假定無誤，我們可預期 λ_0 與 λ_1 的估計值分別等於 0 與 r_m 的樣本平均數。利用上述 S&P 500 的資料，可得：

$$\hat{y}_i = \underset{(0.007)}{0.026} + \underset{(0.007)}{0.0184}\hat{\beta}_i$$

其中小括號內之值為對應的標準誤，上述估計結果則繪製如圖 10-15 所示。我們發現上述二個參數（λ_0 與 λ_1）估計值皆顯著異於 0；比較特別的是，λ_1 的估計值約為 0.0184 與 e_m 的樣本平均數約為 0.0384 仍有差距，再次顯示出 CAPM 仍欠缺重要的解釋變數。

(3) 我們進一步將所估計到的 β_i 值由小到大排序並且分成 (a) 與 (b) 二組，而各組共有 250 檔成分股⑨，然後再分別估計（10-12）式，其結果就繪製如圖 10-16 所示；可惜的是，二組之 λ_0 與 λ_1 的估計值皆不顯著（顯著水準為 5%），再次顯示出 CAPM 檢視的困難度。

(4) 根據 Fama 與 MacBeth（1973），（10-12）式可以擴充成：

$$y_i = \lambda_0 + \lambda_1\beta_i + \lambda_2\beta_i^2 + u_i \qquad (10\text{-}13)$$

與

$$y_i = \lambda_0 + \lambda_1\beta_i + \lambda_2\beta_i^2 + \lambda_3\sigma_i + u_i \qquad (10\text{-}14)$$

其中 σ_i 為第 i 種資產的非系統性風險；換言之，參數 λ_2 係衡量 y_i 與 β_i 之間的「非線性」程度，而參數 λ_3 則計算 y_i 與 σ_i 的關係。我們知道若 CAPM 成立的話，上述參數 λ_2 與 λ_3 的估計應皆不顯著。仍利用上述 S&P 500 成分股資料，我們分別估計（10-13）與（10-14）式為：

$$\hat{y}_i = \underset{(0.018)}{0.0121} + \underset{(0.035)}{0.0471}\hat{\beta}_i - \underset{(0.017)}{0.0137}\hat{\beta}_i^2$$

⑨ 刪除第 1 檔成分股。

與

$$\hat{y}_i = 0.0149 + 0.0447\hat{\beta}_i - 0.0119\hat{\beta}_i^2 - 0.0014\hat{\sigma}_i$$
$$(0.020) \quad (0.036) \quad (0.017) \quad (0.004)$$

我們發現參數 $\lambda_i(i = 0, 1, 2, 3)$ 的估計竟然皆不顯著異於 0。

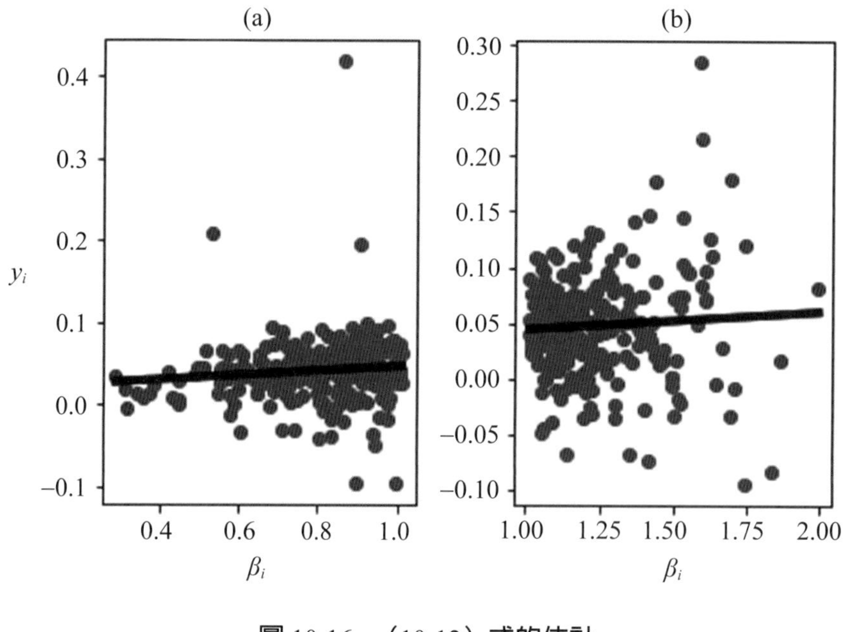

圖 10-16 （10-12）式的估計

例 1 台灣 50 成分股之 α_i 與 β_i 之估計

利用 10.1 節內的台灣 50 成分股與 TWI 資料，圖 10-17 繪製出（10-11）式內各成分股之 α_i 與 β_i 估計，我們發現成分股的 α_i 估計值皆不顯著異於 0（顯著水準爲 5%），至於 β_i 的估計值則皆顯著異於 0。

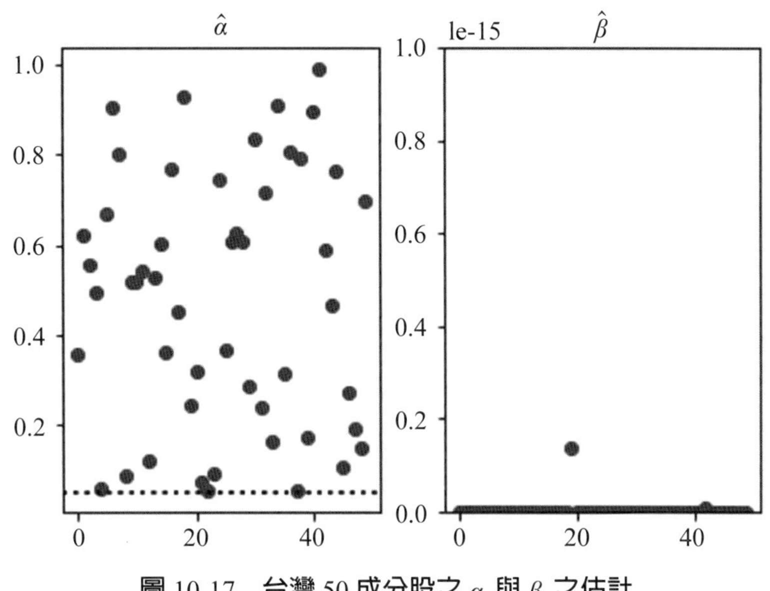

圖 10-17　台灣 50 成分股之 α_i 與 β_i 之估計

例 2　台灣 50 成分股之（10-12）式估計

續例 1，利用上述台灣 50 成分股之 β_i 的估計值資料，我們進一步估計（10-12）式，可得：

$$\hat{y}_i = -0.0358 + 0.1084\hat{\beta}_i$$
$$(0.025) \quad (0.024)$$

即 λ_0 與 λ_1 的估計值分別爲不顯著異於 0 與顯著異於 0；另一方面，λ_1 的估計值約爲 0.1084 明顯高於市場資產組合（以 TWI 日報酬率取代）超額報酬率的樣本平均數約爲 0.04（%）。圖 10-18 繪製出（10-12）式之估計結果，我們可看出 β_i 的估計值與成分股之日超額報酬率之間呈正向關係。

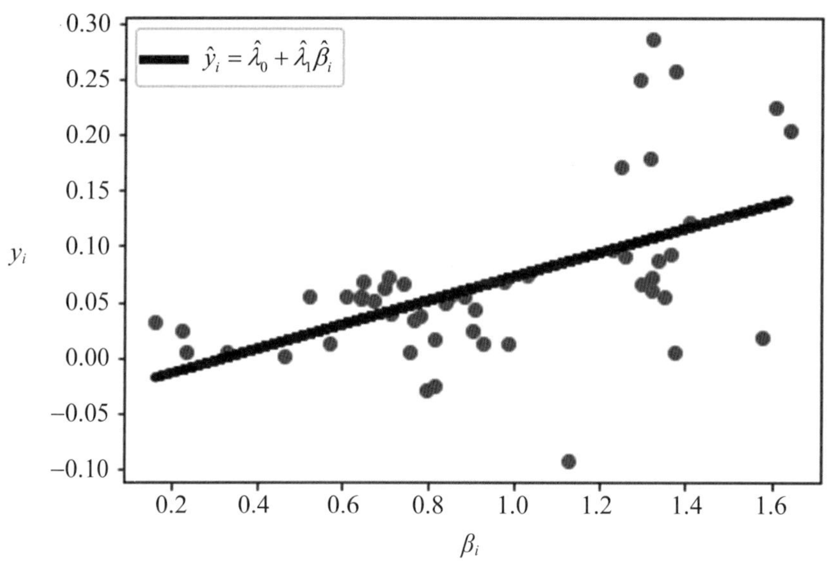

圖 10-18 （10-12）式的估計（台灣 50 成分股）

例 3 台灣 50 成分股之（10-14）式估計

續例 2，我們進一步估計（10-14）式，可得：

$$\hat{y}_i = -0.0151 - 0.0587\hat{\beta}_i + 0.0218\hat{\beta}_i^2 + 0.0742\hat{\sigma}_i$$
$$\quad (0.042) \quad (0.092) \quad (0.051) \quad (0.016)$$

可發現除了 λ_3 之估計值顯著異於 0 之外，其餘參數估計值皆不顯著異於 0，隱含著 CAPM 仍欠缺重要的解釋變數，仍存在改善空間。

習題

(1) 利用本節 S&P 500 成分股之估計的 β_i 資料，先由小到大排序後再分成九組，再分別利用（10-12）式估計，結果爲何？

(2) 本節市場資產組合是使用 S&P 500 指數取代而 Fama-French 的資料內亦有 Mkt 資料可以取代市場資產組合資料，試使用後者重新估計 S&P 500 成分股之 β_i 值，有何差別？

(3) 續上題，繼續估計（10-12）～（10-14）式。

(4) 使用 10.1.2 節內臺灣中型 100 成分股資料，試估計（10-11）式，結果爲何？

(5) 續上題，繼續估計（10-12)～(10-14）式。

10.3 多因子模型

於 10.2 節內，我們已經知道單因子模型如 CAPM 缺乏重要的解釋變數，本節將介紹 Fama 與 French（1992, FF）的三因子模型（three factors model）；換言之，FF 的三因子模型係擴充 SML 如（10-7）式而寫成：

$$\mu_i = r_f + \beta_i(\mu_m - r_f) + \beta_{2i}SMB + \beta_{3i}HML \tag{10-15}$$

其中 SMB（small minus big）與 HML（high minus low）分別表示「規模（size）」變數與價值變數[10]。因此，除了市場超額報酬變數外，FF 額外多考慮了規模變數與價值變數，而後者的參數分別用 β_{2i} 與 β_{3i} 表示。

類似於（10-11）式，FF 的三因子模型所對應的複迴歸線性模型可寫成：

$$e_{it} = \alpha_i + \beta_i e_{mt} + \beta_{2i}SMB_t + \beta_{3i}HML_t + \varepsilon_{it} \tag{10-16}$$

於一定的假定下（見例 1 與 2），我們仍使用 OLS 估計（10-16）式。我們進一步使用 10.2 節內的 S&P 500 成分股資料以及使用 Fama-French 檔案資料[11]，圖 10-19 與 10-20 分別繪製出（10-16）式內各參數估計結果。首先檢視圖 10-19 的結果，其中上圖分別為 α 與 β 的估計值而下圖則為對應之 p 值。我們發現 501 檔成分股內只有 15 檔成分股的 α 估計值顯著異於 0，而 β 的估計值則全數皆顯著異於 0（顯著水準為 5%）。上述結果與圖 10-13 的結果非常接近。

接下來，檢視圖 10-20 的估計結果，該圖之上圖係繪製出（10-16）式內 β_{2i} 與 β_{3i} 的估計值而下圖則繪製出對應的 p 值。若以顯著水準為 5% 為準（下圖內水平直線），可以進一步發現 β_{2i} 與 β_{3i} 的估計值顯著異於 0 的個數分別為 374 與 449；顯然，三因子模型如（10-16）式的確改善了 CAPM 的缺失。例如：檢視表 10-3 的

---

[10] HML「股價淨值比溢酬（outperformance of book-to-market value）」變數。亦可稱為 SMB 是指由市值小減市值大的投資組合（超額）報酬；其次，HML 是高帳面價值減低帳面價值的投資組合（超額）報酬。

[11] 10.2 節內的 Fama-French 檔案內有提供 Mkt、SMB 與 HML 等資料。我們取 Mkt 資料取代市場資產組合資料，可以參考 10.2 節習題 (2)～(3)。

結果，該表分別列出單因子模型如 CAPM 以及三因子模型如（10-16）式的 β 值與修正的迴歸模型之判定係數 $\bar{R}^2$ 之估計結果的敘述統計量。我們除了發現二模型的 β 值非常接近之外，三因子模型的估計 $\bar{R}^2$ 竟然普遍較高，我們亦可以從圖 10-21 內看到類似的結果。

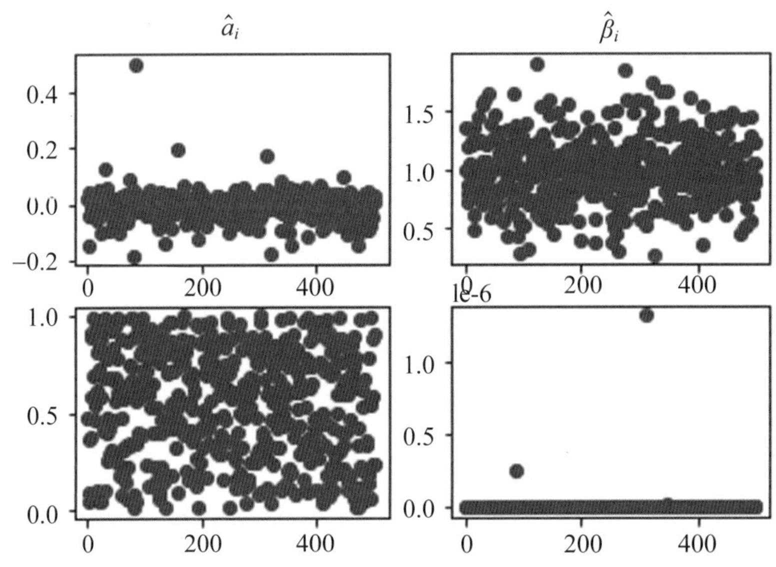

圖 10-19 （10-16）式內 α_i 與 β_i 之估計，其中下圖為對應之 p 值

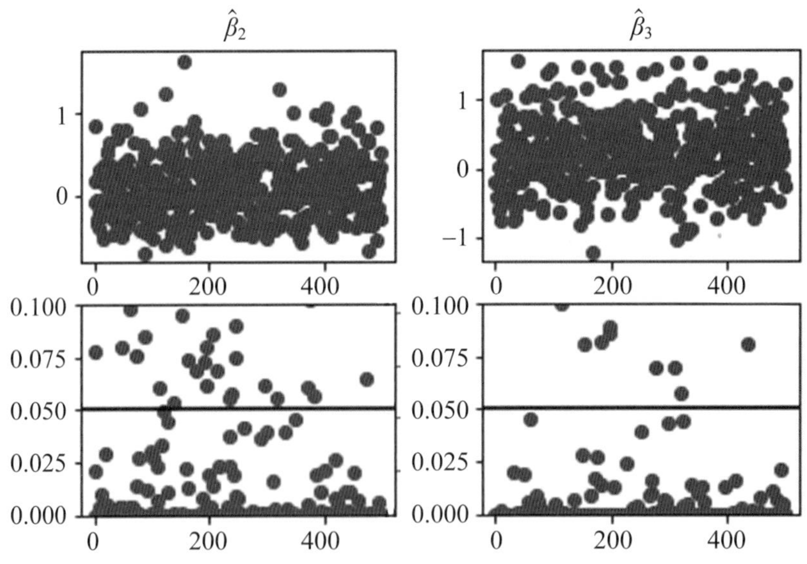

圖 10-20 （10-16）式內 β_{2i} 與 β_{3i} 之估計，其中下圖為對應之 p 值

表 10-3 S&P 500 成分股之估計的 β_i 與 $\bar{R}^2$ 的敘述統計量

	One factor	Three factors	One factorR2	Three factorsR2
count	501	501	501	501
mean	0.9962	0.9934	0.3628	0.4308
std	0.299	0.2743	0.1294	0.1521
min	0.258	0.2744	0.0244	0.0236
25%	0.8024	0.8138	0.2681	0.3218
50%	0.994	0.9904	0.3642	0.4323
75%	1.1864	1.1653	0.4563	0.5318
max	2.0276	1.9082	0.6804	0.798

說明：第 1 欄分別表示樣本數、平均數、標準差、最小值、第 25 個百分位數、中位數、第 75 個百分位數與最大值。

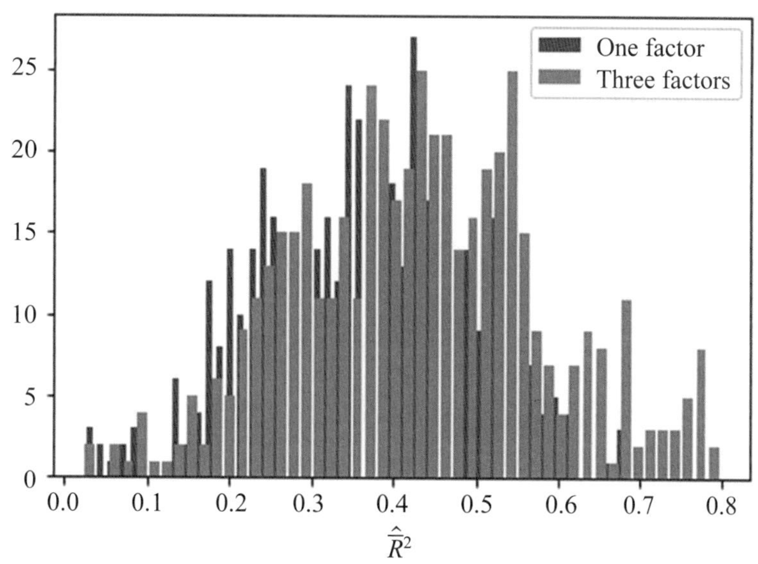

圖 10-21 S&P 500 成分股之單因子與三因子模型之估計的 $\bar{R}^2$ 之直方圖

我們可以再進一步說明上述三因子模型的優點。例如：表 10-4 分別列出單因子與三因子模型之估計的 S&P 500 成分股的非系統性風險之間相關係數的敘述統計量。就前者而言，可以參考圖 10-14；也就是說，透過該圖或表 10-4 內可知於單因子模型如 CAPM 內，各成分股的非系統性風險之間仍存在一定的相關程度。不過，從表 10-4 內可看出使用三因子模型可降低上述非系統性風險之間的相關程度；雖說如此，從表 10-4 內仍可看出三因子模型仍存在改善空間，畢竟非系統性風險

表 10-4　S&P 500 成分股的非系統性風險之間相關係數的敘述統計量

	count	mean	std	min	25%	50%	75%	max
One	501	0.0537	0.1552	–0.2643	–0.0424	0.0356	0.1299	0.9842
Three	501	0.0334	0.1301	–0.2046	–0.0373	0.0172	0.0728	0.9818

說明：One 與 Three 分別表示單因子與三因子模型。第 2～9 欄分別表示樣本數、平均數、標準差、最小值、第 25 個百分位數、中位數、第 75 個百分位數與最大值。

之間最高相關係數仍有高達 0.98 的情況[12]。

我們仍使用 Fama 與 MacBeth（1973）的檢定方法以檢視上述三因子模型的合理性，可以分述如下：

(1) 單因子模型如 CAPM，使用（10-12）式，其估計結果為：

$$\hat{y}_i = 0.0216 + 0.0233\hat{\beta}_i$$
$$(0.007) \quad (0.007)$$

可看出上述二參數（λ_0 與 λ_1）估計值皆顯著異於 0；不過，λ_1 的估計值約為 0.0233 低於對應的超額市場資產組合報酬之樣本平均數估計值約為 0.0533。

(2) 使用三因子模型如（10-16）式，（10-12）式之對應的式子可改寫成：

$$y_i = \lambda_0 + \lambda_1\beta_i + \lambda_2\beta_{2i} + \lambda_3\beta_{3i} + u_i \tag{10-17}$$

其中參數 λ_2 與 λ_3 分別可對應至 SMB 與 HML 的樣本平均數。（10-17）式的估計結果為：

$$\hat{y}_i = -0.0058 + 0.0639\hat{\beta}_i - 0.022\hat{\beta}_{2i} - 0.0429\hat{\beta}_{3i}$$
$$(0.008) \quad (0.008) \qquad (0.007) \qquad (0.004)$$

顯然除了 λ_0 的估計值不顯著異於 0 之外，其餘參數估計值皆顯著異於 0，隱含著三因子模型的合理性；不過，由於 SMB 與 HML 的樣本平均數分別約為 0.0041 與 –0.0058 與上述參數估計值仍有差距，表示仍存在改善空間。

---

[12] 由於分析方法類似，本節只討論至三因子模型。Fama 與 French（2015）曾檢視五因子模型。

(3) 我們擴充（10-17）式而寫成：

$$y_i = \lambda_0 + \lambda_1\beta_i + \lambda_2\beta_{2i} + \lambda_3\beta_{3i} + \lambda_4\beta_i^2 + \lambda_7\sigma_i + u_i \qquad (10\text{-}17a)$$

其中對應的參數值之意義，自然不言而喻。（10-17a）式的估計結果為：

$$\begin{aligned}\hat{y}_i = &-0.037 + 0.1048\hat{\beta}_i - 0.0301\hat{\beta}_{2i} - 0.0413\hat{\beta}_{3i}\\ &(0.021)\ (0.035)\qquad (0.009)\qquad (0.005)\\ &-0.0192\hat{\beta}_i^2 + 0.0072\hat{\sigma}_i\\ &(0.016)\qquad (0.005)\end{aligned}$$

我們亦發現 λ_0、λ_4 與 λ_7 的估計值皆不顯著異於 0 之外，其餘參數估計值皆顯著異於 0，隱含著三因子模型如（10-16）式明顯優於 CAPM。雖說如此，上述 λ_1、λ_2 與 λ_3 的估計值與對應的樣本資料仍有差距，隱含著仍有改善的空間。

綜合上述結果可發現三因子模型大致優於單因子模型，不過前者明顯仍存在改善空間[13]。

例 1 雙指數模型

10.1 節單指數模型所描述的是只有一個解釋變數（如市場資產組合因子）可以抓到風險性資產報酬的系統性風險部分；不過，若是單一解釋變數不足以掌握上述系統性風險成分，則額外的解釋因子就必須加入，此構成了雙指數模型（two-index model）。認識雙指數模型，自然容易擴充至多指數模型（multi-index model）。

若眞實的模型為雙指數模型如：

$$r_{it} = \alpha_i + \beta_i r_{mt} + \beta_{2i} g_t + \varepsilon_{it} \qquad (10\text{-}18)$$

其中 g_t 表示第二種解釋因子，而我們仍使用單指數模型如（10-11）式估計，則因共同因子 g_t 的存在，使得 $\text{cov}(\varepsilon_{it}, \varepsilon_{jt}) \neq 0\ (i \neq j)$，即忽略其他解釋因子的存在，單指數模型的基本假定將不復存在（10.1.2 節例 1）。換句話說，若眞實的模型為（10-18）式，除了單指數模型的基本假定之外，我們必須額外再加入 $\text{cov}(r_{mt}, g_t) =$

[13] 例如：樣本資料的空間與範圍皆可以擴大；或者，再擴充至五因子模型。

0，即第一與二種共同解釋因子彼此之間屬於正交（orthogonal）的情況；當然，額外的條件分別為 $\text{cov}(r_{mt}, \varepsilon_{it}) = 0$ 與 $\text{cov}(g_t, \varepsilon_{it}) = 0$。上述正交條件可使（10-10）式擴充為：

$$\sigma_j^2 = \beta_j^2 \sigma_m^2 + \beta_{2j}^2 \sigma_g^2 + \sigma_{j\varepsilon}^2 \tag{10-19}$$

其中 σ_g^2 表示 g_t 的變異數。檢視（10-19）式，可發現第 j 種風險性資產的總風險仍分成系統性風險與非系統性風險二部分，其中前者為 $\beta_j^2 \sigma_m^2 + \beta_{2j}^2 \sigma_g^2$。

例 2　多指數模型

續例 1，我們檢視多指數模型，其對應的第 i 種風險性資產的報酬（率）產生過程可以寫成：

$$r_{it} = \alpha_i + \beta_{1i} I_{1t} + \beta_{2i} I_{2t} + \cdots + \beta_{Ki} I_{Kt} + \varepsilon_{it} \tag{10-20}$$

其中 $I_{kt}(k = 1, 2, \cdots, K)$ 表示 K 種共同解釋因子而 β_{ki} 則表示衡量第 k 種解釋因子變動引起第 i 種風險性資產報酬（率）變動的反應程度。因此，$\sum_{k=1}^{K} \beta_{ki} I_{kt}$ 表示風險性資產報酬（率）與 K 種共同解釋因子相關的成分，即所有風險性資產的報酬（率）的變動可由上述 K 種共同解釋因子「抓到」。

是故，多指數模型的基本假定為：

(1) 誤差項的預期值等於 0，即 $E(\varepsilon_{it}) = 0$。

(2) 誤差項的變異數為固定數值，即 $\text{Var}(\varepsilon_{it}) = \sigma_0^2 > 0$。

(3) k 與 l 共同解釋因子之間的共變異數等於 0，即 $E(I_{kt}, I_{lt}) = 0$。

(4) 誤差項與共同解釋因子之間的共變異數等於 0，即 $E(\varepsilon_{it}, I_{kt}) = 0(k = 1, \cdots, K)$。

(5) 誤差項不存在序列相關，$E(\varepsilon_{it}, \varepsilon_{is}) = 0(t \neq s)$。

(6) 不同誤差項之間的共變異數等於 0，即 $E(\varepsilon_{it}, \varepsilon_{jt}) = 0(i \neq j)$。

即透過上述六種假定，（10-19）式可擴充為：

$$\sigma_j^2 = \beta_{1j}^2 \sigma_{I_1}^2 + \beta_{2j}^2 \sigma_{I_2}^2 + \cdots + \beta_{Kj}^2 \sigma_{I_K}^2 + \sigma_{j\varepsilon}^2 \tag{10-21}$$

其中 $\sigma_{I_k}^2$ 為 $I_{kt}(k = 1, \cdots, K)$ 對應的變異數。（10-21）式隱含著第 j 種風險性資產的系統性風險為 $\beta_{1j}^2 \sigma_{I_1}^2 + \beta_{2j}^2 \sigma_{I_2}^2 + \cdots + \beta_{Kj}^2 \sigma_{I_K}^2$。

例 3 多指數模型的優點

假定共有 n 種風險性資產而存在 K 指數模型。我們計算總共需要估計多少未知參數：

(1) $\alpha_i, \beta_{1i}, \beta_{2i}, \cdots, \beta_{Ki}, \sigma^2_{\varepsilon_i} \Rightarrow (K+2)n$；

(2) $\begin{cases} \mu_{I_1}, \mu_{I_2}, \cdots, \mu_{I_K} \\ \sigma_{I_1}, \sigma_{I_2}, \cdots, \sigma_{I_K} \end{cases} \Rightarrow 2K$；

(3) 合計 $(K+2)n+2K$。

因此，若 $n=500$，使用 K 指數模型需估計 3,150 未知參數。若不使用 K 指數模型，則需估計 125,750 未知參數[14]。是故，使用共同因子 K 指數模型可以降低欲估計之參數數量。

習題

(1) 利用本節的 Fama-French 內之 Mkt、RF、SMB 與 HML 資料，試計算彼此之間的相關係數。

(2) 將 S&P 500 成分股分成二組，再分別使用三因子模型估計，結果爲何？

(3) 根據 S&P 500 成分股的權數排序，試找出前 10 檔成分股資料（若無資料則依序遞補），再分別使用三因子模型估計，結果爲何？

(4) 續上題，試分別繪製出參數 α_i、β_i、β_{2i} 與 β_{3i} 的估計結果。

(5) 續上題，試分別繪製出 $\bar{R}^2$ 估計值。

(6) 續上題，試繪製出估計的各股非系統性風險之間相關係數。

---

[14] 即 n 個 μ_i 值、n 個 σ_i^2 以及 $n(n-1)/2$ 個共變異數 σ_{ij} 值，合計 $(n^2+3n)/2$。

參考文獻

Alexander, S. (2008), *Market Risk Analysis*, John Wiley & Sons Ltd.

Black, F. (1976), "Studies of stock prices volatility changes", in: *Proceedings of the 1976 meetings of the American Statistical Association, Business and Economics Statistics Section*, 177-189.

Black, F. and M. Scholes (1973), "The pricing of options and corporate liabilities", *Journal of Political Economy*, 81, 637-659.

Bollerslev, T. (1986), "Generalized autoregressive conditional heteroskedasticity", *Journal of Econometrics*, 31, 307-327.

Conrad, C. and B. R. Haag (2006), "Inequality constraints in the fractionally integrated GARCH model", *Journal of Financial Econometrics*, 4, 413-449.

Dickey, D. A. and W. A. Fuller (1979), "Distribution of the estimators for autoregressive time series with a unit root", *Journal of the American Statistical Association,* 74, 427-431.

Ding, Z., C. W. J. Granger and R. F. Engle (1993), "A long memory property of stock market returns and a new model", *Journal of Empirical Finance*, 1, 83-106.

Dufour, J. M. and R. Roy (1985), "Some robust exact results on sample autocorrelations and test of randomness", *Journal of Econometrics*, 29, 257-273.

Dufour, J. M. and R. Roy (1986), "Generalized portmanteau statistics and tests of randomness", *Communications in Statistics-Theory and Methods*, 15, 2953-2972.

Elton, E. J., L. N. Gruber, L. N. Brown, and W. N. Goetzmann (2014), *Modern Portfolio Theory and Investment Analysis*, ninth edition, Wiley.

Enders, Walter (2015), *Applied Econometric Time Series*, fourth edition, Wiley.

Engle, R. F. (1982), "Autoregressive conditional heteroskedasticity with estimates of the variance of united kingdom inflation", *Econometrica*, 50, 987-1007.

Engle, R. F. (1990), "Discussion: stock market volatility and the crash of 87", *Review of Financial Studies*, 3,103-106.

Engle, R. F. (2002), "Dynamic conditional correlation: a simple class of multivariate generalized autoregressive conditional heteroskedasticity models", *Journal of Business & Economic Statistics*, 20(3), 339-350.

Engle, R. F., D. M. Lilien, and R. P. Robins (1987), "Estimating time varying risk premia in the term structure: the Arch-M model", *Econometrica*, 55(2), 391-407.

Engle, R. F. and V. K. Ng (1993), "Measuring and testing the impact of news on volatility", *Journal of Finance*, 48(5), 1749-1778.

Fama, Eugene F. and James D. MacBeth (1973), "Risk, return, and equilibrium: empirical tests", *Journal of Political Economy*, 81(3), 607-636.

Fama, Eugene F. and Kenneth R. French (1992), "The cross-section of expected stock returns", *Journal of Finance*, 47(2),129-176.

Fama, Eugene F. and Kenneth R. French (2015), "A five-factor asset pricing model", *Journal of Financial Economics*, 116, 1-22.

Fernandez, C. and M. F. J. Steel (1998), "On Bayesian modeling of fat tails and skewness", *Journal of the America Statistical Association*, 93, 359-371.

Galanos, Alexios (2022a), " The rmgarch models: background and properties", in https://CRAN.R-project.org/package = rmgarch.

Galanos, Alexios (2022b), "Introduction to the rugarch package", Version 1.4-3, in https://CRAN.R-project.org/package = rugarch.

Glosten, L. R., R. Jagannathan and D. E. Runkle (1993), "On the relation between the expected value and the volatility of the nominal excess return on stocks", *Journal of Finance*, 48(5), 1779-1801.

Greene, William H. (2012), *Econometric Analysis*, 7th edition, Prentice Hall.

Hansen, L. P. and A. Lunde (2004), "A forecast comparison of volatility models: does anything beat a GARCH(1,1) model? ", *Journal of Applied Econometrics*, 20, 873-889.

Hentschel, L. (1995), " All in the family nesting symmetric and asymmetric garch models", *Journal of Financial Economics*, 39(1), 71-104.

Hirsa, A. and S. N. Neftci (2004), *An Introduction to the Mathematics of Financial Derivatives*, Academic Press.

Hogg, R. V., J. W. Mckean, and A. T. Craig (2019), *Introduction to Mathematical Statistics*, eighth edition, Pearson.

Johnson, J. and J. Dinardo (1997), *Econometric Methods*, 4/e, McGraw-Hill.

Li, W. K. (2004), *Diagnostic Checks in Time Series*, Chapman & Hall/CRC, Boca Raton, FL.

Kim, D. and J. C. Francis (2013), *Modern Portfolio Theory: Foundations, Analysis, and New Developments*, Wiley.

Laopodis, N. T. (2022), *Financial Economics and Econometrics*, Routledge.

Ling, S. and M. McAleer (2003), "Asymptotic theory for a vector ARMA-GARCH model", *Econometric Theory*, 19(2), 280-310.

Lo, A. W. and A. C. MacKinlay (1988), Stock market prices do not follow random walks: evidence from a simple specification test, *Review of Financial Studies*, 1, 41-66.

Lu, Qin and D. R. Chambers (2021), *Introduction to Financial Mathematics: With Computer Applications*, CRC Press.

Lütkepohl, Helmut (2005), *New Introduction to Multiple Time Series Analysis*, Springer.

Lütkepohl, H. and M. Krätzig (2004), *Applied Time Series Econometrics*, Cambridge University Press.

Mandelbrot, B. (1963), "The variation of certain speculative prices", *Journal of Business*, 36, 394-419.

Markowitz, Harry (1952), "Portfolio selection", *Journal of Funance*, 7(1), 77-91.

Markowitz, Harry (1959), *Portfolio Selection*, Cowles Foundation Monograph 16.

Martin, V., S. Hurn, and D. Harris (2012), *Econometric Modelling with Time Series: Specification, Estimation and Testing*, Cambridge University Press.

Mittelhammer, Ron C. (2013), *Mathematical Statistics for Economics and Business*, second edition, Springer.

Nelson, D. B. (1991), "Conditional heteroskedasticity in asset returns: a new approach", *Econometrica*, 59, 347-370.

Orskaug, Elisabeth (2009), "Multivariate DCC-GARCH model - with various error distributions", Norwegian Computing Center, SAMBA/19/09.

Ruppert, David (2011), *Statistics and Data Analysis for Financial Engineering*, Springer.

Sentana, E. (1995), "Quadratic ARCH models", *Review of Economic Studies*, 62(4), 639-661.

Sharpe, William F. (1964), "Capital asset prices: a theory of market equilibrium under conditions of risk", *Journal of Finance*, 19(3), 425-442.

Sheppard, Kevin (2021), arch Documentation Release 4.19+14.g318309ac.

Siegel, S. (1956), *Nonparametric Statistics for the Behavioural Sciences*, McGraw-Hill, New York.

Sims, C. A. (1980), "Macroeconomics and reality," *Econometrica*, 48, 1-48.

Spanos, Aris (1999), *Probability Theory and Statistical Inference*: *Econometric Modeling with Observational Data*, Cambridge University Press.

Taylor, S. J. (1986), *Modeling Financial Time Series*, Chichester: John Wiley & Sons.

Treynor, Jack L. (1965), "How to Rate Management of Investment Funds", *Harvard Business Review*, 43(1), 63-75.

Tsay, Ruey S. (2010), *Analysis of Financial Time Series*, third edition, Wiley.

Tsay, Ruey S. (2014), *Multivariate Time Series Analysis with R and Financial Applications*, Wiley.

Zivot, Eric (2016), *Introduction to Computational Finance and Financial Econometrics with R*, in Introduction to Computational Finance and Financial Econometrics with R (bookdown.org).

中文索引

七畫

八畫

九畫

十畫

十一畫

十二畫

十三畫

十四畫

十五畫

十六畫

十七畫

十八畫

十九畫

二十三畫

英文索引

F

G

H

I

K

L

M

N

O

P

國家圖書館出版品預行編目(CIP)資料

財金計算：使用Python語言／林進益著. 一一初版. 一一臺北市：五南圖書出版股份有限公司, 2023.05
面； 公分
ISBN 978-626-366-036-6(平裝附光碟片)

1.CST: 計量經濟學 2.CST: Python(電腦程式語言)

550.19 112005785

1HAQ

財金計算：使用Python語言

作　　者 — 林進益
發 行 人 — 楊榮川
總 經 理 — 楊士清
總 編 輯 — 楊秀麗
主　　編 — 侯家嵐
責任編輯 — 吳瑀芳
文字校對 — 陳俐君
封面設計 — 陳亭瑋
出 版 者 — 五南圖書出版股份有限公司
地　　址：106臺北市大安區和平東路二段339號4樓
電　　話：(02)2705-5066　傳　　真：(02)2706-6100
網　　址：https://www.wunan.com.tw
電子郵件：wunan@wunan.com.tw
劃撥帳號：01068953
戶　　名：五南圖書出版股份有限公司

法律顧問：林勝安律師

出版日期：2023年 5月初版一刷
定　　價：新臺幣550元